Direito
Tributário
Essencial

O GEN | Grupo Editorial Nacional – maior plataforma editorial brasileira no segmento científico, técnico e profissional – publica conteúdos nas áreas de concursos, ciências jurídicas, humanas, exatas, da saúde e sociais aplicadas, além de prover serviços direcionados à educação continuada.

As editoras que integram o GEN, das mais respeitadas no mercado editorial, construíram catálogos inigualáveis, com obras decisivas para a formação acadêmica e o aperfeiçoamento de várias gerações de profissionais e estudantes, tendo se tornado sinônimo de qualidade e seriedade.

A missão do GEN e dos núcleos de conteúdo que o compõem é prover a melhor informação científica e distribuí-la de maneira flexível e conveniente, a preços justos, gerando benefícios e servindo a autores, docentes, livreiros, funcionários, colaboradores e acionistas.

Nosso comportamento ético incondicional e nossa responsabilidade social e ambiental são reforçados pela natureza educacional de nossa atividade e dão sustentabilidade ao crescimento contínuo e à rentabilidade do grupo.

Eduardo Sabbag

Direito Tributário
Essencial

8ª edição revista e atualizada

■ O autor deste livro e a editora empenharam seus melhores esforços para assegurar que as informações e os procedimentos apresentados no texto estejam em acordo com os padrões aceitos à época da publicação, e todos os dados foram atualizados pelo autor até a data de fechamento do livro. Entretanto, tendo em conta a evolução das ciências, as atualizações legislativas, as mudanças regulamentares governamentais e o constante fluxo de novas informações sobre os temas que constam do livro, recomendamos enfaticamente que os leitores consultem sempre outras fontes fidedignas, de modo a se certificarem de que as informações contidas no texto estão corretas e de que não houve alterações nas recomendações ou na legislação regulamentadora.

■ Fechamento desta edição: *12.02.2021*

■ O Autor e a editora se empenharam para citar adequadamente e dar o devido crédito a todos os detentores de direitos autorais de qualquer material utilizado neste livro, dispondo-se a possíveis acertos posteriores caso, inadvertida e involuntariamente, a identificação de algum deles tenha sido omitida.

■ **Atendimento ao cliente:** (11) 5080-0751 | faleconosco@grupogen.com.br

■ Direitos exclusivos para a língua portuguesa
Copyright © 2021 by
Editora Forense Ltda.
Uma editora integrante do GEN | Grupo Editorial Nacional
Travessa do Ouvidor, 11 – Térreo e 6º andar
Rio de Janeiro – RJ – 20040-040
www.grupogen.com.br

■ Reservados todos os direitos. É proibida a duplicação ou reprodução deste volume, no todo ou em parte, em quaisquer formas ou por quaisquer meios (eletrônico, mecânico, gravação, fotocópia, distribuição pela Internet ou outros), sem permissão, por escrito, da Editora Forense Ltda.

■ Capa: Aurélio Corrêa

■ **CIP – BRASIL. CATALOGAÇÃO NA FONTE.
SINDICATO NACIONAL DOS EDITORES DE LIVROS, RJ.**

S118d
Sabbag, Eduardo

Direito Tributário Essencial / Eduardo Sabbag. – 8. ed. – Rio de Janeiro: Forense; MÉTODO, 2021.

Inclui bibliografia
ISBN 978-65-596-4029-4

1. Direito tributário – Brasil. I. Título.

21-69032 CDU: 34:351.713(81)

Camila Donis Hartmann – Bibliotecária – CRB-7/6472

Aos meus pais, Nicolino (*in memoriam*) e Stella, pela incansável luta.
Aos meus irmãos, pela lição de vida.

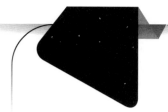

Sobre o Autor

É doutor em Direito Tributário pela PUC/SP. Doutor em Língua Portuguesa pela PUC/SP. Mestre em Direito Público e Evolução Social pela UNESA/RJ. Graduado em Direito pela USP. Professor de graduação e pós-graduação no Mackenzie/SP e na Fametro/AM. Coordenador e professor dos cursos de pós-graduação em Direito e Processo Tributário da Faculdade Baiana de Direito e da Faculdade CERS. Professor de Direito Tributário e de Português no Curso CERS *On-line*. Advogado e autor de várias obras jurídicas e para concursos. É o professor da área jurídica com o maior número de seguidores nas redes sociais, superando 1 milhão de pessoas.

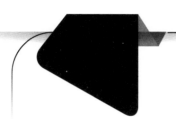

Nota do Autor

É com grande alegria que apresento a 8.ª edição da já consagrada obra *Direito Tributário*, agora publicada pela tradicional Editora Método, integrante do Grupo Editorial Nacional | GEN, ora rebatizada como *Direito Tributário Essencial*, uma vez que a sua proposta é apresentar ao leitor os principais conceitos, expondo um panorama geral da matéria. Ao final de cada capítulo, apresentamos quadros-síntese para repassar os pontos mais importantes do conteúdo, facilitando a memorização deles.

Desde 1997, tenho me dedicado ao ensino do Direito Tributário em cursos preparatórios e de especialização e em palestras por todo o Brasil, com o propósito de difundir a disciplina de uma forma "suave e prazerosa", o que tem sido considerado nossa marca registrada no modo de lecionar.

Diante dessa enriquecedora experiência docente, pude haurir a idealização de um compêndio que conseguisse reproduzir, com clareza e dinamismo, a mensagem verbal transmitida dia a dia em sala de aula.

Desse modo, a presente edição ratifica o nosso propósito de ensinar a doutrina de maneira didática, sem renunciar ao aprofundamento teórico necessário ao devido entendimento da matéria.

Espero que a obra seja de grande valia para você.

Um forte abraço e bons estudos!

Sumário

CAPÍTULO 1 – DIREITO TRIBUTÁRIO 1

1.1. Introdução 1

1.2. Limitações constitucionais ao poder de tributar 1

1.3. Princípios constitucionais tributários 1

    1.3.1. Princípio da legalidade tributária 1

    1.3.2. Exceções ao princípio da legalidade tributária 3

    1.3.3. Princípio da anterioridade tributária 4

        1.3.3.1. Exceções ao princípio da anterioridade anual 5

        1.3.3.2. Exceções ao princípio da anterioridade nonagesimal 7

    1.3.4. Os reflexos da EC n.º 32/2001 nos princípios da legalidade e da anterioridade 8

        1.3.4.1. Confronto da EC n.º 32/2001 com o princípio da legalidade tributária 8

    1.3.5. Princípio da irretroatividade tributária 9

    1.3.6. Princípio da igualdade ou isonomia tributária 12

        1.3.6.1. Princípio da interpretação objetiva do fato gerador 13

        1.3.6.2. Princípio da capacidade contributiva 13

    1.3.7. Princípio da vedação ao confisco 15

        1.3.7.1. Confronto entre o confisco e a multa 16

DIREITO TRIBUTÁRIO ESSENCIAL – *Eduardo Sabbag*

1.3.8.	Princípio da não limitação ao tráfego de pessoas e bens	16
1.3.9.	Princípio da uniformidade geográfica	16
1.3.10.	Princípio da não cumulatividade	17
	1.3.10.1. Repercussão tributária	17
1.4.	Quadros-síntese do capítulo	18
1.5.	Questões	20

CAPÍTULO 2 – IMUNIDADES TRIBUTÁRIAS 25

2.1.	Definição	25
2.2.	Espécies de imunidades	29
	2.2.1. Imunidade recíproca	29
	2.2.2. Imunidade para templos de qualquer culto	30
	2.2.3. Imunidades para partidos políticos, entidades sindicais de trabalhadores, instituições de educação e entidades de assistência social	31
	2.2.3.1. Análise da alínea *c*, parte final – Expressões "sem fins lucrativos" e "atendidos os requisitos de lei"	32
	2.2.3.2. Análise do art. 150, § 4.º, da CF, em confronto com a alínea *c*	35
	2.2.4. Imunidades para livros, jornais, periódicos e o papel destinado à sua impressão	35
	2.2.5. Imunidades para fonogramas e videofonogramas musicais produzidos no Brasil e para seus suportes materiais ou arquivos digitais	38
2.3.	Quadros-síntese do capítulo	39
2.4.	Questões	40

CAPÍTULO 3 – SISTEMA TRIBUTÁRIO NACIONAL 45

3.1.	Definição de tributo	45
	3.1.1. Prestação pecuniária	45
	3.1.2. Prestação compulsória	46

3.1.3.	Prestação diversa de sanção	46
3.1.4.	Prestação instituída por lei	46
3.1.5.	Prestação cobrada por lançamento	47
3.2.	Competência tributária	47
3.2.1.	Competência tributária e capacidade tributária ativa	48
3.2.2.	Detalhando a classificação da competência tributária	49
	3.2.2.1. Competência privativa	50
	3.2.2.2. Competência comum	50
	3.2.2.3. Competência cumulativa	50
	3.2.2.4. Competência especial	51
	3.2.2.5. Competência residual	51
3.2.3.	Competência extraordinária	53
3.3.	Quadros-síntese do capítulo	54
3.4.	Questões	55

CAPÍTULO 4 – ESPÉCIES DE TRIBUTOS 61

4.1.	Imposto	62
4.2.	Taxa	63
4.2.1.	Taxa de polícia	65
4.2.2.	Taxa de serviço	66
4.2.3.	Informações complementares sobre taxas	66
	4.2.3.1. Base de cálculo	66
	4.2.3.2. O confronto taxa *versus* tarifa	67
	4.2.3.3. Análise dos pedágios	68
4.3.	Contribuição de melhoria	69
4.3.1.	Conceito e aspectos gerais	70
4.3.2.	O fato gerador	71
4.3.3.	A base de cálculo	71
4.3.4.	Os limites da cobrança	72

4.3.5.	Os requisitos mínimos para a cobrança	72
4.4.	**Empréstimo compulsório**	**73**
4.4.1.	Histórico	73
4.4.2.	Conceito e aspectos gerais	74
4.4.3.	Os pressupostos autorizativos	74
4.4.4.	O tributo e o princípio da anterioridade	75
4.4.5.	O fato gerador	76
4.4.6.	O art. 15, III, do CTN e a derrogação pela Carta Magna de 1988	76
4.5.	**Contribuições**	**76**
4.5.1.	A natureza tributária	76
4.5.2.	O conceito de contribuições parafiscais ou especiais	77
4.5.3.	Estudo das contribuições de interesse das categorias profissionais ou econômicas	77
	4.5.3.1. Contribuição-anuidade	77
	4.5.3.2. Contribuição sindical	78
4.5.4.	Estudo das Contribuições de Intervenção no Domínio Econômico	80
	4.5.4.1. CIDE-Combustíveis	81
	4.5.4.2. CIDE- Remessas	82
	4.5.4.3. Outras Contribuições de Intervenção no Domínio Econômico (CIDEs)	83
4.5.5.	Estudo das contribuições sociais	84
	4.5.5.1. "As contribuições sociais gerais"(terminologia adotada pelo STF)	84
	4.5.5.2. "As contribuições de seguridade social"(terminologia adotada pelo STF)	85
	4.5.5.3. "As outras contribuições sociais"(terminologia adotada pelo STF)	87
	4.5.5.4. Estudo complementar das contribuições	87

| | 4.5.5.5. | O Simples federal e o Simples nacional | 88 |

4.6. Repartição tributária das receitas 90

4.7. A Emenda Constitucional n.º 93/2016 e as desvinculações de receita tributária 94

4.8. Quadros-síntese do capítulo 95

4.9. Questões... 99

CAPÍTULO 5 – FONTES DO DIREITO TRIBUTÁRIO 105

5.1. Fontes formais do Direito Tributário... 105

    5.1.1. Fontes formais primárias do Direito Tributário 105

        5.1.1.1. Constituição 105

        5.1.1.2. Emenda à Constituição 105

        5.1.1.3. Lei complementar... 106

        5.1.1.4. Lei ordinária 109

        5.1.1.5. Decreto 111

        5.1.1.6. Lei delegada... 111

        5.1.1.7. Medida provisória 111

        5.1.1.8. Decreto legislativo... 112

        5.1.1.9. Resolução... 113

        5.1.1.10. Tratados e convenções internacionais 113

    5.1.2. Fontes formais secundárias do Direito Tributário 114

        5.1.2.1. Atos normativos 115

        5.1.2.2. Decisões com eficácia normativa... 116

        5.1.2.3. Costumes 116

        5.1.2.4. Convênios 116

        5.1.2.5. Parágrafo único do art. 100 do CTN 117

        5.1.2.6. Doutrina e jurisprudência... 117

5.2. Quadros-síntese do capítulo 118

5.3. Questões... 118

CAPÍTULO 6 – VIGÊNCIA, APLICAÇÃO, INTERPRETAÇÃO E INTEGRAÇÃO DA LEGISLAÇÃO TRIBUTÁRIA 123

6.1. Vigência da legislação tributária 123

    6.1.1. Vigência da legislação tributária no tempo 123

        6.1.1.1. A vigência e o princípio da anterioridade tributária .. 123

    6.1.2. Vigência da legislação tributária no espaço 124

6.2. Aplicação da legislação tributária 127

    6.2.1. A aplicação da nova lei tributária aos fatos pendentes 127

        6.2.1.1. A análise do IR e o fato gerador complexivo à luz do princípio da irretroatividade 128

    6.2.2. A retroatividade da lei tributária 128

6.3. Interpretação da legislação tributária 129

    6.3.1. Utilização de princípios gerais do Direito Privado 130

    6.3.2. Interpretação literal 131

    6.3.3. Interpretação benigna 131

6.4. Integração da legislação tributária 132

    6.4.1. Analogia 132

    6.4.2. Princípios gerais de Direito Tributário 133

    6.4.3. Princípios gerais de Direito Público 133

    6.4.4. Equidade 133

6.5. Quadros-síntese do capítulo 134

6.6. Questões 136

CAPÍTULO 7 – RELAÇÃO JURÍDICO-TRIBUTÁRIA: A "LINHA DO TEMPO" 141

7.1. A hipótese de incidência 141

7.2. O fato gerador 141

7.3. Obrigação tributária 143

    7.3.1. Sujeito ativo 143

    7.3.2. Sujeito passivo 145

	7.3.3.	Capacidade tributária	146
	7.3.4.	Objeto	149
	7.3.5.	Causa	149
7.4.	Domicílio tributário		149
7.5.	Quadros-síntese do capítulo		150
7.6.	Questões		151

CAPÍTULO 8 – RESPONSABILIDADE TRIBUTÁRIA 155

8.1.	Tipos de responsabilidade tributária		157
	8.1.1.	Responsabilidade por substituição	157
		8.1.1.1. Substituição para trás ou regressiva	157
		8.1.1.2. Substituição para frente ou progressiva	158
	8.1.2.	Responsabilidade por transferência	158
		8.1.2.1. Solidariedade tributária passiva	159
		8.1.2.2. Responsabilidade dos sucessores	161
		8.1.2.3. Responsabilidade de terceiros	165
		8.1.2.4. A responsabilidade "solidária" do art. 134 do CTN	166
		8.1.2.5. A responsabilidade pessoal do art. 135 do CTN	167
		8.1.2.6. Responsabilidade por infrações – análise dos arts. 136 e 137 do CTN	170
8.2.	Denúncia espontânea		171
8.3.	Quadros-síntese do capítulo		171
8.4.	Questões		173

CAPÍTULO 9 – CRÉDITO TRIBUTÁRIO 177

9.1.	Crédito tributário		177
9.2.	O lançamento		177
	9.2.1.	Lançamento direto ou unilateral	179
	9.2.2.	Lançamento misto ou "por declaração"	180

DIREITO TRIBUTÁRIO ESSENCIAL – *Eduardo Sabbag*

9.2.3. Lançamento por homologação ou "autolançamento".............. 180

9.3. A decadência... 181

    9.3.1. A decadência no CTN 181

        9.3.1.1. A decadência e a anulação do lançamento anterior 183

        9.3.1.2. A decadência e a medida preparatória de lançamento 183

9.4. A decadência e a lei complementar... 183

    9.4.1. A decadência e o prazo decenal das contribuições sociais previdenciárias... 184

9.5. A prescrição 184

    9.5.1. A prescrição e a dívida ativa.. 186

    9.5.2. A prescrição e os lançamentos por homologação.......... 186

    9.5.3. A interrupção da prescrição 187

    9.5.4. A prescrição intercorrente 188

9.6. Quadros-síntese do capítulo 189

9.7. Questões... 191

CAPÍTULO 10 – SUSPENSÃO DO CRÉDITO TRIBUTÁRIO 195

10.1. Moratória 196

10.2. Depósito do montante integral... 198

10.3. Reclamações e recursos administrativos 199

10.4. Concessão de liminar em mandado de segurança 200

10.5. Liminar em ação cautelar.. 202

10.6. Concessão de tutela em outras ações judiciais 202

10.7. Parcelamento 203

10.8. Quadros-síntese do capítulo 206

10.9. Questões... 207

CAPÍTULO 11 – CAUSAS DE EXCLUSÃO DO CRÉDITO TRIBUTÁRIO 211

11.1. A isenção... 211

11.2.	A anistia	213
11.3.	Quadros-síntese do capítulo	214
11.4.	Questões	215

CAPÍTULO 12 – CAUSAS DE EXTINÇÃO DO CRÉDITO TRIBUTÁRIO ... 219

12.1.	Pagamento	219
	12.1.1. Consulta tributária	219
	12.1.2. A restituição de pagamento indevido ou a maior e o prazo prescricional	220
	12.1.2.1. Limitação temporal	220
	12.1.2.2. Arguição de inconstitucionalidade nos embargos de divergência em REsp 644.736/PE (trânsito em julgado 27.09.2007)	223
	12.1.2.3. Prazo para restituir com a declaração de inconstitucionalidade	223
12.2.	Compensação	224
12.3.	Transação	225
12.4.	Remissão	225
12.5.	Decadência e prescrição	226
12.6.	Conversão do depósito em renda	226
12.7.	Pagamento antecipado e homologação do lançamento	226
12.8.	Consignação em pagamento	227
12.9.	Decisão administrativa irreformável	228
12.10.	Decisão judicial passada em julgado	228
12.11.	Dação em pagamento para bens imóveis	228
12.12.	Quadros-síntese do capítulo	229
12.13.	Questões	230

CAPÍTULO 13 – GARANTIAS E PRIVILÉGIOS DO CRÉDITO TRIBUTÁRIO ... 235

13.1.	Garantias do crédito tributário	235

13.2. Preferências do crédito tributário 236

13.3. Preferência na falência, no inventário e na liquidação 238

13.4. Quitação de tributos... 239

13.5. Quadro-síntese do capítulo 240

13.6. Questões.. 241

CAPÍTULO 14 – ADMINISTRAÇÃO TRIBUTÁRIA E DISPOSIÇÕES FINAIS DO CTN 247

14.1. Fiscalização 247

14.2. Dívida ativa 250

14.3. Certidão negativa 254

14.4. Disposições finais e transitórias do CTN 255

14.5. Quadros-síntese do capítulo 256

14.6. Questões.. 257

CAPÍTULO 15 – IMPOSTOS MUNICIPAIS EM ESPÉCIE..................................... 261

15.1. IPTU – Imposto sobre a Propriedade Predial e Territorial Urbana 261

15.1.1. Competência e sujeito ativo 261

15.1.2. Sujeito passivo 261

15.1.3. Fato gerador.. 261

15.1.4. Base de cálculo... 262

15.1.5. Alíquotas 263

15.1.6. Notas gerais 265

15.2. ISS – Imposto sobre Serviços de Qualquer Natureza........................... 270

15.2.1. Competência e sujeito ativo 270

15.2.2. Sujeito passivo 270

15.2.3. Fato gerador.. 270

15.2.4. Base de cálculo... 271

15.2.5. Alíquota 272

15.2.6. Notas gerais 272

15.3. ITBI – Imposto sobre a Transmissão *Inter Vivos*, a qualquer título, por ato oneroso, de bens imóveis, por natureza ou acessão física, e de direitos reais sobre imóveis, exceto os de garantia, bem como cessão de direitos a sua aquisição (arts. 35 a 42 do CTN; art. 156, II, da CF) 274

15.3.1. Competência e sujeito ativo 274

15.3.2. Sujeito passivo 275

15.3.3. Fato gerador 275

15.3.4. Base de cálculo 276

15.3.5. Alíquotas 276

15.3.6. Notas gerais 276

15.4. Quadros-síntese do capítulo 277

15.5. Questões 278

CAPÍTULO 16 – IMPOSTOS ESTADUAIS EM ESPÉCIE 283

16.1. ICMS – Imposto sobre operações relativas à Circulação de Mercadorias e sobre prestação de Serviços de transporte interestadual e intermunicipal e de comunicação (art. 155, II, da CF; LC n.º 87/1996) 283

16.1.1. Competência e sujeito ativo 283

16.1.2. Sujeito passivo 283

16.1.3. Fato gerador 284

16.1.3.1. Circulação de mercadorias 285

16.1.3.2. Serviços de transporte interestadual e intermunicipal 286

16.1.3.3. Serviços de comunicação 286

16.1.4. Base de cálculo 287

16.1.5. Alíquotas 288

16.1.6. Notas gerais 289

16.2. IPVA – Imposto sobre a Propriedade de Veículos Automotores (art. 155, III, da CF) 298

16.2.1. Competência e sujeito ativo 298

DIREITO TRIBUTÁRIO ESSENCIAL – *Eduardo Sabbag*

16.2.2. Sujeito passivo 298

16.2.3. Fato gerador 299

16.2.3.1. Veículo automotor 299

16.2.3.2. Aeronaves *versus* IPVA 299

16.2.3.3. Elemento temporal de fato gerador 299

16.2.4. Base de cálculo 300

16.2.5. Alíquota 300

16.2.6. Notas gerais 300

16.3. ITCMD – Imposto sobre Transmissão *Causa Mortis* e Doação de quais-quer bens ou direitos (arts. 35 a 42 do CTN; art. 155, I, da CF) 301

16.3.1. Competência tributária e sujeito ativo 301

16.3.2. Sujeito passivo 302

16.3.3. Fato gerador 302

16.3.3.1. Elemento espacial do fato gerador 302

16.3.3.2. Elemento temporal do fato gerador 303

16.3.4. Base de cálculo 303

16.3.5. Alíquotas 303

16.3.6. Notas gerais 305

16.4. Quadros-síntese do capítulo 305

16.5. Questões 308

CAPÍTULO 17 – IMPOSTOS FEDERAIS EM ESPÉCIE 313

17.1. ITR – Imposto sobre Propriedade Territorial Rural (arts. 29 a 31 do CTN; art. 153, VI, da CF; Lei n.º 9.393/1996 e Dec. n.º 4.382/2002) 313

17.1.1. Competência e sujeito ativo 313

17.1.2. Sujeito passivo 314

17.1.3. Fato gerador 315

17.1.3.1. Conceito de bem imóvel 315

17.1.3.2. Conceito de zona rural 315

| | 17.1.3.3. | Áreas de expansão urbana | 315 |

17.1.3.3. Áreas de expansão urbana 315

17.1.3.4. Elemento temporal do fato gerador 316

17.1.3.5. Elemento espacial do fato gerador 316

17.1.4. Base de cálculo 316

17.1.5. Alíquotas 316

17.1.6. Notas gerais 317

17.2. IOF – Imposto sobre Operações de Crédito, Câmbio e Seguro ou sobre Operações Relativas a Títulos ou Valores Mobiliários (art. 153, V, da CF; arts. 63 a 67 do CTN e Decretos n.º 6.306/2007 e 6.339/2008) 318

17.2.1. Competência e sujeito ativo 318

17.2.2. Sujeito passivo 318

17.2.3. Fato gerador 319

17.2.4. Base de cálculo 320

17.2.5. Alíquotas 320

17.2.6. Notas gerais 321

17.3. II – Imposto sobre a Importação de Produtos Estrangeiros (arts. 19 a 22 do CTN; art. 153, I, da CF) 321

17.3.1. Competência e sujeito ativo 321

17.3.2. Sujeito passivo 322

17.3.3. Fato gerador 322

17.3.4. Base de cálculo 322

17.3.5. Alíquotas 323

17.3.6. Notas gerais 323

17.4. IE – Imposto sobre a Exportação, para o exterior, de produtos nacionais ou nacionalizados (arts. 23 a 28 do CTN c/c art. 153, II, da CF) 324

17.4.1. Competência e sujeito ativo 324

17.4.2. Sujeito passivo 324

17.4.3. Fato gerador 325

17.4.4. Base de cálculo 325

17.4.5. Alíquotas 325

17.4.6. Notas gerais 325

17.5. IPI – Imposto sobre Produtos Industrializados (arts. 46 a 51 do CTN e art. 153, IV, da CF) 326

17.5.1. Competência e sujeito ativo 326

17.5.2. Sujeito passivo 326

17.5.3. Fato gerador 326

17.5.3.1. Conceito de "industrialização" 327

17.5.4. Base de cálculo 328

17.5.5. Alíquotas 328

17.5.6. Notas gerais 329

17.6. IR – Imposto sobre a Renda e proventos de qualquer natureza (art. 153, III, da CF; arts. 43 a 45 do CTN) 331

17.6.1. Competência e sujeito ativo 331

17.6.2. Sujeito passivo 331

17.6.3. Fato gerador 331

17.6.3.1. Definição de renda e de proventos de qualquer natureza 332

17.6.4. Base de cálculo 332

17.6.4.1. Definição de patrimônio 333

17.6.5. Alíquotas 333

17.6.6. Notas gerais 333

17.7. Quadros-síntese do capítulo 337

17.8. Questões 341

BIBLIOGRAFIA 345

Direito Tributário

1.1. INTRODUÇÃO

O Direito Tributário é parte do Direito Público e, tendo natureza obrigacional, refere-se à relação de crédito e débito entre os sujeitos da relação jurídica.

Temos como ocupante do polo ativo (credor), nessa relação, os entes tributantes: pessoas jurídicas de direito público interno (Fiscos: União, Estados, Municípios e o Distrito Federal). No polo passivo, por sua vez, está o contribuinte (pessoas físicas ou jurídicas).

Tendo em vista a natureza da tributação, o credor (fisco) vai ao encontro do patrimônio do devedor (contribuinte) de maneira compulsória, objetivando a retirada de valores, que são os tributos.

A Constituição Federal impõe limites ao poder de tributar, estabelecendo regras para essa invasão do patrimônio do contribuinte. Tais limitações estão expressas nos arts. 150, 151 e 152 da CF.

1.2. LIMITAÇÕES CONSTITUCIONAIS AO PODER DE TRIBUTAR

As limitações ao poder de tributar são, em última análise, qualquer restrição imposta pela CF às entidades dotadas de tal poder, no interesse da comunidade, do cidadão ou, até mesmo, no interesse do relacionamento entre as próprias entidades impositoras.

Nos arts. 150, 151 e 152 da CF, encontram-se as limitações ao poder de tributar, que são: legalidade, isonomia, irretroatividade, anterioridade, proibição do confisco, liberdade de tráfego, imunidades, além de outras limitações.

1.3. PRINCÍPIOS CONSTITUCIONAIS TRIBUTÁRIOS

1.3.1. Princípio da legalidade tributária

O estudo do princípio da legalidade tributária pode ser feito no art. 150, I, da CF c/c art. 97 do CTN.

A premissa deste princípio é que os entes tributantes (União, Estados, Municípios e Distrito Federal) só poderão criar ou aumentar tributo por meio de lei. Tal princípio deve ser assimilado conjuntamente com o princípio da legalidade genérica, previsto no art. 5.º, II, da CF. Por regra, a lei adequada para instituir tributo é a lei ordinária. Nessa medida, quem cria tributos é o Poder Legislativo, não cabendo ao Poder Executivo o mister legiferante.

Destaca-se em nosso país o fenômeno da unicidade das casas legislativas, preceituando que: o tributo federal deve ser criado por lei ordinária federal, no Congresso Nacional; o tributo estadual deve ser criado por lei ordinária estadual, na Assembleia Legislativa; o tributo municipal deve ser criado por lei ordinária municipal, na Câmara dos Vereadores.

Entretanto, existem tributos federais que, mesmo obedecendo ao princípio da legalidade, devem ser criados por lei complementar: Impostos sobre Grandes Fortunas (art. 153, VII, da CF); Empréstimos Compulsórios (art. 148 da CF); Impostos Residuais (art. 154, I, da CF) e as contribuições social-previdenciárias novas ou residuais (art. 195, § 4.º, da CF c/c art. 154, I, da CF).

(2018/FCC/Sefaz-GO/Auditor-Fiscal da Receita Estadual) A Constituição Federal contempla várias regras que têm por finalidade limitar o poder de tributar das pessoas jurídicas de direito público interno. De acordo com essas regras, é vedado aos Estados

a) instituir tratamento desigual entre contribuintes que se encontrem em situação equivalente, facultada, para fins de desoneração tributária total ou parcial, a distinção em razão de origem étnica, de nível de escolaridade, de ocupação profissional e de função por eles exercida.

b) cobrar tributos em relação a fatos geradores ocorridos antes do início da regulamentação da lei que os houver instituído, aumentado ou reduzido.

c) cobrar tributos antes de decorridos noventa dias da data em que haja sido regulamentada a lei que os instituiu ou aumentou, podendo o referido prazo ser reduzido, nos casos em que seu término ocorrer no exercício subsequente, hipótese em que o tributo poderá ser cobrado desde o primeiro dia do novo exercício.

d) estabelecer limitações ao tráfego de pessoas ou bens, por meio de tributos interestaduais ou intermunicipais, ressalvada a cobrança de pedágio pela utilização de vias conservadas pelo Poder Público.

e) instituir impostos sobre videofonogramas musicais produzidos no Mercosul, contendo obras musicais ou literomusicais de autores brasileiros, e obras em geral, interpretadas por artistas brasileiros ou por artistas cidadãos de países integrantes do Mercosul, bem como sobre os suportes materiais ou arquivos digitais que os contenham, inclusive na etapa de replicação industrial de mídias ópticas de leitura a laser.

Resposta: D

Comentários: "Art. 150. Sem prejuízo de outras garantias asseguradas ao contribuinte, é vedado à União, aos Estados, ao Distrito Federal e aos Municípios:

(...)

II – instituir tratamento desigual entre contribuintes que se encontrem em situação equivalente, proibida qualquer distinção em razão de ocupação profissional ou função por eles exercida, independentemente da denominação jurídica dos rendimentos, títulos ou direitos;

III – cobrar tributos:

(...)

b) no mesmo exercício financeiro em que haja sido publicada a lei que os instituiu ou aumentou;

c) antes de decorridos noventa dias da data em que haja sido publicada a lei que os instituiu ou aumentou, observado o disposto na alínea b;

(...)

V – estabelecer limitações ao tráfego de pessoas ou bens, por meio de tributos interestaduais ou intermunicipais, ressalvada a cobrança de pedágio pela utilização de vias conservadas pelo Poder Público;"

1.3.2. Exceções ao princípio da legalidade tributária

Conforme preceitua o art. 153, § 1.º, da CF, existem quatro impostos federais que poderão ter suas alíquotas majoradas, ou reduzidas, por ato do Poder Executivo, o que se dá por decreto presidencial ou portaria do Ministro da Fazenda: Imposto de Importação (II); Imposto de Exportação (IE); IPI; e IOF. São eles considerados "exceções" ao princípio da legalidade tributária. Como eles dependem de lei, talvez fosse mais rigoroso afirmar que eles apenas "mitigam" o princípio, sendo exemplos de "atenuações" ao princípio, e não de "exceções".

Tais impostos têm caráter extrafiscal, possuindo função regulatória, o que justifica a flexibilidade de alíquotas. A extrafiscalidade é característica dos tributos reguladores de mercado. A fiscalidade, por seu turno, é característica dos tributos de finalidade eminentemente arrecadatória, ou seja, da maioria dos gravames.

Destaque-se, em tempo, que "quem pode o mais pode o menos", cabendo ao Poder Executivo Federal a redução de alíquotas de tais impostos regulatórios.

Do mesmo modo, a EC n.º 33/2001 trouxe mais dois exemplos de exceções ao princípio da legalidade. Note:

a) CIDE – Combustível, conforme o art. 149, § 2.º, II, c/c art. 177, § 4.º, I, *b*, parte inicial, ambos da CF: o Poder Executivo Federal poderá reduzir e reestabelecer as alíquotas do tributo por meio de ato próprio (decreto presidencial). Dessa forma, não pode ultrapassar este patamar originário de alíquota;

b) ICMS – Combustível, conforme o art. 155, § 4.º, IV, *c*, da CF: tal exceção diz respeito à incidência unifásica do imposto, prevendo-se alíquotas nacionalmente estabelecidas por Convênios dos Executivos Estaduais, na esfera do Conselho de Política Fazendária (CONFAZ), ou seja, por ato do Poder Executivo estadual.

Cabe ressaltar que o princípio da legalidade pode ser denominado também como *princípio da estrita legalidade*. Nessa esteira, há outras denominações importantes: *princípio da tipicidade fechada, princípio da tipicidade regrada* ou *princípio da reserva legal*.

O art. 97 do CTN dispõe que determinadas matérias, como instituição e majoração de tributos, fixação de alíquota, definição de fato gerador, entre outras, sujeitam-se, expressamente, à reserva legal. Além disso, a análise do referido artigo também sinaliza que é obrigatória a toda lei tributária a presença de determinados componentes, sob pena de se violar a estrita legalidade. Tais componentes são:

a) alíquota e base de cálculo (aspecto quantificativo);
b) sujeito passivo (aspecto pessoal passivo);
c) fato gerador (aspecto material);
d) multa.

Note que o prazo para pagamento não compõe a lista, sendo, portanto, item não adstrito à reserva legal. Nessa medida, na visão do STF, poderá ser estipulado, *v.g.*, por portaria (STF, RE 140.669-PE-1998). Daí se afirmar que, para o STF, as matérias não sujeitas à reserva legal podem estar submetidas a atos infralegais, como decreto, portaria, instrução normativa ou outro instrumento normativo.

As obrigações acessórias (art. 113, § 2.º, do CTN) e a atualização monetária do tributo são exemplos de outras matérias se distanciam da estrita legalidade.

1.3.3. Princípio da anterioridade tributária

O princípio da anterioridade tributária – ou princípio da eficácia diferida – está previsto nas alíneas *b* e *c* do inciso III do art. 150 da CF.

A alínea *b* refere-se à anterioridade anual ou anterioridade de exercício. A alínea *c*, por sua vez, inserida pela EC n.º 42/2003, adstringe-se à anterioridade nonagesimal.

As duas esperas temporais, em suma, vêm ratificar a segurança jurídica que deve reger o relacionamento entre o Estado que cobra e o contribuinte que arca com o valor cobrado. O princípio da anterioridade tributária tem como finalidade assegurar que o contribuinte não seja pego de surpresa pelo Fisco, indo ao encontro da necessidade de o contribuinte se preparar para o evento compulsório da tributação, seja disponibilizando recursos, seja consultando um advogado especializado, que poderá orientá-lo devidamente.

A alínea *b*, designativa da anterioridade anual, determina que os entes tributantes não podem cobrar tributos no mesmo exercício financeiro em que tenha sido publicada a lei majoradora ou instituidora do tributo. A expressão "exercício financeiro" deve ser entendida como "ano fiscal", que, no Brasil, representa o próprio "ano civil" (período de 1.º de janeiro a 31 de dezembro).

A alínea *c*, referente à anterioridade nonagesimal, impõe que o tributo, majorado ou instituído, seja exigido depois de decorridos 90 (noventa) dias da publicação da lei que tenha perpetrada a majoração ou sua instituição.

(2018/Consulplan/TJ-MG/Juiz de Direito Substituto) Assinale a alternativa que retrata a jurisprudência consolidada nos Tribunais Superiores.

a) O serviço de iluminação pública pode ser remunerado mediante taxa.

b) Norma legal que altera o prazo de recolhimento de obrigação tributária não se sujeita ao princípio da anterioridade.

c) É constitucional a incidência do Imposto Sobre Serviços de Qualquer Natureza (ISSQN) sobre operações de locação de bens móveis.

d) No tocante à base de cálculo, o ISSQN incide apenas sobre a taxa de agenciamento quando o serviço prestado por sociedade empresária de trabalho temporário for de intermediação, não podendo englobar os valores dos salários e encargos sociais dos trabalhadores por ela contratados, independentemente do fornecimento de mão de obra.

Resposta: B

Comentários:

a) Súmula Vinculante 41, STF: *O serviço de iluminação pública não pode ser remunerado mediante taxa.*

b) Súmula Vinculante 50, STF: *Norma legal que altera o prazo de recolhimento de obrigação tributária não se sujeita ao princípio da anterioridade.*

c) Súmula Vinculante 31, STF: *É inconstitucional a incidência do Imposto sobre Serviços de Qualquer Natureza – ISS sobre operações de locação de bens móveis.*

d) Súmula 524, STJ: *No tocante à base de cálculo, o ISSQN incide apenas sobre a taxa de agenciamento quando o serviço prestado por sociedade empresária de trabalho temporário for de intermediação, devendo, entretanto, englobar também os valores dos salários e encargos sociais dos trabalhadores por ela contratados nas hipóteses de fornecimento de mão de obra.*

1.3.3.1. Exceções ao princípio da anterioridade anual

As exceções ao princípio da anterioridade anual, contidas no art. 150, § 1.º, parte inicial, da CF, fazem parte de uma lista de tributos que, até a EC n.º 42/2003, eram imediatamente exigidos, quando majorados ou instituídos. Observe o rol:

a) Imposto de Importação – II;

b) Imposto de Exportação – IE;

c) Imposto sobre Produtos Industrializados – IPI;

d) Imposto sobre Operações Financeiras – IOF;

e) Imposto Extraordinário;

f) Empréstimo Compulsório para Calamidade Pública ou para Guerra Externa (EC-CALA/GUE);

g) CIDE-Combustível e ICMS-Combustível (previstos na EC n.º 33/2001).

Frise-se que até a EC n.º 42/2003, o Empréstimo Compulsório para Calamidade Pública ou para Guerra Externa (art. 148, I, da CF) era uma exceção estritamente doutrinária à anterioridade tributária anual, não sendo prevista expressamente no

DIREITO TRIBUTÁRIO ESSENCIAL – *Eduardo Sabbag*

texto constitucional. Após a citada Emenda, passou a ser uma exceção expressa na Carta Magna.

No que se refere à CIDE-Combustível e ao ICMS-Combustível, a EC n.º 33/2001 reconheceu tais tributos como exceções ao princípio da anterioridade anual (e não exceções à anterioridade nonagesimal, como se verá adiante).

Faz-se necessário destacar que o princípio da anterioridade tributária foi revigorado com a EC n.º 42/2003, que vedou a cobrança de tributos antes de decorridos 90 dias da data em que houver sido publicada a lei que tenha instituído ou majorado o tributo, em consonância com o art. 150, III, *c*, da CF. Dessa forma, fortaleceu-se o postulado em análise, uma vez que se passou a exigir, a partir de 2004, a obediência à anterioridade anual, além da anterioridade nonagesimal, em clara aplicação cumulativa da norma tributária, proporcionando ao contribuinte mais uma forma de proteção contra a tributação indevida.

Curiosamente, da mesma forma que sobreveio a espera de 90 dias, no bojo da regra da anterioridade nonagesimal, reflexamente, despontou a lista de exceções ao postulado, conforme se verificará no tópico seguinte.

(2017/Consulplan/TJ-MG/Titular de Serviços de Notas e de Registros) Relativamente aos princípios constitucionais tributários, é correto afirmar:

a) O princípio da anterioridade, também conhecido como princípio da não surpresa, aplica-se aos casos em que o tributo é instituído, majorado ou reduzido.

b) O princípio da anterioridade anual, que impede a cobrança de tributo no mesmo exercício financeiro em que haja sido publicada a lei que o instituiu ou aumentou, aplica-se ao imposto extraordinário de guerra.

c) O princípio da anterioridade nonagesimal, segundo o qual é proibida a cobrança de tributos antes de decorridos noventa dias da data em que haja sido publicada a lei que os instituiu ou aumentou, aplica-se ao imposto extraordinário de guerra e ao IOF.

d) Em geral, os tributos submetem-se tanto à anterioridade anual quanto à nonagesimal.

Resposta: D

Comentários: "Art. 150. Sem prejuízo de outras garantias asseguradas ao contribuinte, é vedado à União, aos Estados, ao Distrito Federal e aos Municípios:

(...)

III – cobrar tributos:

(...)

b) no mesmo exercício financeiro em que haja sido publicada a lei que os instituiu ou aumentou;

c) antes de decorridos noventa dias da data em que haja sido publicada a lei que os instituiu ou aumentou, observado o disposto na alínea *b*;"

1.3.3.2. Exceções ao princípio da anterioridade nonagesimal

Conforme se depreende do comando inserto no art. 150, § 1.º, *in fine*, da CF, a EC n.º 42/2003 excepcionou o período de 90 dias para alguns tributos. Confira a lista a seguir:

1) Imposto de Importação – II;
2) Imposto de Exportação – IE;
3) Imposto de Renda – IR;
4) Imposto sobre Operações Financeiras – IOF;
5) Imposto Extraordinário;
6) Empréstimo Compulsório para Calamidade Pública ou para Guerra Externa – EC-CALA/GUE;
7) Alterações na base de cálculo do IPTU e do IPVA.

Conclui-se, assim, que os tributos do citado rol não obedecerão ao período de 90 dias, caso venham a ser majorados ou instituídos. A partir disso, podemos chegar a importantes conclusões:

a) Caso haja aumento do IPI, sua exigência deverá ocorrer após 90 dias, a partir da lei majoradora, não mais prevalecendo a exigência imediata do tributo, como ocorria até 2003, antes do advento da EC n.º 42/2003;

b) Em caso de majoração do IR, em qualquer data do ano, sua exigência deverá ocorrer no 1.º dia do exercício financeiro subsecutivo ao da majoração, porquanto o IR é regra à anterioridade anual, mas exceção à anterioridade nonagesimal;

c) A parte final do art. 150, § 1.º, da CF, em razão da EC n.º 42/2003, dispõe que são exceções à anterioridade nonagesimal as alterações na base de cálculo do IPVA e do IPTU. Esta base de cálculo é o valor venal do bem. Sendo assim, é possível que se proceda à fixação legal do valor venal de um veículo automotor ou de um imóvel, no fim de ano, e que tal modificação possa ser aplicada no 1.º dia do exercício financeiro seguinte. Perceba que a alteração favorece os interesses da Fazenda, pois se permitem modificações abruptas, revelando-se, em tese, violadoras da segurança jurídica do contribuinte;

d) É importante guardar que os parágrafos acima tratam das exceções à anterioridade, quer anual, quer nonagesimal. Caso o tributo não faça parte das listas de exceções estudadas, deverá ser alvo da aplicação cumulativa da anterioridade, já que se apresenta como regra, e não como exceção;

e) A contribuição para a seguridade social (PIS, COFINS etc.) poderá ser cobrada 90 dias após a publicação da lei que a instituiu ou modificou, conforme se depreende do art. 195, § 6.º, da CF.

Para o STF, o conceito de "modificação" perpassa a onerosidade efetiva para o contribuinte, o que o levou a afirmar que a simples modificação em data de pagamento (antecipação) de contribuição previdenciária não seria suficientemente hábil a avocar a noventena (*Súmula 669 do STF* e os RREE

182.971-SP e 274.949). Frise-se que, em 17 de junho de 2015, o Plenário do STF, por maioria, acolheu proposta de edição de enunciado de Súmula Vinculante com o seguinte teor: "Norma legal que altera o prazo de recolhimento da obrigação tributária não se sujeita ao princípio da anterioridade". Assim, tornou vinculante o conteúdo do Verbete 669 da Súmula do STF. Trata-se da Súmula Vinculante 50 do STF.

f) Em resumo, memorize:

I) Tributos exigidos imediatamente, caso aumentados ou instituídos, ou seja, exceções concomitantes às anterioridades anual e nonagesimal: II, IE, IOF, IEG e Empréstimo Compulsório (Calamidade Pública ou Guerra);

II) Tributos exigidos 90 dias após o aumento, ou seja, exceções à anterioridade anual, porém "regras" à anterioridade nonagesimal: IPI, CIDE-Combustível e ICMS-Combustível;

III) Tributos exigidos a partir de 1.º de janeiro do exercício financeiro seguinte, independentemente da data do aumento ou da instituição, ou seja, exceções à anterioridade nonagesimal, porém "regras" à anterioridade anual: IR e alterações na base de cálculo do IPVA e IPTU;

IV) Tributos que são exceções concomitantes aos princípios da legalidade, da anterioridade anual e da anterioridade nonagesimal: II, IE e IOF.

V) A contribuição para a seguridade social (PIS, COFINS etc.) poderá ser cobrada 90 dias após a publicação da lei que a instituiu ou modificou.

1.3.4. Os reflexos da EC n.º 32/2001 nos princípios da legalidade e da anterioridade

A EC n.º 32/2001 refere-se à utilização da medida provisória em matéria tributária, conforme dispõe o art. 62, § 2.º, da CF.

Com a EC citada, o prazo de validade de uma MP passou a ser de 60 dias, admitida uma única prorrogação, por mais 60 dias. Em caso de não conversão em lei no prazo estabelecido, a MP perderá eficácia desde a origem, devendo seus efeitos ser regulados por decreto legislativo do Congresso Nacional.

Ressalte-se que, antes da citada Emenda, o STJ já se manifestava favoravelmente à possibilidade de se utilizarem medidas provisórias para a instituição de tributos (STF, AgRAg 236.976). Entretanto, a EC n.º 32/2001 condicionou a incidência da MP a 1.º de janeiro do exercício seguinte à sua conversão em lei.

1.3.4.1. Confronto da EC n.º 32/2001 com o princípio da legalidade tributária

Embora o STF tenha admitido a criação ou o aumento de tributo por meio de medida provisória, tal posicionamento necessitava de respaldo constitucional, uma vez que a tese era lastreada em posicionamento jurisprudencial. Tal respaldo veio com a EC n.º 32/2001, que introduziu inúmeras modificações ao art. 62 da CF, com a inclusão de doze parágrafos ao comando. Sabe-se, hodiernamente, que a MP é meio idôneo de alteração e instituição de imposto, conforme art. 62, § 2.º, da CF.

Todavia, a MP não pode tratar de matéria reservada à lei complementar, conforme art. 62, § 1.º, III, da CF, ou seja, valendo-se de um recurso mnemônico, "onde a lei complementar versar, a medida provisória não irá disciplinar".

Por outro lado, nada impedirá que a MP verse sobre temas não afetos à LC, por exemplo, a instituição de um imposto extraordinário (art. 154, II, da CF), alguns elementos estruturantes dos tributos, previstos no art. 97 do CTN, entre outras situações.

A propósito, são tributos federais passíveis de instituição por lei complementar e que, consequentemente, rechaçam a via da MP: imposto sobre grandes fortunas, imposto residual, empréstimo compulsório e a residual contribuição social-previdenciária. Portanto, não há que se falar, por exemplo, em instituição de imposto sobre grandes fortunas por medida provisória, ou, mesmo, em empréstimo compulsório instituído por igual meio normativo.

Além disso, a indigitada restrição atinge, igualmente, as matérias previstas na Carta Magna como dependentes de lei complementar. Recomendamos, para o bom entendimento da questão, a leitura de alguns artigos, quais sejam:

a) o art. 155, § 2.º, XII, da CF, para o ICMS;
b) o art. 155, § 1.º, III, da CF, para o ITCMD;
c) o art. 156, § 3.º, da CF, para o ISS;
d) os arts. 146 e 146-A da CF, que tratam das normas gerais em matéria de legislação tributária, conflitos de competência, limitações constitucionais ao poder de tributar e prevenção de desequilíbrios de concorrência;
e) art. 195, § 11, CF (para contribuição social – remissão e anistia).

1.3.5. Princípio da irretroatividade tributária

O princípio da irretroatividade tributária impõe que a lei deve abranger fatos geradores posteriores à sua edição. Não deve a lei, desse modo, retroceder com a finalidade de abarcar situações pretéritas, sob pena de se verificar uma retroatividade. Será aplicada, portanto, a lei vigente no momento do fato gerador. O art. 144, *caput*, do CTN dá amparo à premissa da irretroatividade tributária, também com respaldo constitucional (art. 150, III, *a*, da CF).

Logo, o lançamento atesta a ocorrência do fato gerador, regendo-se pela lei então vigente, o que lhe atribui uma feição declaratória, com efeitos *ex tunc* (art. 142 do CTN). Todavia, a lei nova que regula formalidades ou aspectos formais da cobrança do tributo, ou seja, sendo inábil a alterar, criar ou extinguir direitos materiais, como definição de sujeito passivo, hipótese de incidência, valor da dívida etc., deverá ser aplicada retroativamente. Nessa esteira, os aspectos formais ou procedimentais que cercam o lançamento não influem decisivamente a ponto de afastarem a lei vigente na época do lançamento, como se pode notar do art. 144, § 1.º, do CTN. Ver STJ: RE 558.633.

Em síntese, conforme disposição legal, são hipóteses de retroação da norma, com utilização da lei vigente à época de lançamento: a) legislação que institua novos critérios de apuração ou processos de fiscalização; b) legislação que amplie os poderes de investigação das autoridades administrativas; c) legislação que outorgue ao crédito maiores privilégios ou garantias, salvo no caso de atribuição de responsabilidade tributária a terceiros.

Além disso, ressalte-se que o disposto no art. 144, § 2.º, do CTN, da mesma maneira que o parágrafo que o antecede, afasta a aplicação do *caput* do disposto em análise, ou seja, o próprio princípio da irretroatividade tributária. Refere-se a situações adstritas aos tributos lançados por período certo de tempo ou com fatos geradores periódicos, como IPTU, IPVA e ITR. Nesses tributos, a lei pode, valendo-se de ficção jurídica, definir um momento específico de acontecimento do fato gerador. Dessa forma, a legislação aplicável será aquela vigente na data predeterminada, não respeitando a premissa da "lei do momento do fato gerador". Ver STF: RE 183.130/PR e RE 592.396.

Assim, quando se quer afirmar que "o disposto neste artigo não se aplica aos impostos lançados por períodos certos de tempo, desde que a respectiva lei fixe expressamente a data em que o fato gerador se considera ocorrido", orienta se, em verdade, para uma ressalva à notória regra da aplicação da lei do momento do fato gerador. No entanto, a tal ressalva não possui o condão de contrariar frontalmente a regra, uma vez que prevalecerá a mera aplicação da lei – não a contemporânea do fato gerador, mas a que fixar expressamente a data em que tal fato imponível se considerar ocorrido.

Importante consignar que, em 22 de junho de 2020, o Plenário do STF decidiu pelo cancelamento da antiga Súmula 584, conforme decidido nos autos do RE 159.180/MG de relatoria do Ministro Marco Aurélio. Desta feita, a Corte reiterou entendimento proferido pela Corte nos últimos anos, no sentido de que, a lei nova aplica-se a fatos futuros, jamais aos pretéritos ou aos pendentes.

Continuando o estudo da irretroatividade tributária, passemos, então, a analisar o art. 106 do CTN, que traz "exceções" ao dispositivo.

O referido artigo sinaliza que a retroação poderá ocorrer em duas situações:

a) *lei interpretativa* (art. 106, I, do CTN), em qualquer caso, que é aquela que se limita a explicar o entendimento ofertado à outra norma jurídica. É conhecida por *interpretação autêntica, legal ou legislativa*;

b) *lei mais benéfica* (art. 106, II, *a*, *b*, e *c*, do CTN), no âmbito do direito tributário penal, desde que o ato não esteja definitivamente julgado, ou seja, já decidido na órbita administrativa e/ou na judicial, conforme a orientação do STJ (REsp 189.094/SP-1999 e REsp 187.051/SP-1998). Na análise das alíneas *a* e *b* do inciso II do dispositivo ora estudado, parece-nos que houve redundância, pois seus conteúdos são quase idênticos. A alínea *c*, por sua vez, contempla o *princípio da benignidade*, ou seja, uma lei contemporânea do lançamento elide os efeitos da lei vigente na época do fato gerador, caso aquela estabeleça um percentual de multa inferior ao previsto nesta. Trata-se da aplicação da *lex melius* ou *retroatio in melius* (STJ, REsp 182.416-SP).

(2019/Ieses/TJ-SC/Titular de Serviços de Notas e de Registros) Os princípios constitucionais tributários e as imunidades tributárias impõem limitações relevantes ao poder de tributar, sendo elementos fundamentais do Sistema Tributário Nacional, erigido no Capítulo I do Título VI da Constituição Federal.

Cap. 1 – DIREITO TRIBUTÁRIO **11**

Quanto aos princípios constitucionais tributários e as imunidades tributárias, assinale a alternativa correta:

a) Segundo entendimento sumulado do Supremo Tribunal Federal, o imóvel pertencente a partidos políticos, inclusive suas fundações, bem como entidades sindicais dos trabalhadores, instituições de educação e instituições de assistência social, sem fins lucrativos, está albergado pela imunidade ao IPTU, mesmo quando alugado a terceiros, desde que o valor dos aluguéis seja aplicado em atividades definidas pelo Município.

b) O princípio da legalidade tributária veda que a União, os Estados, o Distrito Federal e os Municípios exijam ou aumentem tributos em lei que os estabeleça, devendo ser utilizada, em regra, lei complementar para instituir tributos.

c) A imunidade recíproca dos entes federados aplica-se ao patrimônio, à renda e aos serviços, relacionados com exploração de atividades econômicas regidas pelas normas aplicáveis a empreendimentos privados, ou em que haja contraprestação ou pagamento de preços ou tarifas pelo usuário, nem exonera o promitente comprador da obrigação de pagar imposto relativamente ao bem imóvel.

d) O princípio da anterioridade, cuja aplicação alcança o imposto de renda, proíbe a cobrança de tributos no mesmo exercício financeiro em que haja sido publicada a lei que os instituiu ou aumentou.

Resposta: D

Comentários:

Súmula Vinculante 50, STF: Norma legal que altera o prazo de recolhimento de obrigação tributária não se sujeita ao princípio da anterioridade.

Súmula Vinculante 29, STF: É constitucional a adoção, no cálculo do valor de taxa, de um ou mais elementos da base de cálculo própria de determinado imposto, desde que não haja integral identidade entre uma base e outra.

Súmula Vinculante 31, STF: É inconstitucional a incidência do Imposto sobre Serviços de Qualquer Natureza – ISS sobre operações de locação de bens móveis.

Súmula Vinculante 32, STF: O ICMS não incide sobre alienação de salvados de sinistro pelas seguradoras.

Súmula Vinculante 41, STF: O serviço de iluminação pública não pode ser remunerado mediante taxa.

Súmula Vinculante 48, STF: Na entrada de mercadoria importada do exterior, é legítima a cobrança do ICMS por ocasião do desembaraço aduaneiro.

(2015/Cespe/AGU/Advogado da União) Acerca dos princípios constitucionais tributários, julgue o item subsequente.

Conforme o princípio da irretroatividade da lei tributária, não se admite a cobrança de tributos em relação a fatos geradores ocorridos em período anterior à vigência da lei que os instituiu ou aumentou. Entretanto, o Código Tributário Nacional admite a aplicação retroativa de lei que estabeleça penalidade menos

DIREITO TRIBUTÁRIO ESSENCIAL – *Eduardo Sabbag*

severa que a prevista na norma vigente ao tempo da prática do ato a que se refere, desde que não tenha havido julgamento definitivo.

Resposta: Certo

Comentários: Em conformidade com o que dispõe o Código Tributário Nacional, a lei retroativa da qual comine penalidade mais branda poderá ser aplicada, desde que o ato não esteja julgado em definitivo.

> Art. 106. A lei aplica-se a ato ou fato pretérito:
> I – em qualquer caso, quando seja expressamente interpretativa, excluída a aplicação de penalidade à infração dos dispositivos interpretados;
> II – tratando-se de ato não definitivamente julgado:
> a) quando deixe de defini-lo como infração;
> b) quando deixe de tratá-lo como contrário a qualquer exigência de ação ou omissão, desde que não tenha sido fraudulento e não tenha implicado em falta de pagamento de tributo;
> c) quando lhe comine penalidade menos severa que a prevista na lei vigente ao tempo da sua prática.

1.3.6. Princípio da igualdade ou isonomia tributária

O princípio da isonomia tributária, constante do inciso II do art. 150 da CF, veda o tratamento desigual entre contribuintes que se encontrem em situação de equivalência. Daí a noção, ínsita ao princípio, da proibição de privilégios odiosos e desarrazoados. Percebe-se que o mencionado preceptivo se põe como um contraponto fiscal daquilo que se proclamou afirmativamente no art. 5.º, *caput*, do texto constitucional.

O princípio da isonomia, como é sabido, é postulado vazio, recebendo o conteúdo de outros valores, como a noção de *justiça (tributária)* (STF, RE 423.768). Hodiernamente, o Poder Judiciário, valendo-se dos postulados da razoabilidade e proporcionalidade, tem verificado, em cada caso, se a lei guerreada se mostra dissonante do princípio da isonomia.

O princípio tributário do *non olet* impõe que a hipótese de incidência tributária seja compreendida, independentemente da licitude ou ilicitude peculiares à atividade exercida.

Com relação à cláusula *pecunia non olet* e à intributabilidade dos atos ilícitos, é oportuno revelar, entretanto, a existência de forte linha argumentativa no sentido oposto, demonstrando que a incidência tributária não poderá se dar perante os atos ilícitos.

Há quem diga que a incidência do tributo nas atividades ilícitas provocará uma antinomia com o art. 3º do CTN, segundo o qual "tributo é toda prestação pecuniária compulsória, em moeda ou cujo valor nela se possa exprimir, que não constitua sanção de ato ilícito, instituída em lei e cobrada mediante atividade administrativa plenamente vinculada". Ver STF: RE 640.905/SP.

São decorrentes do princípio da isonomia tributária dois *subprincípios*: o *princípio da interpretação objetiva do fato gerador* e o *princípio da capacidade contributiva*. Vamos estudá-los:

1.3.6.1. Princípio da interpretação objetiva do fato gerador

O princípio da interpretação objetiva do fato gerador (ou princípio da cláusula *non olet*) dispõe que se deve interpretar o fato gerador em seu aspecto objetivo, não importando os aspectos subjetivos, que dizem respeito à pessoa destinatária da cobrança tributo. Dessa maneira, não se analisa a nulidade/anulabilidade do ato jurídico, a incapacidade civil do sujeito passivo ou a ilicitude do ato que gera o fato presuntivo de riqueza tributável. Predomina, sim, em caráter *exclusivo*, a investigação do aspecto objetivo do fato gerador. Por conta disso, para o STF, "*é legítima a tributação de produtos financeiros resultantes de atividades criminosas, nos termos do art. 118, I, CTN*" (HC 77.530-RS-1998).

1.3.6.2. Princípio da capacidade contributiva

O princípio da capacidade contributiva, previsto no art. 145, § 1.º, da CF, como projeção do postulado da isonomia tributária, tem por objetivo a consecução do ideal de justiça fiscal ou justiça distributiva.

Analisando-se o teor do dispositivo, notam-se dois aspectos de relevo: I) a menção exclusiva a *impostos*; e II) a fluida expressão *sempre que possível*.

No primeiro item, a literalidade do texto constitucional apega-se ao termo *imposto*. Ressalte-se que a Constituição Federal de 1946 associava o comando a "tributos", diferentemente da atual previsão constitucional. Todavia, não há dúvida que se pode atrelar o comando a outros tributos, como contribuições para a seguridade social (*vide* art. 195, § 9.º, da CF, à luz da EC n.º 47/2005) ou taxas (*vide* art. 5.º, LXXIV e LXXVII). Nesse sentido, o STF (AgRegRE 176.382-5/CE-2000) já se posicionou entendendo ser aplicável o princípio à taxa de fiscalização dos mercados de títulos e valores mobiliários (Lei n.º 7.940/1989), considerada constitucional, consoante a Súmula 665 (ver, ademais, no STF: RREE 656.089/MG, 599.309/SP, RE 216.259-AgR-2000 (Taxa de Fiscalização da CVM) e RE 232.393/2002).

Quanto ao segundo item, a expressão "sempre que possível" pode ser interpretada se avocarmos as possibilidades técnicas de cada imposto. Por exemplo, se o IR, na busca do ideal de justiça, apresenta-se inclinado à variação de alíquotas, o ICMS, em princípio, afasta-a, já que se trata de imposto incidente sobre o consumidor final. Nesse cenário, exsurge a necessidade de visualizarmos os meios de exteriorização ou possibilidades de concretização da capacidade contributiva. Os principais são: a) progressividade; b) proporcionalidade; c) seletividade.

a) *Progressividade:* técnica de incidência de *alíquotas variadas*, cujo aumento se dá na medida em que se majora a base de cálculo do gravame, sem haver, é claro, uma relação de proporcionalidade. O critério refere-se ao aspecto quantitativo, do qual decorre a progressividade fiscal e a extrafiscal. A primeira alinha-se ao brocardo "quanto mais se ganha, mais se paga", de finalidade meramente arrecadatória, admitindo onerar mais gravosamente a riqueza tributável de maior monta. A segunda, por seu turno, atua na modulação de condutas, no âmbito do interesse regulatório, promovendo a correção de externalidades.

DIREITO TRIBUTÁRIO ESSENCIAL – *Eduardo Sabbag*

Conforme previsão explícita na CF, temos **3 (três)** *impostos progressivos*: dois federais e um imposto municipal. São eles: **ITR** (art. 153, § 4.º, I, da CF – EC n.º 42/2003); **IR** – Imposto sobre a Renda (art. 153, § 2.º, I, da CF); e **IPTU** (art. 156, § 1.º, I e II, da CF c/c art. 182, § 4.º, II, da CF).

O ITR, com o advento da EC n.º 42/2003, à luz do art. 153, § 4º, I, da CF, passou a ter previsão explícita de progressividade na Constituição Federal, devendo suas alíquotas desestimular a manutenção de propriedades improdutivas.

Tal comando sinaliza a progressividade extrafiscal para o ITR, criando maior onerosidade para o proprietário que não dá destinação econômica ao seu imóvel rural ou o faz com precário rendimento.

A 2ª Turma do STF, no RE 1.038.357-AgR (rel. Min. Dias Toffoli), em 6 de fevereiro de 2018, entendeu que a progressividade do ITR pode existir em razão do tamanho da propriedade rural. O ITR progressivo se justifica pela extrafiscalidade, todavia, segundo a Corte Suprema, não haverá inconstitucionalidade na progressividade do imposto que levar em conta o grau de utilização da terra ("GU") e, também, a área do imóvel. Um critério não esvazia o outro; pelo contrário, conjugam-se em total alinhamento com o art. 153, § 4º, I, CF. Com efeito, sacramentou-se a ideia de que "quanto maior for o território rural e menor o seu aproveitamento, maior será a alíquota de ITR. Essa sistemática potencializa a função extrafiscal do tributo e desestimula a manutenção de propriedade improdutiva".

É importante destacar que, quanto ao IPVA, entendemos que sua "progressividade", com a EC n.º 42/2003, veio a lume de maneira implícita, conforme art. 155, § 6.º, II, da CF, ao viabilizar a diferenciação de suas alíquotas, em função do *tipo* e da utilização do veículo. A possibilidade de alíquotas diferenciadas em função do *tipo* e *utilização* permite-nos inferir que há uma latente progressividade do IPVA, que não está explícita no texto constitucional, como é o caso do IPTU, IR e ITR, o que torna este imposto estadual mais um gravame sujeito à extrafiscalidade, com função regulatória, do que propriamente uma exação progressiva.

A lista de impostos progressivos aumentou a partir do julgamento proferido pelo STF, em 06 de fevereiro de 2013, nos autos do RE 562045/RS, que reconheceu a compatibilidade da progressividade das alíquotas do Imposto sobre Transmissão *Causa Mortis* e Doação (**ITCMD**) (matéria foi decidida com Repercussão Geral, fixando-se a seguinte tese: "É constitucional a fixação de alíquota progressiva para o Imposto sobre Transmissão Causa Mortis e Doação – ITCD").

> **b)** *Proporcionalidade*: meio de exteriorização da capacidade contributiva, que se mostra pela técnica de incidência de alíquotas fixas, em razão de bases de cálculo variáveis. Dessa forma, qualquer que seja a base de cálculo, a alíquota sobre ela terá o mesmo percentual.

Registre-se que a proporcionalidade, ao contrário da progressividade, não vem explícita no texto constitucional.

Ademais, a proporcionalidade se dá nos impostos chamados "reais", cujos fatos geradores acontecem sobre elementos econômicos do bem, como propriedade de bem, circulação de bem etc., desprezando-se qualquer consideração relativa à

Cap. 1 – DIREITO TRIBUTÁRIO **15**

situação pessoal do contribuinte. O STF já se manifestou, asseverando que, no caso dos impostos ditos "reais", o princípio da capacidade contributiva é prestigiado pela mera técnica da proporcionalidade.

A proporcionalidade atinge, da mesma maneira, os impostos chamados *indiretos*, conceituados constitucionalmente como aqueles gravames que admitem a transferência do ônus tributário, e terminam por tributar o consumidor final do produto, no contexto da *regressividade*. Esta, por seu turno, é característica dos impostos indiretos, os quais são exigidos pelo mesmo valor de todos os indivíduos, independentemente dos níveis de renda individuais. Diga-se, ainda, que, para atenuar a regressividade, o imposto pode ser *seletivo*, sendo esse um importante mecanismo inibitório da regressividade.

c) *Seletividade*: forma de exteriorização da capacidade contributiva, mostrando-se como técnica de incidência de alíquotas que variam na razão inversa da essencialidade do bem. Vale dizer, em outras palavras, que a técnica permite gravar-se com uma maior alíquota o bem mais inessencial, ou seja, na razão direta da superfluidade do bem.

Os impostos que detêm seletividade são o ICMS (art. 155, § 2º, III, CF) e o IPI (art. 153, § 3º, I, CF). É de natureza facultativa a seletividade para o ICMS, portanto "pode" ser ele seletivo; a seletividade para o IPI é de natureza obrigatória, portanto "deve" ser ele seletivo. Ver STF: RE 592.145/SP.

1.3.7. Princípio da vedação ao confisco

O tributo com efeito de confiscos supõe previamente a tributação em excesso, exacerbada ou escorchante. Por outro lado, a exação que se atém aos limites da capacidade contributiva do cidadão mantém-se na ideal zona intermediária entre o confisco e o mínimo razoável na tributação.

O mínimo existencial (vital ou necessário) está disciplinado no art. 7.º, IV, da CF, cujo teor aponta os parâmetros de quantidade de riqueza mínima, suficiente para a manutenção do indivíduo e de sua família. A propósito, o princípio da vedação ao confisco advém do princípio da capacidade contributiva, pois tal capacidade se manifesta na aptidão para suportar a carga tributária sem que exista perecimento da riqueza tributável.

A vedação à confiscabilidade proíbe a instituição de quaisquer tributos com caráter de absorção substancial da propriedade privada, sem a proporcionada indenização. Entretanto, vale salientar que o texto constitucional admite que se dê tal apropriação sem indenização em duas situações: a) pena de perdimento de bens (art. 5.º, XLVI, *b*, da CF) e b) expropriação de glebas destinadas a culturas de plantas psicotrópicas e trabalho escravo (art. 243, parágrafo único, CF; atualizado com a EC n.º 81/2014: "Todo e qualquer bem de valor econômico apreendido em decorrência do tráfico ilícito de entorpecentes e drogas afins e da exploração de trabalho escravo será confiscado (...)").

Em nosso país não há parâmetros objetivamente definidos do que vem a ser uma tributação excessiva. A aferição compete ao Poder Judiciário, quando promovido pelo contribuinte prejudicado, no caso concreto. Além disso, prevaleceu a tese no STF de que o caráter do confisco do tributo deve ser avaliado à luz de todo o sistema tributário, e não em função de cada tributo isoladamente examinado (ADIMC 2.010-DF-1999).

1.3.7.1.   Confronto entre o confisco e a multa

A multa é sanção exigível perante o descumprimento de obrigação tributária, não se confundindo com o tributo. Como penalidade, a multa se mostra como prestação pecuniária dotada de valor preciso, podendo esse ser razoável ou não. Pode-se, dessa forma, aplicar o postulado da não confiscabilidade à multa exacerbada? Para o STF, não poderá subsistir multa confiscatória, sendo plenamente aplicável o princípio tributário em análise a esse tipo de multa (STF, ADIn 551/RJ-2002).

Destaque-se que o *princípio da vedação ao confisco* não se aplica, em tese, aos *tributos extrafiscais*. A jurisprudência admite alíquotas confiscatórias nesses tipos de impostos. Além disso, a mesma lógica tem sido aplicada aos casos de *progressividade extrafiscal*, aceitando-se a exacerbação na cobrança de IPTU e de ITR, quando ligados ao cumprimento da função social da propriedade.

Frise-se, em tempo, que o referido princípio não é aplicável aos *impostos seletivos* (IPI e ICMS), uma vez que a *seletividade* é técnica de incidência de alíquotas cuja variação será em função da essencialidade do bem. Dessa maneira, é incabível verberar o confisco na tributação de cigarros ou bebidas, posto que o excesso se mostra justificável.

1.3.8.   Princípio da não limitação ao tráfego de pessoas e bens

O princípio da não limitação ao tráfego de pessoas e bens, previsto no inciso V do art. 150 da CF, determina que a intermunicipalidade e a interestadualidade não poderão ser fatos geradores de quaisquer tributos, sejam eles federais, estaduais ou municipais. Nessa medida, compete ao legislador, no ato de instituição do tributo, elaborar a lei delimitadora do fato gerador, que, por sua vez, deve ser distinto da transposição de Municípios (intermunicipalidade) e da transposição de Estados (interestadualidade).

Na verdade, o princípio em tela é mera corroboração da liberdade de locomoção, constitucionalmente admitida no art. 5.º, LXVIII, da CF. No entanto, cabem aqui duas atenuações, sendo uma de ordem constitucional (art. 150, V, parte final, da CF), referente aos *pedágios*, e outra de ordem doutrinária, referente ao ICMS, exigido pelas autoridades fiscais nos Postos de Fiscalização das rodovias.

1.3.9.   Princípio da uniformidade geográfica

O princípio da uniformidade geográfica (ou tributária), previsto no inciso I do art. 151, a par do art. 19, III, *in fine*, ambos da CF, prevê a instituição de tributos federais de modo uniforme em todo o território. Trata-se, assim, de postulado endereçado tão somente à União, versando sobre os tributos federais, e não apenas sobre "impostos". Nessa esteira, o tributo federal deverá conter a *mesma alíquota* em toda a extensão territorial do país, indicando que o postulado em estudo visa à defesa da identidade de alíquotas. Em termos práticos, caso haja aumento de alíquotas de um tributo federal, deverá incidir o aumento em todo o Brasil, sob pena de se ferir o postulado ora estudado. Dessa forma, procura-se homenagear a ideia de equivalência entre as entidades componentes de Federação, vedando-se uma possível hierarquização. Como é cediço, os Estados-Membros são parificados, e não hierarquizados, o que nos faz concluir que o princípio da uniformidade tributária não anula o princípio federativo, mas o ratifica.

Atente-se também para o fato de que há exceção prevista para os incentivos fiscais específicos, ou seja, aqueles destinados a incentivar o equilíbrio socioeconômico entre as diferentes regiões do país (art. 151, I, *in fine*, c/c art. 43, § 2.º, III, da CF). Neste caso, será plausível a ocorrência de tributos federais com alíquotas diferenciadas. Atente que não se trata de um mero incentivo fiscal, uma vez que deve haver o cumprimento do elemento finalístico determinado que lhe dá lastro – a busca do equilíbrio socioeconômico entre as diferentes regiões do país.

1.3.10. Princípio da não cumulatividade

O texto constitucional dispõe que tal princípio se refere a três impostos: ICMS, IPI e Impostos Residuais (*vide*, respectivamente: art. 155, § 2.º, I; art. 153, § 3.º, II; art. 154, I, da CF).

No âmbito do ICMS, por exemplo, o princípio da não cumulatividade se mostra mais didaticamente assimilável, o que nos leva a procurar entendê-lo a partir desse gravame estadual, para, após, estendê-lo aos dois demais impostos federais.

Sabe-se que o ICMS é um imposto plurifásico. Nessa medida, a circulação de mercadorias pode ser fato gerador do referido tributo e, caso o seja, a incidência do imposto ocorrerá em cada fase mercantil. Imaginando as inúmeras fases de comercialização que intermedeiam o produtor e o consumidor final, espera-se contar com um mecanismo que impeça a sobreposição de incidências. Dessa forma, com o ICMS, acontece uma espécie de compensação descritiva ou escritural, através de um creditamento contábil de valores referentes às operações de entrada de produtos, em face dos lançamentos contábeis de débito, gerados pelas operações de saída de bens. Em razão do princípio em estudo, a incidência do imposto ocorre sobre o valor agregado ou acrescido em cada operação, e não sobre o valor total, não se permitindo a tributação em cascata. É o princípio da não cumulatividade no ICMS, cujos contornos elementares podem ser estendidos aos dois demais impostos.

1.3.10.1. Repercussão tributária

A repercussão tributária refere-se à transferência de encargos nos chamados "tributos indiretos" (Exemplo: ICMS, IPI etc.). Em outras palavras, o ônus tributacional repercute sobre o ocupante da fase posterior numa operação plurifásica, não sendo de responsabilidade daquele que deu ensejo à circulação originária. Nesse sentido, a repercussão tributária é a transmissão do ônus tributário ao contribuinte de fato, não incidindo sobre o contribuinte de direito.

1.4. QUADROS-SÍNTESE DO CAPÍTULO

Limitações Constitucionais ao Poder de Tributar (Arts. 150, 151 e 152 da CF)	– Legalidade – Isonomia – Irretroatividade – Anterioridade – Proibição do confisco – Liberdade de tráfego – Imunidades – Outras limitações
Legalidade Tributária (Art. 150, I, da CF c/c art. 97 do CTN)	Os entes tributantes (União, Estados, Municípios e Distrito Federal) só poderão criar ou aumentar tributo por meio de lei.
Exceções	Imposto de Importação (II); Imposto de Exportação (IE); IPI; e IOF; CIDE e ICMS poderão ter suas *alíquotas majoradas, ou reduzidas, por ato do Poder Executivo.*
Atenção	Impostos sobre Grandes Fortunas (art. 153, VII, da CF); Empréstimos Compulsórios (art. 148 da CF); Impostos Residuais (art. 154, I, da CF) e as contribuições social-previdenciárias novas ou residuais (art. 195, § 4.º, da CF c/c art. 154, I, da CF) *exigem lei complementar.*
Anterioridade Tributária (Alíneas *b* e *c* do inciso III do art. 150 da CF)	– **Anterioridade anual:** determina que os entes tributantes não podem cobrar tributos no mesmo exercício financeiro em que tenha sido publicada a lei majoradora ou instituidora do tributo. – **Anterioridade nonagesimal:** impõe que o tributo, majorado ou instituído, seja exigido depois de decorridos 90 (noventa) dias da publicação da lei que tenha perpetrada a majoração ou sua instituição.
Exceções	– **Anterioridade anual:** Imposto de Importação – II; Imposto de Exportação – IE; Imposto sobre Produtos Industrializados – IPI; Imposto sobre Operações Financeiras – IOF; Imposto Extraordinário (de Guerra) – IEG; Empréstimo Compulsório para Calamidade Pública ou para Guerra Externa; CIDE-Combustível e ICMS-Combustível. – **Anterioridade nonagesimal:** Imposto de Importação – II; Imposto de Exportação – IE; Imposto de Renda – IR; Imposto sobre Operações Financeiras – IOF; Imposto Extraordinário (de Guerra) – IEG; Empréstimo Compulsório para Calamidade Pública ou para Guerra Externa – EC-CALA/GUE; alterações na base de cálculo do IPTU e do IPVA.
Atenção	CIDE-Combustível e ICMS-Combustível: EC 33/2001 reconheceu tais tributos como exceções ao princípio da anterioridade anual.
Irretroatividade Tributária (Art. 150, III, *a*, da CF e Art. 144, *caput*, do CTN)	Impõe que a lei deve abranger fatos geradores posteriores à sua edição.

Cap. 1 – DIREITO TRIBUTÁRIO

Exceções	– Lei interpretativa (art. 106, I, do CTN); – Lei mais benéfica (art. 106, II, a, b, e c, do CTN). Obs.: art. 144, § 2.º, do CTN: afasta irretroatividade tributária em situações adstritas aos tributos lançados por período certo de tempo ou com fatos geradores periódicos, como IPTU, IPVA, e ITR.
Atenção	**Hipóteses de retroação da norma, com utilização da lei vigente à época de lançamento:** – legislação que institua novos critérios de apuração ou processos de fiscalização; – legislação que amplie os poderes de investigação das autoridades administrativas; – legislação que outorgue ao crédito maiores privilégios ou garantias, salvo no caso de atribuição de responsabilidade tributária a terceiros.
Igualdade ou Isonomia Tributária (Inciso II do art. 150 da CF)	Veda o tratamento desigual entre contribuintes que se encontrem em situação de equivalência.
Exceções	Não há.
Atenção	Vide: Princípio da interpretação objetiva do fato gerador e Princípio da capacidade contributiva.
Vedação ao Confisco (Arts. 7.º, IV, e 145, § 1.º, da CF)	A vedação à confiscabilidade proíbe a instituição de quaisquer tributos com caráter de absorção substancial da propriedade privada, sem a proporcionada indenização. Obs.: O princípio aplica-se à multa.
Exceções	– não se aplica, em tese, aos *tributos extrafiscais*; – casos de *progressividade extrafiscal*: IPTU e ITR, quando ligados ao cumprimento da função social da propriedade; – não é aplicável aos *impostos seletivos* (IPI e ICMS);
Atenção	É permitida a apropriação sem indenização em duas situações: a) pena de perdimento de bens (art. 5.º, XLVI, *b*, da CF) e b) expropriação de glebas destinadas a culturas de plantas psicotrópicas ou trabalho escravo (art. 243 da CF).
Não Limitação ao Tráfego de Pessoas e Bens (Art. 150, V, da CF)	Determina que a intermunicipalidade e a interestadualidade não poderão ser fatos geradores de quaisquer tributos, sejam eles federais, estaduais ou municipais.
Exceções	Não há.
Atenção	Duas atenuações: uma de ordem constitucional (art. 150, V, parte final, da CF), referente aos *pedágios*, e outra de ordem doutrinária, referente ao ICMS, exigido pelas autoridades fiscais nos Postos de Fiscalização das rodovias.
Uniformidade Geográfica (Arts. 19, III, *in fine*, e 151, I, da CF)	O tributo federal deverá conter a *mesma alíquota* em toda a extensão territorial do país, indicando que o postulado em estudo visa à defesa da identidade de alíquotas.

Exceções	Incentivos fiscais específicos: aqueles destinados a incentivar o equilíbrio socioeconômico entre as diferentes regiões do país (art. 151, I, *in fine*, c/c art. 43, § 2.º, III, da CF).
Não Cumulatividade (Arts. 155, § 2.º, I; 153, § 3.º, II; 154, I, da CF)	Considerado tanto como princípio constitucional quanto como técnica de apuração do valor a ser tributado. Refere-se a uma operação contábil, segundo a qual, do valor a ser recolhido a título de tributo, são deduzidos os valores pagos relativamente ao mesmo produto nas fases anteriores do processo produtivo.
Exceções	Não há.
Atenção	Refere-se a três impostos: ICMS, IPI e Impostos Residuais.

1.5. QUESTÕES

1) **(2019/FCC/DPE-SP/Defensor Público) Acerca do regime dos princípios tributários, considere as assertivas abaixo: I. o princípio da capacidade contributiva autoriza a graduação dos impostos de caráter pessoal, segundo a capacidade econômica do contribuinte. II. o princípio da igualdade tributária, que se encontra expressamente previsto na Constituição Federal de 1988, permite ao legislador ordinário estabelecer critérios de diferenciação entre contribuintes, com a finalidade de promover a igualdade material. III. o princípio da anterioridade da lei tributária, implícito na Constituição Federal de 1988, veda a cobrança de tributos cujos fatos geradores ocorreram antes do início da vigência da lei que os criou ou aumentou. IV. o princípio do não confisco, implícito no texto constitucional, veda o emprego da tributação com finalidade extrafiscal.**

   Está correto o que se afirma APENAS em:
   a) I e II.
   b) I e III.
   c) I e IV.
   d) III e IV.
   e) II e III.

   Resposta: A

2) **(2019/Ieses/TJ-SC/Titular de Serviços de Notas e de Registros) Os princípios constitucionais tributários e as imunidades tributárias impõem limitações relevantes ao poder de tributar, sendo elementos fundamentais do Sistema Tributário Nacional, erigido no Capítulo I do Título VI da Constituição Federal. Quanto aos princípios constitucionais tributários e as imunidades tributárias, assinale a alternativa correta:**
   a) Segundo entendimento sumulado do Supremo Tribunal Federal, o imóvel pertencente a partidos políticos, inclusive suas fundações, bem como entidades sindicais dos trabalhadores, instituições de educação e instituições de assistên-

cia social, sem fins lucrativos, está albergado pela imunidade ao IPTU, mesmo quando alugado a terceiros, desde que o valor dos aluguéis seja aplicado em atividades definidas pelo Município.

b) O princípio da legalidade tributária veda que a União, os Estados, o Distrito Federal e os Municípios exijam ou aumentem tributos em lei que os estabeleça, devendo ser utilizada, em regra, lei complementar para instituir tributos.

c) A imunidade recíproca dos entes federados aplica-se ao patrimônio, à renda e aos serviços, relacionados com exploração de atividades econômicas regidas pelas normas aplicáveis a empreendimentos privados, ou em que haja contraprestação ou pagamento de preços ou tarifas pelo usuário, nem exonera o promitente comprador da obrigação de pagar imposto relativamente ao bem imóvel.

d) O princípio da anterioridade, cuja aplicação alcança o imposto de renda, proíbe a cobrança de tributos no mesmo exercício financeiro em que haja sido publicada a lei que os instituiu ou aumentou.

Resposta: D

3) **(2018/UEG/PC-GO/Delegado de Polícia) O princípio da legalidade, que está a indicar no direito penal que não há sanção criminal sem a devida tipificação penal, se manifesta também nas relações jurídicas tributárias. Acerca da aplicação do princípio da legalidade tributária, tem-se o seguinte:**

a) É direito fundamental do contribuinte que a exação tributária, como sanção pecuniária de ato ilícito tributário, encontre-se prevista em lei específica.

b) A Constituição Federal, ao tratar da legalidade em matéria tributária no art. 150, I, é redundante, dado que já é prevista a legalidade no art. 5º, II, no capítulo dos Direitos Fundamentais.

c) A obrigação tributária acessória, melhor denominada como dever instrumental, demanda fixação em lei na medida em que corresponde a ônus ao contribuinte.

d) O Código Tributário Nacional, ao dispor sobre a aplicação do princípio da legalidade tributária, prescinde sua observância na atualização do valor monetário da base de cálculo do tributo.

e) Com origem na Magna Carta de 1215, quando desde então vigorava *"no taxation without representation"*, é direito fundamental do contribuinte, previsto no art. 150, I, da Constituição de 1988, que não encontra mitigação na ordem tributária brasileira.

Resposta: D

4) **(2018/FGV/MPE-AL/Analista do Ministério Público – Área Jurídica) Leia a afirmativa a seguir.**

"Diz respeito à incidência progressiva de alíquotas na razão inversa da essencialidade da mercadoria ou do serviço".

A afirmativa diz respeito ao princípio da

a) razoabilidade.

b) proporcionalidade.

c) seletividade.

d) não cumulatividade.

e) capacidade contributiva.

Resposta: C

5) **(2018/Vunesp/Câmara de Campo Limpo Paulista-SP/Procurador Jurídico) O princípio da legalidade em direito tributário é central, assegurando a proteção do direito dos cidadãos à propriedade. A esse respeito, é correto afirmar que a Constituição Federal reserva à lei complementar**

a) o estabelecimento de normas gerais sobre obrigação, lançamento, crédito, prescrição e decadência tributários.

b) a instituição dos impostos de competência da União e do Distrito Federal.

c) a especificação do fato gerador das contribuições sociais, profissionais e de intervenção no domínio econômico.

d) definição de tratamento isonômico e equitativo para as microempresas e para as empresas de pequeno porte.

e) a instituição de empréstimos compulsórios pela União, Estados, Municípios e Distrito Federal.

Resposta: A

6) **(2018/TRF 3ª Região/TRF 3ª Região/Juiz Federal Substituto) Considerando que dentre as limitações constitucionais ao poder de tributar insere-se a vedação ao uso do tributo com efeito de confisco, indique qual a afirmação CORRETA:**

a) O Poder Executivo pode criar multas em percentuais que excedam o valor do tributo cobrado, visto que a imposição de multa tem o duplo objetivo de educar o contribuinte e de ressarcir o Poder Público.

b) A multa correspondente a 90% do valor do tributo devido não tem caráter confiscatório.

c) A falta de atualização monetária da tabela de incidência do imposto de renda na fonte sobre os salários tem natureza de confisco.

d) É possível a cobrança de multa confiscatória desde que observado o princípio da praticidade da arrecadação e da prevalência do interesse público sobre o privado.

Resposta: B

7) **(2018/Cespe/DPE-PE/Defensor Público) A respeito dos princípios da anterioridade e da irretroatividade, ambos princípios constitucionais do sistema tributário, assinale a opção correta.**

a) Todos os impostos se submetem aos princípios da anterioridade e da irretroatividade, mas as taxas, contribuições e demais espécies tributárias somente se submetem ao princípio da irretroatividade.

b) Todos os tributos devem se submeter aos princípios da anterioridade e da irretroatividade.

Cap. 1 – DIREITO TRIBUTÁRIO

c) O princípio da irretroatividade aplica-se a todo tributo; o da anterioridade, por sua vez, admite exceções.

d) O princípio da irretroatividade se aplica apenas aos impostos e às taxas; o da anterioridade se aplica a todos os tipos de tributos.

e) O princípio da irretroatividade se aplica apenas aos tributos parafiscais; o da anterioridade, por sua vez, se aplica tanto aos tributos fiscais como aos extra-fiscais.

Resposta: C

8) **(2017/FMP/PGE-AC/Procurador do Estado) Em matéria de direito consti-tucional tributário é CORRETO afirmar que:**

a) a proibição de confisco é adstrita aos tributos em si, conforme a letra da Cons-tituição, e não abarca as multas sancionatórias.

b) o princípio da isonomia tributária não é corolário do princípio da igualdade, sendo aquele, em razão do caráter tributário, bem mais restrito, exigindo-se duas situações exatamente idênticas para a comparação.

c) a lei complementar tributária é hierarquicamente superior à lei ordinária tribu-tária.

d) a lei tributária pode ser editada com o objetivo de prevenir distorções de con-corrência mercadológica.

e) a Constituição Federal define perfeitamente cada tributo, não havendo espaço para o legislador infraconstitucional definir os tributos.

Resposta: D

9) **(2017/FMP/PGE-AC/Procurador do Estado) Em relação ao princípio da capacidade contributiva do contribuinte é CORRETA a afirmação:**

a) A Constituição Federal expressamente determina que seja observado o princípio da capacidade contributiva na estruturação de todos os tributos.

b) Para cumprir os objetivos do princípio da capacidade contributiva, é facultado à administração identificar o patrimônio, os rendimentos e as atividades eco-nômicas do contribuinte.

c) É obrigatória à administração tributária a observação do princípio da capacidade contributiva, quando se trata de impostos.

d) No que tange às contribuições sociais, a Constituição Federal determina que o princípio da capacidade contributiva seja aplicado respeitando as faixas de contribuição à previdência.

e) O princípio da capacidade contributiva deve ser avaliado também segundo a capacidade econômica futura de cada contribuinte.

Resposta: B

10) **(2017/Cespe/PC-GO/Delegado de Polícia Substituto)Sabendo que, por disposição constitucional expressa, em regra, os princípios tributários e as limitações ao poder de tributar não se aplicam de forma idêntica a todas as espécies tributárias, assinale a opção correta a respeito da aplicação desses institutos.**

a) Apenas aos impostos estaduais aplica-se o princípio que proíbe o estabelecimento de diferença tributária entre bens e serviços de qualquer natureza em razão de sua procedência ou seu destino.

b) A aplicação do princípio da não vinculação de receita a despesa específica é limitada aos impostos.

c) Em regra, o princípio da anterioridade do exercício aplica-se da mesma forma aos impostos e às contribuições sociais da seguridade social.

d) O princípio da capacidade contributiva aplica-se sempre e necessariamente aos impostos.

e) O princípio da anterioridade do exercício atinge, de forma ampla, as hipóteses de empréstimos compulsórios previstas no texto constitucional.

Resposta: B

Imunidades Tributárias

2.1. DEFINIÇÃO

As imunidades tributárias apresentam-se como normas constitucionais de desoneração tributária. Em outras palavras, são mandamentos que distanciam a tributação, por vontade do legislador constituinte, que assim se manifesta objetivando homenagear determinados valores inalienáveis da pessoa. Com efeito, as imunidades tributárias delineiam exonerações justificadas teologicamente, uma vez que o legislador constituinte deliberou prestigiar valores constitucionalmente consagrados, tais como a liberdade religiosa, a liberdade política, a liberdade sindical, a liberdade de expressão, os direitos sociais, o acesso à cultura, o incentivo à assistência social etc.

Diga-se, aliás, que as imunidades e os princípios tributários são *limitações constitucionais ao poder de tributar*, recebendo, para o STF, a estatura de *cláusulas pétreas*.

No plano conceitual, é possível asseverar que a norma imunizante representa uma delimitação negativa da competência tributária, o que nos leva a afirmar que a imunidade é uma norma de "incompetência tributária".

No confronto entre *imunidade* e *isenção*, despontam os seguintes traços distintivos:

- A isenção (a ser estudada no fim da presente obra) traduz-se em dispensa *legal* de pagamento de tributo; a imunidade é a não incidência apreciada *constitucionalmente*;
- A *isenção* situa-se no campo da incidência tributária e diz respeito à conjuntura econômica e social de um país. Em síntese, o que se inibe na *isenção* é o lançamento do tributo, tendo ocorrido fato gerador e nascido o vínculo jurídico-obrigacional. Na *imunidade*, não há que se mensurar em relação jurídico-tributária, posto que a norma imunizadora está excluída do campo de incidência do tributo. A não incidência, a propósito, é a ausência de subsunção do fato imponível ao conceito descrito na hipótese de incidência, ou seja, o acontecimento fático não se alinha com fidelidade à descrição legal originária, restando incompletos os elementos para a tipicidade.
- A *isenção*, por sua vez, é um favor legal consolidado na dispensa de pagamento de tributo devido, isto é, a autoridade legislativa impede que o sujeito

passivo da obrigação tributária se sujeite ao tributo. Portanto, inibe-se o lançamento. A *imunidade*, por seu turno, manifesta-se pela não incidência qualificada constitucionalmente. Traduz-se no obstáculo, que decorre de preceito constitucional, à incidência de tributos sobre fatos ou situações específicos.

Ao analisarmos o art. 150, VI, *a, b, c, d, e*, da CF, notamos que o referido preceptivo afasta apenas a incidência de *impostos*. Assim sendo, as situações protegidas pela presente regra imunizante, não estarão livres, entretanto, da incidência habitual das outras exações, como das taxas ou das contribuições de melhoria. Como exemplo, podemos dizer que sobre os templos o IPTU não incidirá, entretanto haverá a incidência normal de uma taxa de coleta de lixo; ainda, sobre o diretório do partido político, não incidirá o IPTU, mas sobre ele recairá a sujeição passiva da contribuição de melhoria.

Por fim, evidencia-se que há dispositivos imunizadores afetos aos mais diferentes tributos. Assim, nota-se que as principais imunidades versam sobre *impostos* (art. 150, VI, da CF), entretanto sobejam comandos imunitórios que preveem desonerações de *outros* tributos, *v.g.*, o art. 195, § 7.º, da CF (no âmbito das contribuições previdenciárias); o art. 149, § 2.º, I, da CF (no âmbito das contribuições interventivas e sociais); entre outros exemplos.

(2018/Inaz do Pará/Core-MS/Assistente Jurídico) A Constituição Federal limita a competência tributária de algumas formas, como através da imunidade conferida em algumas hipóteses. Dentre elas, pode-se destacar a imunidade tributária recíproca, que impede que um ente público institua impostos sobre patrimônio, renda ou serviços uns dos outros.

Sobre a imunidade tributária recíproca, pode-se afirmar:

a) As autarquias e fundações não precisam manter seu patrimônio, renda e serviços vinculados às suas finalidades essenciais ou delas decorrentes para gozar da imunidade recíproca.

b) A imunidade recíproca é aplicável a todos os tributos.

c) A imunidade recíproca abrange as empresas públicas, mas não abrange as sociedades de economia mista.

d) A imunidade recíproca trata-se de uma cláusula pétrea, já que protege o pacto federativo ao não permitir que um ente federativo sujeite-se ao poder de tributar de outro.

Resposta: D

Comentários: Acompanhe o que dispõe a Constituição Federal de 1988:

"Art. 150. Sem prejuízo de outras garantias asseguradas ao contribuinte, é vedado à União, aos Estados, ao Distrito Federal e aos Municípios:

I – exigir ou aumentar tributo sem lei que o estabeleça;

II – instituir tratamento desigual entre contribuintes que se encontrem em situação equivalente, proibida qualquer distinção em razão de ocupação profissional ou função por eles exercida, independentemente da denominação jurídica dos rendimentos, títulos ou direitos;

III – cobrar tributos:

a) em relação a fatos geradores ocorridos antes do início da vigência da lei que os houver instituído ou aumentado;

b) no mesmo exercício financeiro em que haja sido publicada a lei que os instituiu ou aumentou;

c) antes de decorridos noventa dias da data em que haja sido publicada a lei que os instituiu ou aumentou, observado o disposto na alínea *b*; (Incluído pela Emenda Constitucional nº 42, de 19.12.2003)

IV – utilizar tributo com efeito de confisco;

V – estabelecer limitações ao tráfego de pessoas ou bens, por meio de tributos interestaduais ou intermunicipais, ressalvada a cobrança de pedágio pela utilização de vias conservadas pelo Poder Público;

VI – instituir impostos sobre:

a) patrimônio, renda ou serviços, uns dos outros;

b) templos de qualquer culto;

c) patrimônio, renda ou serviços dos partidos políticos, inclusive suas fundações, das entidades sindicais dos trabalhadores, das instituições de educação e de assistência social, sem fins lucrativos, atendidos os requisitos da lei;

d) livros, jornais, periódicos e o papel destinado a sua impressão;

e) fonogramas e videofonogramas musicais produzidos no Brasil contendo obras musicais ou literomusicais de autores brasileiros e/ou obras em geral interpretadas por artistas brasileiros bem como os suportes materiais ou arquivos digitais que os contenham, salvo na etapa de replicação industrial de mídias ópticas de leitura a laser".

(2018/Cespe/PGE-PE/Procurador do Estado) As hipóteses de limitação ao poder de tributar decorrente do princípio constitucional da imunidade recíproca incluem

a) proibir a União de instituir impostos sobre o patrimônio de estados e municípios.

b) vedar as limitações ao tráfego de pessoas ou bens, por meio de tributos interestaduais ou intermunicipais.

c) proibir que estado estabeleça diferença tributária entre bens e serviços em razão do município de procedência ou de destino.

d) vedar isenções de tributos da competência de outros entes federativos.

e) proibir a instituição de tributo federal que não seja uniforme em todo o território nacional.

Resposta: A

Comentários:

a) Imunidade Recíproca (Art. 150, VI, *a*, CF):

"Art. 150, CRF/88. Sem prejuízo de outras garantias asseguradas ao contribuinte, é vedado à União, aos Estados, ao Distrito Federal e aos Municípios:
(...)
VI – instituir impostos sobre:
a) patrimônio, renda ou serviços, uns dos outros;"

b) Princípio da Liberdade de Tráfego (Art. 150, V, CF):
"Art. 150, CRF/88. Sem prejuízo de outras garantias asseguradas ao contribuinte, é vedado à União, aos Estados, ao Distrito Federal e aos Municípios:
(...)
V – estabelecer limitações ao tráfego de pessoas ou bens, por meio de tributos interestaduais ou intermunicipais, ressalvada a cobrança de pedágio pela utilização de vias conservadas pelo Poder Público;"

c) Princípio da Não Discriminação Baseada em Procedência ou Destino (Art. 152 CF):
"Art. 152, CRF/88. É vedado aos Estados, ao Distrito Federal e aos Municípios estabelecer diferença tributária entre bens e serviços, de qualquer natureza, em razão de sua procedência ou destino."

d) Princípio da Vedação às Isenções Heterônomas (Art. 151, III, CF):
"Art. 151. É vedado à União:
(...)
III – instituir isenções de tributos da competência dos Estados, do Distrito Federal ou dos Municípios."

e) Princípio da Uniformidade Geográfica da Tributação (Art. 151, I, CF):
"Art. 151. É vedado à União:
I – instituir tributo que não seja uniforme em todo o território nacional ou que implique distinção ou preferência em relação a Estado, ao Distrito Federal ou a Município, em detrimento de outro, admitida a concessão de incentivos fiscais destinados a promover o equilíbrio do desenvolvimento socioeconômico entre as diferentes regiões do País."

(2015/Cespe/TCE-RN/Auditor) Em relação ao instituto da imunidade tributária, julgue o item a seguir.

A imunidade tributária visa preservar valores políticos, religiosos, sociais, econômicos e éticos da sociedade, com vistas a evitar que determinadas atividades sejam oneradas pela incidência dos tributos.

Resposta: Certo

Comentários: A afirmativa trata acertadamente do intento do instituto da imunidade tributária. O seu propósito é a restrição da incidência tributária sobre

Cap. 2 – IMUNIDADES TRIBUTÁRIAS

determinadas situações, visando à preservação dos valores políticos, religiosos, sociais, econômicos e éticos da sociedade.

2.2. ESPÉCIES DE IMUNIDADES

2.2.1. Imunidade recíproca

O art. 150, VI, *a*, da CF dispõe que é vedado à União, aos Estados, ao Distrito Federal e aos Municípios a instituição de impostos sobre patrimônio, renda ou serviços uns dos outros.

Tal norma visa garantir e confirmar o princípio da isonomia e o equilíbrio federativo entre as pessoas políticas (ou federalismo de equilíbrio), indicando que existe mais de uma esfera de poder dentro do mesmo território, do que decorre a indissolubilidade do pacto federativo (STF, AgRg 174.808).

Por conta disso, tem-se que as entidades impositoras apresentam-se parificadas, e não hierarquizadas. Além disso, a regra se estende às autarquias *e* fundações públicas, em razão da personalidade jurídica de direito público, de que são possuidoras as referidas entidades (art. 150, § 2.º, da CF). Daí se afirmar, conclusivamente, que haverá normal incidência de tributos sobre as demais pessoas jurídicas, a saber, as sociedades de economia mista e as empresas públicas.

Curiosamente, o STF tem entendido que determinadas empresas públicas, que executam serviços públicos de prestação obrigatória e exclusiva do Estado, são merecedoras da imunidade constitucional. O posicionamento solidificou-se em julgado afeto à Empresa de Correios e Telégrafos (ECT), uma empresa pública que se destina ao serviço postal e ao correio aéreo (art. 21, X, da CF) – atividades dotadas de estatalidade.

Não obstante, é importante destacar que, em 28 de fevereiro de 2013, o STF (Pleno) finalizou uma questão pendente, com Repercussão Geral (RE 601.392), na qual se discutia a possível incidência de ISS sobre serviços não tipicamente postais, prestados em regime de concorrência pelos Correios. Em apertada votação, marcada por polêmica, o STF estendeu a manutenção da imunidade tributária, já prevista para os serviços prestados em regime de monopólio, para os serviços não tipicamente postais (matéria analisada com Repercussão Geral, com a seguinte tese firmada: "Os serviços prestados pela Empresa Brasileira de Correios e Telégrafos – ECT, inclusive aqueles em que a empresa não age em regime de monopólio, estão abrangidos pela imunidade tributária recíproca (CF, art. 150, VI, a e §§ 2.º e 3.º)".

Relativamente à imunidade tributária para o ISS – e a restituição do indébito –, em 16 de março de 2017, a 2ª Turma do STJ, no REsp 1.642.250/SP (Rel. Min. Herman Benjamin), entendeu que a Empresa de Correios e Telégrafos (ECT) pode pleitear a repetição do indébito relativo ao ISS sobre serviços postais, independentemente da aplicação do art. 166 do CTN, ou seja, sem precisar provar ter assumido o encargo pelo tributo ou estar expressamente autorizada pelos tomadores dos serviços. Com efeito, se prevalece a imunidade tributária, não faz sentido conceber que há ISS (ou ICMS), por translação, na composição das tarifas postais. Desse modo, não havendo repasse do custo do imposto ao consumidor final, deve ser afastada a aplicação do art. 166 do CTN.

Para o STF, em julgado de 15 de outubro de 2014, "não se pode estabelecer, 'a priori', nenhuma distinção entre os imóveis afetados ao serviço postal e aqueles afetados à atividade econômica". No caso em questão, a discussão tratou da incidência ou não de IPTU sobre imóveis pertencentes à Empresa Brasileira de Correios e Telégrafos – ECT que não estavam afetados ao serviço público.

Relativamente ao IPVA, em 26 de novembro de 2014, o Pleno do STF, na Ação Cível Ordinária (ACO) n.º 879, entendeu que "são imunes à incidência do IPVA os veículos automotores pertencentes à Empresa Brasileira de Correios e Telégrafos – ECT (CF, art. 150, VI, *a*)".

Já no âmbito do ICMS, em 29 de outubro de 2015, o Pleno do STF, na Ação Cível Originária (ACO) n.º 1.095, entendeu que é indevida a cobrança de ICMS (pelo Estado de Goiás) incidente sobre o serviço de transporte de encomendas realizado pela ECT.

O STF, como se nota, desde 2004 vem produzindo, copiosamente, veredictos favoráveis à imunidade recíproca para a ECT.

Curiosamente, em fevereiro de 2007, o STF (AC 1.550-2) estendeu a imunidade a uma sociedade de economia mista estadual (CAERD – Companhia de Águas e Esgotos de Rondônia). No julgamento, foi utilizado igual fundamento adotado no caso dos Correios.

Ver STF: RE 928.902/SP, RE 259.976-AgR, RE 405.267, RE 594.015/SP, RE 601.720 e RE 34.251/RJ.

(2015/Cespe/CGE-PI/Auditor Governamental) Considerando as limitações ao poder de tributar, julgue o item seguinte.

A imunidade recíproca entre os entes tributantes estabelece a vedação da cobrança de impostos e taxas entre a União, os Estados, o Distrito Federal (DF) e os Municípios.

Resposta: Errado

Comentários: Conforme dispõe a Constituição Federal, a imunidade recíproca somente abarca os impostos.

Art. 150. Sem prejuízo de outras garantias asseguradas ao contribuinte, é vedado à União, aos Estados, ao Distrito Federal e aos Municípios:

VI – instituir impostos sobre:

a) Patrimônio, renda ou serviços, uns dos outros;

2.2.2. Imunidade para templos de qualquer culto

O art. 150, VI, *b*, da CF, ao hospedar a chamada "imunidade religiosa", almeja a preservação da liberdade de culto e da postura de não identificação do Estado (neutralidade estatal) com qualquer religião, conforme se depreende do art. 19, I, da CF.

A título de curiosidade histórica, tem-se que, até a Proclamação da República, o catolicismo era a religião oficial no Brasil. Após esse marco, o Brasil tornou-se um Estado laico, sem religião oficial, deixando de oferecer proteção maior ao catolicismo e passando a ser um "Estado de religiões".

Nesse passo, a imunidade religiosa supõe a intributabilidade das religiões, como um direito e garantia fundamental da pessoa, distanciando os impostos dos templos, independentemente da dimensão da igreja ou do seu número de adeptos.

Como sinônimo de "entidade", o templo estará desimpedido de desempenhar atividades conexas, que tenham correspondência fática com o objetivo eclesiástico. Aliás, o art. 150, § 4.º, *in fine*, da CF indica textualmente a expressão "(...) o patrimônio, a renda e os serviços, relacionados com as finalidades essenciais das entidades (...)", indicando que o legislador constituinte não vê óbices no exercício de atividades conexas pelo templo.

Nesse caso, o templo desfrutará da imunidade, desde que cumpra determinadas condições:

a) a prova do reinvestimento integral do montante pecuniário advindo das atividades conexas na consecução dos objetivos institucionais da Igreja;

b) a prova da inexistência de prejuízo à livre concorrência, impedindo-se o cunho empresarial na atividade financeira desempenhada (STF, RE 87.890).

Por fim, ressalte-se que o STF tem ratificado o entendimento em epígrafe, burilado a partir da concepção da Teoria Moderna, quanto à extensão dos efeitos imunitórios a atividades estranhas à função estritamente eclesiástica, que venham a ser executadas pelos templos, desde que devidamente cumpridos os requisitos mencionados.

Ver STF: RE 144.900/SP-1997, RE 218.503/SP-1999, RE 257.700/MG-2000 e RE 247.809/RJ-2001.

2.2.3. Imunidades para partidos políticos, entidades sindicais de trabalhadores, instituições de educação e entidades de assistência social

As referidas imunidades estão dispostas no art. 150, VI, *c*, da CF, dando guarida a várias pessoas jurídicas.

A fim de facilitar a assimilação, propomos a seguinte *legenda*: (a) Imunidade para os partidos políticos; (b) Imunidade para as entidades sindicais de trabalhadores; (c) Imunidade para as instituições de educação; e (d) Imunidade para as entidades de assistência social.

a) Imunidade para os Partidos Políticos

Tal imunidade tem como elemento teleológico a liberdade política, preceituada no art. 1.º, V, do texto constitucional, indicando um dos fundamentos da nossa República.

Alcança ainda as fundações atreladas aos partidos políticos (as chamadas "fundações partidárias").

Para a consecução dessa imunidade, deve o partido político buscar o registro no Tribunal Superior Eleitoral (art. 17, § 2.º, da CF).

b) Imunidade para as Entidades Sindicais

Protege-se aqui a liberdade de associação sindical, indo ao encontro dos direitos sociais previstos na Carta Magna (art. 8.º da CF). Ressalte-se, no entanto, que esta imunidade protege somente os sindicatos dos empregados, isto é, as entidades obreiras. Sendo assim, os sindicatos patronais (dos empregadores) serão destinatários de uma normal tributação.

c) Imunidade para as Instituições de Educação

Busca-se, com a presente imunidade, a difusão da educação e do ensino, prevista nos arts. 205, 208 e 214 da CF, na medida em que se protege a educação formal ou curricular (escolas, faculdades, universidades etc.) e a educação informal ou extra-curricular (bibliotecas, centros de pesquisa, teatros, centros de estudos etc.).

Ver STJ: REsp 1.100.912/RJ-2015.

d) Imunidade para as Entidades de Assistência Social

O efeito protetor aqui almejado é a difusão da assistência social (arts. 203 e 204 da CF). Nesse contexto, têm despontado as entidades do chamado "terceiro setor", ou seja, aquelas instituições interessadas na prática social da benemerência. Como exemplos, citem-se: as entidades beneficentes, as ONGs (Organizações não governamentais), as OSCIPs (Organizações da Sociedade Civil de Interesse Público), entre muitas outras.

Como instituições de assistência social, despontam-se aquelas que auxiliam o Estado (art. 204, II, da CF) no atendimento dos direitos sociais (art. 6.º da CF), como a saúde, a maternidade, a segurança, o trabalho, a moradia, a assistência aos desamparados etc.

Frise-se que a entidade de assistência social (e não as entidades educacionais!) é, concomitantemente, imune a impostos (art. 150, VI, *c*, da CF) e a contribuições social-previdenciárias (art. 195, § 7.º, da CF), por exemplo, o PIS (RE 636.941-2014).

Para efeitos de imunidade e quanto à equiparação das entidades fechadas de previdência social privada ou "fundos de pensão" às entidades de assistência social, a Súmula 730 do STF dita que "*a imunidade tributária conferida a instituições de assistência social sem fins lucrativos pelo art. 150, VI, "c", da Constituição, somente alcança as entidades fechadas de previdência social privada se não houver contribuição dos beneficiários*".

Ver STJ: REsp 1.430.257/CE-2014.

2.2.3.1. Análise da alínea c, parte final – Expressões "sem fins lucrativos" e "atendidos os requisitos de lei"

O art. 150, VI, *c, in fine*, da CF contém duas expressões que precisam ser cuidadosamente interpretadas: (a) "*atendidos os requisitos de lei*" e (b) "*sem fins lucrativos*".

a) A expressão "(...) *atendidos os requisitos da lei*": a alínea *c* é preceito não autoaplicável, não automático, necessitando de acréscimo normativo. A lei a respeito é a lei complementar, posto que a imunidade, assumindo a feição de limitação constitucional ao poder de tributar, arroga, *ipso facto*, no bojo do art. 146, II, da

Cap. 2 – IMUNIDADES TRIBUTÁRIAS

33

CF, a indigitada lei complementar, que, no caso, é o próprio Código Tributário nacional. A alínea *c* tem operatividade conferida pelo art. 14, I, II e III, do CTN.

Vale dizer que a entidade da alínea *c*, cumprindo os requisitos que constam dos incisos do art. 14 do CTN, terá direito à fruição da imunidade. Frise-se que as normas veiculadas no art. 14 são meramente explicitantes, tendo apenas o objetivo de conferir operatividade à alínea *c* do inc. VI do art. 150 da CF. Portanto, são apenas comandos explicitativos, não servindo para complementar ou incrementar a norma imunizante, modificando-lhe a essência.

b) A expressão "(...) *sem fins lucrativos*": essa estranha e presumível "impossibilidade de se obter lucro" deve ser entendida em consonância com o art. 14, I, do CTN. Não há, de fato, vedação ao lucro, mas, sim, proibição à apropriação particular do lucro. Essa apropriação se mostra no *animus distribuendi*, que não pode ser confundido com uma normal remuneração dos diretores de uma entidade imune, pela execução dos seus trabalhos. Nesse sentido, entendemos que carece de legitimidade o art. 12, § 2.º, da Lei n.º 9.532/1997, que, de modo acintoso, vedou tal remuneração.

Assim, permite-se a obtenção do resultado positivo, da sobra financeira, do "superávit" ou, em linguagem técnica, do ingresso financeiro líquido positivo. Em última análise, o que se busca é que todo o resultado transforme-se em investimento ou custeio para que a entidade cumpra sua função institucional.

O Plenário do STF, no julgamento da Ação Direta de Inconstitucionalidade (ADIn) nº 1.802/DF, corroborou a medida cautelar concedida em 27/08/1998 e declarou, agora em caráter definitivo e por unanimidade, inconstitucionais determinados requisitos e restrições, previstos na Lei nº 9.532/1997, exigidos das entidades sem fins lucrativos para fruição de sua imunidade tributária. A partir dessa decisão, transitada em julgado em 14/05/2018, finalmente as entidades sem fins lucrativos possuem segurança jurídica no tema.

Conforme consta no acórdão formalizado da ADIn nº 1.802/DF, o STF declarou a inconstitucionalidade formal da alínea *f* do § 2º do art. 12, do caput do art. 13 e do art. 14, todos da Lei nº 9.532/1997, bem como a inconstitucionalidade formal e material do § 1º do art. 12 da Lei nº 9.532/1997.

Tais dispositivos da Lei nº 9.532/1997 limitavam a imunidade tributária conferida às entidades sem fins lucrativos, prevista no artigo 150, inciso VI, alínea *c*, da CF/1988, impondo-lhes as seguintes condições: (i) recolher os tributos retidos sobre os rendimentos por elas pagos ou creditados e a contribuição para a seguridade social relativa aos seus empregados, bem como cumprir as obrigações acessórias relacionadas (art. 12, § 2º, f); (ii) não praticar qualquer ato que constitua infração a dispositivo da legislação tributária (art. 13, caput); e (iii) recolher os tributos incidentes sobre os rendimentos e ganhos de capital auferidos em aplicações financeiras de renda fixa ou de renda variável (art. 12, § 1º). O art. 14, igualmente declarado inconstitucional, apenas dispunha que seriam aplicadas as regras procedimentais previstas no art. 32 da Lei nº 9.430/1996 se suspenso o gozo da imunidade.

Em março de 2017, o Plenário do STF finalizou, conjuntamente, um vultoso julgamento de um recurso extraordinário (com repercussão geral reconhecida e relatoria do Min. Marco Aurélio), e de quatro ações diretas de inconstitucionalidade (relatoria do então Min. Joaquim Barbosa), debatendo, entre outros aspectos, a (in) constitucionalidade do art. 55 da Lei n.º 8.212/1991. São eles: RE 566.622/RS e ADIs 2.028/DF, 2.036/DF, 2.621/DF e 2.228/DF.

O decantado art. 55 da Lei n.º 8.212/1991 dispõe acerca das exigências que devem ser cumulativamente cumpridas por entidades beneficentes de assistência social para fins de concessão de imunidade tributária em relação às contribuições para a seguridade social.

Observou-se, *in casu*, o embate entre a lei ordinária e a lei complementar, no âmbito jurídico-tributário (art. 14 do CTN c/c o art. 146, II, CF). Com o veredicto, afirmou-se que a reserva de lei complementar, aplicada à regulamentação da imunidade tributária, prevista no art. 195, § 7º, da CF, limita-se à definição de contrapartidas a serem observadas para garantir a finalidade beneficente dos serviços prestados pelas entidades de assistência social, o que não impede seja o procedimento de habilitação dessas entidades positivado em lei ordinária. Dessa forma, os aspectos meramente procedimentais, relativos à certificação, à fiscalização e ao controle administrativo continuam passíveis de definição em lei ordinária. Tais exigências não se confundem com bruscas alterações legislativas, tendentes a afetar negativamente o modo beneficente de atuação das entidades assistenciais: aqui, deve incidir a reserva legal qualificada prevista no art. 146, II, da CF.

As sucessivas redações do art. 55, II e III, da Lei n.º 8.212/1991 têm em comum a exigência de registro da entidade no Conselho Nacional de Assistência Social (CNAS), a obtenção do certificado expedido pelo órgão e a validade trienal do documento. Como o conteúdo da norma tem relação com a certificação da qualidade de entidade beneficente, ficou afastada, no julgamento, a tese de vício formal. A norma trata de meros aspectos procedimentais necessários à verificação do atendimento das finalidades constitucionais da regra de imunidade. Portanto, com o veredicto, tornam-se mais límpidas as fronteiras entre a lei complementar e a lei ordinária na seara jurídico-tributária.

Relativamente à certificação de entidade imune (beneficente), ressalte-se que, em 9 de maio de 2018, o STJ aprovou a Súmula n. 612, segundo a qual "o certificado de entidade beneficente de assistência social (CEBAS), no prazo de sua validade, possui natureza declaratória para fins tributários, retroagindo seus efeitos à data em que demonstrado o cumprimento dos requisitos estabelecidos por lei complementar para a fruição da imunidade". A propósito, em 12 de março de 2019, a 1ª Turma do STF deu provimento ao RMS 24.065/DF (rel. Min. Luiz Fux) para anular decisão que exigiu a comprovação da aplicação anual de, pelo menos, 20% da receita bruta em gratuidade para o reconhecimento de imunidade de instituição beneficente e a renovação do Certificado de Entidade Beneficente de Assistência Social (CEBAS). Com efeito, o CEBAS é submetido à renovação periódica a partir da demonstração dos requisitos previstos em legislação complementar vigente em cada época. É por essa razão que o Plenário do STF houve por bem em declarar inconstitucional o art.

Cap. 2 – IMUNIDADES TRIBUTÁRIAS

2º, IV, do Decreto n.º 752/93, no já mencionado julgamento conjunto das ADIs 2.028, 2.036, 2.228 e 2.621 e do RE 566.622 (Tema 032), quando se fixou a tese de que "os requisitos para o gozo de imunidade hão de estar previstos em lei complementar".

Na mesma linha de demonstração documental da benemerência, em 7 de dezembro de 2017, a 1ª Turma do STJ (REsp 1.345.462/RJ, rel. Min. Gurgel de Faria), entendeu que a apresentação anual, ao INSS, de relatório circunstanciado das atividades exercidas por entidades beneficentes de assistência social (art. 55 da Lei n.º 8.212/1991) não configura requisito legal para a fruição da imunidade tributária prevista no art. 195, § 7º, da CF. Para a Corte Superior, "na falta de apresentação do 'relatório circunstanciado', deve-se oportunizar à requerente a referida comprovação, mas não lhe negar o direito à imunidade, sob pena de violação do princípio da proporcionalidade".

Com efeito, a ausência de apresentação do documento em epígrafe não pode ser empecilho ao reconhecimento da benesse, caso a requerente tenha comprovadamente cumprido os requisitos do art. 14 do CTN.

Ver STJ: AgRg no AREsp 187.172/DF.

2.2.3.2. Análise do art. 150, § 4.º, da CF, em confronto com a alínea c

Como se estudou, o art. 150, § 4.º, da CF aponta que a imunidade alcançará não somente as atividades essenciais, mas também "o patrimônio, a renda e os serviços relacionados", atraindo uma interpretação ampliativa quanto às atividades exercidas pelas entidades da alínea c. Essa é a visão do STF (RE 257.700/MG-2000). Aliás, a Súmula 724 do STF oferta um entendimento nessa direção: "*Ainda quando alugado a terceiros, permanece imune ao IPTU o imóvel pertencente a qualquer das entidades referidas pelo art. 150, VI, "c", da Constituição, desde que o valor dos aluguéis seja aplicado nas atividades essenciais de tais entidades*".

Frise-se que, em 18 de junho de 2015, o Plenário do STF, por maioria, acolheu proposta de edição de enunciado de Súmula Vinculante com o seguinte teor: "Ainda quando alugado a terceiros, permanece imune ao IPTU o imóvel pertencente a qualquer das entidades referidas pelo art. 150, VI, c, da CF, desde que o valor dos aluguéis seja aplicado nas atividades para as quais tais entidades foram constituídas". Assim, tornou vinculante o conteúdo do Verbete 724 da Súmula do STF. Trata-se da Súmula Vinculante n.º 52 do STF. A esse respeito, observe-se que a parte final do texto da Súmula n.º 724 não equivale exatamente à parte final do texto da Súmula Vinculante n.º 52.

Em tempo, o próprio STF decidiu, por maioria, pela não incidência do ICMS nas vendas realizadas por entidades beneficentes, desde que o lucro fosse destinado aos objetivos precípuos da entidade (STF, RE 210.251/SP).

2.2.4. Imunidades para livros, jornais, periódicos e o papel destinado à sua impressão

O art. 150, VI, *d*, da CF dá lugar à chamada "imunidade de imprensa". O dispositivo vem, axiologicamente, prestigiar a liberdade de expressão, a difusão de cultura e a utilidade social (art. 5.º, IV, IX, XIV, XXVII; arts. 205, 215 e 220, § 6.º, todos da CF).

A presente imunidade, ao contrário das anteriores, que têm natureza subjetiva, possui natureza *objetiva*. Isso quer dizer que aqui serão afastados os impostos sobre "bens" – livros, jornais, periódicos e o papel destinado à impressão –, e não sobre "pessoas".

As imunidades objetivas, ou reais, são aquelas instituídas em razão de determinados fatos, bens ou situações relevantes para o bom desenvolvimento da sociedade. Portanto, tal imunidade se alia aos impostos reais – ICMS, IPI, II, IE. Estes serão afastados; os demais impostos deverão incidir normalmente, no caso, sobre a pessoa jurídica pertinente.

Quanto aos livros, sabe-se que são meios de difusão da cultura, representando um suporte material de propagação de um pensamento.

Não são abarcados pela imunidade os livros que não veiculam ideias, nem pensamentos formalmente considerados, como livro de ponto, livro de bordo, livros fiscais, livro de atas.

Incluem-se no conceito de *livros*, na visão do STF, os manuais técnicos e apostilas (RE 183.403/SP-2000).

Quanto ao alcance da imunidade, no que se refere ao surgimento de "mídias", de "tipos de suporte físico difusor do conhecimento" ou, ainda, de "formas de transmissão", desde o início dos debates, houve clara tendência à adoção de uma interpretação extensiva da imunidade, corrente, inclusive, que sempre nos filiamos.

Importante lembrarmos que, desde o início dos anos 2000, vigora a Lei n.º 10.753/2003, que se refere ao tema. Nela se propõe a equiparação do livro em meio digital ao livro físico.

Em 8 de março de 2017, o STF chancelou a imunidade tributária para o livro eletrônico (*e-book*) e para os aparelhos leitores de livros eletrônicos (*e-readers*) confeccionados exclusivamente para fixá-los, ainda que equipados com outras funcionalidades.

Para a Corte Suprema, o art. 150, VI, *d*, da CF não se refere exclusivamente ao "método gutenberguiano de produção de livros".

Quanto à análise dos leitores digitais, o STF se valeu de uma aproximação, por analogia, do "papel utilizado para a impressão", já tradicionalmente imune, ao papel eletrônico (*e-paper*), imunizando-os indistintamente. A seu ver, "apesar de não se confundirem com os livros digitais propriamente ditos, esses aparelhos funcionam como o papel dos livros tradicionais impressos, e o propósito seria justamente mimetizá-lo". Desse modo, procurando aproximar a Constituição da realidade (interpretação evolutiva), afirmou-se que "(...) as mudanças históricas e os fatores políticos e sociais da atualidade, seja em razão do avanço tecnológico seja em decorrência da preocupação ambiental, justificam a equiparação do 'papel', numa visão panorâmica da realidade e da norma, aos suportes utilizados para a publicação dos livros". O entendimento, no entanto, não alcança os aparelhos multifuncionais, como *tablets*, *smartphones* e *laptops*, que são muito além de meros equipamentos utilizados para a leitura de livros digitais.

Além disso, frisou-se que o vocábulo "papel" não é essencial ou condicionante para o conceito final do livro e, pragmaticamente, para o desfrute da imunidade cultural. Relativamente à abrangência do binômio papel-livro, o suporte (ou continente) está para o conteúdo assim como o *corpus mechanicum* está para o *corpus misticum* das obras. Com efeito, o livro tipográfico depende de um suporte tangível

Cap. 2 – IMUNIDADES TRIBUTÁRIAS

(ou físico) – peculiar aos códices –, enquanto o livro digital associa-se a um suporte intangível. Dessa forma, o suporte físico é elemento acidental ao conceito de livro, podendo este prescindir daquele.

Nessa toada intelectiva, serão considerados imunes, indiferentemente, um livro veiculado por CD-ROM ou o próprio audiolivro ou *audiobook* (estando em formato de CD-Rom ou não). Com efeito, a moderna visão vai ao encontro da difusão da cultura e da democratização ou liberdade de ser informado e de formar opinião, permitindo uma celebrável exegese contemporânea das normas constitucionais.

No mesmo dia, em 8 de março de 2017, o Plenário do STF finalizou o julgamento do RE 595.676/RJ (rel. Min. Marco Aurélio), em que se discutia o alcance da imunidade de imprensa, de modo a abarcar componentes eletrônicos que acompanhavam e complementavam material didático impresso, utilizados em curso prático de montagem de computadores. Tratava-se de um conjunto integrado, de cunho educativo, em que os fascículos impressos ensinam como montar um sistema de testes, enquanto os elementos eletrônicos permitem o demonstrativo prático da montagem pretendida. Com repercussão geral reconhecida para a matéria suscitada desde 2010, houve o julgamento do mérito, fixando-se a seguinte tese: "A imunidade da alínea *d* do inciso VI do artigo 150 da Constituição Federal alcança componentes eletrônicos destinados, exclusivamente, a integrar unidade didática com fascículos."

Em Sessão Plenária de 14 de abril de 2020, o STF aprovou a edição da Súmula Vinculante n.º 57, colocando fim à discussão, com o seguinte teor: "A imunidade tributária constante do art. 150, VI, *d*, da CF/88 aplica-se à importação e comercialização, no mercado interno, do livro eletrônico (*e-book*) e dos suportes exclusivamente utilizados para fixá-los, como leitores de livros eletrônicos (*e-readers*), ainda que possuam funcionalidades acessórias".

Quanto aos jornais, a imunidade é plena, incluindo até as propagandas, desde que venham impressas no corpo do jornal ou periódico, conforme já decidiu o STF, por diversas vezes (RE 87.049/SP; RE 91.662; RE 213.094).

No âmbito dos periódicos, que são as revistas editadas com periodicidade, o legislador não diferencia os tipos de revistas, considerando legítimas destinatárias de imunidade as revistas de pouco conteúdo intelectual, aquelas que contêm material pornográfico, o álbum de figurinhas (RE 221.239-6/SP-2004) e os fascículos semanais e sequencialmente formadores do livro.

Ademais, para o STF, as listas telefônicas, a par dos catálogos e guias, são imunes, na condição de "periódicos". As listas telefônicas foram consideradas imunes sob o elemento teleológico da utilidade social.

No que se refere ao papel, que é o único insumo previsto na alínea *d*, paralelamente aos três veículos de pensamento (livros, jornais e periódicos), o legislador somente menciona este insumo, e não outros. Contudo, não há dúvida que o alcance da norma poderia ter sido mais ampliativa, incluindo máquinas, tinta e outros materiais utilizados na fabricação de tais bens. Não obstante, a jurisprudência tem permanecido fiel à literalidade do texto constitucional, ou seja, interpretando a alínea restritivamente, e não a fazendo alcançar outros insumos (*vide* a *Súmula 657 do STF*).

É relevante salientar que, na doutrina, entretanto, tem havido uma sedutora defesa da interpretação extensiva para os insumos da alínea *d* do inciso VI do art.

150 da CF, pretendendo homenagear a teleologia da cláusula constitucional em detrimento de uma exegese literal. Tal interpretação, dita "finalística", destina-se a assegurar o próprio exercício das liberdades de manifestação do pensamento e de informação jornalística, vocacionadas, na especificidade dos fins a que se dirigem, a conferir efetividade e a atribuir concreção a valores inafastáveis do texto constitucional. Para os defensores dessa exegese, a interpretação literal não presta obséquio nem ao Direito nem à Justiça. De outra banda, a jurisprudência vem se mantendo irredutível quanto à interpretação literal.

Ver STF: RE 202.149/RS e RE 1.100.204/SP.

2.2.5. Imunidades para fonogramas e videofonogramas musicais produzidos no Brasil e para seus suportes materiais ou arquivos digitais

A Emenda Constitucional 75 – originária da intitulada "PEC da Música" e publicada em 15 de outubro de 2013 – acrescentou a alínea *e* ao inciso VI do art. 150 da Carta Magna, prevendo, assim, a imunidade musical. Observe o teor da nova alínea:

> "Art. 150, VI, *e*, da CF:
> (...) fonogramas e videofonogramas musicais produzidos no Brasil contendo obras musicais ou literomusicais de autores brasileiros e/ou obras em geral interpretadas por artistas brasileiros bem como os suportes materiais ou arquivos digitais que os contenham, salvo na etapa de replicação industrial de mídias ópticas de leitura a laser".

Seu propósito é desonerar de impostos os fonogramas e videofonogramas musicais produzidos no Brasil, bem como os suportes materiais ou arquivos digitais que os contenham, com a ressalva da incidência na etapa de replicação industrial de mídias ópticas de leitura a laser. Nesse passo, a venda de CDs e DVDs será protegida da cobrança do ICMS, do ISS e até mesmo do IOF (nas aquisições virtuais). A benesse constitucional, todavia, não alcança o processo de replicação industrial, que permanece com a tributação.

Ver STJ: Súmula 502.

(2015/Vunesp/TJ-MS/Juiz Substituto) O Sistema Tributário Nacional veda a cobrança de impostos sobre fonogramas e videofonogramas musicais produzidos no Brasil contendo obras musicais ou literomusicais de autores brasileiros e/ou obras em geral interpretadas por artistas brasileiros bem como os suportes materiais ou arquivos digitais que os contenham, salvo na etapa de replicação industrial de mídias ópticas de leitura a laser. Referida vedação implica em modalidade de

   a) exclusão do crédito tributário.
   b) anistia especial.
   c) isenção específica.
   d) limitação ao poder de tributar.
   e) compensação tributária.

Cap. 2 – IMUNIDADES TRIBUTÁRIAS

Resposta: D

Comentários: A referida vedação refere-se a uma imunidade tributária, conforme dispõe a Constituição Federal:

> Art. 150. Sem prejuízo de outras garantias asseguradas ao contribuinte, é vedado à União, aos Estados, ao Distrito Federal e aos Municípios:
>
> VI – instituir impostos sobre:
>
> e) fonogramas e videofonogramas musicais produzidos no Brasil contendo obras musicais ou literomusicais de autores brasileiros e/ou obras em geral interpretadas por artistas brasileiros bem como os suportes materiais ou arquivos digitais que os contenham, salvo na etapa de replicação industrial de mídias ópticas de leitura a laser.

2.3. QUADROS-SÍNTESE DO CAPÍTULO

IMUNIDADES TRIBUTÁRIAS: normas constitucionais de desoneração tributária. Mandamentos que distanciam a tributação, por vontade do legislador constituinte, que assim se manifesta objetivando homenagear determinados valores inalienáveis da pessoa.	
Imunidade Recíproca (Art. 150, VI, *a*, da CF)	É vedada à União, aos Estados, ao Distrito Federal e aos Municípios a instituição de impostos sobre patrimônio, renda ou serviços uns dos outros. Visa garantir e confirmar o princípio da isonomia e o equilíbrio federativo entre as pessoas políticas (ou federalismo de equilíbrio).
Atenção	A regra se estende às autarquias; fundações públicas, em razão da personalidade jurídica de direito público, de que são possuidoras as referidas entidades (art. 150, § 2.º, da CF). Obs.: STF já estendeu imunidade a Empresa pública (Correios) e sociedade de economia mista estadual (CAERD – Companhia de Águas e Esgotos de Rondônia), que executam serviços públicos de prestação obrigatória e exclusiva do Estado.
Imunidade para Templos de Qualquer Culto (Art. 150, VI, *b*, da CF)	Supõe a intributabilidade das religiões, como um direito e garantia fundamental da pessoa, distanciando os impostos dos templos, independentemente da dimensão da igreja ou do seu número de adeptos.
Condições para Desfrutar da Imunidade	– A prova do reinvestimento integral do montante pecuniário advindo das atividades conexas na consecução dos objetivos institucionais da Igreja; – A prova da inexistência de prejuízo à livre concorrência, impedindo-se o cunho empresarial na atividade financeira desempenhada (STF, RE 87.890).
Imunidades para Partidos Políticos, Entidades Sindicais de Trabalhadores, Instituições de Educação e Entidades de Assistência Social (Art. 150, VI, *c*, da CF)	Essas imunidades visam proteger, respectivamente, a liberdade política, liberdade de associação sindical, difusão da educação, do ensino e da assistência social.

Atenção	Súmula 730 do STF:"A imunidade tributária conferida a instituições de assistência social sem fins lucrativos pelo art. 150, VI, 'c', da Constituição, somente alcança as entidades fechadas de previdência social privada se não houver contribuição dos beneficiários". – Não incidência do ICMS nas vendas realizadas por entidades beneficentes, desde que o lucro fosse destinado aos objetivos precípuos da entidade (STF, RE 210.251/SP). Súmula Vinculante 52 do STF: "Ainda quando alugado a terceiros, permanece imune ao IPTU o imóvel pertencente a qualquer das entidades referidas pelo art. 150, VI, 'c', da Constituição Federal, desde que o valor dos aluguéis seja aplicado nas atividades para as quais tais entidades foram constituídas".
Imunidades para Livros, Jornais, Periódicos e o Papel Destinado à Sua Impressão (Art. 150, VI, *d*, da CF)	O dispositivo vem, axiologicamente, prestigiar a liberdade de expressão, a difusão de cultura e a utilidade social. Tal imunidade se alia aos impostos reais – ICMS, IPI, II, IE.
Atenção	Possui natureza objetiva. Isso quer dizer que aqui serão afastados os impostos sobre "bens" – livros, jornais, periódicos e o papel destinado à impressão –, e não sobre "pessoas". A imunidade alcança: – livros, inclusive manuais técnicos e apostilas; – jornais; – revistas; – listas telefônicas, catálogos e guias; – papel (não alcança outros insumos, como máquinas, tinta etc.); Obs.: STF já equiparou chapa para impressão offset de jornais a papel. Obs.:"Mídias","tipos de suporte físico difusor do conhecimento" ou, ainda,"formas de transmissão": a doutrina e a jurisprudência ainda não são uníssonas.
Imunidades para Fonogramas e Videofonogramas Musicais Produzidos No Brasil e para Seus Suportes Materiais ou Arquivos Digitais (Art. 150, VI, *e*, da CF)	Seu propósito é desonerar de impostos os fonogramas e videofonogramas musicais produzidos no Brasil, bem como os suportes materiais ou arquivos digitais que os contenham, com a ressalva da incidência na etapa de replicação industrial de mídias ópticas de leitura a laser.
Atenção	Não alcança o processo de replicação industrial, que permanece com a tributação.

2.4. QUESTÕES

1) **(2019/Cespe/TJ-SC/Juiz Substituto) A respeito de imunidade tributária e isenção tributária, é correto afirmar que**

    a) a isenção está no campo infraconstitucional e corresponde a uma hipótese de não incidência da norma tributária.

Cap. 2 – IMUNIDADES TRIBUTÁRIAS

b) a imunidade está no plano constitucional e proíbe a própria instituição do tributo relativamente às situações e pessoas imunizadas.

c) a isenção é criada diretamente pela Constituição Federal de 1988, sendo uma norma negativa de competência tributária.

d) a imunidade pressupõe a incidência da norma tributária, sendo o crédito tributário excluído pelo legislador.

e) a imunidade está no plano de aplicação da norma tributária, sendo equivalente ao estabelecimento de uma alíquota nula.

Resposta: B

2) **(2019/NC-UFPR/TJ-PR/Titular de Serviços de Notas e de Registros) Sobre Princípios Constitucionais Tributários, Imunidades e Isenções Tributárias, assinale a alternativa correta.**

a) A imunidade estabelecida aos livros, jornais e periódicos se estende também aos livros, jornais e periódicos eletrônicos.

b) O princípio da vedação do efeito confisco proíbe que o tributo seja tão baixo que não represente limitação alguma ao patrimônio do indivíduo.

c) A imunidade recíproca refere-se à União, aos Estados e aos Municípios, mas não se estende ao Distrito Federal.

d) A isenção, no tocante às suas atividades essenciais, benefício concedido pela legislação infraconstitucional aos partidos políticos e sindicatos, decorre das relevantes funções políticas e sociais exercidas por essas entidades.

e) A imunidade estabelecida às entidades de assistência social e de educação condiciona-se ao cumprimento de requisitos para fazer jus à imunidade. Porém é permitido a essas entidades a distribuição de lucros da entidade entre sócios ou associados, sem prejuízo da imunidade tributária referida.

Resposta: A

3) **(2018/FCC/Sabesp/Advogado) Com relação às limitações ao Poder de Tributar,**

a) subsídios, isenções e redução de base de cálculo relativos a impostos, taxas ou contribuições, poderão, em regra, ser concedidos mediante lei genérica, não sendo exigível lei específica que regule exclusivamente tais matérias.

b) a vedação à União, aos Estados, ao Distrito Federal e aos Municípios de instituir impostos sobre o patrimônio, renda ou serviços, uns dos outros é extensiva às autarquias.

c) é lícito à União tributar a renda das obrigações da dívida pública dos Estados, do Distrito Federal e dos Municípios.

d) é lícito à União instituir isenções de tributos da competência dos Estados, do Distrito Federal ou dos Municípios.

e) é lícito à União instituir tributo que não seja uniforme em todo o território nacional, vedada a concessão de incentivos fiscais de qualquer natureza.

Resposta: B

4) **(2018/Fauel/Prefeitura de Paranavaí-PR/Procurador do Município) Assinale a alternativa correta.**

a) A imunidade tributária referente aos livros, jornais, periódicos e o papel destinado a sua impressão, não se aplica ao livro eletrônico.
b) A imunidade tributária recíproca não pode ser estendida a empresas públicas ou sociedades de economia mista prestadoras de serviço público de cunho essencial e exclusivo.
c) A imunidade tributária recíproca não impede a cobrança do Imposto sobre Operações Financeiras nas operações financeiras realizadas pelos Municípios.
d) A jurisprudência do Supremo Tribunal Federal orienta-se no sentido de que a imunidade recíproca deve ser reconhecida em favor da Empresa Brasileira de Correios e Telégrafos, ainda que o patrimônio, renda ou serviço desempenhado pela Entidade não esteja necessariamente relacionado ao privilégio postal.
e) A imunidade recíproca dos entes federativos abrange os impostos, as taxas e as contribuições de melhoria.

Resposta: D

5) **(2018/Cespe/PGM – Manaus-AM/ Procurador do Município) Considerando o que dispõe a CF, julgue o item a seguir, a respeito das limitações do poder de tributar, da competência tributária e das normas constitucionais aplicáveis aos tributos.**

É proibida a cobrança de tributo sobre o patrimônio e a renda dos templos de qualquer culto.

Resposta: Errado

6) **(2018/Fundep/Gestão de Concursos/MPE-MG/ Promotor de Justiça Substituto) Assinale a alternativa INCORRETA:**

a) Considera-se poder de polícia a atividade da Administração Pública que, limitando ou disciplinando direito, interesse ou liberdade, regula a prática de ato ou abstenção de fato, em razão de interesse público concernente à segurança, à higiene, à ordem, aos costumes, à disciplina da produção e do mercado, ao exercício de atividades econômicas dependentes de concessão ou autorização do Poder Público, à tranquilidade pública ou ao respeito à propriedade e aos direitos individuais ou coletivos.
b) No exercício do poder de polícia, a Administração Pública dispõe de discricionariedade, o que significa que detém relativa liberdade de atuação quanto à oportunidade e conveniência para a sua prática, escolhendo o motivo e o conteúdo do ato, sempre nos limites da lei, para atender à finalidade do interesse público e do bem comum.
c) As taxas cobradas pela União, pelos Estados, pelo Distrito Federal ou pelos Municípios, no âmbito de suas respectivas atribuições, têm como fato gerador o exercício regular do poder de polícia, ou a utilização, efetiva ou potencial, de serviço público específico e divisível, prestado ao contribuinte ou posto à sua disposição.
d) É vedado à União, aos Estados, ao Distrito Federal e aos Municípios instituir tributos sobre patrimônio, renda ou serviços, uns dos outros; sobre templos de qualquer culto; sobre patrimônio, renda ou serviços dos partidos políticos

Cap. 2 – IMUNIDADES TRIBUTÁRIAS **43**

e de suas fundações, das entidades sindicais dos trabalhadores, das instituições de educação e de assistência social, sem fins lucrativos, atendidos os requisitos da lei; sobre livros, jornais e periódicos, bem como sobre o papel destinado à impressão deles.

Resposta: D

7) **(2017/Ieses/TJ-RO/Titular de Serviços de Notas e de Registros) Sem prejuízo de outras garantias asseguradas ao contribuinte, é vedado à União, aos Estados, ao Distrito Federal e aos Municípios instituir impostos sobre:**

I. Patrimônio, renda ou serviços, uns dos outros.

II. Templos de qualquer culto, condomínios edilícios.

III. Fonogramas e videofonogramas musicais produzidos no Brasil contendo obras musicais ou literomusicais de autores brasileiros.

IV. Patrimônio, renda ou serviços dos partidos políticos; livros, jornais, periódicos e o papel destinado à sua impressão.

A sequência correta é:

a) Apenas as assertivas I, III, IV estão corretas.

b) Apenas as assertivas II e IV estão corretas.

c) As assertivas I, II, III e IV estão corretas.

d) Apenas a assertiva IV está correta.

Resposta: A

8) **(2017/Vunesp/TJ-SP/Juiz Substituto) Assinale a alternativa correta.**

a) A imunidade do artigo 150, VI, *b*, da Constituição Federal deve ser interpretada ampliativamente de modo a incluir todos os imóveis da entidade religiosa, sem restrição, uma vez que o Estado brasileiro, embora laico, garante o exercício da fé religiosa, segundo orientação do Supremo Tribunal Federal.

b) A imunidade prevista no artigo 150, VI, *b*, da Constituição Federal de 1988 deve ser estendida aos cemitérios de cunho religioso, segundo orientação do Supremo Tribunal Federal.

c) A imunidade conferida aos templos se estende à Maçonaria, em cujas lojas se professa culto no sentido empregado pela Constituição Federal, segundo decisão do Supremo Tribunal Federal.

d) A imunidade do artigo 150, VI, *b*, da Constituição Federal de 1988 estende-se aos cemitérios, ainda que ostentem natureza privada e empresarial, uma vez que ali se realizam ritos relacionados com a fé religiosa, segundo orientação do Supremo Tribunal Federal.

Resposta: B

9) **(2016/Cespe/TCE-PR/Analista de Controle) Assinale a opção correta, acerca do poder de tributar e de suas limitações.**

a) A proibição de que União, estados, Distrito Federal e municípios instituam impostos sobre templos de qualquer culto é exemplo do instituto da isenção.

b) A imunidade recíproca não atinge os impostos sobre a renda dos entes federados.
c) É vedado à União conceder incentivos que visem à promoção do equilíbrio socioeconômico a determinadas áreas do país.
d) É vedado aos estados, ao Distrito Federal e aos municípios estabelecer diferença tributária de qualquer natureza entre bens e serviços em razão de sua procedência ou destino.
e) A União possui a prerrogativa de cobrar tributos relativos a fatos geradores ocorridos antes do início da vigência da lei que os houver instituído ou aumentado.

Resposta: D

10) **(2016/Cespe/TCE/PA/Auditor de Controle Externo) Em relação às limitações constitucionais ao poder de tributar, julgue o próximo item.**

Conforme o entendimento do Supremo Tribunal Federal, a imunidade recíproca é extensiva às sociedades de economia mista e empresas públicas que prestam serviços públicos essenciais e obrigatórios, ainda que remunerados por tarifas, desde que não haja apropriação privada dos lucros obtidos com a atividade pública, preservando-se, assim, o patrimônio, a renda e os serviços vinculados às suas finalidades essenciais.

Resposta: Certo

Sistema Tributário Nacional

3.1. DEFINIÇÃO DE TRIBUTO

Conforme dispõe o art. 3.º do CTN, "tributo é toda prestação pecuniária compulsória, em moeda ou cujo valor nela se possa exprimir, que não constitua sanção de ato ilícito, instituída em lei e cobrada mediante atividade administrativa plenamente vinculada".

Em síntese, o tributo é prestação pecuniária, exigido de maneira compulsória, instituído por lei e cobrado mediante lançamento. No entanto, o tributo não pode ser confundido com a multa.

Detalhando: O tributo...
- é prestação pecuniária;
- é compulsório;
- é instituído por meio de lei;
- não é multa;
- é cobrado mediante lançamento.

3.1.1. Prestação pecuniária

O tributo é prestação pecuniária, ou seja, a obrigação de prestar dinheiro ao Estado. Embora haja certa redundância na parte inicial do art. 3.º do CTN, ao mencionar "prestação pecuniária", o que se buscou foi evitar o tributo *in natura* (em bens) ou o tributo *in labore* (em trabalho, em serviços).

O pagamento pode ser feito em moeda corrente ou cheque (art. 162, I, do CTN), porém, neste último caso, somente será considerado se houver o resgate pelo sacado, em virtude do caráter *pro solvendo* do título (art. 162, § 2.º, do CTN). O CTN ainda prevê outros meios de pagamento, como vale postal, mas que não são mais utilizados, estando em franco desuso.

Ressalte-se que o CTN, em seu art. 156, XI (inserido pela LC n.º 104/2001), prevê, como causa extintiva do crédito tributário, a "dação em pagamento" (para bens imóveis, apenas), abrandando a natureza do tributo como prestação exclusivamente pecuniária.

3.1.2. Prestação compulsória

O tributo é prestação compulsória, portanto, não contratual, não voluntária e/ou não facultativa.

O Direito Tributário é ramo pertencente ao direito público, no qual há supremacia do interesse público em relação ao interesse particular. Em razão disso, não há que se falar em autonomia da vontade no pagamento de tributos.

Além disso, é importante mencionar que a compulsoriedade deriva também da legalidade (art. 5.º, II, da CF).

3.1.3. Prestação diversa de sanção

Inicialmente, destaque-se que a multa deve estar prevista em lei, conforme art. 97, V, do CTN.

Como máxima a ser adotada, entendemos que tributo não é multa, e a multa não é tributo.

Multa é a reação do direito ao comportamento devido que não tenha sido realizado, mostrando-se como uma penalidade cobrada pelo descumprimento de uma obrigação tributária, em nítido caráter *punitivo* ou *de sanção*. Em caso de descumprimento de uma obrigação tributária, quer seja *principal* (art. 113, § 1.º, do CTN), quer seja *acessória* (art. 113, § 2.º, do CTN), haverá aplicação da penalidade (art. 113, § 3.º, *in fine*, do CTN).

Nesse tema, dispõe o art. 157 do CTN que a imposição de penalidade não elimina o pagamento integral do crédito tributário, ou seja, a aplicação da multa não suprime a obrigação de pagar integralmente o crédito tributário.

Assim, o tributo e a multa são prestações pecuniárias, porém independentes, podendo o sujeito passivo, dependendo do caso, suportar as duas consequências patrimoniais.

Ver STJ: REsp 1.496.354/PR-2015.

3.1.4. Prestação instituída por lei

A obrigação do pagamento do tributo tem origem legal. Seu nascimento se dá pela simples realização do fato descrito na hipótese de incidência prevista em lei, sendo a vontade das partes irrelevante (arts. 118, 123 e 126 do CTN).

Sobre esse tema, já estudamos que o tributo depende de lei, ordinária ou complementar, conforme art. 150, I, da CF c/c art. 97, I e II, do CTN. Ademais, vimos que há a possibilidade de mitigar o princípio, conforme o art. 153, § 1.º; o art. 155, § 4.º, IV, *c*; e o art. 177, § 4.º, I, *b*, todos da CF.

Além disso, convém mencionar que a EC n.º 32/2001 derrogou (modificação parcial) o art. 3.º do CTN, pois previu a possibilidade de instituição e majoração de imposto por MP, ressalvados os tributos instituídos por lei complementar (art. 62, § 1.º, III, da CF).

Cap. 3 – SISTEMA TRIBUTÁRIO NACIONAL

3.1.5. Prestação cobrada por lançamento

Define o art. 142 do CTN que o lançamento é procedimento de exigibilidade do tributo, mostrando-se como atividade administrativa plenamente vinculada. Sendo assim, o lançamento rechaça a discricionariedade em seu processo de formação.

Ademais, o lançamento, por ser vinculado, exige a feição escrita, não se admitindo o "lançamento verbal".

Contudo, o lançamento não é ato autoexecutório. Assim, o contribuinte pode desviar-se do pagamento do tributo e discuti-lo administrativa ou judicialmente, não podendo ser alvo implacável de atos autoexecutáveis de coerção, que o pressionem a efetuar o recolhimento do gravame.

3.2. COMPETÊNCIA TRIBUTÁRIA

O princípio do federalismo (art. 60, § 4.º, I, da CF) delimitou entre as pessoas políticas o poder de tributar. A atribuição da competência tributária às pessoas jurídicas de direito público está prevista nos arts. 153 a 156 da CF, dividindo-se, entre elas, o poder de instituir e cobrar tributos.

Destaque-se que a competência tributária compreende a competência legislativa plena, prevista no art. 6.º do CTN. Nesse contexto, há em nossa ordem constitucional uma coincidência entre a *competência legislativa* com a *competência tributária*. Contudo, não se confunde uma com a outra, mostrando-se a primeira como o poder de instituir tributo, enquanto a segunda se apresenta como a competência para legislar sobre o Direito Tributário. Tal competência para legislar é denominada *competência concorrente*, conforme o art. 24 da CF.

(2016/FGV/OAB/XX Exame de Ordem Unificado) Determinado ente da Federação instituiu um tributo incidente sobre a folha de salários e demais rendimentos do trabalho pagos ou creditados, a qualquer título, à pessoa física que preste serviço a empregador privado, ainda que sem vínculo empregatício, com o objetivo de financiar a seguridade social. Em sintonia com a CRFB/88, assinale a opção que indica o ente da federação competente para a instituição do tributo descrito e o nome do tributo em questão.

- **a)** Estados-membros e o Distrito Federal. Contribuição previdenciária.
- **b)** União. Contribuição social.
- **c)** União. Imposto sobre a renda.
- **d)** Todos os entes da Federação. Contribuições sociais.

Resposta: B
Comentários: As contribuições para seguridade social são consideradas contribuições sociais, sendo que apenas a União pode instituí-las.

DIREITO TRIBUTÁRIO ESSENCIAL – *Eduardo Sabbag*

(2015/FCC/TCM-GO/Auditor Conselheiro Substituto) De acordo com a Constituição Federal, os Municípios brasileiros podem

a) instituir imposto sobre a transmissão *causa mortis* de bens imóveis, por natureza ou acessão física, e de direitos reais sobre imóveis, exceto os de garantia, bem como cessão de direitos a sua aquisição.

b) em caráter excepcional, mediante lei complementar e prévia autorização do Senado Federal, instituir empréstimos compulsórios, no caso de investimento público de caráter urgente e de relevante interesse social.

c) instituir imposto sobre a prestação de serviços de qualquer natureza, definidos em lei complementar, inclusive a prestação de serviços de transporte interestadual e intermunicipal e de comunicação, definida na Lei Complementar n.º 87/1996.

d) mediante prévia autorização do Congresso Nacional, e por meio de lei complementar, instituir empréstimos compulsórios para atender a despesas extraordinárias, decorrentes de calamidade pública.

e) instituir contribuição, na forma das respectivas leis, para o custeio do serviço de iluminação pública, observados os princípios da legalidade, anterioridade, anterioridade nonagesimal (noventena) e da irretroatividade.

Resposta: E

Comentários: A assertiva A está incorreta, pois o ITCMD é de competência dos Estados, conforme art.155, I, da CF. As assertivas B e D estão incorretas, pois os empréstimos compulsórios são tributos exclusivos da União (art. 148 da CF). A alternativa C também está incorreta, conforme dispõe o art. 156, III, da CF. A última alternativa, E, está correta, de acordo com disposição expressa do art. 149-A: "Os Municípios e o Distrito Federal poderão instituir contribuição, na forma das respectivas leis, para o custeio do serviço de iluminação pública, observado o disposto no art. 150, I e III" (princípio da legalidade tributária e irretroatividade, anterioridade e da noventena).

3.2.1. Competência tributária e capacidade tributária ativa

A *competência tributária* é intransferível, irrenunciável e indelegável (art. 7.º, *caput*, do CTN), não se confundindo com a *capacidade tributária ativa*, que é "administrativa e delegável". No entanto, apesar de irrenunciável e intransferível, o exercício da competência tributária pode ser considerado facultativo, cabendo a cada ente tributante decidir sobre o exercício da competência tributária (art. 8.º do CTN).

Admite-se a delegação de atribuições administrativas, como, por exemplo, a transferência das funções de arrecadar ou fiscalizar tributos a outra pessoa jurídica de Direito Público, o que não se confunde com a inadequada "delegação de competência tributária" (art. 7.º, § 3.º, do CTN). Tal transferência tem sido chamada na doutrina de "atribuição de capacidade tributária ativa". Portanto, o ato de produzir normas é indelegável, porém o ato de arrecadar ou fiscalizar o tributo pode ser delegável.

Ressalte-se que a atribuição das funções administrativas, no que se refere à delegação de capacidade tributária ativa, pode indicar, por determinação legal, que os recursos arre-

Cap. 3 – SISTEMA TRIBUTÁRIO NACIONAL

cadados serão de livre disponibilidade da entidade delegatária, para fins de sustentação das finalidades precipuamente institucionais. Ocorre, neste caso, o fenômeno conhecido por *parafiscalidade*, bastante comum em certas contribuições especiais, previstas no art. 149, *caput*, da CF, atribuindo-se-lhes, *ipso facto*, o rótulo de "contribuições parafiscais".

(2017/FCC/TRF-5ª Região/Analista Judiciário) Mário e Maria decidiram abrir um bazar em sociedade. Embora a legislação do ICMS de seu Estado determinasse que, antes de dar início a suas operações de circulação de mercadorias, a empresa devesse estar inscrita, como contribuinte, na repartição fiscal competente, Mário e Maria não atenderam a essa exigência legal. Simplesmente abriram a empresa e começaram a funcionar, sem cumprir as exigências da legislação tributária pertinente. Nem mesmo contrato social escrito a empresa tinha.

Compravam de seus fornecedores e vendiam a seus clientes, como o fazem todas as empresas regulares, e atuavam, perante seus fornecedores e clientes, tal como atuam as empresas em situação regular perante o Fisco. Ninguém tinha dúvida de que a empresa de Mário e Maria configurava efetivamente uma unidade econômica. Até nome fantasia a sociedade tinha: "Bazar MM".

Considerando os dados acima e a normas do Código Tributário Nacional,

a) a empresa em questão, desde que comprove, efetivamente, sua capacidade econômico-financeira, possuirá, automática e necessariamente, capacidade ativa.

b) o fato de essa empresa configurar uma unidade econômica, mesmo sem estar regularmente constituída, é o bastante para nela se identificar capacidade tributária passiva.

c) a empresa em questão, em razão de sua constituição irregular e da falta de comprovação da capacidade civil de seus dois sócios, não possui capacidade tributária passiva, nem ativa.

d) a falta capacidade tributária ativa da pessoa jurídica irregularmente constituída pode ser suprida com a comprovação de que todos os seus sócios são, de fato, pessoas civilmente capazes.

e) a capacidade passiva da pessoa jurídica depende, necessária e diretamente, da comprovação da capacidade tributária ativa de cada um de seus sócios, tratando-se de pessoa jurídica constituída sob responsabilidade limitada.

Resposta: B
Comentários: CTN, art. 126. Conforme dispõe o art. 126, III, do CTN, a capacidade tributária passiva independe de estar a pessoa jurídica regularmente constituída, bastando que configure uma unidade econômica ou profissional.

3.2.2. Detalhando a classificação da competência tributária

A *competência tributária* pode ser classificada em: privativa, comum, cumulativa, especial, residual e extraordinária. Vamos estudá-las separadamente:

3.2.2.1. Competência privativa

É o poder conferido aos entes federativos para instituir os *impostos* que estão enumerados na Constituição Federal. É competência *privativa*, na medida em que a própria Constituição já determina o rol dos impostos relativos a cada ente tributante. Está incluído na competência privativa o poder para a criação de outros tributos, diversos dos impostos, como o empréstimo compulsório (art. 148 da CF), de competência da União, e a Contribuição para o Custeio do Serviço de Iluminação Pública (CIP ou COSIP – *vide* art. 149-A da CF), de competência privativa dos Municípios e Distrito Federal. Em resumo, competência privativa é o poder legiferante das entidades tributantes quanto à criação de tributos que lhes são genuína e exclusivamente peculiares.

3.2.2.2. Competência comum

Na doutrina, relativamente à delimitação do conceito de *competência comum*, não há uniformidade. Há quem a associe aos *tributos vinculados*, a saber, às *taxas* e às *contribuições de melhoria*. Nessa linha, a *competência comum* indicaria que, "de modo comum", União, Estados, Municípios ou Distrito Federal poderão ser os sujeitos ativos das *taxas* ou *contribuições de melhoria*, ou seja, "dos mesmos tributos, guardado, entretanto, o vínculo entre o tributo e o serviço prestado ou a atividade exercida". Apenas para incrementar, frise-se que o autor também inclui no rol as contribuições previdenciárias dos servidores públicos, previstas no art. 149, parágrafo único, da CF, em razão de seu caráter contraprestacional. Assim, em tema de competência tributária, o qualificativo *comum* serviria para criar oposição ao signo "privativo", na medida em que o cenário descrito não ocorre com outros gravames. Exemplo: se pensamos no IPI, será identificada automaticamente a competência da União; se pensamos no IPVA, será identificada automaticamente a competência dos Estados e Distrito Federal, e, assim, sucessivamente. De outro lado, há quem considera inadequada a associação da tal *competência comum* aos tributos vinculados. O tema é propício a debates, sempre válidos. De todo modo, as bancas de concurso tendem a associar a *competência tributária comum* às taxas e contribuições de melhoria.

3.2.2.3. Competência cumulativa

A competência *cumulativa* ou *múltipla* (art. 147 da CF) diz respeito ao poder legiferante de instituição de impostos pela União, nos Territórios Federais, e pelo Distrito Federal, em sua base territorial. O dispositivo faz menção tão somente a impostos, porém é comando plenamente aplicável às demais espécies tributárias.

Dessa maneira, a União pode instituir os impostos federais e estaduais nos Territórios em qualquer caso. Os impostos municipais, por seu turno, serão de competência da União, respeitada a inexistência de municípios no Território. Por outro lado, se nos Territórios houver municípios, serão de responsabilidade dos próprios municípios os impostos municipais respectivos.

Quanto ao Distrito Federal, o art. 147 da CF, em sua parte final, dispõe que a ele competem os impostos municipais. Sendo assim, competem ao Distrito Federal os impostos municipais e os estaduais (art. 155, *caput*, da CF), uma vez que o Distrito Federal não pode ser dividido em municípios (art. 32 da CF).

3.2.2.4. *Competência especial*

A competência *especial* é o poder de instituir os empréstimos compulsórios (art. 148 da CF) e as contribuições especiais (art. 149 da CF). Os empréstimos compulsórios são tributos que contêm cláusula de restituição, instituídos pela União, por lei complementar, em face de três pressupostos fáticos: (I) calamidade pública, (II) guerra externa e (III) investimento público de caráter urgente e relevante interesse nacional (art. 148, I e II, da CF c/c art. 15, I e II, do CTN). Nesse passo, entende-se superada, de modo incontroverso, a antiga Súmula n. 418 do STF ("O empréstimo compulsório não é tributo, e sua arrecadação não está sujeita à exigência constitucional da prévia autorização orçamentária").

Igualmente, não se pode afastar a natureza tributária das contribuições especiais, sendo que a estes tributos finalísticos, assim como aos Empréstimos Compulsórios, não se aplicam o art. 4.º, I e II, do CTN.

3.2.2.5. *Competência residual*

A competência *residual* ou *remanescente* está disposta em dois dispositivos do texto constitucional: o art. 154, I, e o art. 195, § 4.º. Diz respeito ao poder de instituir o tributo diverso daqueles já existentes. Por conta disso, diz-se competência *residual*. O art. 154, I, da CF trata da competência residual para os impostos; o art. 195, § 4.º, da CF dispõe acerca dessa competência, no âmbito das contribuições para a seguridade social. Vamos a elas:

a) No que tange aos *impostos*, a competência residual indica que o imposto novo deverá ser instituído, por lei complementar, pela União, obedecendo-se a duas limitações: (I) respeito ao princípio da não cumulatividade; e (II) proibição de coincidência entre o seu fato gerador ou a sua base de cálculo com o fato gerador ou a base de cálculo de outros impostos;

b) Quanto às *contribuições para a seguridade social*, o raciocínio é parcialmente idêntico, tendo em vista o atrelamento textual do art. 195, § 4.º, da CF ao art. 154, I, da CF. Nessa medida, as contribuições residuais para a seguridade social devem respeitar os seguintes parâmetros: (I) instituição, por *lei complementar*, pela União; (II) respeito ao *princípio da não cumulatividade*; (III) proibição de coincidência entre o seu fato gerador ou a sua base de cálculo com o fato gerador ou a base de cálculo de outras contribuições.

Por fim, frise-se que o **STF**, quando decidiu relativamente ao tema da competência residual no julgamento da ADIN n. 939/DF, fez prevalecer a ideia de que "a proibição inscrita no art. 154 da Constituição dirige-se ao legislador ordinário, e não ao constituinte derivado". Em outras palavras, a previsão de competência para a instituição de um tributo, por meio de emenda constitucional, não se enquadra no exercício da competência residual da União. A esse respeito, vale a pena relembrar o IPMF e a CPMF, cujas previsões se deram no bojo das EC n.º 3/93 e EC n.º 12/96, respectivamente.

(2016/FGV/OAB/XIX Exame de Ordem Unificado) O Estado X, visando aumentar a sua arrecadação, instituiu novo imposto, não previsto na Constituição Federal. Sobre a hipótese, assinale a afirmativa correta.

  a) O Estado X pode instituir imposto, mediante lei complementar, desde que previsto na Constituição Estadual.
  b) Para exercer a competência residual do Estado X, é necessária lei de iniciativa do Governador do Estado.
  c) O Estado X não pode instituir o imposto novo, tendo em vista que a competência residual para a instituição de novos impostos é somente da União.
  d) É vedada à União, aos Estados, ao Distrito Federal e aos Municípios, a instituição de impostos não previstos na Constituição Federal.

Resposta: C
Comentários: A competência tributária residual para instituição de novos impostos foi atribuída apenas à União. É o que dispõe o art. 154 da CF/1988.

(2018/FCC/Câmara Legislativa do Distrito Federal/Consultor Legislativo) De acordo com as normas que integram o Sistema Tributário Nacional, bem como de conformidade com as Leis Complementares federais que estabelecem disciplinas relativas aos impostos estaduais, o Distrito Federal pode

  a) instituir o ITCD sobre as compras e vendas e as doações de bens móveis e imóveis localizados em seu território, pois ao Distrito Federal cabem tanto os impostos estaduais, como os municipais.
  b) aumentar a base de cálculo do IPTU e do IPVA no mesmo exercício em que tiver sido publicada a lei que promoveu esses aumentos.
  c) instituir contribuição para o custeio do serviço de iluminação pública, mas não poderá instituir o ISS sobre a prestação de serviços de telecomunicações.
  d) conceder benefícios fiscais relativos ao ISS, mediante autorização expressa e específica do CONFAZ, nos casos em que a prestação de serviços sujeita ao ISS for acompanhada de fornecimento de mercadorias sujeitas ao ICMS.
  e) instituir o ISS sobre prestações de serviços de transporte interestadual e intermunicipal, por qualquer via, de pessoas, bens, mercadorias ou valores.

Resposta: C
Comentários: "Art. 149-A Os Municípios e o Distrito Federal poderão instituir contribuição, na forma das respectivas leis, para o custeio do serviço de iluminação pública, observado o disposto no art. 150, I e III."

Cap. 3 – SISTEMA TRIBUTÁRIO NACIONAL 53

(2015/Funiversa/PC-DF/Delegado de Polícia) Em relação aos tributos da União, dos Estados, do Distrito Federal e dos Municípios, assinale a alternativa correta.

a) Dada a competência residual atribuída à União, esta poderá instituir, mediante lei complementar, impostos não previstos na CF, desde que sejam não cumulativos e não tenham fato gerador ou base de cálculo dos impostos previstos na CF.

b) O Distrito Federal e os Estados têm competência para instituir o ITCMD, devendo, contudo, respeitar, no que tange à alíquota máxima a ser praticada, o que for fixado pelo Congresso Nacional.

c) Caso fosse criado, no Brasil, o Território Federal, seria de competência da União a instituição dos impostos estaduais e municipais nesse Território, independentemente de nele existirem Municípios.

d) Os Estados e o Distrito Federal têm competência tributária para instituir o ICMS, o IPVA, o imposto sobre transmissão *causa mortis* e doação (ITCMD) e o imposto sobre serviços (ISS).

e) O imposto de renda, de competência da União, deve ser informado pelos critérios da universalidade, da pessoalidade e da não cumulatividade.

Resposta: A

Comentários: A alternativa trata da **competência residual** da União para instituição de novos impostos ou contribuições para a seguridade social (art. 195, § 4º). A temática alinha-se ao poder de instituição de tributo diverso daqueles já existentes.

Art. 154. A União poderá instituir:
I – mediante lei complementar, impostos não previstos no artigo anterior, desde que sejam não cumulativos e não tenham fato gerador ou base de cálculo próprios dos discriminados nesta Constituição.

3.2.3. Competência extraordinária

A competência *extraordinária* é o poder de instituição, pela União, por meio de lei ordinária federal, do imposto extraordinário de guerra, previsto no art. 154, II, da CF c/c o art. 76 do CTN. O Imposto Extraordinário poderá ser criado em situação de guerra, ou sua iminência, objetivando gerar receitas extras para a manutenção das forças armadas em combate. Destaque-se que a situação de guerra pode dar ensejo à instituição do Imposto Extraordinário ou do Empréstimo Compulsório (art. 148, I, da CF), ou de ambos. Outro ponto muito importante sobre o tema é que os Empréstimos Compulsórios têm sua origem em lei complementar, e não em MP. Além disso, trata-se de uma permissão expressa na Constituição Federal para a *bitributação* e para o *bis in idem*, na medida em que é ampla a liberdade de escolha do fato imponível para o Imposto Extraordinário. Registre-se, em tempo, que o imposto, sendo criado, terá exigência imediata, pois se trata de exceção às anterioridades *anual* e *nonagesimal* (art. 150, § 1.º, da CF). Igualmente, insta enfatizar que o tributo é *provisório*, uma vez que, cessadas as causas de sua criação, deverá desaparecer (art. 76 do CTN).

DIREITO TRIBUTÁRIO ESSENCIAL – *Eduardo Sabbag*

A seguir, um quadro de memorização sobre a terminologia utilizada na *classificação das competências tributárias*:

DENOMINAÇÃO DA COMPETÊNCIA	TRIBUTOS	ENTIDADES POLÍTICAS
PRIVATIVA	Impostos, como regra. Outros tributos, inclusive	União, Estados, Municípios e Distrito Federal
COMUM	Taxas e Contribuições de Melhoria	União, Estados, Municípios e Distrito Federal
CUMULATIVA ou MÚLTIPLA	Tributos em geral (o art. 147 da CF menciona *impostos*)	União e Distrito Federal
ESPECIAL	Empréstimos compulsórios	**União**
	Contribuições (art. 149, *caput*, CF)	**União**
	Contribuições Sociais (art. 149, § 1º, CF)	**Estados, Municípios e Distrito Federal**
	Contribuição– CIP ou Cosip (art. 149-A, CF)	**Municípios e Distrito Federal**
RESIDUAL ou REMANESCENTE	Impostos e Contribuições para a Seguridade Social (art. 195, § 4º, c/c art. 154, I, ambos da CF)	União
EXTRAORDINÁRIA	Imposto Extraordinário de Guerra	União

3.3. QUADROS-SÍNTESE DO CAPÍTULO

Definição de Tributo	– prestação pecuniária – compulsório – instituído por meio de lei – não é multa – cobrado mediante lançamento

Competência Tributária (Arts. 153 a 156 da CF)	– poder de instituir – poder de cobrar tributos – intransferível, irrenunciável e indelegável – exercício da competência tributária pode ser considerado facultativo

	CLASSIFICAÇÃO DA COMPETÊNCIA TRIBUTÁRIA
Privativa	É o poder conferido aos entes federativos para instituir os *impostos* que estão enumerados na Constituição Federal.
Comum	A União, os Estados, os Municípios ou o Distrito Federal poderão ser os sujeitos ativos das *taxas* ou *contribuições de melhoria*, desde que realizem os fatos geradores de tais gravames contraprestacionais.

Cap. 3 – SISTEMA TRIBUTÁRIO NACIONAL

CLASSIFICAÇÃO DA COMPETÊNCIA TRIBUTÁRIA

Cumulativa	Poder legiferante de instituição de impostos pela União, nos Territórios Federais, e pelo Distrito Federal, em sua base territorial. O dispositivo faz menção tão somente a impostos, porém é comando plenamente aplicável às demais espécies tributárias. Obs.: se nos Territórios houver municípios, serão de responsabilidade dos próprios municípios os impostos municipais respectivos. Obs.: competem ao Distrito Federal os impostos municipais e os estaduais (art. 155, *caput*, da CF), uma vez que o Distrito Federal não pode ser dividido em municípios (art. 32 da CF).
Especial	Poder de instituir os empréstimos compulsórios (art. 148 da CF) e as contribuições especiais (art. 149 da CF).
Residual	Poder de instituir o tributo diverso daqueles já existentes. Há duas hipóteses: – **Impostos:** o imposto novo deverá ser instituído, por lei complementar, pela União, obedecendo-se a duas limitações: (I) respeito ao princípio da não cumulatividade; e (II) proibição de coincidência entre o seu fato gerador ou a sua base de cálculo com o fato gerador ou a base de cálculo de outros impostos; – **Contribuições para a seguridade social:** devem respeitar os seguintes parâmetros: (I) instituição, por *lei complementar*, pela União; (II) respeito ao *princípio da não cumulatividade*; (III) proibição de coincidência entre o seu fato gerador ou a sua base de cálculo com o fato gerador ou a base de cálculo de outras contribuições.
Extraor-dinária	Poder de instituição, pela União, por meio de lei ordinária federal, do imposto extraordinário de guerra, previsto no art. 154, II, da CF c/c o art. 76 do CTN.

3.4. QUESTÕES

1) **(2019/FCC/DPE-SP/Defensor Público) Com relação ao sistema tributário nacional, é correto afirmar:**

a) Compete privativamente à autoridade administrativa constituir o crédito tributário pelo lançamento, assim entendido o procedimento administrativo tendente a presumir a ocorrência do fato gerador da obrigação correspondente, arbitrar a matéria tributável, calcular o montante do tributo que entende devido, indicar o sujeito passivo e, sendo o caso, propor a aplicação da penalidade cabível.

b) A autoridade competente para interpretar a legislação tributária utilizará sucessivamente, na ordem indicada: a analogia, os princípios gerais de direito tributário, os princípios gerais de direito público e a jurisprudência.

c) O lançamento regularmente notificado ao sujeito passivo não pode ser alterado por iniciativa de ofício da autoridade administrativa, mesmo que se comprove que ocorreu falta funcional da autoridade que o efetuou.

d) Segundo a Constituição Federal de 1988, o Poder Executivo pode, nas condições e nos limites estabelecidos em lei, alterar as alíquotas ou as bases de cálculo do imposto de importação, a fim de ajustá-lo aos objetivos da política cambial e do comércio exterior.

e) Segundo o Código Tributário Nacional, entram em vigor, no primeiro dia do exercício seguinte àquele em que ocorra a sua publicação, os dispositivos de lei referentes a impostos sobre o patrimônio ou a renda, que extinguem ou reduzem isenções.

Resposta: E

2) **(2019/Ieses/Titular de Serviços de Notas e de Registros) No que atine ao conceito de tributo e às espécies tributárias, assinale a alternativa correta:**

   a) Tributo é toda prestação pecuniária compulsória, em moeda ou cujo valor nela se possa exprimir, que não constitua sanção de ato ilícito, instituída em lei e cobrada mediante atividade administrativa discricionária.

   b) Imposto, de acordo com o Código Tributário Nacional, é o tributo cuja obrigação tem por fato gerador uma situação independente de qualquer atividade estatal específica, relativa ao contribuinte.

   c) A contribuição de melhoria não é um tributo.

   d) As taxas são tributos de competência privativa da União, dos Estados e do Distrito Federal.

   Resposta: B

3) **(2019/FCC/Sefaz-BA/Auditor Fiscal) A Constituição Federal discrimina as competências dos entes políticos da federação, dispondo que**

   a) os Estados e o Distrito Federal poderão instituir contribuição, na forma das respectivas leis, para o custeio do serviço de iluminação pública.

   b) pertence ao Estado-membro a denominada competência residual tributária para instituir um novo imposto, desde que seja não cumulativo e não tenha fato gerador ou base de cálculo próprios dos impostos previstos na Constituição Federal.

   c) compete aos Estados e ao Distrito Federal instituírem o imposto sobre transmissão *inter vivos*, a qualquer título, por ato oneroso, de bens imóveis, por natureza ou acessão física, e de direitos reais sobre imóveis, exceto os de garantia, bem como cessão de direitos a sua aquisição.

   d) compete à União, na iminência ou no caso de guerra externa, instituir imposto extraordinário, compreendido ou não em sua competência tributária, desde que seja suprimido, gradativamente, cessadas as causas de sua criação.

   e) a União, os Estados, o Distrito Federal e os Municípios instituirão contribuições sociais, de intervenção no domínio econômico e de interesse das categorias profissionais ou econômicas, como instrumento de suas atuações nas respectivas áreas.

   Resposta: D

4) **(2019/Vunesp/TJ-AC/Juiz de Direito Substituto) Os empréstimos compulsórios e os impostos residuais poderão ser instituídos**

   a) pela União, por meio de medida provisória, devendo o seu produto ser compartilhado com estados e municípios.

   b) pela União, mediante lei complementar, nas hipóteses autorizadas pela Constituição Federal.

Cap. 3 – SISTEMA TRIBUTÁRIO NACIONAL

c)   pela União, mediante lei ordinária, nas hipóteses autorizadas pelo Código Tributário Nacional.

d)   por todos os entes da federação, por meio de lei ordinária, desde que respeitem a não cumulatividade.

Resposta: B

5)   (2018/UEG/PC-GO/Delegado de Polícia) O sistema tributário nacional é integrado por um conjunto de princípios e regras que limitam o exercício do poder de tributar do Estado. Acerca do exercício da competência tributária verifica-se que

a)   a anterioridade aplicável ao direito penal tem igual aplicação na seara tributária, sendo vedada qualquer alteração na legislação tributária, ainda que não corresponda a aumento do tributo.

b)   é vedada a cobrança de tributos antes de decorridos noventa dias da data em que haja sido publicada lei que os instituiu, aumentou ou reduziu.

c)   a imunidade religiosa é consectária da garantia fundamental da liberdade religiosa, que tem alcance além do templo religioso.

d)   a vedação do não confisco ao Estado, no exercício de seu poder de tributar, limita a perda de bens no âmbito criminal.

e)   as regras de imunidade tributária devem ser interpretadas restritivamente, na medida em que correspondem a benefícios fiscais aos contribuintes.

Resposta: C

6)   (2018/FCC/DPE-RS/Defensor Público) Considerando-se as competências tributárias previstas na Constituição Federal, é autorizada

a)   à União a instituição de impostos sobre produtos industrializados.

b)   aos Estados e ao Distrito Federal a instituição de impostos sobre operações de câmbio.

c)   à União a instituição de impostos sobre a propriedade de veículos automotores.

d)   aos Municípios a instituição de impostos sobre circulação de mercadorias.

e)   aos Estados e ao Distrito Federal a instituição de imposto sobre grandes fortunas.

Resposta: A

7)   (2018/Ieses/TJ-AM/Titular de Serviços de Notas e de Registros) Analise as sentenças abaixo e assinale a opção correta com relação às regras de competência tributária estabelecidas no Código Tributário Nacional:

I.   Os tributos cuja receita seja distribuída, no todo ou em parte, a outras pessoas jurídicas de direito público pertencerá à competência legislativa daquela a que tenham sido atribuídos.

II.   É vedado aos Estados, ao Distrito Federal e aos Municípios estabelecer diferença tributária entre bens de qualquer natureza, em razão da sua procedência ou do seu destino.

III. É vedado à União, aos Estados, ao Distrito Federal e aos Municípios, estabelecer limitações ao tráfego, no território nacional, de pessoas ou mercadorias, por meio de tributos interestaduais ou intermunicipais.

a) Apenas a alternativa I está correta.
b) Apenas as alternativas II e III estão corretas.
c) Apenas I e III estão corretas.
d) Todas as alternativas estão corretas.
Resposta: D

8) **(2018/FCC/Sabesp/Advogado) No tocante à competência tributária, considere:**

I. A competência tributária, em regra, é indelegável.

II. O não exercício da competência tributária não a defere a pessoa jurídica de direito público diversa daquela a que a Constituição Federal a tenha atribuído.

III. Constitui delegação de competência o cometimento, a pessoas de direito privado, do encargo ou da função de arrecadar tributos.

Está correto o que se afirma APENAS em

a) I.
b) I e III.
c) II e III.
d) I e II.
e) II.
Resposta: D

9) **(2018/Consulplan/Câmara de Belo Horizonte-MG/Consultor Legislativo) A respeito de Tributação (Sistema Tributário Nacional, Administração Tributária e Tributos municipais), assinale a alternativa INCORRETA, tendo por base o disposto na Lei nº 5.172/1966, que dispõe sobre o Sistema Tributário Nacional e institui normas gerais de direito tributário aplicáveis à União, Estados e Municípios.**

a) No que tange à Administração Tributária, o intercâmbio de informação sigilosa, no âmbito da Administração Pública, será realizado mediante processo regularmente instaurado, e a entrega será feita pessoalmente à autoridade solicitante, mediante recibo, que formalize a transferência e assegure a preservação do sigilo.

b) Salvo quando expressamente autorizado por lei, nenhum departamento da administração pública dos Municípios celebrará contrato ou aceitará proposta em concorrência pública sem que o contratante ou proponente faça prova da quitação de todos os tributos devidos à Fazenda Pública interessada, relativos à atividade em cujo exercício contrata ou concorre.

c) Para efeitos de instituição e cobrança do Imposto sobre a Propriedade Predial e Territorial Urbana, a lei municipal deve considerar como base do cálculo do imposto o valor venal do imóvel, sendo que na determinação de referida base de cálculo, deve ser levado em consideração o valor dos bens móveis mantidos, em caráter permanente ou temporário, no imóvel.

d) Em que pese a existência de exceções no Código Tributário Nacional e sem prejuízo do disposto na legislação criminal, é vedada a divulgação, por parte da

Fazenda Pública ou de seus servidores, de informação obtida em razão do ofício sobre a situação econômica ou financeira do sujeito passivo ou de terceiros e sobre a natureza e o estado de seus negócios ou atividades.

Resposta: C

10) **(2018/Ieses/TJ-CE/Titular de Serviços de Notas e de Registros) A Constituição Federal delimitou a competência tributária da União, estabelecendo limites e requisitos para o seu exercício. Assinale a alternativa correta:**

a) A União poderá instituir, mediante lei complementar, impostos não previstos na Constituição Federal, respeitando alguns requisitos relativos à questão de não cumulatividade, fato gerador e base de cálculo.

b) A União poderá instituir, na iminência ou no caso de guerra externa, impostos extraordinários, limitados à sua competência tributária.

c) A União poderá instituir empréstimo compulsório mediante lei ordinária.

d) Compete à União, mediante lei ordinária, instituir imposto sobre grandes fortunas.

Resposta: A

Espécies de Tributos

Defende a maioria da doutrina que existem cinco tributos no atual sistema tributário constitucional brasileiro (Teoria pentapartida). No entanto, o art. 145 da CF, na esteira do art. 5.º do CTN, indica a existência de somente três tributos (impostos, taxas e contribuições de melhoria), dando a impressão que o ordenamento jurídico nacional adotou a referida teoria, cujas bases sustentam a Teoria tripartida. Nessa medida, é fundamental conhecer as principais correntes doutrinárias sobre o tema.

Geraldo Ataliba, adotando a chamada "teoria bipartida" (ou clássica), separou os tributos em apenas duas espécies: vinculados a uma atuação estatal (taxas e contribuições de melhoria, ambos aglutináveis na forma de "taxas") e não vinculados (impostos).

Cumpre ressaltar que, à época da elaboração do CTN, em 1966, prevalecia a teoria tripartite (tripartida) ou tricotômica, com fundamento no art. 5.º do CTN. De acordo com esta teoria, os tributos, independentemente da denominação adotada ou da destinação da receita, eram divididos em três espécies: (a) impostos, (b) taxas e (c) contribuições de melhoria.

Nas décadas seguintes, surgiram os empréstimos compulsórios e as contribuições. Tais exações adaptavam-se ao art. 3.º do CTN, o que lhes dava fortes indícios de uma feição tributária. Surgiu, assim, a teoria pentapartida, que hoje predomina na doutrina e no STF, e prestigia os tributos finalísticos.

Assim, a doutrina e a jurisprudência entendem que, além das três espécies mencionadas no art. 145 da CF, há que se considerar como "tributos" os empréstimos compulsórios e as contribuições, totalizando cinco espécies tributárias, que ratificam a existência da teoria prevalecente, à qual nos filiamos, isto é, a teoria pentapartida dos tributos (STF, RREE 138.284-8 e 177.137).

Em tempo, ressalte-se que há vozes na doutrina defendendo que, com o advento da Emenda Constitucional n.º 39/2002, a qual trouxe à baila a municipal Contribuição para o Serviço de Custeio de Iluminação Pública (CIP ou COSIP; art. 149-A da CF), passou a viger uma teoria indicadora de seis distintas espécies tributárias, ou seja, uma "teoria hexapartida".

(2015/Cespe/FUB/Contador) Com relação ao Sistema Tributário Nacional (STN), julgue o item subsecutivo.

Os impostos, as taxas e as contribuições de melhoria são espécies de tributo.

Resposta: Certo

Comentário: Conforme dispõe a Constituição Federal, art. 145: A União, os Estados, o Distrito Federal e os Municípios poderão instituir os seguintes tributos:

I – impostos;

II – taxas, em razão do exercício do poder de polícia ou pela utilização, efetiva ou potencial, de serviços públicos específicos e divisíveis, prestados ao contribuinte ou postos a sua disposição;

III – contribuição de melhoria, decorrente de obras públicas.

4.1. IMPOSTO

Imposto é tributo cuja obrigação tem por fato gerador uma situação independente de qualquer atividade estatal específica, relativa à vida do contribuinte, à sua atividade ou a seu patrimônio (art. 16 do CTN). Esta figura tributária também é prevista pelo art. 145, I, da CF. É tributo não ligado à atividade estatal, ou seja, refere-se à atividade do particular, estando limitado ao âmbito privado do contribuinte.

Como é sabido, basta a realização do fato gerador para o nascimento (ou surgimento) da obrigação tributária, e posteriormente, o recolhimento do imposto, o que lhe dá características de *tributo unilateral*. Da mesma maneira, diz-se que imposto é gravame de arrecadação não afetada (art. 167, IV, da CF).

A Constituição Federal prevê, de modo taxativo, as listas de impostos federais, estaduais e municipais. Note-as:

a) Impostos Federais (art. 153 da CF):
  • Imposto de Importação (inc. I)
  • Imposto de Exportação (inc. II)
  • Imposto de Renda (inc. III)
  • IPI (inc. IV)
  • IOF (inc. V)
  • ITR (inc. VI)
  • Imposto sobre Grandes Fortunas (inc. VII)
  • Impostos residuais (art. 154, I)
  • Imposto Extraordinário (de Guerra) (art. 154, II)

b) Impostos Estaduais (art. 155 da CF):
  • ITCMD (inc. I)
  • ICMS (inc. II)
  • IPVA (inc. III)

c) Impostos Municipais (art. 156 da CF):
  • IPTU (inc. I)
  • ITBI (inc. II)
  • ISS (inc. III)

O resumo adiante permitirá que o leitor tome contato com os nomes técnicos dos impostos, a partir de siglas correntes, percebendo que nem sempre a abreviatura corresponde à sua fiel tradução por extenso:

a) II: Imposto sobre importação de produtos estrangeiros;
b) IE: Imposto sobre exportação, para o exterior, de produtos nacionais ou nacionalizados;
c) IR: Imposto sobre renda e proventos de qualquer natureza;
d) IPI: Imposto sobre produtos industrializados;
e) IOF: Imposto sobre operações de crédito, câmbio e seguro ou relativas a títulos ou valores mobiliários;
f) ITR: Imposto sobre propriedade territorial rural;
g) IExt: Imposto extraordinário (de guerra);
h) IGF: Imposto sobre grandes fortunas;
i) ITCMD: Imposto sobre transmissão *causa mortis* e doação, de quaisquer bens ou direitos;
j) ICMS: Imposto sobre operações relativas à circulação de mercadorias e sobre prestações de serviços de transporte interestadual e intermunicipal e de comunicação;
k) IPVA: Imposto sobre propriedade de veículos automotores;
l) IPTU: Imposto sobre propriedade territorial urbana;
m) ITBI: Imposto sobre transmissão *inter vivos*, a qualquer título, por ato oneroso, de bens imóveis, por natureza ou acessão física, e de direitos reais sobre imóveis, exceto os de garantia, bem como cessão de direitos a sua aquisição;
n) ISS: Imposto sobre serviços de qualquer natureza.

(2015/Cespe/MPOG/Contador) Em relação a impostos, taxas e contribuições, julgue o item subsequente.

Define-se como imposto o tributo cuja obrigação tem por fato gerador situação vinculada a uma atividade estatal específica dirigida ao contribuinte.

Resposta: Errado

Comentários: A assertiva em questão não está em consonância com o art. 16 do Código Tributário Nacional: "Imposto é o tributo cuja obrigação tem por fato gerador uma situação independente de qualquer atividade estatal específica, relativa ao contribuinte".

4.2. TAXA

A taxa é tributo vinculado à ação estatal, sujeitando-se à atividade pública, e não à atividade do particular. Deverá ser exigida pelas entidades impositoras (União, Estados, Municípios e Distrito Federal), não se admitindo a exigência em face de atuação de empresa privada. De modo diverso do imposto, é exação bilateral, contraprestacional e sinalagmática. Seu disciplinamento vem do art. 145, II, da CF, c/c os arts. 77 a 79 do CTN.

A taxa tem como fato gerador o exercício regular do poder de polícia e/ou a utilização, efetiva ou potencial, de serviço público específico e divisível prestado ao contribuinte ou posto à sua disposição (art. 79, I, II e III, do CTN). Há dois tipos de taxa: a taxa de polícia e a taxa de serviço.

A base de cálculo ou base imponível é uma grandeza do fato gerador, uma perspectiva que o dimensiona, com o objetivo de permitir, aritmeticamente, no confronto com a alíquota, a indicação do quanto se deve. Portanto, a base de cálculo é ordem de medida dimensional do fato imponível, ofertando-lhe a exata expressão econômica.

Não pode existir imposto com base de cálculo de taxa, ou taxa com base de cálculo de imposto, sob pena de constituirmos um tributo pelo outro (STJ, REsp 2.220/SP-1990). Tal proibição está disciplinada no art. 145, § 2º, da CF e no art. 77, parágrafo único, do CTN.

(2018/Vunesp/Câmara de Campo Limpo Paulista-SP/Procurador Jurídico) Caso determinado município pretenda financiar o serviço público de coleta de resíduos sólidos domiciliares no seu território, este município poderá

a) aumentar o imposto sobre propriedade urbana dos imóveis atendidos pelo serviço, de forma proporcional ao custo do serviço implantado.

b) instituir taxa em decorrência da utilização, efetiva ou potencial, de serviço público específico e divisível, prestado ao contribuinte ou posto à sua disposição.

c) instituir contribuição de melhoria nos estritos limites da valorização nos imóveis particulares decorrentes da implantação do serviço de coleta de resíduos sólidos.

d) vincular, mediante lei, percentual do imposto sobre serviços arrecadado no município à prestação do serviço público em questão.

e) instituir contribuição para custeio dos serviços públicos de coleta de resíduos sólidos, em linha com a previsão constitucional e jurisprudência do Supremo Tribunal Federal.

Resposta: B

Comentários: Súmula Vinculante 19, STF: *Não viola o artigo 145, II, da Constituição Federal a taxa cobrada exclusivamente em razão dos serviços públicos de coleta, remoção e tratamento ou destinação de lixo ou resíduos provenientes de imóveis.*

> "Art. 145. A União, os Estados, o Distrito Federal e os Municípios poderão instituir os seguintes tributos:
>
> I – impostos;
>
> II – taxas, em razão do exercício do poder de polícia ou pela utilização, efetiva ou potencial, de serviços públicos específicos e divisíveis, prestados ao contribuinte ou postos a sua disposição;
>
> III – contribuição de melhoria, decorrente de obras públicas."

(2017/Cespe/DPU/Defensor Público Federal) A respeito das espécies tributárias existentes no sistema tributário brasileiro, julgue o item que se segue.
No cálculo do valor de determinada taxa, pode haver elementos da base de cálculo de algum imposto, desde que não haja total identidade entre uma base e outra.

Resposta: Certo
Comentários: Súmula Vinculante 29, STF: É constitucional a adoção, no cálculo do valor de taxa, de um ou mais elementos da base de cálculo própria de determinado imposto, desde que não haja integral identidade entre uma base e outra.

4.2.1. Taxa de polícia

O art. 78, *caput*, do CTN estipula o conceito de *poder de polícia*:

> "Considera-se poder de polícia a atividade da administração pública que, limitando ou disciplinando direito, interesse ou liberdade, regula a prática de ato ou abstenção de fato, em razão de interesse público concernente à segurança, à higiene, à ordem, aos costumes, à disciplina da produção e do mercado, ao exercício de atividades econômicas dependentes de concessão ou autorização do Poder Público, à tranquilidade pública ou ao respeito à propriedade e aos direitos individuais ou coletivos".

A taxa de polícia, denominada também de taxa de fiscalização, será exigida em razão de atos de polícia realizados pela Administração Pública, pelos mais variados órgãos ou entidades fiscalizatórias. Pagar-se-á tal taxa em função do "exercício regular do poder de polícia administrativa", tendente a limitar direitos ou liberdades individuais em benefício da coletividade. A esse propósito, dispõe o parágrafo único do art. 78 do CTN:

> "Considera-se regular o exercício do poder de polícia quando desempenhado pelo órgão competente nos limites da lei aplicável, com observância do processo legal e, tratando-se de atividade que a lei tenha como discricionária, sem abuso ou desvio de poder".

São exemplos de atividades fiscalizatórias que podem ensejar a cobrança do tributo:

a) Taxa para o FUNDAF. (Ver STJ: REsp 1.275.858/DF-2013. Ver STF: AgR-ED no RE 684.842);
b) Taxa de alvará (ou de funcionamento);
c) Taxa de fiscalização dos mercados de títulos e valores mobiliários pela CVM;
d) Taxa de controle e fiscalização ambiental (TCFA);
e) Taxa de fiscalização dos serviços de cartórios extrajudiciais.

4.2.2. Taxa de serviço

A taxa de serviço será cobrada em razão da prestação estatal de um serviço público *específico* e *divisível*. Note que são requisitos cumulativos, que dão os limites necessários à exigibilidade da taxa de serviço, sempre dotada de especificidade e divisibilidade, segundo dispõe o art. 79, II e III, do CTN. Ressalte-se que a prestação do serviço público poderá ser de utilização efetiva (art. 79, I, *a*, do CTN) ou potencial (art. 79, I, *b*, do CTN).

Não são poucos os serviços que preenchem os requisitos ensejadores dessa taxa, como serviços de luz, gás, esgotamento sanitário, entre outros. Entretanto, tais ações estatais são comumente remuneradas por meio de tarifas. A jurisprudência não é uníssona sobre o tema, ora associando tais manifestações ao campo das taxas, ora ao campo das tarifas.

Por conta dos requisitos essenciais à sua caracterização, vários tributos "tentaram se enquadrar" na categoria de taxa de serviço, quando deveriam ser custeados por impostos, incorrendo, na maioria das vezes, em inconstitucionalidade:

- Taxa de Segurança Pública (ADInMC 1.942/DF-1999 e ADInMC 2.424/CE-2002);
- Taxa de Limpeza Pública. Ver STJ: EDivREsp 102.404/SP. Ver STF: RE 361.437/MG, RE 245.539/RJ, RE 188.391, RE 199.969 e RE 204.827;
- Taxa de Iluminação Pública. Frise-se que, em 11 de março de 2015, o Plenário do STF acolheu proposta de edição de enunciado da Súmula Vinculante com o seguinte conteúdo: "O serviço de iluminação pública não pode ser remunerado mediante taxa". Assim, tornou-se vinculante o conteúdo do Verbete 670 da Súmula do STF. Trata-se da Súmula Vinculante n.º 41 do STF. Ver STF: RE 231.764 e RE 233.332.

4.2.3. Informações complementares sobre taxas

4.2.3.1. Base de cálculo

A base de cálculo ou base imponível é uma grandeza do fato gerador, uma perspectiva que o dimensiona, com o objetivo de permitir, aritmeticamente, no confronto com a alíquota, a indicação do quanto se deve. Portanto, a base de cálculo é ordem de medida dimensional do fato imponível, ofertando-lhe a exata expressão econômica.

Não pode existir imposto com base de cálculo de taxa, ou taxa com base de cálculo de imposto, sob pena de constituirmos um tributo pelo outro (STJ, REsp 2.220/SP-1990). Tal proibição está disciplinada no art. 145, § 2.º, da CF e no art. 77, parágrafo único, do CTN.

Destaque-se que é bastante comum a inconstitucionalidade de taxas com bases de cálculo inadequadas, como a *Taxa de Licença de Publicidade*, criada com base de cálculo afeta ao tamanho da placa de publicidade (STJ, REsp 78.048/SP-1997) e a Taxa de Serviços Urbanos, criada com base de cálculo coincidente com a base imponível do IPTU (STF, RE 12.0811/SP-1993), a Taxa de Fiscalização de Estabelecimentos (TFE), as Taxas de Licenciamento de Importação e a Taxa de Segurança contra incêndio.

Em tempo, frise-se que, em 1º de agosto de 2017, o STF, apreciando o Tema 16 da Repercussão Geral, por maioria e nos termos do voto do Relator, negou provimento ao recurso, ao julgar o RE 643.247/SP (rel. Min. Marco Aurélio), e fixou a seguinte tese: "A segurança pública, presentes a prevenção e o combate a incêndios, faz-se, no campo da atividade precípua, pela unidade da Federação, e, porque serviço essencial, tem como viabilizá-la a arrecadação de impostos, não cabendo ao Município a criação de taxa para tal fim".

Ver STJ: ARE 990.914/SP. Ver STF: ARE 990.914/SP, ARE 906.203-AgR e RE 643.247/SP.

4.2.3.2. O confronto taxa versus tarifa

A taxa não se confunde com a tarifa, mesmo sendo ambas as prestações pecuniárias tendentes a prover de recursos os cofres estatais, em face de serviços públicos prestados.

A tarifa, uma espécie de preço público, é o preço de venda do bem, exigido por empresas prestacionistas de serviços públicos (concessionárias e permissionárias), como se fossem vendedoras.

Já a taxa, como estudado, é tributo imediatamente vinculado à ação estatal, atrelando-se à atividade pública, e não à ação do particular.

A característica essencial que deve diferenciar taxa de preço público está na inerência ou não da atividade à função do Estado. Ou seja, se houver notória vinculação do serviço com o desempenho de função estatal, teremos a taxa. Por outro lado, se houver desvinculação deste serviço com a ação estatal, inexistindo óbice ao desempenho da atividade por particulares, teremos a tarifa. Nesse passo, ressalte-se que, hodiernamente, o critério considerado importante para distinguir tais institutos não é o de saber se o pagamento é voluntário ou compulsório, mas, sim, de averiguar se a atividade concretamente executada pelo Poder Público configura um serviço público ou não.

Nesse passo, sempre que o serviço, específico e divisível, deva ser prestado pela Administração Pública diretamente, por ordem constitucional, o regime será o de taxa, mesmo que a lei adote outro. Nos casos em que a realização do serviço puder ser delegada a outra entidade, pública ou privada, o legislador poderá escolher entre o regime de taxa e o de tarifa (sobre este tema, ver julgado, da lavra do Ministro Carlos Velloso, no RE 209.365-3/SP).

Note o Quadro Mnemônico:

Taxa	Preço Público
É tributo	Não é tributo
Prestação pecuniária compulsória	Prestação pecuniária facultativa
Sem autonomia de vontade	Com autonomia de vontade
Decorrente de lei	Decorrente de contrato administrativo
Rescisão inadmissível	Rescisão admissível
Obrigação *ex lege*	Obrigação *ex voluntate*

Taxa	Preço Público
Obedece aos princípios de direito tributário	Não está sujeito aos princípios de direito tributário, mas aos princípios de direito administrativo
Regime jurídico de direito público	Regime jurídico de direito privado
Há taxa de serviço de utilização potencial	Só há tarifa cobrada em face de serviço de utilização efetiva
Existe taxa cobrada em razão de poder de polícia	Não existe tarifa cobrada em razão de poder de polícia
Exigida por pessoas jurídicas de direito público	Exigida por pessoas jurídicas de direito público e de direito privado
Receita derivada de direito público, com uso de seu poder de império (a receita "deriva" do patrimônio do particular)	Receita originária de direito privado, sem uso de seu poder de império (a receita "origina-se" do próprio patrimônio do estado)
Cobrança não proporcional ao uso	Cobrança proporcional ao uso

4.2.3.3. Análise dos pedágios

A doutrina não é uníssona quanto à natureza jurídica do pedágio, entendendo alguns tratar-se de taxa, enquanto outros vinculam a exação a preço público, na espécie tarifa. A questão é problemática, com intermináveis divergências. Veja, em resumo, algumas das razões abaixo:

- O pedágio é prestação comumente cobrada por concessionárias, isto é, por pessoas jurídicas de direito privado, que se colocam na posição de "sujeitos ativos" – um paradoxo inaceitável no campo da obrigação tributária;
- O pedágio é prestação instituída e reajustada por atos diversos de lei, afastando da exação a feição tributária;
- Inexistindo as vias alternativas, a exação se torna compulsória, aproximando-a de uma "taxa", propriamente dita;
- O art. 150, V, "parte final", da CF preceitua sobre o pedágio como ressalva a um princípio tributário, levando o intérprete a vinculá-lo a "tributo", o que lhe avocaria, de modo inflexível, os princípios constitucionais tributários, entre os quais o da legalidade.

A doutrina, quase de maneira harmônica, entende que o pedágio é tributo. Todavia, há quem veja o pedágio como preço público, entendendo que a ressalva no art. 150, V, "parte final", da CF é meramente didática. No plano legislativo, há clara dissociação estabelecida entre "preço" e "pedágio", constante do item 22.01 da Lista de Serviços anexa à LC n.º 116/2003, o que corrobora a tese tributária para o pedágio.

Cobra-se o pedágio apenas pela utilização efetiva do serviço de conservação de rodovias, ainda que sob o equivocado regime de direito privado, o que nos parece incoerente, à luz do texto constitucional. É fato que, nos dias atuais, não se conhece na malha rodoviária brasileira a cobrança de pedágio-tributo nos moldes constitucionais. Pelo contrário, a cobrança de pedágio se faz habitualmente nas rodovias de movimento e rentabilidade maiores, por meio do preço público.

Analisando a questão, podemos dizer que, caso a administração da via pública, objeto de cobrança do pedágio, seja realizada por órgão da administração direta (autarquia ou empresa controlada por Estado, como DER ou DERSA), a exação deverá ser considerada uma taxa. Diversamente, se a via for explorada por entidade particular (concessionárias, permissionárias etc.), poderá existir uma escolha da exação pelo legislador – se pedágio-taxa ou pedágio-tarifa. Sobre esse tema, conferir Lei Federal n.º 10.233/2001 (art. 13, I), que criou a Agência Nacional de Transportes Terrestres – ANTT, regulando a concessão de "exploração de infraestrutura de transporte público" federal. Este instituto legal, em diferenciados dispositivos, deixa patente que tal exploração, pela concessionária, será remunerada mediante a cobrança de tarifas (art. 28, I e II; art. 34-A, § 2.º, VI, e art. 35, VII).

Em conclusão, o pedágio pode ser taxa ou preço público (tarifa), dependendo das circunstâncias e da forma como for exigido. Entretanto, pela complexidade da matéria e pela diversidade de entendimentos, será necessário aguardarmos novos julgamentos do STF para uma melhor definição jurisprudencial sobre o tema.

Em tempo, frise-se que o Plenário do STF, em 11 de junho de 2014, sacramentou o seguinte entendimento na ADI n.º 800: "O pedágio cobrado pela efetiva utilização de rodovias conservadas pelo Poder Público, cuja cobrança está autorizada pelo inciso V, parte final, do art. 150 da Constituição de 1988, não tem natureza jurídica de taxa, mas sim de preço público, não estando a sua instituição, consequentemente, sujeita ao princípio da legalidade estrita".

4.3. CONTRIBUIÇÃO DE MELHORIA

A contribuição de melhoria veio a ser instituída em nosso país com o advento da Constituição de 1934, mais exatamente no seu art. 124. Posteriormente, com o surgimento do CTN, em 1966, tal gravame foi enunciado nos arts. 81 e 82, nos quais são feitas as menções aos limites global e individual de sua cobrança, ambos expostos de forma mais detalhada no ano seguinte, com a publicação do Dec.-lei n.º 195/1967. Por fim, a Constituição da República vigente veio cuidar desta exação, ainda que superficialmente, em seu art. 145, inc. III, em nada se alongando no que se refere aos termos "valorização imobiliária" ou "limites" global e individual.

(2015/Funiversa/PC-DF/Delegado de Polícia) Em relação às espécies tributárias previstas no ordenamento jurídico brasileiro, assinale a alternativa correta.

a) O Distrito Federal, por ter a competência tributária dos Estados e Municípios, pode instituir taxa pelo serviço de iluminação pública e cobrá-la dos contribuintes beneficiados, tomando, por base de cálculo, o valor do consumo de energia elétrica dos domicílios.

b) A contribuição de melhoria pode ser instituída em razão de obra pública e da consequente valorização imobiliária, tendo por limite total a despesa com a realização da obra e, por limite individual, o acréscimo de valor ao imóvel do contribuinte beneficiado.

c) Os impostos são tributos vinculados a uma contraprestação específica do ente tributante em relação ao contribuinte, como, por exemplo, a obrigato-

70 DIREITO TRIBUTÁRIO ESSENCIAL – *Eduardo Sabbag*

riedade de boa manutenção das estradas de rodagem pelo Poder Público em decorrência do pagamento do imposto sobre a propriedade de veículos automotores (IPVA) pelo contribuinte.

d) Fatos geradores das taxas são a prestação de serviço público e o poder de polícia, sendo necessário, no primeiro caso, que o serviço público seja indivisível, prestado ao contribuinte ou posto à sua disposição.

e) Poderá o Distrito Federal instituir taxa de segurança pública, pois um dos fatos geradores das taxas é o poder de polícia.

Resposta: B

Comentários: Observe o *caput* do art. 81, CTN: "A contribuição de melhoria cobrada pela União, pelos Estados, pelo Distrito Federal ou pelos Municípios, no âmbito de suas respectivas atribuições, é instituída para fazer face ao custo de obras públicas de que decorra valorização imobiliária, tendo como limite total a despesa realizada e como limite individual o acréscimo de valor que da obra resultar para cada imóvel beneficiado".

4.3.1. Conceito e aspectos gerais

O tributo *contribuição de melhoria* exterioriza-se de maneira totalmente autônoma em relação aos demais gravames, e tem como bússola para sua cobrança a proporção do benefício efetivamente experimentado pelo contribuinte, decorrente de obra pública realizada pelo Poder Público. Sua existência se justifica como freio ao enriquecimento involuntário de proprietários de imóveis adjacentes a obras públicas que os valorizem, fazendo com que, em troca da valorização imobiliária, eles venham a pagar uma indenização ao Estado por saborear esse incremento econômico. Tal fundamentação encontra guarida no art. 145, III, da CF, no art. 81 do CTN e no art. 3.º do Dec.-lei n.º 195/1967.

O sujeito passivo da exação em estudo vem a ser o proprietário do imóvel que circunvizinha a obra pública geradora de sua valorização imobiliária, tal como previsto no art. 3.º, § 3.º, e no art. 8.º, *caput*, parte inicial, ambos do Dec.-lei n.º 195/1967.

Por óbvio, é imperativo que a cobrança do tributo cinja-se à *área de influência* ou *zona de beneficiamento*, o que restringe a exigência do tributo apenas aos proprietários dos imóveis adjacentes à obra que os valoriza (art. 82, § 1.º, *in fine*, do CTN, c/c art. 3.º, parte final, do Dec.-lei n.º 195/1967). Evidente que tal limitação da área representa um esforço incomum para a cobrança do tributo, tendo em vista que existem várias formas de valorização imobiliária, como a *longitudinal*, por meio da qual são valorizados os imóveis ao longo da obra; a radial, que denota a valorização ao redor da obra; ou *em pontos extremos*, aqueles existentes nas extremidades da obra.

(2018/FCC/Alese/Analista Legislativo – Processo Legislativo) Por expressa determinação constitucional, cabe à lei complementar estabelecer normas gerais em matéria de legislação tributária, especialmente sobre definição de tributos e de suas espécies. O Código Tributário Nacional atende à determinação constitucional e disciplina esta matéria. Com base neste Código,

a) tributo e imposto são espécies de taxa.
b) taxa é uma das espécies de imposto.
c) tributo é uma das espécies de taxa.
d) imposto é uma das espécies de contribuição de melhoria.
e) contribuição de melhoria é uma das espécies de tributo.

Resposta: E
Comentários: Impostos, taxas e contribuição de melhoria são espécies de tributo.

CF, art. 145: "A União, os Estados, o Distrito Federal e os Municípios poderão instituir os seguintes tributos:

I – impostos;

II – taxas, em razão do exercício do poder de polícia ou pela utilização, efetiva ou potencial, de serviços públicos específicos e divisíveis, prestados ao contribuinte ou postos a sua disposição;

III – contribuição de melhoria, decorrente de obras públicas".

4.3.2. O fato gerador

Em consonância com o disposto no art. 2.º do Dec.-Lei n.º 195/1967, temos que o fato gerador da contribuição de melhoria reside na valorização imobiliária experimentada pelos imóveis adjacentes a uma obra pública. Importante é ressaltar que, para ensejar a cobrança do referido tributo, deve ser estabelecida uma relação direta entre a obra pública construída e a valorização imobiliária dela decorrente.

Nota-se, portanto, que o tributo é sinalagmático ou bilateral, com cobrança lastreada na *referibilidade*. Com efeito, a majoração do valor dos imóveis é que provoca o pagamento do tributo, o que nos permite concluir que a satisfação do crédito tributário só poderá ser exigida após o término da obra pública.

Vale assinalar, ainda, que em caso de desvalorização imobiliária oriunda de obra pública, não é pacífico o entendimento de como se operará o ônus da prova da lesão. Isso porque na esteira do art. 6.º do Dec.-Lei n.º 195/1967 e do art. 82, II, do CTN, a impugnação é de responsabilidade do proprietário que se julgar lesado por eventual prejuízo decorrente da obra pública. Por outro lado, o STJ e o STF vêm decidindo reiteradamente que é dever do Poder Público, e não do contribuinte, provar a efetiva valorização dos bens imóveis circunvizinhos à obra pública por ele realizada.

Ver STJ: REsp 169.131/SP-1998 e REsp 243.381/SP-2000. Ver STF: RE 116.148/SP-1993 e RE 116.147/SP-1992.

4.3.3. A base de cálculo

A base de cálculo significa o *quantum* de valorização acrescido ao imóvel em função da obra pública realizada pela Administração.

De acordo com as sucessivas decisões do STJ (REsp 634/SP-1994; REsp 243.381/SP-2000; e tantas outras) e do STF (RE 114.069-1/SP-1994), deve ser realizada uma

DIREITO TRIBUTÁRIO ESSENCIAL – *Eduardo Sabbag*

dedução do sobrevalor, ou seja, subtrai-se do valor do imóvel após a obra o valor do imóvel antes da obra, chegando-se, assim, à base de cálculo do gravame.

Nessa esteira, não há que se confundir o *quantum* de valorização oriundo da obra pública com o custo por ela provocado, até mesmo porque uma obra pública de custo relativamente baixo pode resultar em grande valorização imobiliária, e vice-versa.

Para que se encontre o valor do tributo efetivamente devido, aplica-se à base de cálculo corretamente identificada uma alíquota (em porcentagem), gerando-se o valor tributário devido pelo proprietário de um dado imóvel situado dentro da zona de beneficiamento da obra pública.

4.3.4. Os limites da cobrança

A cobrança da contribuição de melhoria encontra limitações em dois aspectos que devem ser conjuntamente considerados, a saber, o *limite individual* e o *limite total ou global*.

Significa dizer que, no momento da realização da cobrança desta exação, parte--se do limite individual em direção ao limite total, sem, entretanto, sobrepujá-los em nenhuma circunstância, sob pena de caracterização de um injustificado enriqueci-mento da Administração. É a adoção do chamado "sistema de duplo limite".

Nesse passo, o *limite individual* aponta para uma tutela da valorização imobi-liária de cada proprietário, pois não se mostra lícita a cobrança sobre cada um em montante acima da valorização obtida. Desse modo, cabe à Administração examinar, de forma discriminada, a valorização imobiliária fruída pelos proprietários. O cálculo desse limite individual está previsto no art. 3.º do Dec.-lei n.º 195/1967. Vale dizer que, mesmo na vigência da EC n.º 23/1983, quando só foi feita menção textual ao *limite total*, com a omissão do legislador ao limite individual, o STF – acompanhado pela doutrina –, decidiu que este limite persistia (RE 116.148-5/SP), ratificando-se, desse modo, o *sistema do duplo limite*.

O *limite global*, por sua vez, impõe que arrecadação não pode se situar acima do gasto despendido com a obra. Se isto fosse tolerado, ver-se-ia o enriquecimento injustificado do Estado. *Ipso facto*, não há óbice a que a contribuição seja criada e exigida para custear ou recuperar apenas uma parcela do gasto, *v.g.*, metade da obra (ver art. 4.º, § 2.º, do Dec.-Lei n.º 195/1967). O que não se pode aceitar é a arrecadação em valor superior ao montante do custo. Imperioso lembrar que, na doutrina, há controvérsia acerca da necessidade de obediência ao limite global: alguns eminentes autores entendem que na atual Lei Suprema somente subsistiu o limite individual, não persistindo o limite total. Outros discordam afirmando que não há sentido na ar-recadação superior ao custo da obra, sob pena de desafiar os limites da razoabilidade.

4.3.5. Os requisitos mínimos para a cobrança

Ao analisarmos em conjunto as disposições previstas no art. 82 do CTN e no art. 5.º do Dec.-lei n.º 195/1967, vislumbramos inúmeros requisitos essenciais à criação da contribuição de melhoria.

"Art. 82. (...)

I – publicação prévia dos seguintes elementos:

a) memorial descritivo do projeto;

b) orçamento do custo da obra;

c) determinação da parcela do custo da obra a ser financiada pela contribuição;

d) delimitação da zona beneficiada;

e) determinação do fator de absorção do benefício da valorização para toda a zona ou para cada uma das áreas diferenciadas, nela contidas."

"Art. 5º Para cobrança da Contribuição de Melhoria, a Administração competente deverá publicar o Edital, contendo, entre outros, os seguintes elementos:

I. Delimitação das áreas direta e indiretamente beneficiadas e a relação dos imóveis nelas compreendidos;

II. memorial descritivo do projeto;

III. orçamento total ou parcial do custo das obras;

IV. determinação da parcela do custo das obras a ser ressarcida pela contribuição, com o correspondente plano de rateio entre os imóveis beneficiados."

Assim, o processo que permeia a exigência da contribuição de melhoria se revela como *ato jurídico complexo*, integrado por uma série de atos preparatórios e declaratórios, legalmente previstos, cuja inobservância pode provocar a anulação do lançamento.

No entendimento do STF, a publicação do edital ocorre previamente em relação à cobrança da contribuição, mas pode se dar em momento posterior à obra (RE 107.500/PR).

4.4. EMPRÉSTIMO COMPULSÓRIO

4.4.1. Histórico

Desde a Constituição de 1946, já se analisava essa modalidade de exação, cobrada, àquela época, como um adicional de imposto e sob a promessa de ulterior devolução.

Ao advento da EC n.º 18/1965, prevaleciam duas teorias acerca do gravame, sendo que a primeira o abraçava não como tributo, mas como um empréstimo público, marcado por cláusula de restituição, na forma de um contrato de adesão coativo. A caracterização encontrou à época ampla ressonância no STF. A outra teoria, por sua vez, concebia-o, verdadeiramente, como uma das espécies de tributo, sendo este o entendimento que acabou prevalecendo ao longo do tempo. Aliás, o STF, aos poucos, cedeu à sua força quando, em meados de 1988, passou a aceitar o matiz tributário do empréstimo compulsório.

Ver STJ: REsp 1.576.254/RS e EDv nos EAREsp 790.288/PR.

4.4.2. Conceito e aspectos gerais

Hodiernamente, os empréstimos compulsórios estão disciplinados no art. 148 da Constituição Federal:

> "A União, mediante lei complementar, poderá instituir empréstimos compulsórios:
>
> I – para atender a despesas extraordinárias, decorrentes de calamidade pública, de guerra externa ou sua iminência;
>
> II – no caso de investimento público de caráter urgente e de relevante interesse nacional, observado o disposto no art. 150, III, 'b'.
>
> Parágrafo único. A aplicação dos recursos provenientes de empréstimo compulsório será vinculada à despesa que fundamentou sua instituição".

Como já observado, é cristalino o caráter tributário que permeia o empréstimo compulsório, também denominado "empréstimo forçado", seja porque há perfeito encaixe no conceito de tributo delineado no art. 3.º do CTN, seja na sua localização topológica na Carta Magna, dentro dos princípios norteadores do Ordenamento Jurídico Tributário. Além disso, não perca de vista que o gravame está disciplinado no próprio CTN, o que só vem reafirmar a sua natureza tributária.

Outro questionamento, não menos importante, diz com a autonomia tributária do empréstimo compulsório: se ele é autônomo ou estrutura aglutinável a alguma das espécies tributárias já assentadas. Prevaleceu, no STF, o caráter autônomo de sua existência, alinhando-se o gravame às demais espécies de tributos para formar a teoria pentapartida, hoje consagrada naquela Corte.

Imperioso é ressaltar a natureza de restituição que permeia o empréstimo compulsório, um "tributo com cláusula de restituição", nas magistrais palavras de Pontes de Miranda. Isso se deve ao fato de haver a coexistência de deveres entre o Fisco e o contribuinte, uma vez que, enquanto a este cabe satisfazer o pagamento do tributo, àquele cabe assumir o ônus de sua posterior restituição, na mesma espécie tributária, como reiteradamente decidiu o STF (RE 121.336 e RE 175.385).

No que tange à competência tributária, o empréstimo compulsório mostra-se como exação federal, de exclusiva competência da União. Sua instituição depende, necessariamente, de lei complementar, o que afasta, desde logo, a utilização da medida provisória (art. 62, § 1.º, III, da CF) ou norma infralegal.

Além disso, a natureza temporária dos recursos carreados ao fisco faz com que inexista o seu prolongamento no tempo, subsistindo a sua cobrança enquanto existente o fundamento constitucional.

Tendo em vista que o parágrafo único do art. 148 da CF, previsto no texto constitucional de 1988, atrela a arrecadação do empréstimo compulsório à despesa que o respaldou, não há se admitir a "tredestinação" (desvio de finalidade) na gestão de seus recursos.

4.4.3. Os pressupostos autorizativos

De acordo com o art. 148 da CF, são situações que ensejam a cobrança do gravame: as despesas extraordinárias decorrentes de calamidade pública, guerra externa ou sua iminência (previsão no inc. I); ou o investimento público de caráter urgente e de relevante interesse nacional (inc. II).

Detalhadamente, temos:

a) *despesas extraordinárias* (inc. I): a extraordinariedade aqui se revela pela utilização de recursos da União, ante a omissão de agir do Tesouro, ou seja, trata-se de uma situação anormal e inesperada, em que há o exaurimento dos fundos públicos tradicionais. De maneira contrária, o gravame seria inadvertidamente utilizado no caso de secas e enchentes usuais. Assim, imperioso se faz o completo esgotamento dos cofres estatais. Até mesmo porque, havendo suficientes recursos orçamentários, não há forma de se legitimar a existência do empréstimo forçado;

a.1) *calamidade pública* (inc. I): é o caso de graves catástrofes naturais, uma situação limite ou um desastre devastador (maremotos, terremotos, enchentes, incêndios, secas, tufões, ciclones etc.), sob pena de se verificar, perante a situação cataclísmica, a banalização do permissivo constitucional. Relevante é notar que a doutrina vem entendendo pela desnecessidade de *decretação do estado de calamidade* para se iniciar a cobrança do empréstimo compulsório, como aconteceu no caso da pandemia decorrente da COVID-19;

a.2) *guerra externa* (inc. I): a expressão indica os conflitos externos, cuja deflagração tenha sido provocada por país estrangeiro. Excluída, portanto, a guerra externa principiada pelo Brasil, sob pena de ilegitimidade, tendo em vista que nosso país é nação declaradamente pacífica. Não é desnecessário relembrar que a guerra externa pode dar azo à instituição do imposto extraordinário (IEG), nos termos do art. 154, II, da CF;

b) *investimento público de caráter urgente e de relevante interesse nacional* (inc. II): trata-se, neste caso, de evidente adiantamento de receita. O que viria a ser arrecadado ao longo dos anos é antecipado, com a promessa de ulterior devolução. Importante é relembrar que o investimento deve propagar efeitos em nível nacional, não sendo possível a instituição do tributo para que seus efeitos se irradiem tão somente em âmbito local ou regional do País.

4.4.4. O tributo e o princípio da anterioridade

O inc. I do art. 148 da CF prevê as exceções ao princípio da anterioridade tributária, ao passo que o inc. II estipula uma hipótese de regra ao postulado. Dessa forma, temos que, enquanto o inciso primeiro denota situações emergenciais, o inc. II invoca, necessariamente, a observação do princípio da anterioridade.

Sendo assim, forçoso é concluir que o empréstimo compulsório calcado em situações de calamidade pública e guerra externa (art. 148, I, da CF), vigerá *in continenti*, tendo em vista o seu caráter de exceção às anterioridades anual e nonagesimal (art. 150, § 1.º, da CF). Diversamente, o empréstimo forçado, instituído em razão de investimento público de caráter urgente e relevante interesse nacional, deverá observar a anterioridade anual e a anterioridade nonagesimal (art. 148, II, da CF).

4.4.5. O fato gerador

Necessário é revelar que os pressupostos de autorização da instituição e cobrança do tributo ora em estudo não podem ser confundidos com seu fato gerador. Isso porque o legislador constituinte não apontou expressamente o fato gerador do empréstimo compulsório, ficando a cargo da lei complementar selecionar o fato imponível específico, apto a gerar, para o contribuinte, o dever de pagar o gravame. Logo, o legislador federal, à luz da Constituição, goza de larga liberdade de escolha para a definição do fato gerador.

Desse modo, o fato gerador do tributo não será representado pela "calamidade pública", nem mesmo pelo "investimento público", mas verdadeiramente por toda e qualquer situação abstrata, legalmente prevista e apta a desencadear a relação jurídico-tributária.

Finalmente, é induvidoso que o empréstimo compulsório se evidencia como tributo finalístico, ou seja, uma exação finalisticamente afetada, para a qual o fato gerador não detém relevância, não lhe sendo aplicado o art. 4.º, incs. I e II, do CTN. Significa dizer que a natureza jurídica do empréstimo compulsório não se define por meio de seu fato gerador, como no caso das taxas, impostos e contribuição de melhoria, porquanto figura como gravame ligado a uma finalidade específica, de natureza emergencial ou urgente.

4.4.6. O art. 15, III, do CTN e a derrogação pela Carta Magna de 1988

O art. 15 do CTN foi derrogado pela Constituição Federal de 1988, ficando mantidos os pressupostos fáticos elencados nos dois primeiros incisos do artigo. Quanto ao inc. III, não houve previsão da situação no texto constitucional. Assim, tal inciso deve ser estudado do seu ponto de vista histórico, pois seu comando visava municiar o Estado de importe suficiente para combater a inflação, infertilizando o poder aquisitivo da população.

Atualmente, o pressuposto fático previsto no inc. III é satisfatoriamente amparado por meio das contribuições sociais.

4.5. CONTRIBUIÇÕES

4.5.1. A natureza tributária

Em nosso sistema tributário existem, à luz da teoria pentapartida, 5 (cinco) diferentes espécies tributárias, a saber: impostos, taxas, contribuições de melhoria, empréstimos e contribuições.

Para estudarmos as contribuições, há que se analisar o art. 149 da CF. Neste preceptivo, destacam-se, no âmbito competencial: (a) contribuições federais, de competência exclusiva da União (art. 149, *caput*, da CF); (b) contribuições estaduais, distritais e municipais, de competência dos Estados, Distrito Federal e Municípios (art. 149, § 1.º, da CF); (c) contribuições municipais, de competência dos Municípios e Distrito Federal (art. 149-A da CF).

As contribuições, como espécies autônomas de tributo, avocam selhes, normalmente, os princípios constitucionais tributários em geral, a saber, os princípios da legalidade, da anterioridade, da capacidade contributiva, da vedação ao confisco, entre outros.

4.5.2. O conceito de contribuições parafiscais ou especiais

As contribuições são gravames cuja destinação se revela no financiamento de gastos específicos, no contexto de intervenção do Estado nos campos social e econômico, no cumprimento de ditames da política de governo.

O art. 149, *caput*, da CF liga as contribuições, de modo explícito, a "instrumentos de ação nas respectivas áreas".

As contribuições, dependendo de suas particularidades, podem estar inseridas no âmbito da parafiscalidade. A contribuição será parafiscal se for devida a entidades paraestatais, em função de atividades especiais por elas desempenhadas. Nota-se, todavia, que as contribuições, hodiernamente, revestem-se de características peculiares, o que torna difícil o enquadramento preciso na rubrica "parafiscais". Daí se utilizar, em alguns casos, o vocábulo "especiais", que determina abrangência mais expressiva.

O art. 149, *caput*, da CF designa as seguintes contribuições: (a) contribuições sociais; (b) contribuições de intervenção no domínio econômico; e (c) contribuições de interesse das categorias profissionais ou econômicas, e cada qual será a gora detalhadamente estudada, na ordem inversa daquela apontada pelo preceptivo. Vamos detalhá-las:

4.5.3. Estudo das contribuições de interesse das categorias profissionais ou econômicas

As contribuições de interesse das categorias profissionais ou econômicas, também denominadas contribuições profissionais ou corporativas, de competência exclusiva da União, mostram-se como tributos federais e observam os princípios constitucionais tributários, sem reservas.

O que caracteriza a contribuição profissional ou econômica é a referibilidade. Aliás, aqui está o traço característico que a distingue das CIDEs. A propósito, as CIDEs, exatamente por serem destinadas a finalidades não diretamente referidas ao sujeito passivo (não sendo este necessariamente beneficiado com a atuação estatal nem a ela dando causa), falta-lhe a *referibilidade*. Esta é condição constitucional necessária para a incidência das contribuições de interesse de categoria profissional, e não para as CIDEs.

Há dois bons exemplos deste tributo: a contribuição-anuidade e a contribuição sindical.

4.5.3.1. Contribuição-anuidade

A contribuição-anuidade busca prover de recursos os órgãos controladores e fiscalizadores das profissões, ou seja, os Conselhos Regionais de Fiscalização, como o CREA, CRM, CRC, CRE, entre outros, cujas atividades são legalmente entendidas como de interesse público. Esses órgãos ou *parafiscos* são, geralmente, pessoas jurídicas de direito público, que se revelam como sujeitos ativos de uma relevante contribuição profissional ou corporativa.

Em 2 de fevereiro de 2017, a 2ª Turma do STJ, por maioria, no REsp 1.524.930/RS (Rel. Min. Og Fernandes), entendeu que "o prazo prescricional para cobrança das anuidades pagas aos conselhos profissionais tem início somente quando o total da dívida inscrita, acrescida dos respectivos consectários legais, atingir o patamar mínimo estabelecido pela Lei n. 12.514/11".

O patamar mínimo a que alude o art. 8º da Lei n.º 12.514/2011 é correspondente ao montante total de quatro anuidades (com o valor do ano do ajuizamento), acrescidas de multas, juros e correção monetária. Se o débito exequendo for inferior ao piso mínimo, o processamento da execução fiscal fica desautorizado.

Diante do exposto, o termo *a quo* para a contagem da prescrição tributária será a data em que o crédito se tornar exequível, ou seja, quando o total da dívida inscrita alcançar o retrocitado patamar mínimo exigido pela norma.

Numa proximidade com o postulado da legalidade tributária, quando se analisam determinadas contribuições profissionais (e até certas taxas), será crível admitir, na esteira do STF, a complementação de tal aspecto com o tratamento ofertado por um ato infralegal, sem que se cogite de ofensa ao princípio da reserva legal. Em 2016, o STF enfrentou o tema no bojo de uma contribuição profissional (contribuição para os Conselhos de Fiscalização de Profissões) e fixou tese nos seguintes termos: "*É inconstitucional, por ofensa ao princípio da legalidade tributária, lei que delega aos conselhos de fiscalização de profissões regulamentadas a competência de fixar ou majorar, sem parâmetro legal, o valor das contribuições de interesse das categorias profissionais e econômicas, usualmente cobradas sob o título de anuidades, vedada, ademais, a atualização desse valor pelos conselhos em percentual superior aos índices legalmente previstos*".

Ver STF: RE 704.292/PR e RE 838.284/SC. Ver STJ: REsp 1.404.796/SP-2014.

4.5.3.2. Contribuição sindical

A contribuição sindical, popularmente conhecida por "imposto sindical", durante um longo período, desfrutou do *status* de contribuição parafiscal (ou especial), na subespécie "corporativa ou profissional" – como tal, apresentando-se como um tributo federal, de competência exclusiva da União.

No plano jurisprudencial, o STF assim se orientava, ao afirmar que "a contribuição é espécie tributária distinta, que não se confunde com o imposto. É o caso da contribuição sindical, instituída no interesse de categoria profissional (...)". E em momento mais recente (MS 28.465): "As contribuições sindicais compulsórias possuem natureza tributária, constituindo receita pública, estando os responsáveis sujeitos à competência fiscalizatória do Tribunal de Contas da União". Sua decantada feição tributária impunha-lhe a sujeição às normas gerais de Direito Tributário, tornando-a obrigatória a todos os trabalhadores celetistas, integrantes da categoria, sindicalizados ou não. Naturalmente, não se estendia àqueles vinculados a regimes próprios de previdência, como os servidores públicos.

Dessa forma, tais trabalhadores arcavam com o pagamento do montante equivalente à importância de um dia de trabalho, consoante o inciso I do art. 580 da CLT.

Na condição de sujeito ativo, destacava-se o Ministério do Trabalho que, valendo-se de lançamento por homologação, impunha aos empregadores descontá-la de seus empregados e recolhê-la à Caixa Econômica Federal. Não perca de vista que o sindicato é mero destinatário do produto de arrecadação, não podendo ocupar o plano da sujeição ativa.

Com a Reforma Trabalhista, estabelecida pela Lei n. 13.467/2017, atingiu-se a essência dessa figura tributária.

Observemos a alteração provocada nos arts. 578 e 579, da CLT, os quais passaram a exigir uma prévia e expressa autorização para o desconto da contribuição sindical.

Antes da Reforma Trabalhista: "Art. 578. As contribuições devidas aos Sindicatos pelos que participem das categorias econômicas ou profissionais ou das profissões liberais representadas pelas referidas entidades serão, sob a denominação de contribuição sindical, pagas, recolhidas e aplicadas na forma estabelecida neste Capítulo.

Art. 579. A contribuição sindical é devida por todos aqueles que participarem de uma determinada categoria econômica ou profissional, ou de uma profissão liberal, em favor do Sindicato representativo da mesma categoria ou profissão, ou, inexistindo este, na conformidade do disposto no art. 591".

Após a Reforma Trabalhista: "Art. 578. As contribuições devidas aos sindicatos pelos participantes das categorias econômicas ou profissionais ou das profissões liberais representadas pelas referidas entidades serão, sob a denominação de contribuição sindical, pagas, recolhidas e aplicadas na forma estabelecida neste Capítulo, desde que prévia e expressamente autorizadas.

Art. 579. O desconto da contribuição sindical está condicionado à autorização prévia e expressa dos que participarem de uma determinada categoria econômica ou profissional, ou de uma profissão liberal, em favor do sindicato representativo da mesma categoria ou profissão ou, inexistindo este, na conformidade do disposto no art. 591 desta Consolidação".

A modificação introduzida pela Reforma Trabalhista retirou a compulsoriedade da exação.

O Plenário do STF, ao julgar a ADI n.º 5.794/DF, asseverou que a Constituição assegura a livre associação profissional ou sindical, de modo que ninguém é obrigado a se filiar ou a se manter filiado a sindicato (CF, art. 8º, V). O princípio constitucional da liberdade sindical garante tanto ao trabalhador quanto ao empregador a liberdade de se associar a uma organização sindical, passando a contribuir voluntariamente com essa representação. No entendimento da Corte Suprema, não é admissível que o texto constitucional, de um lado, consagre a liberdade de associação, sindicalização e expressão (CF, arts. 5º, IV e XVII, e 8º, *caput*) e, de outro, imponha uma contribuição compulsória a todos os integrantes das categorias econômicas e profissionais.

Frise-se que a contribuição sindical nunca se confundiu com a contribuição confederativa (art. 8º, IV, parte inicial, da CF). Esta, também chamada de Contribuição de Assembleia, sempre foi desprovida de natureza tributária e, portanto, de compulsoriedade.

A contribuição confederativa é exigida dos filiados à entidade sindical respectiva para o exercício eficaz do direito de oposição. Este direito, aliás, é um ponto de relevo, cuja apreciação tem sido feita pelo STF. É que a obrigação de pagamento – defendida por alguns estudiosos – de contribuição confederativa imposta à totalidade da categoria, isto é, aos laboristas em geral, sem distinção entre filiados e não filiados, implica violação à garantia de liberdade de filiação sindical. A imposição indiscriminada do pagamento da contribuição fere o princípio da liberdade de associação e de sindicalização, expresso nos arts. 5º, XX, e 8º, V, da Constituição Federal, tornando passíveis de devolução os valores descontados ilegalmente.

O STF também endossa a restrição à compulsoriedade da exação.

Nesse sentido, faz-se necessário mencionar a Súmula n. 666 do STF, segundo a qual "a contribuição confederativa de que trata o art. 8º, IV, da Constituição, só é exigível dos filiados ao sindicato respectivo". O Plenário do STF, em 2015, acolheu proposta de edição de enunciado de súmula vinculante com o seguinte teor: "A contribuição confederativa de que trata o art. 8º, IV, da Constituição Federal, só é exigível dos filiados ao sindicato respectivo". Assim, tornou vinculante o conteúdo do Verbete 666 da Súmula do STF. Trata-se da Súmula Vinculante n. 40 do STF.

Saliente-se que os membros da organização sindical têm a faculdade de não a pagar, desligando-se do sindicato, caso lhes apraza, e, mesmo assim, podem se manter aptos ao exercício da atividade profissional ou econômica.

A indigitada contribuição confederativa é norma autoaplicável, uma vez que não está a depender de regulamentação por lei ordinária, tratando-se de exação sujeita apenas à deliberação da Assembleia Sindical, no exercício de seu poder autônomo. Nessa toada, tem sido hoje considerada a principal fonte de recursos das entidades sindicais, responsável pela manutenção de suas estruturas e dos benefícios repassados aos contribuintes, tais como: assistência jurídica, contábil, médica, cursos e outros.

Concluindo, a contribuição sindical detinha natureza tributária e era legalmente devida por todos os trabalhadores, filiados ou não à organização sindical correspondente; a contribuição confederativa nunca deteve natureza tributária, sempre foi fixada por Assembleia Geral e continua sendo exigida dos filiados ao respectivo sindicato para o custeio do sistema confederativo de representação sindical. O STJ e o STF sempre trataram com clareza dessa distinção, enfatizando a já superada natureza tributária da contribuição sindical.

Ver STF: ADI n.º 5.794/DF, RE 129.930/SP e MS 28.465.

4.5.4. Estudo das Contribuições de Intervenção no Domínio Econômico

As contribuições de intervenção no domínio econômico, também denominadas de contribuições interventivas ou CIDEs, de competência exclusiva da União, manifestam-se como tributos federais e têm seu regramento disposto no o art. 149, § 2.º, I, II e III, da CF.

O Brasil é um Estado intervencionista, voltado a comandar a vida econômica dos cidadãos, por meio de sua atuação estatal. Nesse cenário é que são cultivadas a existência das Contribuições de Intervenção no Domínio Econômico ou CIDEs.

Há atividades econômicas que necessitam sofrer intervenção do Estado Federal, de modo a se provocar ora um controle fiscalizatório, regulando o fluxo de produção, ora uma atividade de fomento, tendente à melhoria do setor beneficiado, pontualmente selecionada.

Entende-se que as CIDEs são constitucionalmente destinadas a finalidades não diretamente referidas ao sujeito passivo, e este não necessariamente será beneficiado com a atuação estatal e nem a ela dá causa. Como as CIDEs afetam toda a sociedade e obedecem ao princípio da solidariedade e da capacidade contributiva, refletindo políticas econômicas de governo, não podem ser utilizadas como forma de atendimento ao interesse de grupos de operadores econômicos. Por essa razão, falta a essa contribuição a referibilidade. Aliás, aqui está o traço característico que distingue as CIDEs das contribuições de interesse de categorias profissionais e econômicas: a referibilidade. Esta é condição constitucional necessária para a incidência das contribuições de interesse de categoria profissional, e não para as CIDEs.

Imperioso é ressaltar a natureza extrafiscal das contribuições interventivas, como nítidos instrumentos de planejamento, retificando as distorções e abusos de segmentos em descompasso, e não somente carreando recursos para os cofres públicos, como instrumentos de arrecadação. Isso tudo, é claro, em tese.

Conforme dispõe o art. 149, § 2.º, I, II e III, da CF, aplicam-se às CIDEs as seguintes regras:

a) não incidirão sobre as receitas decorrentes de exportação (ver art. 149, § 2.º, I, da CF – EC n.º 33/2001);

b) incidirão também sobre a importação de produtos estrangeiros ou serviços (nova redação dada pela EC n.º 42/2003);

c) poderão ter alíquotas: (a) *ad valorem*, tendo por base o faturamento, a receita bruta ou o valor da operação e, no caso de importação, o valor aduaneiro; ou (b) específica, tendo por base a unidade de medida adotada (EC n.º 33/2001);

d) obedecerão a todos os princípios constitucionais tributários, ressalvado o caso da CIDE – Combustíveis (art. 177, § 4.º, I, *b*, da CF; EC n.º 33/2001);

e) poderão incidir uma única vez, conforme a estipulação prevista em lei.

Existem dois bons exemplos desse tributo: (a) a CIDE – Combustíveis e (b) a CIDE – *Royalties*. Ademais, serão apresentadas, resumidamente, outras Contribuições de Intervenção no Domínio Econômico (CIDEs).

4.5.4.1. CIDE-Combustíveis

Criada pela Lei n.º 10.336/2001, a CIDE-Combustíveis recai sobre a importação e a comercialização de petróleo e gás natural (e derivados) e sobre o álcool etílico combustível.

Com a EC n.º 42/2003, autorizou-se a possibilidade de instituição de CIDE-Combustíveis, atingindo a importação de produtos estrangeiros e serviços, em função do aumento do campo de incidência das contribuições de intervenção no domínio econômico (CIDEs) – e das contribuições sociais –, que até então se ligavam apenas à importação de petróleo, gás natural e seus derivados, assim como ao álcool combustível.

Embora o texto constitucional não revele especificidades sobre as CIDEs, nota-se que, com a CIDE-Combustíveis, há tratamento diverso, porquanto, à luz dos arts.

149, § 2.º, II e 177, § 4.º, ambos da CF, ficou estabelecido que o tributo não atende aos tributários princípios da legalidade e anterioridade (anual), quanto à redução e restabelecimento de alíquotas. Ademais, afirma-se que sua alíquota poderá ser diferenciada em função da natureza do produto.

Configuram-se como contribuintes da CIDE-Combustíveis: o produtor, o formulador e o importador, pessoa física ou jurídica, que realizarem operações de importação e de comercialização, no mercado interno de diversos combustíveis, como gasolinas e suas correntes; *diesel* e suas correntes; querosene de aviação e outros querosenes; óleos combustíveis (*fuel-oil*); gás liquefeito de petróleo, incluindo o derivado de gás natural e de nafta e o álcool etílico combustível.

A base de cálculo da CIDE-Combustíveis é a unidade de medida estipulada na lei para os produtos importados e comercializados no mercado interno, enquanto as alíquotas do tributo são específicas (art. 5.º da Lei n.º 10.336/2001).

O contribuinte pode deduzir o valor da CIDE dos valores de PIS e COFINS devidos na comercialização no mercado interno (art. 8.º da Lei n.º 10.336/2001).

A CIDE-Combustíveis é arrecadada pela Secretaria da Receita Federal do Brasil (SRFB).

A repartição de suas receitas é feita pela União com Estados e Distrito Federal, no percentual de 29% (vinte e nove por cento), segundo o art. 159, III, da CF. Estes últimos devem repassar 25% (vinte e cinco por cento) do que receberem da União aos Municípios (art. 159, § 4.º, da CF).

4.5.4.2. CIDE-Remessas

A CIDE-s Remessas (ou CIDE-*Royalties*), atende ao *Programa de Estímulo à Interação Universidade-Empresa para o Apoio à Inovação*, buscando estimular o desenvolvimento tecnológico brasileiro, mediante o fomento da pesquisa (art. 1.º da Lei n.º 10.168/2000), em total ratificação do disposto no art. 214, IV, da CF.

A alíquota da contribuição é de 10%, e os sujeitos passivos estão dispostos no art. 2.º da Lei n.º 10.168/2000.

São considerados "contratos de transferência de tecnologia", para fins de incidência da CIDE-*Royalties*, os contratos relativos à exploração de patentes ou de uso de marca e os de fornecimento de tecnologia e prestação de assistência técnica.

Frise-se que a CIDE – Remessas cabe à administração da Secretaria da Receita Federal do Brasil (SRFB).

Por fim, em 24 de abril de 2019, entrou em vigor a Lei Complementar n. 167, que cria a Empresa Simples de Crédito (ESC), de âmbito municipal ou distrital. O objetivo da referida Lei Complementar é tornar mais barato o crédito para microempreendedores individuais, microempresas e empresas de pequeno porte, mormente diante de um conhecido lapso de mercado que ocorre no setor bancário doméstico: o crédito insignificante para empreendedores de menor porte.

A ESC submete-se a um regime próprio de alíquotas para pagamento de seus tributos federais (PIS, COFINS, CSLL, IRPJ).

A Lei Complementar n.º 167 também criou um regime especial simplificado de tributação para *startups*. É o que dispõe a legislação nos arts. 65-A, § 1º e § 2º. Ver STJ: REsp 1.642.249/SP.

4.5.4.3. Outras Contribuições de Intervenção no Domínio Econômico (CIDEs)

Como exemplos, seguem algumas Contribuições de Intervenção no Domínio Econômico (CIDEs), pouco conhecidas, mas que tendem a transitar em solicitações de concursos públicos:

IAA	Contribuição do extinto IAA (Instituto do Açúcar e do Álcool): como um veículo de intervenção estatal na atividade produtora de açúcar, este tributo foi exigido dos produtores de açúcar e de álcool para o custeio da atividade intervencionista da União na economia canavieira nacional (STF, RE 158.208/RN-1996).
IBC	Contribuição do extinto IBC (Instituto Brasileiro do Café): como veículo de intervenção estatal na atividade produtora de café, este tributo foi exigido dos exportadores de café, em valor fixado em dólar, o que o caracterizou, negativamente, como "confisco cambial", por representar retenção da parcela de valor obtido pela venda do café no exterior.
AFRMM	Adicional de Frete para Renovação da Marinha Mercante – AFRMM (Lei n.º 10.893/2004): o AFRMM é uma contribuição parafiscal (ver a Súmula n.º 553, STF) – um antigo tributo tendente a fomentar, no Brasil, a atividade comercial da Marinha Mercante e a indústria de construção e reparação naval, crucial para qualquer nação comercialmente expansionista e para o controle da balança comercial, porém, sobremodo claudicante em nosso país. Tal adicional é cobrado mediante a incidência de alíquotas diferenciadas sobre o frete, dependendo do tipo de navegação (internacional, de cabotagem, fluvial ou lacustre), por ocasião da entrada da embarcação no porto de descarga (ver, no STF, o RE 177.137/RS-1995).
ATP	Adicional de Tarifa Portuária – ATP (Lei n.º 7.700/1988): o ATP é uma contribuição parafiscal, na subespécie "contribuição de intervenção no domínio econômico" (ver, no STF, RE 209.365/SP-1999 e RE 218.061/SP-1999). O fato gerador da contribuição adstringia-se às "operações realizadas com mercadorias importadas ou exportadas, objeto do comércio na navegação de longo curso" (art. 1.º, § 1.º, da Lei n.º 7.700/1988). Ademais, o produto da arrecadação sempre esteve vinculado "à aplicação em investimentos para melhoramento, reaparelhamento, reforma e expansão de instalações portuárias" (art. 2.º, parágrafo único, da Lei n.º 7.700/1988).
INCRA	Contribuição ao INCRA: em 25 de fevereiro de 2015, a 1.ª T. do STJ aprovou o enunciado da Súmula n.º 516, segundo o qual "a contribuição de intervenção no domínio econômico para o INCRA (Decreto-lei n.º 1.110/1970), devida por empregadores rurais e urbanos, não foi extinta pelas Leis n.ºs 7.787/1989, 8.212/1991 e 8.213/1991, não podendo ser compensada com a contribuição ao INSS".
Contribuição ao SEBRAE	Registra-se, em tempo, que as Bancas de Concurso não têm hesitado em associar a Contribuição ao Sebrae, uma contribuição do Sistema "S", a uma contribuição de intervenção no domínio econômico. Para esta contribuição, o STJ e o STF já haviam sinalizado a adoção desta classificação, partindo da premissa de que o Sebrae não possui qualquer finalidade de fiscalização ou regulação das atividades das micro e pequenas empresas, mas, sim, o objetivo de influenciar positivamente, valendo se de sua atuação de fomento e apoio, nas empresas ligadas às áreas industrial, comercial e tecnológica. Portanto, as contribuições ao Sebrae, diferentemente daquelas constantes do art. 240 da CF, podem ser classificadas como contribuições de intervenção no domínio econômico, naturalmente dependentes de lei ordinária. Ver STJ: EREsp 1.619.954/SC.

4.5.5. Estudo das contribuições sociais

As contribuições sociais, previstas no *caput* do art. 149 da CF, são as mais relevantes contribuições, tanto no que tange ao volume de arrecadação, quanto no que concerne à importância acadêmica.

Segundo o STF, entendem-se como "contribuições sociais" as (I) contribuições sociais gerais (aquelas não destinadas à seguridade), as (II) contribuições de seguridade social e as (III) outras contribuições sociais. Portanto, despontam as seguintes contribuições sociais:

1. as contribuições gerais;
2. as contribuições socialprevidenciárias;
3. as "outras" contribuições.

Tal enquadramento classificatório decorre do emblemático voto do então Ministro do STF, Carlos Velloso, em 01.07.1992, no RE 138.284-8/CE. Vale a pena observarmos, na ementa do referido julgado, a classificação sugerida pelo STF:

1. os impostos (CF, arts. 145, I, 153, 154, 155 e 156);
2. as taxas (CF, art. 145, II);
3. as contribuições
   3.1. de melhoria (CF, art. 145, III);
   3.2. parafiscais (CF, art. 149);
      3.2.1. sociais;
         3.2.1.1. de seguridade social (CF, art. 195, I, II, III, IV);
         3.2.1.2. outras de seguridade social (CF, art. 195, § 4.º);
         3.2.1.3. sociais gerais (o FGTS, o salário-educação, CF art. 212, § 5.º, contribuições para o SESI, SENAI, SENAC, CF, art. 240).
   3.3. especiais:
      3.3.1. de intervenção no domínio econômico (CF, art. 149);
      3.3.2. corporativas (CF, art. 149).
4. os empréstimos compulsórios (CF, art. 148)
   (STF, RE 138.284/CE, Pleno, j. 01.07.1992).

4.5.5.1. *"As contribuições sociais gerais" (terminologia adotada pelo STF)*

As "contribuições sociais gerais" são de competência da União e estão regradas pelo mesmo regime jurídico das demais contribuições previstas no art. 149 da CF. Sujeitam-se integralmente ao regime constitucional tributário, sem comportar nenhuma exceção. Além disso, são instituídas por lei ordinária e observam o princípio da anterioridade comum.

Nessa medida, custeiam a atuação do Estado em outros campos sociais, diversos daqueles previstos no art. 195 da CF, quais sejam, saúde, previdência e assistência social, pertencentes à Seguridade Social e financiados pelas correspondentes contribuições para a seguridade social.

Ressalte-se, por fim, que só podem incidir sobre uma única base econômica, por contribuinte, para cada objetivo específico.

As "contribuições sociais gerais", cuja terminologia é endossada na doutrina e na jurisprudência, são a contribuição ao salário-educação (art. 212, § 5.º, da CF) e as contribuições ao Sistema "S" (art. 240 da CF). A esse propósito, impende citar a Súmula n° 732 do STF, segundo a qual "é constitucional a cobrança da contribuição do salárioeducação, seja sob a Carta de 1969, seja sob a Constituição Federal de 1988, e no regime da Lei 9.424/96"; e a Súmula Vinculante 40 do STF, segundo a qual "a contribuição confederativa de que trata o art. 8.º, IV, da Constituição Federal só é exigível dos filiados ao sindicato respectivo".

As Contribuições destinadas aos Serviços Sociais Autônomos (Sistema "S"), também chamadas "contribuições de terceiros", são destinadas às entidades privadas de serviços sociais autônomos e de formação profissional, atreladas ao sistema sindical. Tais organismos – SENAI, SESI, SESC, SEST, SENAT, SEBRAE, SENAC etc. –, pertencentes ao chamado Sistema "S", dedicam-se ao ensino fundamental profissionalizante e à prestação de serviços no âmbito social e econômico.

São exigidas as Contribuições de Terceiros (Sistema "S") dos empregadores, destinando-se o recurso às entidades privadas mencionadas, posto que o importe arrecadado não é hábil a custear a seguridade social, conforme exclusão prevista no art. 240 da CF.

A base de cálculo vincula-se às remunerações pagas, devidas ou creditadas aos empregados e avulsos, ou seja, à folha de pagamento desses segurados. Por sua vez, a alíquota, de modo geral, pode chegar a 5,8%, dependendo do ramo de atuação da empresa.

Relativamente à sujeição ativa, observa-se que as Contribuições do Sistema "S" passaram a ser recolhidas pela Receita Federal do Brasil (SRFB). Antes da criação do novo órgão, o recolhimento era feito pela extinta Secretaria da Receita Previdenciária, então vinculada ao Ministério da Previdência e Assistência Social (ver Instrução Normativa n.º 567/2005).

A doutrina e jurisprudência não são uníssonas acerca sobre a natureza jurídica de tais contribuições. Temos mantido, nesta obra e na esteira de grande parte da doutrina, a compreensão de que se trata de contribuições de interesse das categorias profissionais. Entretanto, não tem sido esta a posição do STF e do STJ, que a concebem como "contribuição social geral". Diante da fluidez com que o tema se mostra, quer na doutrina, quer na jurisprudência, obstaculizando a uniformidade quanto à natureza jurídica do gravame, estamos que o tema não tende a ser rotineiro em provas de concurso público.

Ver STF: RE 138.284/CE, RE 148.754-2/1993 e RE 396.266--3/1993. Ver STJ: EREsp 1.619.954/SC, REsp 662.911/2005, REsp 608.101-RJ/2004 e REsp 475.749-SC/2004. Ver MP 726/2016, art. 18, parágrafo único.

4.5.5.2. *"As contribuições de seguridade social" (terminologia adotada pelo STF)*

O orçamento da seguridade social é formado de receitas advindas de recursos dos entes públicos, por meio dos impostos, e de receitas oriundas das contribuições específicas. Estas últimas são criadas por meio de lei, com autorização constitucional, para o custeio da seguridade social (art. 195 da CF c/c art. 11 da Lei n.º 8.212/1991).

Nesse contexto, toda a sociedade, direta ou indiretamente, financia a seguridade social, o que demonstra a realização do *princípio da solidariedade* neste tipo de tributo. Daí se falar na noção de referibilidade das contribuições, por meio da qual toda a sociedade será chamada a participar do seu custeio. Com efeito, o *princípio da solidariedade* prevê um contexto particularizante para as contribuições de seguridade social, qual seja, o de que todos poderão ser convocados a contribuir, independentemente de pertencerem a determinado grupo diretamente relacionado com a atuação estatal. Isso marca fortemente as contribuições de seguridade social, vinculando o dever de solidariedade de todos os membros da sociedade em seu financiamento.

À guisa de memorização, ao se estudar o princípio da anterioridade tributária, viu-se que a contribuição para a seguridade social será cobrada 90 dias após a publicação da lei que a criou ou modificou, conforme previsão do art. 195, § 6.º, da CF. Para o STF, a mera alteração em data de pagamento (antecipação) de contribuição previdenciária não é caso de aplicação da noventena (vide Súmula Vinculante n.º 50 do STF e, nesse sentido, os julgados RE 182.971-SP, RE 274.949 e RE 245.124-0/PR).

O art. 149, § 1.º, da CF destaca as contribuições previdenciárias estaduais, distritais e municipais, de competência dos Estados, Distrito Federal e dos Municípios, que podem ser cobradas dos servidores públicos estatutários, para custear o regime próprio de previdência social (RPPS). Ressalte-se que a alíquota não será inferior à cobrada pela União de seus servidores públicos federais – hoje, no percentual de 11%.

No âmbito das imunidades, vale repisar duas importantes normas de não incidência para as contribuições para a seguridade social: (a) imunidade de contribuição da seguridade social para as entidades beneficentes de assistência social (art. 195, § 7.º, da CF); e (b) imunidade de todas as contribuições sociais para as receitas decorrentes de exportação (art. 149, § 2.º, I, da CF – EC n.º 33/2001). Ver STJ: Súmula 508.

Com a EC n.º 42/2003, passamos a ter 4 (quatro) fontes de custeio da seguridade social, previstas no art. 195, I a IV, da CF, sendo que todas podem ser criadas por meio de lei ordinária ou, até mesmo, por medida provisória.

- 1.ª fonte de custeio: importador (art. 195, IV, da CF); (REsp 1.254.117/SC-2015)
- 2.ª fonte de custeio: receita de loterias (art. 195, III, da CF);
- 3.ª fonte de custeio: trabalhador (art. 195, II, da CF);
- 4.ª fonte de custeio: empregador e empresa (art. 195, I, da CF). (REsp 1.528.604/SC-2015 e REsp 1.330.737-SP-2015)

São contribuições para a seguridade social, incidentes sobre o empregador ou empresa:

d.1) Contribuição Social Patronal sobre a Folha de Pagamentos. Ver STJ: REsp 1.455.089/RS, REsp 1.434.082/RS, REsp 1.275.695/ES, REsp 1.230.957/RS, REsp 1.436.897/ES, REsp 1.448.294/RS e EREsp 1.467.095/PR. Ver STF: RE 593.068;

d.2) Contribuição ao PIS/PASEP. Ver STF: RE 577.494, RE 587.008 **e** RE 599.362. Ver STJ: REsp 1.141.667/RS, REsp 1.164.716/MG e REsp 1.141.457/RS;

d.3) Contribuição Sobre o Lucro Líquido (CSLL);

d.4) Contribuição para Financiamento da Seguridade Social (COFINS). Ver STJ: REsp 1.301.956/RJ e REsp 1.441.457/RS.

4.5.5.3. *"As outras contribuições sociais" (terminologia adotada pelo STF)*

O STF associa as "outras contribuições" às que podem ser criadas no plano da competência residual da União, conforme se prevê no art. 195, § 4.º, da CF. Tal preceptivo, como é sabido, liga a exegese à análise do art. 154, I, da CF. Procedendo-se ao confronto dos dispositivos, temos que as contribuições residuais para a seguridade social devem observar os seguintes requisitos:

a) criação por lei complementar, sendo defesa a utilização de medida provisória (art. 62, § 1.º, III, da CF);

b) instituição pela União;

c) atendimento ao princípio da não cumulatividade;

d) proibição de coincidência entre o seu fato gerador ou a sua base de cálculo com o fato gerador ou a base de cálculo de outras contribuições (e não com o fato gerador ou base de cálculo de impostos!). Esse modo peculiar de interpretar tem respaldo na orientação do STF, segundo o qual "não se aplica às contribuições sociais novas a segunda parte do inciso I do artigo 154 da Carta Magna, ou seja, que elas não devam ter fato gerador ou bases de cálculo próprios dos impostos discriminados na Constituição". Trata-se, portanto, da necessidade de uma inovação estrutural quanto às demais contribuições, e não quanto aos impostos propriamente ditos. Em outras palavras, nada impede que uma contribuição para a seguridade social surja com fato gerador ou base de cálculo de um imposto já listado na Constituição. O que lhe é proibido é a coincidência com a base de cálculo de outras contribuições (aquelas dos incisos I ao IV do art. 195 da CF).

Em tempo, frise-se que a competência residual pode ser associada a impostos ou a contribuições para a seguridade social, sempre com base em lei complementar, sendo vedado o seu exercício por meio de medida provisória (art. 62, § 1.º, III, da CF).

Ver STF: RE 242.615, RE 228. 321, RE 258.470, RE 231.096, RE 258.774 e RE 252.242.

4.5.5.4. *Estudo complementar das contribuições*

Neste momento, vamos cuidar da COSIP, contribuição que tem sido merecedora, na doutrina e na jurisprudência, de um tratamento diferenciado, em razão das características próprias que o gravame assume em sua fisiologia.

Historicamente, o serviço de iluminação pública sempre provocou controvérsias no que tange ao seu custeio.

Buscando identificar figura tributária adequada ao ressarcimento da atuação estatal respectiva – o serviço de iluminação pública –, pensava-se, ora nos impostos, ora nas taxas: como "imposto", a cobrança apresentava vícios, por se tratar de tributo tendente a custear as despesas públicas gerais do Estado, não atreladas a contribuintes determinados. Ademais, o imposto novo requer a obediência ao art. 154, I, da CF. De outra banda, como "taxa", a cobrança apresentava problemas insanáveis, por ser a taxa (de serviço) um gravame dependente dos requisitos da especificidade e divisibilidade. O serviço de iluminação pública não os possui. Aliás, o STF considerou inconstitucionais as taxas de iluminação pública (RE 231.764 e RE 233.332), reafirmando o entendimento na Súmula n.º 670 (Súmula Vinculante n° 41), segundo a qual "o serviço de iluminação pública não pode ser remunerado mediante taxa".

Logo se vê que o serviço de iluminação pública apresenta uma dificuldade na identificação do contribuinte, o que se traduz em obstáculo à tipologia tributária. Tal dificuldade abre margem à possibilidade de vícios aos tributários princípios da legalidade e isonomia e aos gerais postulados da razoabilidade e da proporcionalidade na tributação.

Em 2002, a EC n.º 39 autorizou os Municípios e o Distrito Federal a exigirem, por lei ordinária, a Contribuição para o Custeio do Serviço de Iluminação Pública (CIP ou COSIP), constitucionalmente prevista no art. 149-A.

Muitas dúvidas ainda merecem reflexão, embora o tributo venha sendo normalmente exigido: qual será a base de cálculo do gravame? Que alíquota será razoável? Quem é o sujeito passivo? Se o tributo é bilateral, como fica a questão da referibilidade?"

Ad argumentandum, à luz do necessário enquadramento classificatório da exação, não há como vincular a COSIP, por exemplo, a uma taxa, uma vez faltantes os elementos da *especificidade* e *divisibilidade* para a exação. Com efeito, o serviço de iluminação pública não é prestado a um número específico de contribuintes, mas, sim, a qualquer pessoa sobre a qual incidam os raios de luz, advindos dos postes públicos de iluminação, nos logradouros públicos. Observa-se que subsiste a mencionada Súmula 670 do STF (Súmula Vinculante 41 do STF), e associar a COSIP a uma taxa é permitir nítida fraude à jurisprudência. O fato curioso é que muitos municípios, instituíram suas COSIPs, "aproveitando" o teor das leis instituidoras das já inconstitucionais "taxas de iluminação pública", em uma exótica "reciclagem normativa".

Do exposto, ficamos instados a rotular a COSIP de "tributo", associando-a à espécie das "contribuições", como uma contribuição *sui generis*, sem confusão com as demais, elencadas no *caput* do art. 149 da CF: contribuições sociais, corporativas ou interventivas.

4.5.5.5. O Simples federal e o Simples nacional

Os arts. 170, IX, e 179, ambos da CF, dispõem acerca do tratamento diferenciado, simplificado e favorecido para as microempresas (ME) e empresas de pequeno porte (EPP).

Nesse cenário criou-se o Sistema Integrado de Impostos e Contribuições das Microempresas e Empresas de Pequeno Porte (Simples), permitindo-se que as pessoas jurídicas, optantes do regime, recolham, mensalmente, em uma forma simplificada, através de um documento único de arrecadação (DARF), os impostos e contribuições seguintes, todos federais: IRPJ, IPI, PIS/PASEP, COFINS, CSLL e Contribuições Patronais (folha de pagamentos).

Diversos tributos não foram beneficiados pela sistemática unificada, devendo ser pagos de forma separada. À luz do art. 3.º, § 2.º, da Lei n.º 9.317/1996, o pagamento unificado dos impostos e contribuições não veda a incidência dos seguintes gravames: IOF, II, IE, IR, ITR, CPMF, as contribuições a cargo do trabalhador e o FGTS (art. 3.º, § 2.º, da Lei n.º 9.317/1996).

A empresa inscrita no Simples federal está dispensada do recolhimento das Contribuições a Terceiros (Sistema "S") e da Contribuição Sindical.

Com o advento da EC n.º 42/2003, que acrescentou a alínea *d* ao inc. III do art. 146 da CF, ficou definido que à lei complementar caberia a definição de um sistema simplificado que atingisse mais tributos, *v.g.*, o ICMS (art. 155, II, da CF) e outros.

Nesse contexto, publicou-se a LC n.º 123/2006 (atualizada pela LC n.º 128/2008 e alterada pelas LC n.º 147/2014, LC n.º 155/2016 e pela LC n.º 167/2019), instituindo, em seu art. 12, o Regime Especial Unificado de Arrecadação de Tributos e Contribuições devidos pelas Microempresas e Empresas de Pequeno Porte, também conhecido por Simples Nacional (ou, coloquialmente, "Supersimples"), em substituição ao anterior regime, vindo abarcar tributos federais, estaduais e municipais, com destaque para o ICMS e o ISS. Em termos cronológicos, é possível afirmar que o Simples Nacional, previsto originalmente na Lei Geral das Microempresas (de 2006), somente veio a entrar em vigor em 1º de julho de 2007, ocasião em que, substituindo o Simples Federal (de 1996), consolidou um tratamento tributário favorecido e diferenciado, aplicável às micro e pequenas empresas.

Sobre esse tema, cumpre destacar que:

- O Sistema abarca o IPI, o PIS/PASEP e a COFINS, nas operações internas. Assim, exclui os gravames citados, quando incidentes na importação de bens e serviços (os casos de IPI – Importação, PIS – Importação e COFINS – Importação; ver art. 13, § 1.º, XII, da LC n.º 123/2006);
- O SIMPLES Nacional não inclui o ICMS devido em três situações pontuais: (I) na substituição tributária (aquisições em outros Estados e DF), (II) na importação de bens, por ocasião do desembaraço aduaneiro e (III) nas operações e prestações desacobertadas de documento fiscal.
- O Sistema não inclui o ISS devido (a) nos serviços sujeitos à substituição tributária, nem (b) nas importações de serviços (art. 13, § 1.º, XIV, *a* e *b*, da LC n.º 123/2006).

O SIMPLES Nacional utiliza uma única base de cálculo – a receita bruta da pessoa jurídica, auferida no mês –, sobre a qual incidirá, a partir de 1.º.01.2018 (art. 11, III, da LC n.º 155/2016), certo percentual de alíquotas efetivas, calculadas a partir das alíquotas nominais constantes das tabelas dos Anexos I a V da indigitada Lei Complementar, sem embargo do adequado enquadramento como ME ou como EPP. A propósito, a retrocitada LC n.º 155 trouxe várias particularidades para a aferição das alíquotas efetivas e nominais (ver art. 18, §§ 1.º, 1.º-A, 1.º-B, 2.º e 3.º, da LC n.º 123/2006). Por fim, vale enfatizar que o recolhimento é mensal, utilizando-se o documento único de arrecadação (DARF), conforme o *caput* do art. 13 da LC n.º 123/2006.

As ME e EPP que estejam no Supersimples deverão apresentar à Secretaria da Receita Federal do Brasil, anualmente, uma *Declaração única e simplificada de informações socioeconômicas e fiscais* (art. 25 da Lei n.º 123/2006).

A LC n.º 155/2016 trouxe importante inovação sobre o aporte de capital e o chamado investidor-anjo, tendo sua vigência sido demarcada para 1.º.01.2017 (art. 11, II). Com o propósito de incentivo da inovação e dos investimentos produtivos, a ME e a EPP poderão admitir o aporte de capital – sem que este venha a integrar o capital social ou receita da sociedade (art. 61-A, § 1.º) –, desde que a operação conste de um contrato de participação, com vigência não superior a sete anos (art. 61-A e § 1.º). A pessoa física ou pessoa jurídica (até mesmo um fundo de investimento – art. 61-D) que procede a esse aporte de capital recebe o nome de investidor-anjo (art. 61-A, § 2.º). Este não é considerado sócio, nem tem direito à gerência ou ao voto na administração da empresa, porém deve ser remunerado por seus aportes, até o prazo máximo de cinco anos, não podendo o valor remuneratório ser superior a 50% (cinquenta por cento) dos lucros da sociedade (art. 61-A, § 6.º). Ele também não responde por qualquer dívida da empresa, inclusive em recuperação judicial (art. 61-A, § 4.º). Aliás, o direito de resgate somente pode ser exercido depois de contados dois anos, no mínimo, da data do aporte (art. 61-A, § 7.º). Por fim, se houver a venda da empresa, o investidor-anjo possui direito de preferência na aquisição (art. 61-C).

Em conclusão, as empresas enquadradas no Sistema poderão ser excluídas (art. 28): (a) de ofício, por iniciativa da Administração Pública (art. 29, I a XII); ou (b) mediante comunicação prévia (art. 30, I a III).

Ver Resolução n.º 3, de 27.07.2015 da SRF e Resolução n.º 1, de 24.06.2015 – Ministério da Fazenda. Ver STF: RE 598.468/SC. Ver STJ: Súmula 448.

4.6. REPARTIÇÃO TRIBUTÁRIA DAS RECEITAS

A repartição de receitas tributárias é tema bastante exigido nas provas de concursos públicos. Sua disciplina consta dos arts. 157 a 162 da CF.

A repartição de parte da arrecadação tributária, entre os entes políticos tributantes, é meio de garantia da autonomia política dos entes federados, que restarão inexistentes se divorciadas da autonomia financeira.

Como é sabido, à União competem mais impostos do que aos Municípios, Distrito Federal e Estados-membros da Federação. A soma algébrica dos impostos municipais (três) e estaduais (três) não excede o número de impostos federais (nove ao todo). Saliente-se que competem ao DF os três impostos municipais e os três impostos estaduais.

Ante o tamanho desequilíbrio de competências, com nítida concentração de renda nos cofres da União, o legislador houve por bem estabelecer a repartição de suas receitas, cabendo à União o repasse de valores aos Estados e Distrito Federal, e, aos Estados, o repasse de valores aos Municípios. Fato é que estes – os Municípios

Cap. 4 – ESPÉCIES DE TRIBUTOS

– não deverão realizar quaisquer repasses, somente deles integrar, absorvendo-os, em função da inexistência de entidade subalterna. Seguindo o mesmo raciocínio, o Distrito Federal, por não ser formado por municípios, não os fará. Dessa forma, os Municípios e o Distrito Federal não repartem, somente se beneficiam da repartição.

As transferências tributárias constitucionais da União para os Estados e Municípios podem ser classificadas em *transferências diretas* (repasse de parte da arrecadação para determinado governo) ou *transferências indiretas* (mediante a formação de Fundos Especiais). Entretanto, independentemente da classificação, as transferências sempre ocorrem do governo de maior nível para os de menores níveis, quais sejam: da União para Estados e Distrito Federal; da União para Municípios; ou dos Estados para Municípios.

Memorize as transferências diretas feitas da União:

a) para os Estados e Distrito Federal:
- 100% do produto da arrecadação do IR-FONTE (IRRF), incidente na fonte pagadora, sobre rendimentos pagos a qualquer título, por eles (Estados e Distrito Federal), suas autarquias e fundações que instituírem e mantiverem. Note que o Sistema Tributário Nacional contempla a hipótese de haver tributo de competência de um ente federado, porém com arrecadação destinada totalmente a outro(s) ente(s);
- 30% do produto da arrecadação do IOF-Ouro, quando definido em lei como ativo financeiro ou instrumento cambial (art. 153, § 5.º, I, da CF), para o Estado de origem, no qual houver extração do ouro. Memorize que não se mencionou o "IOF", em si, mas o IOF-OURO, isto é, aquele incidente na operação que envolva o referido ativo financeiro. Frise-se, ainda, que, no caso do Distrito Federal, a repartição com este será integral (100%), pois nele não existem municípios;
- 10% do produto da arrecadação do IPI, proporcionalmente ao valor das respectivas exportações de produtos industrializados (art. 159, II, da CF);
- 20% do produto de arrecadação do intitulado Imposto Residual (art. 154, I, da CF);
- 29% do produto de arrecadação da CIDE – Combustíveis (art. 159, III, da CF – EC n.º 44/2004).

b) para os Municípios:
- 100% do produto da arrecadação do IR-Fonte (IRRF), incidente na fonte pagadora, sobre rendimentos pagos a qualquer título, por eles (Municípios), suas autarquias e fundações que instituírem e mantiverem. Como já foi dito, o Sistema Tributário Nacional contempla a hipótese de haver tributo de competência de um ente federado, porém com arrecadação destinada integralmente a outro(s) ente(s);
- 50% do produto da arrecadação do ITR – Imposto sobre a Propriedade Territorial Rural –, relativamente aos imóveis nesta situados. Entretanto, o limite pode atingir o patamar de 100% para os Municípios, caso estes se dediquem às atividades de fiscalização e cobrança do tributo (delegação de capacidade tributária ativa), sem que dessa atividade possa

resultar redução de imposto ou qualquer forma de renúncia fiscal (EC n.º 42/2003 – art. 158, II, da CF). Veja que o Sistema Tributário Nacional contempla a hipótese de haver tributo de competência de um ente federado, porém com arrecadação destinada totalmente a outro ente;

- 50% do produto da arrecadação do IPVA, relativo aos veículos automotores licenciados em seus territórios;
- 25% do montante entregue pela União (10%) aos Estados e Distrito Federal (proporcionalmente ao valor das exportações de produtos industrializados), a título de IPI (art. 159, § 3.º, da CF);
- 25% do produto da arrecadação do ICMS (65%, no mínimo, na proporção do valor adicionado nas operações relativas à circulação de mercadorias e nas prestações de serviços, realizadas em seus territórios; e até 35%, de acordo com o que dispuser lei estadual, observada, obrigatoriamente, a distribuição de, no mínimo, 10 (dez) pontos percentuais com base em indicadores de melhoria nos resultados de aprendizagem e de aumento da equidade, considerado o nível socioeconômico dos educandos) (RE 401.953/RJ-2007; vide art. 158, parágrafo único, I e II, da CF). Acerca disso, salienta-se que o valor adicionado corresponderá, para cada Município, ao valor das mercadorias saídas, acrescido do valor das prestações de serviços, no seu território, deduzido o valor das mercadorias entradas, em cada ano civil (art. 3.º, § 1.º, I, da LC n.º 63/1990, incluído pela LC n.º 123, de 2006);
- 70% do produto de arrecadação do IOF – Ouro, quando definido em lei como ativo financeiro ou instrumento cambial (art. 153, § 5.º, II, da CF), para o Município de origem, no qual houver extração do ouro. Como já foi dito, no caso do Distrito Federal, a repartição com este será total (100%), pois nele não há municípios;
- 25% do montante entregue pela União (29%) ao Estado (em que se situe o referido Município), a título de CIDE-Combustíveis (art. 159, III, da CF – EC n.º 44/2004).

Como se viu, a repartição de tributos não atinge todas as espécies tributárias, mas somente duas: os impostos e uma exclusiva contribuição – a CIDE-Combustíveis. Assim, as taxas e contribuições de melhoria, por serem tributos sinalagmáticos, não são dados à repartição das receitas tributárias. Quanto aos empréstimos compulsórios, devem estar ligados à despesa que os fundamentou, afastando a repartição de receitas (ver art. 148, parágrafo único, da CF). Da mesma maneira, é proibida a extensão de tal sistemática às contribuições, por serem exações finalísticas, exceto no caso da CIDE--Combustíveis, como já se disse, apesar da intrínseca vinculação que lhe caracteriza.

Entre os impostos, destacam-se aqueles que não sofrem repartição do produto arrecadado, a saber:

a) IPTU, ITBI e ISS: portanto, todos os gravames municipais, de competência dos Municípios e Distrito Federal, e que, como já foi dito, não dividem, na repartição de receitas, a fatia do "bolo"; pelo contrário, apenas recebem "pedaços" dos demais entes políticos tributantes;

b) ITCMD: é o único imposto estadual que não participa da repartição de receitas. Os demais – ICMS e IPVA – têm parcelas repartidas com os Municípios;

c) II, IE, Imposto sobre Grandes Fortunas e Imposto Extraordinário de Guerra (IEG): estes quatro impostos federais são os únicos que não participam da repartição de receitas. Os demais (cinco) – IPI, IOF, IR, ITR, e o Imposto Residual – têm parcelas repartidas com os Estados, Distrito Federal e Municípios.

Finalmente, passemos à análise das *transferências indiretas*, ou seja, ao estudo dos *Fundos Especiais*.

Os Fundos Especiais são quatro, ao todo, por meio dos quais se realizam as transferências indiretas, tendo como base a arrecadação do Imposto sobre Produtos Industrializados (IPI) e/ou do Imposto sobre a Renda (IR), excluídas, relativamente a esta exação, as transferências do IRRF, supracomentadas e previstas nos arts. 157, I, e 158, I, ambos da CF.

Há três fundos que, da arrecadação do IR e do IPI (art. 159, I, *a* a *d*, CF), apropriam 49% [21,5% + 24,5% (22,5% + 1% + 1%) + 3%]. Por sua vez, há um Fundo de Compensação de Exportações, que apropria 10% da arrecadação total do IPI (art. 159, II, CF). Aliás, o Tribunal de Contas da União efetuará o cálculo das quotas referentes aos fundos de participação a que alude esse inciso II, no âmbito do IPI repartido (art. 161, parágrafo único, CF).

Vamos conhecer os exemplos de Fundos:

a) *Fundo de Compensação de Exportações* (FPEx): constituído por 10% da arrecadação total do IPI, é fundo compensatório para os Estados e Distrito Federal, em virtude da imunidade de ICMS para as exportações, prevista no art. 155, § 2.º, X, *a*, da CF. Sua distribuição aos Estados e Distrito Federal é proporcional ao valor das exportações de produtos industrializados, sendo a participação individual de cada Estado limitada ao teto de 20% do total do Fundo, no intuito de inibir favorecimentos a Estados mais desenvolvidos. Cada Estado deve repassar 25% aos Municípios situados em seu território, nos mesmos moldes estipulados no art. 158, parágrafo único, I e II, da CF. Os Estados entregarão aos respectivos Municípios 25% dos recursos que receberem do Fundo de Compensação de Exportações – FPEx (3/4, no mínimo, na proporção do valor adicionado nas operações realizadas em seus territórios e até 1/4 de acordo com a lei estadual);

b) *Fundo de Participação dos Estados e do Distrito Federal* (FPE): constituído por 21,5% do produto da arrecadação do IR e do IPI. Sua distribuição se dá em função do número da população e de modo inversamente proporcional à renda *per capita* da unidade federativa;

c) *Fundo de Participação dos Municípios* (FPM): constituído por 22,5% do produto da arrecadação do IR e do IPI. Com a EC n. 84/2014, pode-se falar no percentual de 24,5%, fruto da inclusão de adicionais, caso se considere o 1% que será entregue no primeiro decêndio do mês de dezembro de cada ano e, além disso, por força da indigitada Emenda, o outro 1%, que será entregue no primeiro decêndio do mês de julho de cada ano (art. 159, I, *e*, CF, incluído pela EC n.84/2014). A propósito, o art. 2º da EC n. 84/2014 também trouxe importante detalhe cronológico sobre o fracionamento desse 1% extra, a que o FPM passou a ter direito: "Para os fins do disposto na alínea *e* do inciso I do *caput* do art. 159 da Constituição Federal, a União entregará ao Fundo de Participação dos Municípios o percentual de 0,5% do produto da arrecadação dos impostos sobre renda e proventos de qualquer natureza e sobre produtos industrializados no primeiro exercício em que esta Emenda Constitucional gerar efeitos financeiros, acrescentando-se 0,5% a cada exercício, até que se alcance o percentual de 1%. Ver STF: RE 705.423/SE.

d) *Fundos Regionais*: constituídos por 3% do produto da arrecadação do IR e do IPI. Quanto ao IPI, memorize que 49% do seu volume arrecadado destinam--se à composição de fundos específicos, sem contar os percentuais que vão para os Estados (7,5%) e Municípios (2,5%), nas transferências diretas.

Com relação ao IR, seria apropriado afirmar, com maior rigor, que são destinados aos Fundos constitucionais os 49%, excluído o montante das transferências do IRRF.

4.7. A EMENDA CONSTITUCIONAL N.º 93/2016 E AS DESVINCULAÇÕES DE RECEITA TRIBUTÁRIA

Em 08.09.2016, foi publicada a Emenda Constitucional n.º 93, a qual modificou o Ato das Disposições Constitucionais Transitórias (ADCT), alterando o art. 76 e incluindo os arts. 76-A e 76-B. O constituinte reformador prorrogou, até 2023, a chamada Desvinculação de Receitas da União (DRU) e, ainda, estabeleceu a possibilidade de desvinculação de receitas dos Estados, Distrito Federal e Municípios (DRE e DRM).

A EC n.º 93/2016 deve produzir efeitos retroativamente a 1.º.01.2016, possibilitando que a entidade impositora promova a realocação de recursos oriundos da desvinculação agora permitida.

As desvinculações de órgão, fundo ou despesa, até 31.12.2023, são as seguintes:

1. **Para a União (tributos federais já criados ou que vierem a ser criados):** 30% (trinta por cento) da arrecadação relativa às contribuições sociais, às CIDEs e às taxas. O percentual anterior era de 20%. Nota-se, ainda, que alguns tributos federais estão protegidos da sistemática de desvinculação de receitas, não compondo a lista mencionada. São eles: impostos federais, contribuições de melhoria (federais), empréstimos compulsórios e contribuições profissionais (ou corporativas).

2. **Para os Estados e Distrito Federal (tributos estaduais já criados ou que vierem a ser criados):** 30% (trinta por cento) da arrecadação relativa a impostos, taxas e multas, além de seus adicionais e acréscimos legais respectivos, e outras receitas correntes. Há aqui algumas receitas/recursos/ fundos que devem ser excepcionados dessa desvinculação. São exceções à Desvinculação de Receitas dos Estados/DF (DRE):

   (I) recursos para o financiamento das ações e serviços públicos de saúde e para a manutenção e desenvolvimento do ensino;

(II) receitas que pertencem aos Municípios decorrentes de transferências previstas na Constituição Federal;

(III) receitas de contribuições previdenciárias e de assistência à saúde dos servidores públicos estaduais/distritais;

(IV) demais transferências obrigatórias e voluntárias entre os entes da Federação com destinação especificada em lei;

(V) fundos instituídos pelo Poder Judiciário, pelos Tribunais de Contas, pelo Ministério Público, pelas Defensorias Públicas e pelas Procuradorias-Gerais dos Estados e do Distrito Federal.

3. **Para os Municípios (tributos municipais já criados ou que vierem a ser criados):** 30% (trinta por cento) da arrecadação relativa a impostos, taxas e multas, além de seus adicionais e acréscimos legais respectivos, e outras receitas correntes. Há aqui algumas receitas/recursos/fundos que devem ser excepcionados dessa desvinculação. São exceções à Desvinculação de Receitas dos Municípios (DRM):

(I) recursos para o financiamento das ações e serviços públicos de saúde e para a manutenção e desenvolvimento do ensino;

(II) receitas de contribuições previdenciárias e de assistência à saúde dos servidores públicos municipais;

(III) transferências obrigatórias e voluntárias entre os entes da Federação com destinação especificada em lei;

(IV) fundos instituídos pelo Tribunal de Contas do Município.

4.8. QUADROS-SÍNTESE DO CAPÍTULO

TEORIAS QUANTO ÀS ESPÉCIES DE TRIBUTOS		
Pentapartida 5 Tributos	– impostos – taxas – contribuições de melhoria – empréstimos compulsórios – contribuições de melhoria	Predomina na doutrina e no STF.
Tripartida 3 Tributos (Art. 145 da CF)	– impostos – taxas – contribuições de melhoria	Prevalecia à época da elaboração do CTN, em 1966.
Bipartida	– vinculados a uma atuação estatal (taxas e contribuições de melhoria, ambos aglutináveis na forma de "taxas") – não vinculados (impostos)	Geraldo Ataliba
Hexapartida 6 Tributos	Acrescenta à lista da Teoria Pentapartida: Contribuição para o Serviço de Custeio de Iluminação Pública (CIP ou COSIP; art. 149-A da CF)	Nova doutrina

IMPOSTO: é o tributo cuja obrigação tem por fato gerador uma situação independente de qualquer atividade estatal específica, relativa à vida do contribuinte, à sua atividade ou a (seu patrimônio (art. 16 do CTN).

IMPOSTOS FEDERAIS, ESTADUAIS E MUNICIPAIS PREVISTOS NA CF

Impostos Federais (Arts. 153 e 154 da CF)	II – Imposto sobre importação de produtos estrangeiros;
	IE – Imposto sobre exportação, para o exterior, de produtos nacionais ou nacionalizados;
	IR – Imposto sobre renda e proventos de qualquer natureza;
	IPI – Imposto sobre produtos industrializados;
	IOF – Imposto sobre operações de crédito, câmbio e seguro ou relativas a títulos ou valores mobiliários;
	ITR – Imposto sobre propriedade territorial rural;
	IGF – Imposto sobre Grandes Fortunas;
	Impostos residuais;
	IEG – Imposto extraordinário de guerra;
Impostos Estaduais (Art. 155 da CF)	ITCMD – Imposto sobre transmissão *causa mortis* e doação, de quaisquer bens ou direitos;
	ICMS – Imposto sobre operações relativas à circulação de mercadorias e sobre prestações de serviços de transporte interestadual e intermunicipal e de comunicação;
	IPVA – Imposto sobre propriedade de veículos automotores;
Impostos Municipais (Art. 156 da CF)	IPTU – Imposto sobre propriedade territorial urbana;
	ITBI – Imposto sobre transmissão *inter vivos*, a qualquer título, por ato oneroso, de bens imóveis, por natureza ou acessão física, e de direitos reais sobre imóveis, exceto os de garantia, bem como cessão de direitos a sua aquisição;
	ISS – Imposto sobre serviços de qualquer natureza.

TAXA: tem como fato gerador o exercício regular do poder de polícia e/ou a utilização, efetiva ou potencial, de serviço público específico e divisível prestado ao contribuinte ou posto à sua disposição (art. 79, I, II e III, do CTN).

ESPÉCIES

Taxa de Polícia	Será exigida em razão de atos de polícia realizados pela Administração Pública, pelos mais variados órgãos ou entidades fiscalizatórias. Pagar-se-á tal taxa em função do "exercício regular do poder de polícia administrativa".
Taxa de Serviço	Será cobrada em razão da prestação estatal de um serviço público *específico* e *divisível*.
Não são Taxas	– Taxa de Segurança Pública (ver a ADInMC 1.942/DF-1999 e a ADInMC 2.424/CE-2002); – Taxa de Limpeza Pública (ver, no STJ: EDivREsp 102.404/SP-1997. No STF, ver: RE 361.437/MG-2002; RE 245.539/RJ-2000; RE 188.391; RE 199.969; e RE 204.827); – Taxa de Iluminação Pública: (RE 231.764 e RE 233.332 e Súmula 670 do STF/ Súmula Vinculante n.º 41 do STF).

Cap. 4 – ESPÉCIES DE TRIBUTOS

CONTRIBUIÇÃO DE MELHORIA: exterioriza-se de maneira totalmente autônoma em relação aos demais gravames, e tem como bússola para sua cobrança a proporção do benefício efetivamente experimentado pelo contribuinte, decorrente de obra pública realizada pelo Poder Público.

Sujeito Passivo	O proprietário do imóvel que circunvizinha a obra pública geradora de sua valorização imobiliária.
Fato Gerador	Valorização imobiliária experimentada pelos imóveis adjacentes a uma obra pública.
Base de Cálculo	Deve ser realizada uma dedução do sobrevalor, ou seja, subtrai-se do valor do imóvel após a obra o valor do imóvel antes da obra, chegando-se, assim, à base de cálculo do gravame.
Limites da Cobrança	– Limite individual: valorização imobiliária experimentada por cada proprietário. – Limite total ou global: arrecadação não pode se situar acima do gasto despendido com a obra.
Requisitos Mínimos para Cobrança	Memorial descritivo do projeto, orçamento do custo da obra, determinação da parcela do custo da obra a ser financiada pela contribuição, delimitação da zona beneficiada e determinação do fator de absorção do benefício da valorização para toda a zona ou para cada uma das áreas diferenciadas, nela contidas.

EMPRÉSTIMO COMPULSÓRIO: A União, mediante lei complementar, poderá instituir empréstimos compulsórios: para atender a despesas extraordinárias, decorrentes de calamidade pública, de guerra externa ou sua iminência, e no caso de investimento público de caráter urgente e de relevante interesse nacional. A aplicação dos recursos provenientes de empréstimo compulsório será vinculada à despesa que fundamentou sua instituição.

Pressupostos Autorizativos	– despesas extraordinárias: calamidade pública; guerra externa; – investimento público de caráter urgente e de relevante interesse nacional.
Princípio da Anterioridade	Pode excepcionar o princípio da anterioridade em caso de calamidade pública e guerra externa.
Fato Gerador	A lei complementar selecionará o fato imponível específico, apto a gerar, para o contribuinte, o dever de pagar o gravame.

CONTRIBUIÇÕES: são gravames cuja destinação se revela no financiamento de gastos específicos, no contexto de intervenção do Estado nos campos social e econômico, no cumprimento de ditames da política de governo.

Espécies	– contribuições sociais; – contribuições de intervenção no domínio econômico; e – contribuições de interesse das categorias profissionais ou econômicas.
Contribuições Parafiscais ou Especiais	Se for devida a entidades paraestatais, em função de atividades especiais por elas desempenhadas. Quando for difícil o enquadramento preciso na rubrica "parafiscais", utiliza-se o vocábulo "especiais", que determina abrangência mais expressiva.
Contribuições Sociais – Espécies	– Contribuições Sociais Gerais (salário-educação e sistema "S"); – Contribuições de Seguridade Social (as "Contribuições Nominadas", à luz do art. 195, I a IV, da CF); – Outras Contribuições Sociais ("Contribuições Residuais", à luz do art. 195, § 4.º, da CF).

REPARTIÇÃO TRIBUTÁRIA DAS RECEITAS: é meio de garantia da autonomia política dos entes federados, que restarão inexistentes se divorciadas da autonomia financeira. A soma algébrica dos impostos municipais (três) e estaduais (três) não excede o número de impostos federais (nove ao todo). Cabe à União o repasse de valores aos Estados e Distrito Federal, e, aos Estados, o repasse de valores aos Municípios.

TRANSFERÊNCIAS DIRETAS FEITAS DA UNIÃO

Para os Estados e Distrito Federal:	– 100% do produto da arrecadação do IR-FONTE (IRRF), incidente na fonte pagadora, sobre rendimentos pagos a qualquer título, por eles (Estados e Distrito Federal), suas autarquias e fundações que instituírem e mantiverem. Note que o Sistema Tributário Nacional contempla a hipótese de haver tributo de competência de um ente federado, porém com arrecadação destinada totalmente a outro(s) ente(s);
	– 30% do produto da arrecadação do IOF-Ouro, quando definido em lei como ativo financeiro ou instrumento cambial (art. 153, § 5.º, I, da CF), para o Estado de origem, no qual houver extração do ouro. Memorize que não se mencionou o "IOF", em si, mas o IOF-OURO, isto é, aquele incidente na operação que envolva o referido ativo financeiro. Frise-se, ainda, que, no caso do Distrito Federal, a repartição com este será integral (100%), pois nele não existem municípios;
	– 10% do produto da arrecadação do IPI, proporcionalmente ao valor das respectivas exportações de produtos industrializados (art. 159, II, da CF);
	– 20% do produto de arrecadação do intitulado Imposto Residual (art. 154, I, da CF)
	– 29% do produto de arrecadação da CIDE – Combustíveis (art. 159, III, da CF – EC n.º 44/2004)
Para os Estados e Distrito Federal	– 100% do produto da arrecadação do IR-Fonte (IRRF), incidente na fonte pagadora, sobre rendimentos pagos a qualquer título, por eles (Municípios), suas autarquias e fundações que instituírem e mantiverem. Como já foi dito, o Sistema Tributário Nacional contempla a hipótese de haver tributo de competência de um ente federado, porém com arrecadação destinada integralmente a outro(s) ente(s);
	– 50% do produto da arrecadação do ITR – Imposto sobre a Propriedade Territorial Rural –, relativamente aos imóveis nesta situados. Entretanto, o limite pode atingir o patamar de 100% para os Municípios, caso estes se dediquem às atividades de fiscalização e cobrança do tributo (delegação de capacidade tributária ativa), sem que dessa atividade possa resultar redução de imposto ou qualquer forma de renúncia fiscal (EC n.º 42/2003 – art. 158, II, da CF). Veja que o Sistema Tributário Nacional contempla a hipótese de haver tributo de competência de um ente federado, porém com arrecadação destinada totalmente a outro ente;
	– 50% do produto da arrecadação do IPVA, relativo aos veículos automotores licenciados em seus territórios;
	– 25% do montante entregue pela União (10%) aos Estados e Distrito Federal (proporcionalmente ao valor das exportações de produtos industrializados), a título de IPI (art. 159, § 3.º, da CF);
	– 25% do produto da arrecadação do ICMS – 65%, no mínimo, na proporção do valor adicionado nas operações relativas à circulação de mercadorias e nas prestações de serviços, realizadas em seus territórios; e até 35%, de acordo com o que dispuser lei estadual, observada, obrigatoriamente, a distribuição de, no mínimo, 10 (dez) pontos percentuais com base em indicadores de melhoria nos resultados de aprendizagem e de aumento da equidade, considerado o nível socioeconômico dos educandos (RE 401.953/RJ-2007; vide art. 158, parágrafo único, I e II, da CF). Acerca disso, salienta-se que o valor adicionado corresponderá, para cada Município, ao valor das mercadorias saídas, acrescido do valor das prestações de serviços, no seu território, deduzido o valor das mercadorias entradas, em cada ano civil (art. 3.º, § 1.º, I, da LC n.º 63/1990, incluído pela LC n.º 123, de 2006);
	– 70% do produto de arrecadação do IOF – Ouro, quando definido em lei como ativo financeiro ou instrumento cambial (art. 153, § 5.º, II, da CF), para o Município de origem, no qual houver extração do ouro. Como já foi dito, no caso do Distrito Federal, a repartição com este será total (100%), pois nele não há municípios;
	– 25% do montante entregue pela União (29%) ao Estado (em que se situe o referido Município), a título de CIDE-Combustíveis (art. 159, III, da CF – EC n.º 44/2004).

IMPOSTOS QUE NÃO SOFREM REPARTIÇÃO DO PRODUTO ARRECADADO	
Municipais	IPTU, ITBI e ISS
Estaduais	ITCMD
Federais	II, IE, Imposto sobre Grandes Fortunas e Imposto Extraordinário de Guerra (IEG)

TRANSFERÊNCIAS INDIRETAS (Fundos Especiais – exemplos)	
Fundo de Compensação de Exportações (FPEx)	Constituído por 10% da arrecadação total do IPI, é fundo compensatório para os Estados e Distrito Federal, em virtude da imunidade de ICMS para as exportações, prevista no art. 155, § 2.º, X, "a", da CF. Sua distribuição aos Estados e Distrito Federal é proporcional ao valor das exportações de produtos industrializados, sendo a participação individual de cada Estado limitada ao teto de 20% do total do Fundo, no intuito de inibir favorecimentos a Estados mais desenvolvidos. Cada Estado deve repassar 25% aos Municípios situados em seu território, nos mesmos moldes estipulados no art. 158, parágrafo único, I e II, da CF. Os Estados entregarão aos respectivos Municípios 25% dos recursos que receberem do Fundo de Compensação de Exportações – FPEx (3/4, no mínimo, na proporção do valor adicionado nas operações realizadas em seus territórios e até 1/4 de acordo com a lei estadual);
Fundo de Participação dos Estados e do Distrito Federal (FPE)	Constituído por 21,5% do produto da arrecadação do IR e do IPI. Sua distribuição se dá em função do número da população e de modo inversamente proporcional à renda per capita da unidade federativa;
Fundo de Participação dos Municípios (FPM)	Constituído por 22,5% do produto da arrecadação do IR e do IPI. Com a EC n. 84/2014, pode-se falar no percentual de 24,5%, fruto da inclusão de adicionais, caso se considere o 1% que será entregue no primeiro decênio do mês de dezembro de cada ano e, além disso, por força da indigitada emenda, o outro 1%, o qual será entregue no primeiro decênio do mês de julho de cada ano (art. 159, I, e, CF, incluído pela EC nº 84/2014).
Fundos Regionais	Quanto ao IPI, memorize que 49% do seu volume arrecadado destinam-se à composição de fundos específicos, sem contar os percentuais que vão para os Estados (7,5%) e Municípios (2,5%), nas transferências diretas. Com relação ao IR, seria apropriado afirmar, com maior rigor, que são destinados aos fundos constitucionais os 49%, excluído o montante das transferências do IRRF.
A Emenda Constitucional n.º 93/2016 e as desvinculações de receita tributária	Em 08.09.2016, foi publicada a Emenda Constitucional n.º 93, a qual modificou o Ato das Disposições Constitucionais Transitórias (ADCT), alterando o art. 76 e incluindo os arts. 76-A e 76-B. O constituinte reformador prorrogou, até 2023, a chamada Desvinculação de Receitas da União (DRU) e, ainda, estabeleceu a possibilidade de desvinculação de receitas dos Estados, Distrito Federal e Municípios (DRE e DRM).

4.9. QUESTÕES

1) **(2019/Consulplan/TJ-CE/Juiz Leigo) Encontra-se em discussão, no âmbito dos temas em repercussão geral no Supremo Tribunal Federal, a constitucionalidade da cobrança de taxa pela utilização potencial do serviço de extinção de incêndio. Sob a perspectiva da Constituição Federal vigente, um dos argumentos que justificariam a inconstitucionalidade do referido tributo é:**

a) Proibição de cobrança de taxa pela prestação de serviços públicos de natureza indivisível.

b) Vedação de instituição de taxa em função do exercício de poder de polícia pelos entes estatais.

c) Vedação de instituição de taxa em razão da prestação de serviços públicos de qualquer natureza.

d) Competência exclusiva da União para instituir taxa relativa ao serviço público de combate a incêndio.

Resposta: A

2) **(2019/MPE-SC/Promotor de Justiça) A tarifa não é cobrada do sujeito que não utilizar, de forma individualizada e efetiva, o serviço cujo custo deve ser suportado por este valor.**

Resposta: Certo

3) **(2018/TRF 3ª Região/Juiz Federal Substituto) Indique a afirmação INCOR-RETA:**

a) Tributo é toda prestação pecuniária compulsória, em moeda ou cujo valor nela se possa exprimir, instituída em lei, que não constitua sanção por ato ilícito.

b) Medida provisória pode estabelecer a extinção de tributo.

c) Lei que disponha sobre outorga de isenção deve ser interpretada literalmente.

d) Os decretos restringem o conteúdo e o alcance das leis em função das quais são expedidos.

Resposta: D

4) **(2018/TRF 3ª Região/TRF 3ª Região/Juiz Federal Substituto) Indique a conclusão CORRETA. A Contribuição para o Financiamento da Seguridade Social – COFINS, exigida das pessoas jurídicas:**

a) Pode incidir de acordo com dois regimes jurídicos distintos: cumulativo e não cumulativo.

b) Tem por base de cálculo as receitas de vendas canceladas.

c) Quando incidente no regime cumulativo, é calculada deduzindo-se o valor dos créditos correspondentes à depreciação dos bens do ativo não circulante.

d) Quando incidente no regime não cumulativo, tem por base de cálculo o valor dos insumos utilizados na produção das mercadorias adquiridas.

Resposta: A

5) **(2018/TRF 3ª Região/TRF 3ª Região/Juiz Federal Substituto) A Primeira Seção do Superior Tribunal de Justiça firmou orientação no sentido de que** *"as contribuições especiais atípicas (de intervenção no domínio econômico) são constitucionalmente destinadas a finalidades não diretamente referidas ao sujeito passivo, o qual não necessariamente é beneficiado com a atuação estatal e nem a ela dá causa (referibilidade). Esse é o traço característico que as distingue das contribuições de interesse de categorias profissionais e de categorias econômicas"* **(EREsp 724.789/RS, Rel. Min. Eliana Calmon,**

Cap. 4 – ESPÉCIES DE TRIBUTOS

Primeira Seção, *DJ* 28.5.2007). À luz dessa decisão, é CORRETO afirmar que

a) A referibilidade é condição constitucional necessária para a incidência das contribuições de intervenção no domínio econômico.

b) As contribuições de intervenção no domínio econômico só podem ser cobradas de sujeito passivo diretamente relacionado com a atuação estatal a ser financiada.

c) A referibilidade é condição constitucional necessária para a incidência das contribuições de interesse de categoria profissional.

d) As contribuições especiais atípicas são cobradas de sujeitos passivos vinculados a categorias profissionais.

Resposta: C

6) **(2018/Ieses/TJ-AM/Titular de Serviços de Notas e de Registros) Analise as sentenças abaixo e assinale a opção correta com relação às normas da Lei Complementar nº 123, de 14 de dezembro de 2006, a qual trata do Simples Nacional:**

I. As empresas de pequeno porte podem aderir ao Simples Nacional desde que não possuam receita bruta anual igual ou superior a R$ 3.600.000,00 (três milhões e seiscentos mil reais).

II. Não poderá beneficiar-se do tratamento diferenciado previsto na lei do Simples Nacional a pessoa jurídica constituída sob a forma de sociedade por ações.

III. Quando o devedor for microempresário ou empresa de pequeno porte, não incidirão, sobre os emolumentos do tabelião, quaisquer acréscimos a título de taxas, custas e contribuições detalhadas na LC nº 123/2006 em protesto de títulos, ressalvada a cobrança do devedor das despesas de correio, condução e publicação de edital para realização da intimação.

a) Apenas as alternativas II e III estão corretas.

b) Apenas a alternativa II está correta.

c) Apenas I e III estão corretas

d) Todas as alternativas estão corretas.

Resposta: A

7) **(2018/Ieses/TJ-AM/Titular de Serviços de Notas e de Registros) Considerando as regras da repartição da receita tributária, contidas na constituição Federal, assinale a alternativa correta:**

a) O ouro, quando definido em lei como ativo financeiro ou instrumento cambial, sujeita-se à incidência de IOF, sendo a receita gerada integralmente dividida entre os Estados, conforme origem, os quais ficam com 70% e os Municípios, conforme origem, os quais ficam com 30% do fruto da arrecadação.

b) Os Estados devem entregar aos Municípios 25% do produto da arrecadação do imposto sobre operações relativas à circulação de mercadorias e sobre prestações de serviços de transporte interestadual e intermunicipal e de comunicação.

c) Ao semiárido do Nordeste dever ser destinado um terço dos recursos destinados à Região por meio das aplicações em programas de financiamento ao setor produtivo das Regiões Norte, Nordeste e Centro-Oeste.

DIREITO TRIBUTÁRIO ESSENCIAL – *Eduardo Sabbag*

d) A vedação da retenção ou qualquer restrição à entrega e ao emprego dos recursos atribuídos na seção da repartição das receitas tributárias da Constituição Federal não impede à União ou Estados a condicionarem à entrega dos recursos ao cumprimento das regras constitucionais de aplicação de recursos mínimos na área de educação.

Resposta: B

8) **(2018/Ieses/TJ-AM/ Titular de Serviços de Notas e de Registros) Tributo é toda prestação pecuniária compulsória, em moeda ou cujo valor nela se possa exprimir, que não constitua sanção de ato ilícito, instituída em lei e cobrada mediante atividade administrativa plenamente vinculada. São consideradas espécies de tributos, EXCETO:**

a) Contribuições de melhoria.
b) Tarifa.
c) Taxas.
d) Impostos.

Resposta: B

9) **(2018/Vunesp/TJ-SP/Titular de Serviços de Notas e de Registros) A Constituição Federal veda que determinados tributos sejam cobrados no mesmo exercício financeiro em que tenha sido publicada a lei que os instituiu ou aumentou. Trata-se de limitação constitucional ao poder de tributar, conhecida por princípio da anterioridade.**

Assinale a alternativa na qual consta um tributo que excepciona tal princípio.

a) Empréstimo compulsório instituído no caso de investimento público de caráter urgente e de relevante interesse nacional.
b) Imposto sobre operações de crédito, câmbio e seguro, ou relativas a títulos e valores mobiliários.
c) Contribuição Social no interesse das categorias profissionais ou econômicas.
d) Imposto sobre a propriedade rural.

Resposta: B

10) **(2018/Ieses/TJ-CE/Titular de Serviços de Notas e de Registros) Em relação à matéria tributária sumulada pelos tribunais superiores, assinale a alternativa que representa entendimento sumular já superado, entendendo-se para tanto, o entendimento firmado em súmula cancelada**

a) É inconstitucional a incidência do Imposto sobre Serviços de Qualquer Natureza – ISS sobre operações de locação de bens móveis.
b) As sociedades civis de prestação de serviços profissionais são isentas da Cofins, irrelevante o regime tributário adotado.
c) Constitui acréscimo patrimonial a atrair a incidência do Imposto de Renda, em caso de liquidação de entidade de previdência privada, a quantia que couber a cada participante, por rateio do patrimônio, superior ao valor das

Cap. 4 – ESPÉCIES DE TRIBUTOS

respectivas contribuições à entidade em liquidação, devidamente atualizadas e corrigidas.

d) É constitucional a adoção, no cálculo do valor de taxa, de um ou mais elementos da base de cálculo própria de determinado imposto, desde que não haja integral identidade entre uma base e outra.

Resposta: B

Fontes do Direito Tributário

5.1. FONTES FORMAIS DO DIREITO TRIBUTÁRIO

Denominam-se fontes formais o conjunto das normas no Direito Tributário. Tais normas estão previstas no art. 96 do CTN, sob a titulação de legislação tributária, e são restritas à dogmática do direito. Podem ser elas primárias ou secundárias.

As fontes primárias estão elencadas no art. 96 do CTN, a saber:

a) Leis em sentido amplo (Constituição Federal, emendas, leis ordinárias, medidas provisórias etc.);
b) Tratados e convenções internacionais;
c) Decretos.

Por sua vez, as fontes secundárias estão listadas no art. 100 do CTN e se constituem dos seguintes institutos jurídicos: (I) atos normativos expedidos pelas autoridades administrativas; (II) decisões dos órgãos singulares ou coletivos de jurisdição administrativa; (III) práticas reiteradamente observadas pelas autoridades administrativas; e (IV) convênios que entre si celebrem a União, os Estados, o Distrito Federal e os Municípios.

5.1.1. Fontes formais primárias do Direito Tributário

5.1.1.1. Constituição

Na Constituição estão arrolados os princípios básicos e as normas nucleares referentes aos tributos. A competência tributária dos entes jurídicos de direito público interno é outorgada pela Carta Magna, que também dispõe sobre os limites ao poder de tributar (arts. 150 a 152 da CF) e sobre a repartição das receitas tributárias (arts. 157 a 162 da CF).

5.1.1.2. Emenda à Constituição

As emendas à Constituição são o dispositivo pelo qual se altera o texto constitucional, para que haja acompanhamento da realidade social do país e de sua evolução.

DIREITO TRIBUTÁRIO ESSENCIAL – *Eduardo Sabbag*

Uma vez aprovadas, seu texto é incorporado à Constituição e passa a ter o mesmo valor das normas preexistentes.

5.1.1.3. Lei complementar

Nos casos em que uma norma constitucional não é autoexecutável, há a necessidade, prevista na Constituição, de se aprovar uma lei complementar para que tal norma surta efeito.

Em matéria de direito tributário, o art. 146 da CF exige lei complementar para a regulamentação das seguintes matérias:

a) Dispor sobre conflitos de competência, em matéria tributária, entre a União, os Estados, o DF e os Municípios;
b) Regulamentação às limitações do poder de tributar;
c) Estabelecimento de normas gerais em matéria de legislação tributária (definição de tributos e de suas espécies; obrigação, lançamento, crédito, prescrição e decadência etc.);
d) Definição do tratamento diferenciado e favorecido para microempresas e para empresas de pequeno porte, inclusive regimes especiais ou simplificados para o caso do ICMS, da contribuição previdenciária e ao PIS.

A lei a que o art. 146 da CF se refere é o Código Tributário Nacional, que foi aprovado como lei ordinária e teve seu status elevado a condição de lei complementar, ainda durante a vigência da Constituição de 1967. Com base nisso, o CTN somente pode ser modificado por outra lei complementar ou por outras normas hierarquicamente superiores.

(2016/TRF 3ª Região/Juiz Federal Substituto). Só podem ser instituídos por meio de lei complementar:

a) o empréstimo compulsório e o imposto extraordinário.
b) a contribuição de intervenção no domínio econômico e o empréstimo compulsório.
c) o imposto sobre grandes fortunas e as contribuições de interesse de categorias profissionais ou econômicas.
d) o empréstimo compulsório e o imposto residual.

Resposta: D

Comentários: Segundo a literalidade do texto constitucional, são instituídos por lei complementar:

1. Imposto sobre Grandes Fortunas (art. 153, VII, CF);
2. Empréstimos Compulsórios (art. 148, I e II, CF);
3. Impostos Residuais (art. 154, I, CF);
4. Contribuições Sociais Previdenciárias Residuais (art. 195, § 4º, CF c/c art. 154, I, CF).

Cap. 5 – FONTES DO DIREITO TRIBUTÁRIO **107**

(2015/FGV/PGE-RO/Analista da Procuradoria) Dependem de lei específica da pessoa jurídica de direito público com competência tributária as seguintes causas de extinção do crédito tributário:

a) remissão e decadência.
b) compensação e anistia.
c) pagamento e prescrição.
d) transação e compensação.
e) decadência e pagamento.

Resposta: D

Comentários: Em conformidade com o art. 146, III, *b*, da CF, prescrição e decadência são matérias reservadas à lei complementar. Já a anistia é causa de exclusão do crédito tributário, conforme disposição expressa do art. 175 do CTN.

(2015/FCC/Sefaz-PE/Julgador Administrativo Tributário do Tesouro Estadual) De acordo com a Constituição Federal, sobre o sistema tributário nacional, é correto afirmar:

a) Lei complementar poderá estabelecer critérios especiais de tributação, com o objetivo de prevenir desequilíbrios da concorrência, sem prejuízo da competência de a União, por lei, estabelecer normas de igual objetivo.

b) Os Estados, o Distrito Federal e os Municípios poderão instituir contribuição previdenciária, cobrada de seus servidores, em benefício destes, cuja alíquota não será superior à da contribuição dos servidores titulares de cargos efetivos da União.

c) É vedado à União, aos Estados e Municípios instituir impostos sobre fonogramas e videofonogramas musicais produzidos no Brasil contendo obras musicais ou literomusicais de autores brasileiros e/ou obras em geral interpretadas por artistas brasileiros bem como os suportes materiais ou arquivos digitais que os contenham, inclusive na etapa de replicação industrial de mídias ópticas de leitura a laser.

d) A lei poderá atribuir a sujeito passivo de obrigação tributária a condição de responsável pelo pagamento de imposto ou contribuição, cujo fato gerador deva ocorrer posteriormente, assegurada a restituição da quantia paga no início do período de apuração seguinte, caso não se realize o fato gerador presumido.

e) Os benefícios fiscais, salvo redução da base de cálculo e concessão de crédito presumido, relativos a impostos, taxas ou contribuições, só poderão ser concedidos mediante lei específica, federal, estadual ou municipal, que regule exclusivamente as matérias acima enumeradas ou o correspondente tributo.

Resposta: A

108 DIREITO TRIBUTÁRIO ESSENCIAL – *Eduardo Sabbag*

Comentários: Trata-se da literalidade da previsão constitucional:

> Art. 146-A. Lei complementar poderá estabelecer critérios especiais de tributação, com o objetivo de prevenir desequilíbrios da concorrência, sem prejuízo da competência de a União, por lei, estabelecer normas de igual objetivo.

(2015/Fundep/TCE-MG/Auditor/Conselheiro Substituto do Tribunal de Contas) Sobre Direito Financeiro e/ou Direito Tributário, assinale a alternativa INCORRETA.
- a) A previsão constitucional geral é de que é vedada a vinculação de receita de impostos a órgão, fundo ou despesa, ressalvadas as exceções admitidas pela Constituição.
- b) O Distrito Federal é competente para instituir, além de outros tributos, os impostos municipais.
- c) Cabe à lei complementar estabelecer normas gerais em matéria de legislação tributária, definindo os fatos geradores, alíquotas, bases de cálculo e contribuintes dos impostos discriminados na Constituição de 1988.
- d) É constitucional a adoção, no cálculo do valor de taxa, de um ou mais elementos da base de cálculo própria de determinado imposto, desde que não haja integral identidade entre uma base e outra.
- e) Considera-se poder de polícia atividade da Administração Pública que, limitando ou disciplinando direito, interesse ou liberdade, regula a prática de ato ou abstenção de fato, em razão de interesse público concernente à segurança, à higiene, à ordem, aos costumes, à disciplina da produção e do mercado, ao exercício de atividades econômicas dependentes de concessão ou autorização do Poder Público, à tranquilidade pública ou ao respeito à propriedade e aos direitos individuais ou coletivos.

Resposta: C
Comentários: Observe o art. 146 da Constituição Federal:

> Art. 146. Cabe à lei complementar:
> III – estabelecer normas gerais em matéria de legislação tributária, especialmente sobre:

> a) definição de tributos e de suas espécies, bem como, em relação aos impostos discriminados nesta Constituição, a dos respectivos fatos geradores, bases de cálculo e contribuintes;

(2015/Consulplan/TJ-MG/Titular de Serviços de Notas e de Registro) Não é necessário lei complementar para instituir
- a) empréstimos compulsórios.
- b) Imposto sobre Produtos Industrializados.

c) impostos residuais.

d) Imposto sobre Grandes Fortunas.

Resposta: B

Comentários: Conforme dispõe o art. 148 da Constituição Federal: "A União, mediante lei complementar, poderá instituir empréstimos compulsórios".

Já o IPI acompanha a regra geral contida no princípio da legalidade tributária.

A assertiva C, incorreta, tem como fundamento a literalidade do art. 154: "A União poderá instituir:

> I – mediante lei complementar, impostos não previstos no artigo anterior, desde que sejam não cumulativos e não tenham fato gerador ou base de cálculo próprios dos discriminados nesta Constituição".

E por último, a assertiva D, incorreta, conforme dispõe o art. 153 da CF:

> "Compete à União instituir impostos sobre:
> VII – grandes fortunas, nos termos de lei complementar".

5.1.1.4.   Lei ordinária

A lei ordinária é a lei cotidiana do poder legislativo, aprovada por maioria simples, consistindo na fonte formal básica do Direito Tributário.

É o principal meio normativo que veicula o fenômeno tributacional, em virtude do princípio da legalidade tributária.

De forma geral, a lei ordinária é a lei utilizada para a instituição de tributos, porém não há empecilhos a que tributos surjam por meio de leis complementares, *v.g.*, os empréstimos compulsórios, entre outros.

(2018/Cespe/STJ/Analista Judiciário) Uma lei ordinária federal que instituiu uma contribuição social contém os seguintes dispositivos.

> **Art. 2.° O direito da Fazenda Pública de apurar e constituir os créditos decorrentes das contribuições tratadas nesta Lei extingue-se após dez anos, contados da data do fato gerador. Art. 3.° O superintendente da Receita Federal poderá perdoar os créditos tributários resultantes desta lei se o valor for inferior a R$ 100,00 (cem reais).**

Acerca dessa lei hipotética, julgue o item seguinte.

Lei ordinária pode autorizar que a autoridade administrativa conceda remissão total do crédito tributário de importância diminuta, como o faz a lei hipotética em questão, no seu art. 3.°, sendo essa uma medida de economia processual.

Resposta: Certo

Comentários:

CTN, art. 172. "A lei pode autorizar a autoridade administrativa a conceder, por despacho fundamentado, remissão total ou parcial do crédito tributário, atendendo:

I – à situação econômica do sujeito passivo;

II – ao erro ou ignorância escusáveis do sujeito passivo, quanto à matéria de fato;

III – à diminuta importância do crédito tributário;

IV – a considerações de equidade, em relação com as características pessoais ou materiais do caso;

V – a condições peculiares a determinada região do território da entidade tributante".

(2017/Cespe/MPE-RR/Promotor de Justiça Substituto) Em matéria tributária, uma lei ordinária pode dispor sobre

a) isenção restrita a determinada região do território da entidade tributante, em função de condições peculiares a essa região.

b) conflitos de competência entre a União, os estados, o DF e os municípios.

c) normas gerais relativas à prescrição e à decadência.

d) instituição de empréstimo compulsório para atender a despesas extraordinárias decorrentes de calamidade pública.

Resposta: A

Comentários: Conforme dispõe o art. 97 do CTN, somente a lei (ordinária) pode estabelecer as hipóteses de exclusão, suspensão e extinção de créditos tributários, ou de dispensa ou redução de penalidades.

(2016/FGV/OAB/XX Exame de Ordem Unificado). O Estado Alfa institui, por meio de lei complementar, uma taxa pela prestação de serviço público específico e divisível. Posteriormente a alíquota e a base de cálculo da taxa vêm a ser modificadas por meio de lei ordinária, que as mantém em patamares compatíveis com a natureza do tributo e do serviço público prestado. A lei ordinária em questão é:

a) integralmente inválida, pois lei ordinária não pode alterar lei complementar.

b) parcialmente válida – apenas no que concerne à alteração da base de cálculo, pois a modificação da alíquota só seria possível por meio de lei complementar.

c) parcialmente válida – apenas no que concerne à alteração da alíquota, pois a modificação da base de cálculo só seria possível por meio de lei complementar.

d) integralmente válida, pois a matéria por ela disciplinada não é constitucionalmente reservada à lei complementar.

Resposta: D

Comentários: Não é reservado à lei complementar a instituição e modificação de taxas, conforme. Por essa razão, a lei complementar em questão é materialmente ordinária e pode ser alterada lei ordinária, seja no que tange à base de cálculo, seja no tocante à alíquota. Por essa razão, a lei ordinária em questão é integramente válida.

5.1.1.5. Decreto

O decreto é o ato normativo exarado pelo Presidente da República, Governador ou Prefeito, com a função de regulamentar o conteúdo das leis, conforme o art. 84 da CF.

Frise-se que, sendo ele um ato normativo secundário e infralegal, "o conteúdo e o alcance dos decretos restringem-se aos das leis em função das quais sejam expedidos" (art. 99 do CTN). Atenção: o conteúdo e o alcance dos decretos RESTRINGEM-SE AOS das leis em função das quais sejam expedidos, e não "os decretos RESTRINGEM O conteúdo e o alcance das leis em função das quais são expedidos". Assim, o decreto é um instrumento normativo que não pode ir contra nem extrapolar os balizamentos legais que permearão o alcance de seus efeitos, sob pena de não obrigar o administrado. Como exemplo, citemos o caso do IPI: a lei institui o tributo, fator gerador, alíquota, o sujeito passivo, entre outros elementos conexos ao gravame. O decreto, por sua vez, estabelecerá o modelo dos documentos fiscais a serem empregados.

Por fim, o decreto deve ser avalizado pelo representante do Poder Executivo que detém o conhecimento técnico, o qual o signatário (chefe do Executivo), geralmente, não possui. Por essa razão, o decreto deve ser assinado também pelo Ministro da Fazenda, no caso de decreto federal. Idêntica sistemática deverá ser simetricamente adotada nas esferas estaduais e municipais.

5.1.1.6. Lei delegada

A lei delegada é equivalente à lei ordinária, porém sua confecção é feita pelo poder Executivo por meio de uma delegação do Poder Legislativo, conforme o art. 68 da CF. A delegação se dá por meio de uma resolução do Congresso Nacional.

No texto da Constituição, não há impedimento de que o Presidente legisle sobre matéria tributária por meio de lei delegada, porém não é o que ocorre na prática, pois o Presidente pode lançar mão de outros meios (medidas provisórias, decretos) para legislar sobre tributos.

5.1.1.7. Medida provisória

A medida provisória na órbita tributária, disciplinada pelo art. 62 da CF, é o instituto jurídico, com força de lei, de que o Presidente da República pode lançar mão em casos de relevância e urgência.

O art. 62 da CF, com a redação dada pela EC n.º 32/2001, abriu a possibilidade de medida provisória legislar sobre impostos, instituindo-os e aumentando-os. Nesses casos, a incidência da medida provisória ocorrerá no primeiro dia do exercício seguinte, desde que a MP tenha sido convertida em lei.

DIREITO TRIBUTÁRIO ESSENCIAL – *Eduardo Sabbag*

Quanto à aceitação da medida provisória na órbita tributária, sabe-se que a sistemática gerou perplexidades na doutrina, porém a jurisprudência, de há muito, chancelara o expediente.

Por fim, com base no art. 62, § 1.º, III, da CF, memorize o recurso mnemônico: onde a lei complementar versar, a medida provisória não irá disciplinar.

Por outro lado, nada impedirá que a MP verse sobre temas não afetos à LC, por exemplo, a instituição de um imposto extraordinário (art. 154, II, da CF), alguns elementos estruturantes dos tributos, previstos no art. 97 do CTN, entre outras situações. A propósito, observemos o quadro abaixo:

A MP x Art. 97 do CTN x Art. 146 da CF	
Art. 97. Somente a LEI pode estabelecer: I – a instituição de tributos, ou a sua extinção; II – a majoração de tributos, ou sua redução; III – a definição do FATO GERADOR da obrigação tributária principal e do seu SUJEITO PASSIVO (CONTRIBUINTE + RESPONSÁVEL); IV – a fixação de alíquota do tributo e da sua BASE DE CÁLCULO; V – a cominação de penalidades (dispensa e redução, por força do inciso VI); (...).	**Art. 146.** Cabe à LEI COMPLEMENTAR: III – estabelecer normas gerais em matéria de legislação tributária, especialmente sobre: a) definição de tributos e de suas espécies, bem como, em relação aos IMPOSTOS discriminados nesta Constituição, a dos respectivos FATOS GERADORES, BASES DE CÁLCULO e CONTRIBUINTES;

CONCLUSÃO: a MP poderá tratar de temas previstos no art. 97 do CTN, desde que não estejam previstos no art. 146, III, *a*, da CF. Daí ser admissível à MP a instituição e a extinção de tributos (menos os que demandam LC), a majoração e redução de tributos (menos os que demandam LC), o disciplinamento de alíquotas e a cominação de penalidades. De outra banda, será vedada a MP nos seguintes campos: estabelecimento de *normas gerais* sobre a definição de fatos geradores, bases de cálculo e contribuintes dos impostos.

Por fim, faz-se mister relembrar que o prazo de validade de uma MP passou a ser de 60 dias, com a EC n. 32/2001, admitida uma única prorrogação por mais 60 dias. Não havendo a conversão em lei, no prazo supracitado, a medida provisória perderá eficácia desde a origem, devendo os produzidos efeitos ser regulados por decreto legislativo do Congresso Nacional (art. 62, § 3º, da CF).

5.1.1.8. Decreto legislativo

O decreto legislativo é o decreto emanado do Congresso Nacional ao exercer sua competência.

Sua aprovação aproxima-se da lei ordinária, em que não há a necessidade de maioria absoluta para sua aprovação, porém o decreto legislativo não passa pelo crivo do Executivo, como ocorre com a primeira.

No âmbito do Direito Tributário, os decretos legislativos que mais importam são os da União, por serem os meios corretos para a aprovação de tratados, acordos e atos internacionais, conforme o disposto no art. 49, I, da CF.

5.1.1.9. Resolução

Trata-se de norma com força de lei, sendo resultante da deliberação do Congresso ou de uma de suas Casas, com processo de elaboração distinto da lei ordinária.

Em matéria tributária, têm importância as resoluções elaboradas pelo Senado Federal.

A Carta Magna prevê, em seu art. 52, que o Senado elaborará resolução, com propositura do Presidente da República, na imposição de limites globais para o a dívida consolidada da União, limites globais e condições para a dívida mobiliária dos Estados, DF e municípios, entre outros.

Por sua vez, o art. 155 da CF, em seu inc. IV, prevê a expedição de resolução pelo Senado nos seguintes casos:

a) estabelecimento das alíquotas de ICMS nas operações de circulação de mercadorias e serviços interestaduais e de exportação;

b) alíquotas mínimas de ICMS nas operações internas;

c) alíquotas máximas nas operações referidas acima, com o objetivo de resolução de conflito de interesse de Estados;

d) estabelecimento de alíquotas máximas de ITCMD;

e) fixação de alíquotas mínimas do IPVA.

5.1.1.10. Tratados e convenções internacionais

Os tratados objetivam evitar a dupla tributação internacional de forma que o sujeito passivo não se submeta a várias imposições.

Cabe ao Presidente da República celebrar tratados e sujeitá-los a referendo do Congresso, conforme indicado no art. 84 da CF. O referendo ocorre por meio de decreto-legislativo.

Em matéria de Direito Tributário, os tratados afetam, especialmente, os impostos de importação, exportação e IR.

O art. 98 do CTN dispõe que os tratados revogam a legislação interna e serão observados pela legislação superveniente.

O tratado possui caráter específico, ou seja, nos casos listados em seu teor, aplicar-se-ão os dispositivos do tratado, no lugar da legislação tributária nacional. Trata-se da aplicação do princípio da especialidade, que permite a coexistência de normas que tratam de mesma matéria, porém com eficácia distinta.

(2015/FCC/TCM-GO/Procurador do Ministério Público de Contas) Considere as seguintes situações:

I) Definição da base de cálculo de taxa de poder de polícia.

II) Fixação das alíquotas máximas e mínimas do ISSQN.

III) Aumento da alíquota do IPI, atendidas as condições e os limites estabelecidos em lei.

IV) Estabelecimento das alíquotas do ICMS aplicáveis às operações e prestações interestaduais.

V) Definição de contribuinte de imposto.

Com base no que dispõem a Constituição Federal e o Código Tributário Nacional, as situações acima descritas podem ser criadas, correta e respectivamente, por meio de

a) decreto; resolução do Senado Federal; lei ordinária; decreto; lei ordinária.
b) lei complementar; lei complementar; resolução do Senado Federal; resolução do Senado Federal; lei complementar.
c) lei ordinária; lei complementar; decreto; resolução do Senado Federal; lei complementar.
d) resolução do Senado Federal; lei ordinária; resolução do Senado Federal; lei ordinária; lei ordinária.
e) lei complementar; resolução do Senado Federal; lei ordinária; lei complementar; lei ordinária.

Resposta: C

Comentários: Conforme preceitua o CTN, art. 97: "Somente a lei pode estabelecer: IV – a afixação de alíquota do tributo e da sua base de cálculo". Assim, a definição da base de cálculo de taxa de poder de polícia será realizada pela lei ordinária.

Dita o art. 156, § 3.º, CF: "Em relação ao imposto previsto no inciso III do *caput* deste artigo, cabe à lei complementar: I – fixar as suas alíquotas máximas e mínimas". Assim, a fixação das alíquotas máximas e mínimas do ISSQN será realizada por meio de Lei Complementar.

Reza o art. 153, § 1.º: "É facultado ao Poder Executivo, atendidas as condições e os limites estabelecidos em lei, alterar as alíquotas dos impostos enumerados nos incisos I, II, IV (IPI) e V". Assim, a situação descrita no item III da questão, será realizada por meio de Decreto.

Já o item IV será por Resolução do Senado, conforme dispõe o art. 155, § 2.º, CF: "O imposto previsto no inciso II atenderá ao seguinte: IV – resolução do Senado Federal, de iniciativa do Presidente da República ou de um terço dos Senadores, aprovada pela maioria absoluta de seus membros, estabelecerá as alíquotas aplicáveis às operações e prestações, interestaduais e de exportação".

E, por fim, será por lei complementar a situação descrita no item V, conforme o art. 146: "Cabe à lei complementar: III – estabelecer normas gerais em matéria de legislação tributária, especialmente sobre: a) definição de tributos e de suas espécies, bem como, em relação aos impostos discriminados nesta Constituição, a dos respectivos fatos geradores, bases de cálculo e contribuintes".

5.1.2. Fontes formais secundárias do Direito Tributário

As fontes formais secundárias ou, em outras palavras, as normas complementares, previstas no art. 100 do CTN, têm a função de complementar os tratados, decretos e as leis. Constituem-se de fontes de menor porte, possuindo caráter instrumental e operacional.

São exemplos de normas complementares, previstos nos incs. I ao IV do art. 100 do CTN: atos normativos, decisões administrativas com eficácia normativa, práticas reiteradas das autoridades administrativas e convênios.

5.1.2.1. *Atos normativos*

São atos exarados pelos órgãos do Poder Executivo com o objetivo de possibilitar a aplicação da lei de forma reta, servindo de orientação aos contribuintes e de instrução aos servidores públicos.

Deve haver conformidade dos atos administrativos com a lei a que se refere, e seu descumprimento implica a imposição de sanções.

(2015/Funiversa/PC-DF/Delegado de Polícia) Com base no disposto no Código Tributário Nacional (CTN) acerca das normas gerais de direito tributário, assinale a alternativa correta.

a) A interpretação da lei tributária que defina infrações ou estabeleça penalidades deve proteger, em caso de dúvida quanto à capitulação legal do fato, o interesse da coletividade, de forma mais favorável ao fisco.

b) A lei tributária não poderá retroagir ou ser aplicada a ato pretérito que ainda não tenha sido definitivamente julgado, mesmo que o cometimento desse ato não seja mais definido como infração.

c) Os atos normativos expedidos pelas autoridades administrativas entram em vigor na data da sua publicação, salvo disposição em contrário.

d) A outorga de isenção, a suspensão ou exclusão do crédito tributário e a dispensa do cumprimento de obrigações tributárias acessórias devem ser interpretadas sistematicamente e, sempre que possível, de forma extensiva.

e) As decisões dos órgãos singulares ou coletivos no âmbito da jurisdição administrativa entrarão em vigor quarenta e cinco dias após a data da sua publicação quando a lei atribuir a elas eficácia normativa.

Resposta: C

Comentários: Para a letra A incorreta, o art. 112, CTN: "A lei tributária que define infrações, ou lhe comina penalidades, interpreta-se da maneira mais favorável ao acusado, em caso de dúvida quanto: I – à capitulação legal do fato".

Para a situação contida na letra B, incorreta, o art. 106: "A lei aplica-se a ato ou fato pretérito: II – tratando-se de ato não definitivamente julgado: a) quando deixe de defini-lo como infração".

A assertiva C está correta e encontra fundamento legal no art. 103: "Salvo disposição em contrário, entram em vigor: I – os atos administrativos a que se refere o inciso I do artigo 100, na data da sua publicação".

Para a assertiva D, incorreta, o art. 111: "Interpreta-se literalmente a legislação tributária que disponha sobre: I – suspensão ou exclusão do crédito tributário; II – outorga de isenção; III – dispensa do cumprimento de obrigações tributárias acessórias".

E, por último, para a assertiva E, incorreta, o art. 103: "Salvo disposição em contrário, entram em vigor: II – as decisões a que se refere o inciso II do artigo 100, quanto a seus efeitos normativos, 30 (trinta) dias após a data da sua publicação".

5.1.2.2. Decisões com eficácia normativa

Certas decisões da esfera administrativa podem vir a se revestir de eficácia de norma com observância obrigatória, quando a lei assim lhe conferir.

À semelhança do Poder Judiciário, existem entes julgadores dentro da esfera administrativa, possuindo, até mesmo, instâncias às quais se podem interpor recursos. Todavia, sabe-se que a decisão da última esfera administrativa não se constitui em coisa julgada material, sobressaindo o direito do contribuinte insatisfeito de recorrer ao Poder Judiciário.

O CTN discorre sobre as decisões a que a lei atribui eficácia normativa, ou seja, uma vez editada tal lei, as decisões aplicadas a caso singular passam a valer para todos os casos (efeito *erga omnes*).

5.1.2.3. Costumes

Os usos e costumes mencionados no art. 100 do CTN são aqueles afetos às práticas reiteradas da Administração e são classificados em:

a) introdutórios: introduzem uma conduta na ausência de lei;
b) ab-rogatórios: quando se considera revogada uma lei que tenha deixado de ser aplicada;
c) interpretativos: explicitam o sentido de uma lei.

No âmbito do Direito Tributário, somente podem ser observados os costumes interpretativos, pois cabe à lei instituir o tributo, sendo vedada ao costume a revogação de lei.

O costume é aplicado quando a Administração interpreta repetidamente uma norma jurídica de uma determinada forma, possibilitando ao contribuinte crer que, seguindo determinada orientação, estará agindo de modo recomendável. Isso o leva à conclusão de que a interpretação de determinada norma somente produzirá efeitos futuros.

5.1.2.4. Convênios

São acordos administrativos celebrados entre a União, Estados, Distrito Federal e Municípios, visando a execução de leis, serviços, decisões, entre outros.

Os convênios estarão sempre subordinados à lei, não sendo admissível que a revogue ou a desrespeite. Suas disposições se ligam a matérias da administração tributária, tais como a arrecadação e a fiscalização dos tributos.

A título de reforço, é prudente enaltecermos que os convênios do ICMS ocupam importante papel entre as fontes do Direito Tributário.

Embora sejam fontes primárias, os decretos e convênios interestaduais do ICMS não podem, em respeito ao princípio da legalidade tributária (art. 150, I, da CF e art. 97 do CTN), instituir ou majorar tributos, definir a hipótese de incidência da obrigação tributária principal, estipular o sujeito passivo, etc. Somente a lei pode versar sobre esses elementos, por força do princípio da estrita legalidade ou tipicidade fechada.

A propósito, em relação à exclusão do crédito tributário referente ao ICMS, a forma como serão concedidas e revogadas as isenções, os incentivos e os benefícios deverá ser regulamentada por lei complementar, conforme art. 155, § 2.º, XII, *g*, da CF. Tal lei (LC n.º 24/1975) dispõe que o Poder Executivo de cada Estado ratificará ou não o convênio do ICM, por meio de decreto. Uma vez ratificados, tais decretos se revestirão do caráter de fonte formal principal.

Ver STF: ADI n.º 4.481-2015 (ratificação da necessidade de convênios interestaduais para a instituição de benefícios fiscais relativos ao ICMS), ADI n.º 4.276/MT-2014 e ADI n.º 3.936/PR-2019.

5.1.2.5. Parágrafo único do art. 100 do CTN

Nos casos de revogação da norma administrativa complementar (portaria, circular, etc.), torna-se obrigatório o recolhimento do tributo, porém estão excluídos da cobrança os juros, a multa e a correção monetária.

Com efeito, não é lícito punir quem obedeceu ao comando de uma norma de entendimento dúbio, se tal erro foi causado pela Administração, cabendo a cobrança apenas do tributo, sem os acréscimos de juros, multa e correção monetária.

5.1.2.6. Doutrina e jurisprudência

A doutrina e a jurisprudência não se constituem fontes formais em matéria tributária.

A doutrina é o elemento para a compreensão do direito e é resultado da interpretação da lei e da pesquisa.

Por sua vez, a jurisprudência é o conjunto das decisões tomadas reiteradamente e de forma harmônica pelo Poder Judiciário.

A jurisprudência é relevante ao Direito Tributário, porquanto aclara as dúvidas com relação à aplicação do direito. No caso brasileiro, a jurisprudência se antecipou por variadas vezes ao legislador, buscando-se o aprimoramento de princípios e conceitos do Direito Tributário.

5.2. QUADROS-SÍNTESE DO CAPÍTULO

FONTES FORMAIS: o conjunto das normas no Direito tributário. Tais normas estão previstas no art. 96 do CTN, sob a titulação de legislação tributária, e são restritas à dogmática do direito.

Espécies	– Primárias; – Secundárias.
Fontes Primárias (Art. 96 do CTN)	– Leis em sentido amplo (Constituição Federal, emendas, leis complementares, leis ordinárias, medidas provisórias etc.); – Tratados e convenções internacionais; – Decretos.

FONTES FORMAIS: o conjunto das normas no Direito tributário. Tais normas estão previstas no art. 96 do CTN, sob a titulação de legislação tributária, e são restritas à dogmática do direito.

Fontes Secundárias (Art. 100 do CTN)	– Atos normativos expedidos pelas autoridades administrativas; – Decisões dos órgãos singulares ou coletivos de jurisdição administrativa; – Práticas reiteradamente observadas pelas autoridades administrativas; e – Convênios que entre si celebrem a União, os Estados, o Distrito Federal e os Municípios.

MATÉRIAS QUE EXIGEM REGULAMENTAÇÃO POR LEI COMPLEMENTAR
(Art. 146 da CF)

– Dispor sobre conflitos de competência, em matéria tributária, entre a União, os Estados, o DF e os Municípios;

– Regulamentação às limitações do poder de tributar;

– Estabelecimento de normas gerais em matéria de legislação tributária (definição de tributos e de suas espécies; obrigação, lançamento, crédito, prescrição e decadência etc.);

– Definição do tratamento diferenciado e favorecido para microempresas e para empresas de pequeno porte, inclusive regimes especiais ou simplificados para o caso do ICMS, da contribuição previdenciária e ao PIS.

MATÉRIAS QUE EXIGEM EXPEDIÇÃO DE RESOLUÇÃO DO SENADO
(Art. 155, IV, da CF)

– Estabelecimento das alíquotas de ICMS nas operações de circulação de mercadorias e serviços interestaduais e de exportação;

– Alíquotas mínimas de ICMS nas operações internas;

– Alíquotas máximas nas operações referidas acima, com o objetivo de resolução de conflito de interesse de Estados;

– Estabelecimento de alíquotas máximas de ITCMD;

– Fixação de alíquotas mínimas do IPVA.

5.3. QUESTÕES

1) **(2018/Cespe/DPE-PE/Defensor Público) Em matéria tributária, as medidas provisórias podem**

a) regular as limitações constitucionais ao poder de tributar.

b) estabelecer normas gerais a respeito da definição de tributos e de suas espécies.

Cap. 5 – FONTES DO DIREITO TRIBUTÁRIO

c) instituir empréstimos compulsórios em favor da União.

d) instituir ou majorar impostos.

e) dispor sobre conflitos de competência entre a União, os estados, o Distrito Federal e os municípios.

Resposta: D

2) **(2017/FMP Concursos/PGE-ACP/Procurador do Estado) Em matéria de direito constitucional tributário é CORRETO afirmar que**

a) a proibição de confisco é adstrita aos tributos em si, conforme a letra da constituição, e não abarca as multas sancionatórias.

b) o princípio da isonomia tributária não é corolário do princípio da igualdade, sendo aquele, em razão do caráter tributário, bem mais restrito, exigindo-se duas situações exatamente idênticas para a comparação.

c) a lei complementar tributária é hierarquicamente superior à lei ordinária tributária.

d) a lei tributária pode ser editada com o objetivo de prevenir distorções de concorrência mercadológica.

e) a Constituição Federal define perfeitamente cada tributo, não havendo espaço para o legislador infraconstitucional definir os tributos.

Resposta: D

3) **(2017/Cespe/DPE-AC/Defensor Público) Em matéria tributária, é facultado à lei ordinária**

a) alterar a base de cálculo de tributos.

b) majorar a alíquota de impostos, desde que observados os limites legais.

c) definir tratamento favorecido para as microempresas.

d) instituir empréstimos compulsórios, desde que observados os requisitos constitucionais.

e) dispor sobre conflito de competência entre os entes tributantes.

Resposta: B

4) **(2016/CS-UFG/Prefeitura de Goiânia-GO/Auditor de Tributos) Dentre as funções que competem à lei complementar destaca-se o seguinte:**

a) instituir as limitações ao poder de tributar.

b) introduzir os tratados internacionais em matéria tributária no ordenamento pátrio.

c) criar novas contribuições sociais para custeio da Seguridade Social.

d) aumentar as alíquotas do Imposto de Importação.

Resposta: C

5) **(2016/FCC/Prefeitura de Teresina-PI/Auditor-Fiscal da Receita Municipal) A Secretaria de Finanças de determinado Município brasileiro, necessitando de dar publicidade às normas complementares das leis e dos decretos emanados das autoridades municipais competentes, edita as referidas**

DIREITO TRIBUTÁRIO ESSENCIAL – *Eduardo Sabbag*

normas, denominadas Portarias, que são expedidas pelas autoridades administrativas dessa Secretaria. De acordo com o Código Tributário Nacional, essas Portarias entram em vigor

a) no primeiro dia do exercício seguinte ao de sua publicação, quando estiverem aumentando alíquota do IPTU.

b) quarenta e cinco dias após a data da sua publicação, salvo disposição de lei orgânica municipal em contrário.

c) na data de sua publicação, salvo disposição em contrário.

d) no primeiro dia do exercício seguinte ao de sua publicação, quando estiverem aumentando alíquota de tributo, e desde que observado o interregno de 90 dias entre a data da publicação do ato e o primeiro dia do exercício subsequente.

e) trinta dias após a data da sua publicação, salvo disposição de lei em contrário.

Resposta: C

6) **(2016/FCC/Prefeitura de Teresina-PI/Auditor-Fiscal da Receita Municipal) O Código Tributário Nacional traz disciplina a respeito das normas da legislação tributária em geral, normas essas que incluem os tratados internacionais. De acordo com esse Código, os tratados internacionais**

a) modificam, mas não revogam, a legislação tributária interna.

b) estabelecem a forma por meio da qual, mediante anuência do Senado Federal, as Fazendas Públicas da União, dos Estados e dos Municípios poderão disciplinar isenções de tributos federais, estaduais e municipais com Estados estrangeiros.

c) podem versar sobre obrigações acessórias, mas, no tocante às obrigações principais, não podem versar sobre matérias atinentes a taxas e contribuições em geral, inclusive sobre contribuição de melhoria.

d) admitem, como normas complementares a eles, os atos normativos expedidos pelas autoridades administrativas.

e) estão compreendidos na expressão "legislação tributária", definida no referido Código, enquanto as convenções internacionais não estão.

Resposta: D

7) **(2016/FCC/Prefeitura de Teresina-PI/Auditor-Fiscal da Receita Municipal) A Constituição Federal, em diversos de seus dispositivos, determina expressamente que o legislador federal edite normas jurídicas por meio de lei complementar, o que acontece, inclusive, em relação às normas de natureza tributária. De acordo com o texto constitucional, é necessário lei complementar federal para**

a) fixar as alíquotas mínimas do ISS.

b) instituir, no caso de guerra externa, impostos extraordinários, compreendidos ou não na competência tributária dos Municípios.

c) definir os fatos geradores das contribuições de melhoria.

d) definir a base de cálculo das taxas.

e) instituir o ISS, bem como definir os serviços sujeitos a esse imposto.

Resposta: A

Cap. 5 – FONTES DO DIREITO TRIBUTÁRIO

8) **(2015/FAURGS/TJ-RS/Outorga de Delegação de Serviços Notariais e Registrais) No que se refere à legislação tributária, assinale a alternativa que contém afirmativa correta.**

a) Leis expressamente interpretativas não podem ser aplicadas a atos ou fatos pretéritos se contrariarem orientação favorável aos contribuintes já firmada pelos Tribunais Superiores.

b) Os conceitos utilizados pela Constituição da República para outorgar competência impositiva podem ser alterados pelo legislador do ente político que a titularizar, dada a sua autonomia tributária e financeira.

c) O Código Tributário Nacional admite a utilização da analogia para a aplicação das hipóteses de incidência tributária a fatos juridicamente semelhantes àqueles por elas previstos, com vistas à promoção da igualdade.

d) O legislador ordinário pode estabelecer que multa tributária menos gravosa somente se aplique a fatos futuros.

Resposta: A

9) **(2015/Esaf/PGFN/Procurador da Fazenda Nacional) Assinale a opção correta sobre Interpretação e Integração da Legislação Tributária.**

a) Os princípios gerais de direito privado não podem ser utilizados para pesquisa da definição, do conteúdo e do alcance de seus institutos, conceitos e formas utilizados pela legislação tributária.

b) A lei tributária pode alterar a definição, o conteúdo e o alcance de institutos, conceitos e formas de direito privado.

c) Interpreta-se da maneira mais favorável ao acusado a legislação tributária que define infrações ou comine penalidades.

d) Somente a Constituição Federal, as Constituições dos Estados, ou as Leis Orgânicas do Distrito Federal ou dos Municípios podem alterar a definição, o conteúdo e o alcance de institutos, conceitos e formas de direito privado.

e) Salvo disposição expressa, interpreta-se literalmente a legislação tributária que disponha sobre parcelamento, ainda quando prevista em contrato, é sempre decorrente de lei e não extingue o crédito tributário.

Resposta: B

10) **(2015/FCC/TJ-RR/Juiz Substituto) O Código Tributário Nacional estabelece que, em caso de dúvida quanto à natureza ou às circunstâncias materiais do fato, ou à natureza ou extensão dos seus efeitos, deverá ser interpretada da maneira mais favorável ao acusado a lei tributária que**

a) outorga isenções.

b) cria obrigações acessórias para o sujeito passivo.

c) define o fato gerador do tributo.

d) define infrações.

e) fixa percentuais de juros de mora.

Resposta: D

6

Vigência, Aplicação, Interpretação e Integração da Legislação Tributária

6.1. VIGÊNCIA DA LEGISLAÇÃO TRIBUTÁRIA

Imperioso se faz tratar a respeito da vigência (ou eficácia) da norma jurídica, examinando-se sua validade e sua aplicação.

Averiguar a duração da norma e seu campo de incidência significa perceber que as regras jurídicas positivas não são universais nem eternas, mas específicas e com tempo de duração limitado.

6.1.1. Vigência da legislação tributária no tempo

No que diz respeito à vigência no tempo, ficam mantidas as disposições legais que delineiam a vigência das normas jurídicas em geral. Significa dizer que se aplica à legislação tributária a Lei de Introdução às Normas do Direito Brasileiro, ou seja, o instrumento normativo que estabelece as regras de vigência das leis em geral. E sua regra informa que "salvo disposição contrária, a lei começa a vigorar em todo o país quarenta e cinco dias depois de oficialmente publicada" (art. 1.º, *caput*, da LINDB).

Do artigo em epígrafe, infere-se que a própria lei pode trazer em seu bojo a data de início de sua vigência. Assim, a lei entra em vigor 45 dias depois de publicada, quando não trouxer a data de vigência de forma expressa em seu texto. Daí se falar que, no espaço de tempo decorrente entre a publicação da lei e sua vigência, há um período em que a lei existe, tem validade, mas não está, ainda, dotada de eficácia: trata-se da *vacatio legis*.

6.1.1.1. A vigência e o princípio da anterioridade tributária

Sabe-se que toda lei que criar ou majorar tributos terá sua eficácia submetida ao princípio da anterioridade, salvo as exceções constitucionalmente previstas (art. 150, § 1.º, da CF). Isso significa dizer que os gravames somente poderão ser cobrados a partir do 1.º dia do ano seguinte ao da publicação da lei (art. 150, III, *b*, da CF), além de respeitar o princípio da anterioridade nonagesimal (art. 150, III, *c*, da CF), o que representa um cristalino diferimento ou adiamento (isto é, postergação) da eficácia do tributo.

Repise-se que grande parte das leis tributárias mostra coincidência entre a data da publicação e a da vigência, o que significa dizer que muitas delas entram em vigor na data da própria publicação. Porém, vigência não deve ser confundida com eficácia. Esta só ocorre no ano subsecutivo ao ano daquela, quanto aos tributos em geral. Este é o teor do já estudado princípio da anterioridade tributária.

6.1.2. Vigência da legislação tributária no espaço

Toda regra jurídica é criada para viger em dado território: as leis de um país só valem dentro daquela nação; as leis estaduais só têm aplicação no território daquele Estado; as leis municipais só são aplicáveis dentro do respectivo território municipal.

Espacialmente, a legislação tributária está submetida ao *princípio da territorialidade*. Logo, a legislação tributária vale, em princípio, nos limites do território da pessoa jurídica que edita a norma. Entretanto, a norma pode, excepcionalmente, atingir contribuintes para além do campo territorial adstrito à União, ao Município, ao Distrito Federal ou ao Estado, como previsto no art. 102 do CTN.

No campo da vigência das normas, impende salientar que o art. 103 do CTN trata da data de vigência das chamadas "normas complementares". Determina que, salvo disposições em contrário, entram em vigor:

a) os atos normativos expedidos pelas autoridades administrativas, tais como portarias, ordens de serviço, instruções normativas e circulares, *na data da respectiva publicação*;

b) as decisões dos órgãos singulares ou coletivos de jurisdição administrativa, a que a lei atribua eficácia normativa, *30 dias após a data de sua publicação*;

c) os convênios que entre si celebrem a União, os Estados, o Distrito Federal e os Municípios, *na data neles prevista*. Perceba que o CTN, quanto aos convênios, não estabeleceu uma regra especial a ser utilizada na falta de previsão de data de vigência, devendo-se, para tanto, buscar solução no direito comum. Significa que, neste caso, a lacuna deve ser preenchida pela Lei de Introdução às Normas do Direito Brasileiro. Do exposto, estamos que o início de vigência do convênio deve ocorrer no prazo de 45 dias após sua publicação oficial.

O art. 104 do CTN, por sua vez, normatiza regra especial de vigência de algumas leis tributárias. Segundo o inc. I do indigitado comando, a criação ou majoração de impostos deve atender a uma regra especial de vigência, que coincide com o princípio da anterioridade tributária, havendo, portanto, harmonia entre a vigência e a eficácia da lei. Ao inc. II se aplica o mesmo raciocínio, desenvolvido no inc. anterior, ao disciplinar a definição de novas hipóteses de incidência, é dizer, novos fatos geradores, novas bases de cálculo, alíquotas, sujeitos passivos e a conversão de

Cap. 6 – VIGÊNCIA, APLICAÇÃO, INTERPRETAÇÃO E INTEGRAÇÃO DA LEGISLAÇÃO TRIBUTÁRIA

situações de não incidência em incidência. Finalmente, o inc. III se refere à extinção ou redução de isenção, que rompe, em face da lei revogatória, com a dispensa legal do pagamento do tributo.

A esse respeito, no entendimento do STF, a revogação de isenção tem caráter de majoração indireta, razão pela qual deve respeitar a anterioridade tributária (RE 564.225/RS). De acordo com a Corte, "promovido aumento indireto do Imposto Sobre Circulação de Mercadorias e Serviços – ICMS por meio da revogação de benefício fiscal, surge o dever de observância ao princípio da anterioridade, geral e nonagesimal, constante das alíneas 'b' e 'c' do inciso III do artigo 150 da Carta".

Dessa forma, percebe-se que a isenção por prazo indeterminado e a isenção "não onerosa", ou seja, uma ou outra podem ser revogadas, devendo-se observância ao princípio da anterioridade, como preceitua o inc. III do art. 104 do CTN, em completa harmonia com a jurisprudência dominante do STF, anteriormente citada.

Dito isso, somos da opinião de que o art. 104, III, do CTN não se compatibiliza com a Constituição de 1988, pelas razões supracitadas, em face de sua originária lapidação à luz da EC n.º 18/1965, segundo a qual se fez constar a estranha limitação apenas aos "impostos sobre o patrimônio e a renda", não se referindo aos "tributos em geral", conforme preceitua o hodierno postulado da anterioridade no art. 150, III, *b*, da CF, ressalvadas as exceções previstas no texto.

(2017/Vunesp/Prefeitura de São José dos Campos-SP/Procurador) As decisões dos órgãos singulares ou coletivos de jurisdição administrativa a que a lei atribua eficácia normativa são consideradas normas complementares das leis, dos tratados e convenções internacionais e dos decretos em matéria tributária. Acerca das referidas decisões, é correto afirmar que, quanto aos seus efeitos normativos, salvo disposição em contrário, entram em vigor

- **a)** na data de sua publicação.
- **b)** 30 dias após a sua publicação.
- **c)** na data nelas prevista.
- **d)** 45 dias após a sua publicação.
- **e)** a partir de 1° de janeiro do exercício seguinte ao que ocorra sua publicação.

Resposta: B

Comentários: CTN, Art. 100. São normas complementares das leis, dos tratados e das convenções internacionais e dos decretos:

> I – os atos normativos expedidos pelas autoridades administrativas;
>
> II – as decisões dos órgãos singulares ou coletivos de jurisdição administrativa, a que a lei atribua eficácia normativa;
>
> III – as práticas reiteradamente observadas pelas autoridades administrativas;
>
> IV – os convênios que entre si celebrem a União, os Estados, o Distrito Federal e os Municípios

DIREITO TRIBUTÁRIO ESSENCIAL – *Eduardo Sabbag*

Art. 103. Salvo disposição em contrário, entram em vigor:

I – os atos administrativos a que se refere o inciso I do artigo 100, na data da sua publicação;

II – as decisões a que se refere o inciso II do artigo 100, quanto a seus efeitos normativos, 30 (trinta) dias após a data da sua publicação;

III – os convênios a que se refere o inciso IV do artigo 100, na data neles prevista.

(2015/Funiversa/PC-DF/Delegado de Polícia) Com base no disposto no Código Tributário Nacional (CTN) acerca das normas gerais de direito tributário, assinale a alternativa correta.

a) A interpretação da lei tributária que defina infrações ou estabeleça penalidades deve proteger, em caso de dúvida quanto à capitulação legal do fato, o interesse da coletividade, de forma mais favorável ao fisco.

b) A lei tributária não poderá retroagir ou ser aplicada a ato pretérito que ainda não tenha sido definitivamente julgado, mesmo que o cometimento desse ato não seja mais definido como infração.

c) Os atos normativos expedidos pelas autoridades administrativas entram em vigor na data da sua publicação, salvo disposição em contrário.

d) A outorga de isenção, a suspensão ou exclusão do crédito tributário e a dispensa do cumprimento de obrigações tributárias acessórias devem ser interpretadas sistematicamente e, sempre que possível, de forma extensiva.

e) As decisões dos órgãos singulares ou coletivos no âmbito da jurisdição administrativa entrarão em vigor quarenta e cinco dias após a data da sua publicação quando a lei atribuir a elas eficácia normativa.

Resposta: C

Comentários: Para a letra A, incorreta, o art. 112, CTN: "A lei tributária que define infrações, ou lhe comina penalidades, interpreta-se da maneira mais favorável ao acusado, em caso de dúvida quanto: I – à capitulação legal do fato".

Para a situação contida na letra B, incorreta, o art. 106: "A lei aplica-se a ato ou fato pretérito: II – tratando-se de ato não definitivamente julgado: a) quando deixe de defini-lo como infração".

A assertiva C está correta e encontra fundamento legal no art. 103: "Salvo disposição em contrário, entram em vigor: I – os atos administrativos a que se refere o inciso I do artigo 100, na data da sua publicação".

Para a assertiva D, incorreta, o art. 111: "Interpreta-se literalmente a legislação tributária que disponha sobre: I – suspensão ou exclusão do crédito tributário; II – outorga de isenção; III – dispensa do cumprimento de obrigações tributárias acessórias".

E, por último, para a assertiva E, incorreta, o art. 103: "Salvo disposição em contrário, entram em vigor: II – as decisões a que se refere o inciso II do artigo 100, quanto a seus efeitos normativos, 30 (trinta) dias após a data da sua publicação".

Cap. 6 – VIGÊNCIA, APLICAÇÃO, INTERPRETAÇÃO E INTEGRAÇÃO DA LEGISLAÇÃO TRIBUTÁRIA

6.2. APLICAÇÃO DA LEGISLAÇÃO TRIBUTÁRIA

O CTN normatizou, em seus arts. 101 a 104, a vigência da legislação tributária e, nos arts. 105 e 106, a sua aplicação.

Inicialmente, "vigente" é a norma que está pronta para incidir e, em tese, "aplicável" é a lei que, por ser vigente à época do fato, já incidiu.

Em regra, uma lei só deve ser aplicada aos fatos posteriores ao início de sua vigência, atendendo-se ao princípio da irretroatividade tributária (art. 150, III, *a*, da CF). Entretanto, essa regra não é de todo absoluta, pois há leis que se aplicam a fatos pretéritos, quais sejam, leis de efeito retroativo (lei que oferta multa mais benéfica, por exemplo), conforme os incs. I e II do art. 106 do CTN.

Além disso, há fatos que se principiam sob a égide de uma lei e se concluem sob o manto de uma nova lei. Trata-se dos *fatos geradores pendentes*, a serem tratados no próximo tópico.

(2018/Vunesp/Prefeitura de Bauru-SP/Procurador Jurídico) No Diário Oficial municipal que circulou no dia 03 de janeiro de 2018, foi publicada lei municipal que modificou a data de recolhimento de ISS – Imposto sobre Serviços de Qualquer Natureza devido naquela localidade, antecipando o prazo de vencimento da obrigação tributária. O último dispositivo legal estabeleceu que a lei entraria em vigor na data de sua publicação. Essa lei

- **a)** não poderá produzir efeitos durante o exercício fiscal de 2018, em respeito ao princípio da anterioridade.
- **b)** poderá ter sua eficácia suspensa administrativa ou judicialmente, em respeito ao princípio da segurança jurídica.
- **c)** produzirá efeitos a partir da data de sua publicação, uma vez que o princípio da anterioridade não se aplica à norma legal que apenas altera o prazo de recolhimento da obrigação tributária.
- **d)** produzirá efeitos a partir da data de sua publicação, uma vez que o critério temporal de incidência tributária não se sujeita ao princípio da anterioridade, legalidade ou da confiança.
- **e)** produzirá efeitos a partir de 03 de abril de 2018, devendo observar o princípio da anterioridade nonagesimal.

Resposta: C

Comentários:

Súmula Vinculante 50, STF: Norma legal que altera o prazo de recolhimento de obrigação tributária não se sujeita ao princípio da anterioridade.

6.2.1. A aplicação da nova lei tributária aos fatos pendentes

De acordo com o art. 105 do CTN, a legislação nova aplica-se aos *fatos geradores pendentes*, ou seja, fatos que se principiam na vigência de uma legislação e se completam na vigência de outra legislação. Veja que a regra do art. 105 impõe um preceito constitucional (art. 150, III, *a*, da CF), que acaba por vedar o efeito retroativo da lei tributária.

Em outras palavras, os fatos geradores pendentes são aqueles cuja conclusão (consumação) implica uma sequência de atos, sequência essa que já teve início, mas ainda não se completou quando a lei entrou em vigor: uma primeira parte foi praticada sob a égide da lei velha, e uma segunda parte se aperfeiçoará sob o manto da lei nova. Isso ocorre, por exemplo, com impostos de fato gerador periódico, como o IPVA, cujo fato gerador se perfaz anualmente: durante o ano de sua ocorrência, o fato gerador desse imposto é pendente.

Frise-se, a nosso ver, que a lei tributária só se aplica efetivamente a fatos geradores futuros, pois o comentado *fato gerador pendente* não é senão uma possibilidade jurídica. Se a condição jamais ocorrer, não haverá se falar em fato gerador.

6.2.1.1. A análise do IR e o fato gerador complexivo à luz do princípio da irretroatividade

O STF concebe o princípio da irretroatividade pelo ângulo da definição legal do aspecto temporal da hipótese de incidência, e não pela ótica do fato econômico tributado. É a *retroatividade imprópria*, de todo condenável, mas admitida por aquela Corte, na qual não prevaleceu a "teoria do fato gerador complexivo", mas o entendimento de que o fato gerador do Imposto de Renda (IR) e da Contribuição Social sobre o Lucro Líquido (CSLL) nasce no último dia do exercício social, quando acontece o levantamento do balanço social das empresas (STF, RE 194.612).

Ver STF: RE 211.446.

6.2.2. A retroatividade da lei tributária

O art. 106 do CTN dispõe que subsistem duas exceções à regra geral de irretroatividade da aplicação da legislação tributária: (I) no caso de lei interpretativa e (II) no caso de lei mais benéfica.

A lei expressamente interpretativa, em regra, interpreta outra lei, vigente antes da ocorrência do fato gerador. O alvo da lei interpretativa é a norma obscura, dúbia, que demanda uma análise explicitativa, a fim de que o seu sentido se torne claro.

Assim, a lei interpretativa não pode inovar, mas apenas interpretar uma norma já existente, fulminando a dúvida oriunda do preceptivo anterior.

Diz-se, com justiça, que, se dúvida persistia, e tanto persistia que o próprio legislador decidiu editar nova norma para dirimir as ambiguidades existentes no texto interpretado, não se pode punir quem se comportou dessa ou daquela forma, entre aquelas admitidas como corretas, em face do texto antigo. Daí a exclusão das penalidades, prevista na parte final do inc. I do art. 106 do CTN.

Veja que, conforme dispõe o art. 106, II, do CTN, a retroatividade da lei tributária só tem certificação para beneficiar o contribuinte, até porque a retroação prejudicial (*lex gravior*) é constitucionalmente vedada (art. 5.º, XXXVI, da CF).

Cap. 6 – VIGÊNCIA, APLICAÇÃO, INTERPRETAÇÃO E INTEGRAÇÃO DA LEGISLAÇÃO TRIBUTÁRIA

A nosso ver, os sentidos das alíneas *a* e *b* do inc. II do art. 106 do CTN são similares. No que se refere à alínea *c*, ocorre o fenômeno da retroação benéfica da multa ou aplicação do princípio da benignidade, pelo qual fica permitida a aplicação retroativa de uma lei a um fato gerador anterior, se a multa prevista na lei nova for inferior àquela prevista na lei do momento do fato gerador. A aplicação "retroativa" da lei tributária atende aos mesmos princípios subjacentes ao Direito Penal, repisando que, para todas as alíneas do inc. II, o ato não deve estar definitivamente julgado.

O postulado da irretroatividade tributária, com respaldo constitucional, encontra guarida no art. 144, *caput*, do CTN. Entretanto, a lei nova que cuida de formalidades ou aspectos formais, inábil a modificar, instituir ou extinguir direitos materiais (definição de sujeito passivo, de hipótese de incidência, do valor da dívida etc.) será aplicada retroativamente, afastando-se o *caput* do art. 144 do CTN, conforme o § 1.º deste mesmo artigo.

Já o § 2.º exterioriza que, à semelhança do parágrafo anterior, afastada estará a aplicação do *caput* do comando em tela, isto é, o próprio princípio da irretroatividade tributária. Trata-se da situação limitada aos gravames lançados por período certo de tempo ou com fatos geradores periódicos (IPTU, IPVA, ITR). Para esses tributos, a lei pode, por meio de uma ficção jurídica, definir um momento específico de ocorrência do fato gerador, devendo ser aplicada a legislação corrente naquele momento predeterminado, e não aquela vigente no momento da ocorrência do fato gerador. É o que preceitua o § 2.º do art. 144 do CTN.

6.3. INTERPRETAÇÃO DA LEGISLAÇÃO TRIBUTÁRIA

A interpretação da lei resulta de trabalho investigativo que busca traduzir seu pensamento, sua dicção e seu sentido. É o ato de decodificar o pensamento do legislador, questionando a razão que animou suas ideias quando da edição do instrumento normativo.

Na interpretação da legislação tributária, necessita o exegeta agir com parcimônia, sem desatender os postulados que norteiam um trabalho exegético, tais como: (i) se a lei não tratar diversamente, o intérprete deve evitar qualquer distinção; (ii) as leis excepcionais e as especiais devem ser interpretadas de maneira restrita; (iii) não se há de descurar, no texto legal, do lugar (topografia) no qual está colocado o dispositivo, cujo entendimento é objetivado com a interpretação.

Vejamos agora a diferença entre "lei" e "legislação", nos termos do art. 96 do CTN: "A expressão 'legislação tributária' compreende as leis, os tratados e as convenções internacionais, os decretos e as normas complementares que versem, no todo ou em parte, sobre tributos e relações jurídicas a eles pertinentes".

Ao longo do CTN, enquanto a palavra "lei" é empregada em sentido restrito, a palavra "legislação" tem o significado abrangente.

A interpretação é mecanismo exegético que busca desanuviar não meramente a "lei", mas a "legislação", como se verifica no art. 107 do CTN: "A legislação tributária será interpretada conforme o disposto neste capítulo".

DIREITO TRIBUTÁRIO ESSENCIAL – *Eduardo Sabbag*

O conhecimento das normas jurídicas deve ser almejado por meio de um sistema interpretativo integrado, hábil a permitir ao exegeta o real alcance da norma, a partir de uma análise heterodoxa, que atinja os sentidos literal, histórico, teleológico e sistemático da norma.

A interpretação de uma lei pode ser obtida de várias maneiras, conforme se dê preferência a um aspecto em detrimento de outro, a saber: a) a fonte; b) os meios adequados para sua exegese; c) os resultados da exegese.

No que se refere à *fonte da lei*, a interpretação pode ser autêntica, jurisprudencial ou doutrinária.

Quanto aos *meios adequados para a realização da exegese*, a interpretação poderá se pautar em vários métodos adequados ao exercício de descoberta da norma, apresentando aspectos de cunho gramatical, histórico ou teleológico. O intérprete é livre para sua utilização de forma isolada ou global, sucessivo ou simultâneo. Da doutrina e da jurisprudência exteriorizam-se preciosos critérios exegéticos, como o método gramatical, o método lógico, o método histórico, o método teleológico e o método sistemático.

No que tange aos *resultados da exegese*, a interpretação pode ser declarativa, extensiva ou ampliativa, restritiva ou literal.

Estudaremos, a seguir, algumas formas e maneiras de interpretação.

6.3.1. Utilização de princípios gerais do Direito Privado

"Os princípios gerais de direito privado utilizam-se para pesquisa da definição, do conteúdo e do alcance de seus institutos, conceitos e formas, mas não para definição dos respectivos efeitos tributários". Essa é a redação encontrada no art. 109 do CTN, dando-se a entender que a lei tributária pode se utilizar de conceitos oriundos de outras áreas do Direito Privado, sem os explicar, para fins de definição, elucidação de conteúdo e do alcance de seus institutos, conceitos e formas. No entanto, o dispositivo deve ser assim interpretado:

> Os princípios gerais de direito privado utilizam-se para pesquisa da definição, do conteúdo e do alcance de seus institutos, conceitos e formas do próprio direito privado, mas não para definição dos efeitos tributários com eles relacionados.

Significa dizer que os atos jurídicos praticados pelo contribuinte, referentes a institutos do Direito Privado (por exemplo, a doação de bens, o que é, aliás, alvo do ITCMD), serão conceituados pelo próprio Direito Privado, mas os efeitos tributários ligados ao instituto serão oriundos tão somente da lei tributária. Logo, o mencionado artigo traz à colação a adequada relação entre o Direito Tributário e o Direito Privado (Civil e Comercial), demonstrando a viabilidade do diálogo entre os princípios, atendidas as limitações previstas em seu núcleo.

A comunicabilidade é de tamanha importância que o art. 116 do CTN, no parágrafo único, veio dar a ela um *status* diferenciado, ao estabelecer que a "autoridade

Cap. 6 – VIGÊNCIA, APLICAÇÃO, INTERPRETAÇÃO E INTEGRAÇÃO DA LEGISLAÇÃO TRIBUTÁRIA

administrativa poderá desconsiderar atos ou negócios jurídicos praticados com a finalidade de dissimular a ocorrência do fato gerador do tributo ou a natureza dos elementos constitutivos da obrigação tributária, observados os procedimentos a serem estabelecidos em lei ordinária".

Como se vê, fica autorizado ao Fisco averiguar a forma jurídica usada – até porque não é vinculante –, confrontando-a com a essência econômica do ato (art. 109, parte final, do CTN). Uma possível discrepância pode levar a autoridade administrativa a desconsiderar o ato ou o negócio jurídico realizado.

O art. 110 do CTN dispõe sobre o atendimento pelo intérprete da hierarquia das leis, não sendo da competência do legislador ordinário a alteração de um conceito oriundo da Constituição. Portanto, se a Constituição Federal menciona "mercadoria", ao delinear a competência dos Estados e Distrito Federal para criar e exigir o ICMS, o conceito de mercadoria não poderá ser alterado com o fito de burlar a regra constitucional da competência tributária.

6.3.2. Interpretação literal

O art. 111 do CTN versa sobre as hipóteses de interpretação literal. Note-o: "Interpreta-se literalmente a legislação tributária que disponha sobre: I – suspensão ou exclusão do crédito tributário; II – outorga de isenção; III – dispensa do cumprimento de obrigações tributárias acessórias".

A interpretação literal nos leva à aplicação do método "restritivo" de exegese. Vale relembrar que tal método hermenêutico é contrário à interpretação ampliativa, não se permitindo a incidência da lei "além" da fórmula ou hipótese expressas em seu bojo.

Quanto às possibilidades descritas no dispositivo, fácil é perceber sua lógica. Nota-se que a "regra" não é o descumprimento de obrigações acessórias, nem a isenção concedida, nem mesmo a exclusão ou suspensão do crédito tributário. Pelo contrário, o que se quer é o cumprimento de obrigações, o pagamento do tributo e a extinção do crédito, mediante pagamento ou outra modalidade extintiva. Assim, vislumbra-se o porquê da interpretação literal nas situações descritas, dotadas de excepcionalidade, que colocam em xeque a "ordem natural" do fenômeno tributacional interpretado. Ver STF: RE 651.703.

6.3.3. Interpretação benigna

O art. 112 do CTN versa sobre as hipóteses de interpretação benigna. Note-o: "A lei tributária que define infrações, ou lhe comina penalidades, interpreta-se da maneira mais favorável ao acusado, em caso de dúvida quanto: I – à capitulação legal do fato; II – à natureza ou às circunstâncias materiais do fato, ou à natureza ou extensão dos seus efeitos; III – à autoria, imputabilidade ou punibilidade; IV – à natureza da penalidade aplicável ou à sua graduação".

Tal preceptivo designa a aplicação de um preceito de natureza penal – *in dubio pro reo* – na seara do Direito Tributário. É a "retroatividade benigna", que faz menção à "dúvida", jamais à "ignorância ou desconhecimento" da lei, fato ou autor. Diante da

DIREITO TRIBUTÁRIO ESSENCIAL – *Eduardo Sabbag*

menor dúvida acerca das hipóteses citadas, não se deve aplicar a punição, mas a interpretação mais favorável.

6.4. INTEGRAÇÃO DA LEGISLAÇÃO TRIBUTÁRIA

O art. 108 do CTN versa sobre as hipóteses de integração da legislação tributária. Note-o: "Na ausência de disposição expressa, a autoridade competente para aplicar a legislação tributária utilizará sucessivamente, na ordem indicada: I – a analogia; II – os princípios gerais do direito tributário; III – os princípios gerais de direito público; IV – a equidade".

É notório que o papel do intérprete não fica restrito ao de aclarar a norma jurídica, principalmente em momentos em que ela inexiste, no âmbito de uma situação lacunosa. Nesse caso, deve o intérprete se valer da integração da norma, para fins de preenchimento do vazio legal existente. A propósito, o legislador tratou normativamente do tema:

> Art. 4.º da LINDB: "Quando a lei for omissa, o juiz decidirá o caso de acordo com a analogia, os costumes e os princípios gerais do direito".
> Art. 140 do CPC/2015: "O juiz não se exime de decidir sob a alegação de lacuna ou obscuridade do ordenamento jurídico".

Segundo o art. 108 do CTN, verifica-se que há uma ordem de preferência a ser seguida no uso dos meios ou instrumentos de integração. Memorize-a:

1.º Analogia
2.º Princípios Gerais do Direito Tributário
3.º Princípios Gerais do Direito Público
4.º Equidade

Por fim, frise-se que o emprego da analogia não poderá resultar na exigência de tributo não previsto em lei (art. 108, § 1.º), enquanto o emprego da equidade não poderá resultar na dispensa do pagamento de tributo devido (art. 108, § 2.º).

6.4.1. Analogia

Analogia é forma de integração legal por comparação entre casos similares ou análogos, ou seja, aplica-se o método analógico pela semelhança de situações. A analogia objetiva acobertar as lacunas legais, na tentativa de regular, de maneira semelhante, os fatos semelhantes.

O emprego da analogia não pode resultar na exigência de tributo não previsto em lei, diante da pujança do princípio da legalidade da tributação. Tem-se, portanto, como limite à integração analógica, a proibição de que do seu emprego resulte a exigência de tributo não previsto em lei.

Em Direito Tributário, só se admite a possibilidade da analogia *in favorem* ou "analogia no campo do direito tributário formal ou procedimental", ou seja, não se

Cap. 6 – VIGÊNCIA, APLICAÇÃO, INTERPRETAÇÃO E INTEGRAÇÃO DA LEGISLAÇÃO TRIBUTÁRIA

aplica em relação aos elementos constitutivos da obrigação tributária, componentes taxativos da lei, sob pena de ferir o princípio da legalidade tributária.

6.4.2. Princípios gerais de Direito Tributário

Caso seja infrutífera a utilização do recurso analógico, o intérprete deve utilizar, de maneira imediata e sucessiva, conforme o inc. II do art. 108 do CTN, os princípios gerais de Direito Tributário.

No que tange à matéria, a Constituição prevê expressamente diversos princípios, estudados no Capítulo I deste livro (arts. 150 e 151 da CF).

6.4.3. Princípios gerais de Direito Público

Na seara hermenêutica, não sendo encontrada a resolução para o caso, após as tentativas iniciais ao recurso analógico e aos princípios gerais do Direito Tributário, o intérprete deve se socorrer dos princípios gerais do Direito Público. Busca-se larguear a área de busca, tentando-se preencher o campo de investigação, objeto de lacuna, por meio dos balizamentos principiológicos do Direito Constitucional, do Direito Administrativo, do Direito Penal e outros. São exemplos de princípios gerais do Direito Público o princípio da ampla defesa e do contraditório, o princípio da moralidade administrativa, o princípio da presunção de inocência, entre outros.

São exemplos de máximas oriundas de Princípios Gerais do Direito Público:

a) "a Constituição, quando quer os fins, concede igualmente os meios adequados";

b) "quem pode o mais, geralmente, pode o menos";

c) "o todo explica as partes";

d) "as exceções são restritas";

E, ainda, alguns princípios utilizados:

e) Princípio da Ampla Defesa e do Contraditório;

f) Princípio da Moralidade Administrativa;

g) Princípio da Presunção de Inocência; etc.

6.4.4. Equidade

A equidade é a mitigação do rigor da lei. Por ela se faz um abrandamento legal no intuito de realizar a sua adequação ao caso concreto. A equidade permite que se humanize a aplicação da norma e se utilize o critério de "justiça ao caso concreto", pautando-se o aplicador da lei pelo "senso geral de justiça". O vocábulo indica o conjunto de princípios imutáveis de justiça que levam o juiz a um critério de moderação e de igualdade.

Sendo a lei omissa e não tendo sido encontrado nenhum modo de solução para o caso na analogia, nos princípios gerais de Direito Tributário, nem nos princípios gerais

DIREITO TRIBUTÁRIO ESSENCIAL – *Eduardo Sabbag*

de Direito Público, a resolução da questão passará pelo caminho mais benevolente, mais humano, mais suave. A solução há de ser ditada pela equidade, buscando-se retificar as distorções decorrentes da generalidade e da abstração das leis.

Como é cediço, o emprego da equidade não pode, de forma nenhuma, implicar dispensa do tributo (art. 108, § 2.º, do CTN). Com efeito, se o gravame é instituído por lei, e não por recurso analógico, a sua dispensa, da mesma maneira, deve estar ligada à lei, em abono ao princípio da estrita legalidade. A propósito, quando se fala em dispensa de tributo, vêm à tona os institutos da isenção (art. 175, I, do CTN) e o da remissão (art. 156, IV, do CTN), ambos representantes de dispensas legais, que observam o princípio da legalidade. Assim, os preceptivos, aparentemente antagônicos, denotam harmonia em seus conteúdos, devendo ambos serem analisados conjuntamente, pois o que se objetiva é desestimular a dispensa de gravame com base na equidade, marginalizando-se o elemento fundante do favor, qual seja, a lei.

6.5. QUADROS-SÍNTESE DO CAPÍTULO

VIGÊNCIA DA LEGISLAÇÃO TRIBUTÁRIA	
No Tempo	Valem as disposições legais que delineiam a vigência das normas jurídicas em geral: a lei começa a vigorar 45 dias depois de oficialmente publicada, ou na data de vigência expressa em seu texto (art. 1.º da LINDB). Obs.: princípio da anterioridade tributária: vigência não deve ser confundida com eficácia. Esta só ocorre no ano subsecutivo ao ano daquela, quanto aos tributos em geral.
No Espaço	Está submetida ao *princípio da territorialidade*. Logo, a legislação tributária vale, em princípio, nos limites do território da pessoa jurídica que edita a norma.
Vigência das "Normas Complementares" (Art. 103 do CTN)	Entram em vigor: – os atos normativos expedidos pelas autoridades administrativas, tais como portarias, ordens de serviço, instruções normativas e circulares, na data da respectiva publicação; – as decisões dos órgãos singulares ou coletivos de jurisdição administrativa, a que a lei atribua eficácia normativa, 30 dias após a data de sua publicação; – os convênios que entre si celebrem a União, os Estados, o Distrito Federal e os Municípios, na data neles prevista.
Convênios	Não há regra especial. Aplica-se a Lei de Introdução às Normas do Direito Brasileiro: início de vigência do convênio deve ocorrer no prazo de 45 dias após sua publicação oficial.
Regra Especial de Vigência de Algumas Leis Tributárias (Art. 104 do CTN)	Entram em vigor no primeiro dia do exercício seguinte àquele em que ocorra a sua publicação os dispositivos de lei, referentes a impostos sobre o patrimônio ou a renda: – que instituem ou majoram tais impostos; – que definem novas hipóteses de incidência; – que extinguem ou reduzem isenções, salvo se a lei dispuser de maneira mais favorável ao contribuinte, e observado o disposto no artigo 178.
Revogação de Isenção	Por se tratar de majoração indireta, há necessidade de observância do princípio da anterioridade (STF, RE 564.225/RS).

Cap. 6 – VIGÊNCIA, APLICAÇÃO, INTERPRETAÇÃO E INTEGRAÇÃO DA LEGISLAÇÃO TRIBUTÁRIA · 135

APLICAÇÃO DA LEGISLAÇÃO TRIBUTÁRIA: "vigente" é a norma que está pronta para incidir e, em tese, "aplicável" é a lei que, por ser vigente à época do fato, já incidiu.

Regra	Uma lei só deve ser aplicada aos fatos posteriores ao início de sua vigência, atendendo-se ao princípio da irretroatividade tributária (art. 150, III, *a*, da CF).
Exceções	– Leis de efeito retroativo: aquelas que se aplicam a fatos pretéritos (lei que oferta multa mais benéfica, por exemplo), conforme os incs. I e II do art. 106 do CTN. – Fatos geradores pendentes: aqueles que se principiam sob a égide de uma lei e se concluem sob o manto de uma nova lei. Ex.: impostos de fato gerador periódico, como o IPVA, cujo fato gerador se perfaz anualmente: durante o ano de sua ocorrência, o fato gerador desse imposto é pendente.
Retroatividade (Art. 106 do CTN)	– no caso de lei interpretativa; – no caso de lei mais benéfica.

INTERPRETAÇÃO DA LEGISLAÇÃO TRIBUTÁRIA: a interpretação da lei resulta de trabalho investigativo que busca traduzir seu pensamento, sua dicção e seu sentido. A legislação tributária será interpretada conforme o art. 107 do CTN.

Postulados que Norteiam o Trabalho Exegético	– se a lei não tratar diversamente, o intérprete deve evitar qualquer distinção; – as leis excepcionais e as especiais devem ser interpretadas de maneira restrita; – não se há de descurar, no texto legal, do lugar (topografia) no qual está colocado o dispositivo, cujo entendimento é objetivado com a interpretação.
Legislação Tributária (Art. 96 do CTN)	Compreende as leis, os tratados e as convenções internacionais, os decretos e as normas complementares que versem, no todo ou em parte, sobre tributos e relações jurídicas a eles pertinentes.

CLASSIFICAÇÃO DA INTERPRETAÇÃO QUANTO À/AOS	
Fonte da Lei	Autêntica, jurisprudencial ou doutrinária.
Meios Adequados para a Realização da Exegese	Gramatical, histórico ou teleológico. Obs.: Da doutrina e da jurisprudência exteriorizam-se preciosos critérios exegéticos, como os métodos gramatical, lógico, histórico, teleológico e o sistemático.
Resultados da Exegese	Declarativa, extensiva ou ampliativa, restritiva ou literal.

ATENÇÃO	
Princípios Gerais do Direito Privado	Utilizam-se para pesquisa da definição, do conteúdo e do alcance de seus institutos, conceitos e formas do próprio direito privado, mas não para definição dos efeitos tributários com eles relacionados.
Interpretação Literal (Art. 111 do CTN)	Hipóteses: – suspensão ou exclusão do crédito tributário; – outorga de isenção; – dispensa do cumprimento de obrigações tributárias acessórias.

Interpretação Benigna (Art. 112 do CTN)	A lei tributária que define infrações, ou lhe comina penalidades, interpreta-se da maneira mais favorável ao acusado, em caso de dúvida quanto: – à capitulação legal do fato; – à natureza ou às circunstâncias materiais do fato, ou à natureza ou extensão dos seus efeitos; – à autoria, imputabilidade, ou punibilidade; – à natureza da penalidade aplicável ou à sua graduação.

INTEGRAÇÃO DA LEGISLAÇÃO TRIBUTÁRIA: o papel do intérprete não fica restrito ao de aclarar a norma jurídica, principalmente em momentos em que ela inexiste, no âmbito de uma situação lacunosa. Nesse caso, deve o intérprete se valer da integração da norma, para fins de preenchimento do vazio legal existente.

Previsão legal (Art. 108 do CTN)	Na ausência de disposição expressa, a autoridade competente para aplicar a legislação tributária utilizará sucessivamente, na ordem indicada: – a analogia; – os princípios gerais do direito tributário; – os princípios gerais de direito público; – a equidade.
Atenção	– o emprego da analogia não poderá resultar na exigência de tributo não previsto em lei (art. 108, § 1.º); – só se admite a possibilidade da analogia *in favorem* ou "analogia no campo do direito tributário formal ou procedimental"; – não se aplica a analogia em relação aos elementos constitutivos da obrigação tributária, componentes taxativos da lei, sob pena de ferir o princípio da legalidade tributária; – o emprego da equidade não poderá resultar na dispensa do pagamento de tributo devido (art. 108, § 2.º).

6.6. QUESTÕES

1) **(2019/Vunesp/TJ-AC/Juiz de Direito Substituto) Assinale a alternativa correta quanto às regras de interpretação da legislação tributária.**

   a) O emprego da equidade poderá resultar na dispensa do pagamento de tributo devido, desde que no curso de fiscalização.

   b) O emprego da analogia poderá resultar na exigência de tributo não previsto em lei, observado o princípio da anterioridade.

   c) Os princípios gerais de direito privado utilizam-se para pesquisa da definição de seus institutos, conceitos e formas e para definição dos respectivos efeitos tributários.

   d) A lei tributária não pode alterar a definição, o conteúdo e o alcance de institutos de direito privado, utilizados, expressa ou implicitamente, pela Constituição Federal.

   Resposta: D

2) **(2018/FCC/MPE-PB/FCC/Promotor de Justiça Substituto) O art. 3º do Código Tributário Nacional estabelece que *tributo é toda prestação pecuniária compulsória, em moeda ou cujo valor nela se possa exprimir, que não constitua***

Cap. 6 – VIGÊNCIA, APLICAÇÃO, INTERPRETAÇÃO E INTEGRAÇÃO DA LEGISLAÇÃO TRIBUTÁRIA

sanção de ato ilícito, instituída em lei e cobrada mediante atividade administrativa plenamente vinculada. Desta definição de tributo, infere-se, por via indireta, que as penalidades, que representam sanção por ato ilícito, não se classificam como tributos. Não obstante isso, o mesmo CTN alberga diversas regras concernentes às penalidades, notadamente às penalidades pecuniárias. De acordo com este Código,

a) a cominação de penalidades para as ações ou omissões contrárias a dispositivos legais devem obedecer ao princípio da legalidade, da anterioridade nonagesimal (noventena), mas não da anterioridade anual.

b) quando lei nova cominar penalidade menos severa que a prevista na lei vigente ao tempo da prática infracional, esta lei nova será aplicada, sempre, ao ato ou fato pretérito.

c) a observância das normas complementares das leis, dos tratados e das convenções internacionais e dos decretos exclui a imposição de penalidades, a cobrança de juros de mora e a atualização do valor monetário da base de cálculo do tributo.

d) a lei tributária que comina penalidades deve ser interpretada, sempre, de maneira mais favorável ao acusado considerado legalmente pobre, no que diz respeito à dosimetria da pena atribuída a ele, e quanto à natureza ou às circunstâncias materiais do fato.

e) quando se comprove ação ou omissão do sujeito passivo que dê lugar à aplicação de penalidade pecuniária, o lançamento será efetuado de ofício, pela autoridade administrativa, ou por homologação, como acontece no lançamento do ICMS.

Resposta: C

3) **(2018/Vunesp/Câmara de Campo Limpo Paulista-SP/ Procurador Jurídico) Conforme determina o Código Tributário Nacional, na ausência de disposição expressa, a autoridade competente para aplicar a legislação tributária utilizará sucessivamente, na ordem indicada:**

a) a analogia; os princípios gerais de direito público; os princípios gerais de direito tributário; e a equidade.

b) os princípios gerais de direito público; os princípios gerais de direito tributário; a analogia; e a equidade.

c) os princípios gerais de direito tributário; os princípios gerais de direito público; a equidade; e a analogia.

d) a analogia; os princípios gerais de direito tributário; os princípios gerais de direito público; e a equidade.

e) a analogia; a equidade; os princípios gerais de direito tributário; e os princípios gerais de direito público.

Resposta: D

4) **(2018/FCC/MPE-PB/Promotor de Justiça Substituto) O art. 3º do Código Tributário Nacional estabelece que *tributo é toda prestação pecuniária compulsória, em moeda ou cujo valor nela se possa exprimir, que não cons-***

titua sanção de ato ilícito, instituída em lei e cobrada mediante atividade administrativa plenamente vinculada. **Desta definição de tributo, infere--se, por via indireta, que as penalidades, que representam sanção por ato ilícito, não se classificam como tributos. Não obstante isso, o mesmo CTN alberga diversas regras concernentes às penalidades, notadamente às penalidades pecuniárias. De acordo com este Código,**

a) a cominação de penalidades para as ações ou omissões contrárias a dispositivos legais devem obedecer ao princípio da legalidade, da anterioridade nonagesimal (noventena), mas não da anterioridade anual.

b) quando lei nova cominar penalidade menos severa que a prevista na lei vigente ao tempo da prática infracional, esta lei nova será aplicada, sempre, ao ato ou fato pretérito.

c) a observância das normas complementares das leis, dos tratados e das convenções internacionais e dos decretos exclui a imposição de penalidades, a cobrança de juros de mora e a atualização do valor monetário da base de cálculo do tributo.

d) a lei tributária que comina penalidades deve ser interpretada, sempre, de maneira mais favorável ao acusado considerado legalmente pobre, no que diz respeito à dosimetria da pena atribuída a ele, e quanto à natureza ou às circunstâncias materiais do fato.

e) quando se comprove ação ou omissão do sujeito passivo que dê lugar à aplicação de penalidade pecuniária, o lançamento será efetuado de ofício, pela autoridade administrativa, ou por homologação, como acontece no lançamento do ICMS.

Resposta: C

5) **(2018/FCC/PGE-AP/Procurador do Estado) O Código Tributário Nacional contempla uma regra geral atinente à contagem de prazos, que está inserida em dispositivo específico de suas "Disposições Finais e Transitórias", regra esta que determina que os prazos sejam contínuos, excluindo-se, na sua contagem, o dia de início e incluindo-se o de vencimento. De acordo com o CTN, esta regra é aplicável**

a) apenas aos prazos fixados no próprio CTN, salvo disposição de lei em contrário.

b) apenas aos prazos fixados na legislação tributária.

c) tanto aos prazos fixados no próprio CTN, como na legislação tributária em geral.

d) apenas aos prazos fixados na legislação tributária, salvo disposição de lei em contrário.

e) apenas aos prazos fixados no próprio CTN.

Resposta: C

6) **(2017/Consulplan/TJ-MG/Titular de Serviços de Notas e de Registros) Sobre a interpretação e integração da legislação tributária, assinale a afirmativa correta:**

a) Interpreta-se analogicamente a legislação tributária que disponha sobre a suspensão ou exclusão do crédito tributário, a outorga de isenção e a dispensa do cumprimento de obrigações tributárias acessórias.

Cap. 6 – VIGÊNCIA, APLICAÇÃO, INTERPRETAÇÃO E INTEGRAÇÃO DA LEGISLAÇÃO TRIBUTÁRIA

b) Relativamente às normas tributárias que definem infrações e penalidades não se aplica o princípio da retroatividade benigna.

c) Na integração da legislação tributária, a autoridade competente pode eleger, dentre as modalidades de integração, aquela que se mostre mais adequada para a solução dos casos concretos para os quais não haja disposição reguladora expressa.

d) A lei tributária pode alterar determinado conceito oriundo do direito privado, dando-lhe certa peculiaridade, restringindo-lhe ou ampliando-lhe o alcance, desde que não tenha sido adotado pela Constituição Federal para delimitar a competência tributária.

Resposta: D

7) **(2017/FMP Concursos/MPE-RO/Promotor de Justiça Substituto) A respeito da aplicação da legislação tributária, É CORRETO afirmar que:**

a) a lei tributária aplica-se imediatamente a fatos geradores futuros, mas não aos pendentes.

b) a lei tributária aplica-se imediatamente a fatos geradores pendentes, mas não aos futuros.

c) a lei tributária aplica-se a ato ou fato pretérito, tratando-se de ato não definitivamente julgado, quando deixe de defini-lo como infração, quando deixe de tratá-lo como contrário a qualquer exigência de ação ou omissão, desde que não tenha sido fraudulento e não tenha implicado em falta de pagamento de tributo, e ainda quando lhe comine penalidade menos severa que a prevista na lei vigente ao tempo da sua prática.

d) a lei tributária aplica-se a ato ou fato pretérito, tratando-se de ato não definitivamente julgado, quando deixe de defini-lo como infração, quando deixe de tratá-lo como contrário a qualquer exigência de ação ou omissão, desde que não tenha sido fraudulento e não tenha implicado em falta de pagamento de tributo, e ainda quando lhe comine alíquota inferior àquela prevista na lei vigente ao tempo da sua prática.

e) nenhuma das alternativas está correta.

Resposta: C

8) **(2016/FCC/Prefeitura de Teresina-PI/Auditor-Fiscal da Receita Municipal) A Secretaria de Finanças de determinado Município brasileiro, necessitando de dar publicidade às normas complementares das leis e dos decretos emanados das autoridades municipais competentes, edita as referidas normas, denominadas portarias, que são expedidas pelas autoridades administrativas dessa Secretaria. De acordo com o Código Tributário Nacional, essas Portarias entram em vigor**

a) no primeiro dia do exercício seguinte ao de sua publicação, quando estiverem aumentando alíquota do IPTU.

b) quarenta e cinco dias após a data da sua publicação, salvo disposição de lei orgânica municipal em contrário.

DIREITO TRIBUTÁRIO ESSENCIAL – *Eduardo Sabbag*

c) na data de sua publicação, salvo disposição em contrário.

d) no primeiro dia do exercício seguinte ao de sua publicação, quando estiverem aumentando alíquota de tributo, e desde que observado o interregno de 90 dias entre a data da publicação do ato e o primeiro dia do exercício subsequente.

e) trinta dias após a data da sua publicação, salvo disposição de lei em contrário.

Resposta: C

9) **(2016/FGV/Prefeitura de Cuiabá-MT/Auditor-Fiscal Tributário da Receita Municipal) A expressão "legislação tributária" compreende as leis, os tratados e as convenções internacionais, os decretos e as normas complementares que versem sobre tributos e relações jurídicas a eles pertinentes.**

Sobre a legislação tributária, assinale a afirmativa incorreta.

a) A lei tributária não se aplica a ato ou fato pretérito, ainda que seja expressamente interpretativa, sob pena de violação do princípio da irretroatividade.

b) Somente a lei pode estabelecer a cominação de penalidades para ações e omissões contrárias a seus dispositivos.

c) Os tratados e convenções internacionais podem revogar ou modificar a legislação tributária interna.

d) O Poder Executivo pode, nas condições e nos limites estabelecidos em lei, alterar as alíquotas do imposto de Importação, Imposto de Exportação, Imposto sobre Produtos Industrializados e Imposto sobre Operações Financeiras.

e) A lei tributária não pode alterar a definição, o conteúdo e o alcance de institutos, conceitos e formas de direito privado, utilizados pela Constituição Federal, para definir ou limitar competências tributárias.

Resposta: A

10) **(2016/Caip-Imes/Craisa de Santo André-SP/Advogado) Assinale a alternativa correta.**

a) Na ausência de disposição expressa, a autoridade competente para aplicar a legislação tributária utilizará sucessivamente e, na ordem indicada, os princípios gerais de direito tributário; os princípios gerais de direito público; a analogia e a equidade.

b) O emprego da analogia poderá resultar na exigência de tributo não previsto em lei.

c) A lei tributária não pode alterar a definição, o conteúdo e o alcance de institutos, conceitos e formas de direito privado, utilizados, expressa ou implicitamente, pela Constituição Federal, pelas Constituições dos Estados, ou pelas Leis Orgânicas do Distrito Federal ou dos Municípios, para definir ou limitar competências tributárias.

d) Interpreta-se extensivamente a legislação tributária que disponha sobre suspensão ou exclusão do crédito tributário.

Resposta: C

Relação Jurídico-Tributária: a "Linha do Tempo"

A relação jurídico-tributária pode ser representada por meio de uma linha temporal, englobando os momentos demarcatórios do fenômeno tributário:

1.º **Hipótese de Incidência**
2.º **Fato Gerador**
3.º **Obrigação Tributária**
4.º **Crédito Tributário**

Ou graficamente:

"Linha do Tempo"

⟶ HI ⟶ FG ⟶ OT ⟶ CT

HI = hipótese de incidência
FG = fato gerador
OT = obrigação tributária
CT = crédito tributário

Observe as abreviaturas, na demonstração horizontal: **HI – FG – OT – CT**.

No presente capítulo, iremos nos ater aos três primeiros institutos (HI; FG; e OT), devendo o Crédito Tributário (CT) ser detalhado em capítulo próprio. Ainda neste capítulo, será exposta a temática do "domicílio tributário".

7.1. A HIPÓTESE DE INCIDÊNCIA

Denomina-se *hipótese de incidência* o momento abstrato escolhido pelo legislador em que um fato da vida real dará ensejo ao fenômeno jurídico tributário. Exemplos: circular mercadorias; transmitir bens; prestar serviços etc.

7.2. O FATO GERADOR

O *fato gerador* é a materialização da hipótese de incidência. Em outras palavras, é o momento em que o que foi previsto na lei tributária (hipótese de incidência) realmente ocorre no mundo real.

DIREITO TRIBUTÁRIO ESSENCIAL – *Eduardo Sabbag*

Devemos notar que do perfeito enquadramento do fato ao modelo legal deriva o fenômeno jurídico da subsunção. Da ocorrência da subsunção tributária é que surge a relação jurídico-obrigacional, que, por sua vez, dará lastro à relação intersubjetiva tributária.

O fato gerador é o que define a natureza do tributo (imposto, taxa e contribuição de melhoria), e não a denominação dada ao tributo, que é irrelevante, conforme art. 4.º, I, do CTN. Cabe destacar o fato de que, ao definir a lei que será aplicada, o fato gerador corrobora o princípio da irretroatividade tributária, previsto na alínea *a* do inc. III do art. 150 da CF.

Com o objetivo de facilitar a verificação da subsunção legal de um fato gerador à hipótese de incidência, é relevante destacarmos a existência dos seguintes aspectos estruturantes do fato gerador:

Pessoal: sujeitos ativo e passivo;

Temporal: momento em que ocorre o fato gerador;

Espacial: local em que ocorre o fato gerador;

Material: descrição do cerne da hipótese de incidência;

Quantificativo: base de cálculo e alíquota.

Não importa, para a ocorrência de um fator gerador, a natureza dos atos praticados nem de seus efeitos, de forma que, atos nulos ou ilícitos podem ser tributados, conforme o art. 118 do CTN. É a chamada interpretação objetiva do fato gerador, calcada na máxima latina *pecunia non olet*.

Em relação ao aspecto temporal, consoante o disposto no art. 116 do CTN, o fator gerador é considerado ocorrido quando:

a) em *situações de fato*, no momento em que se verifica a materialidade necessária para que se produza os efeitos dela decorrente;

b) em *situações jurídicas*, no momento em tal situação esteja constituída definitivamente, conforme o direito aplicável.

No caso de negócios jurídicos condicionais, conforme dispõe o art. 117 do CTN, considera-se ocorrido o fator gerador quando:

a) havendo uma *condição suspensiva*, quando houver a concretização da referida condição;

b) havendo uma *condição resolutória*, desde o momento da prática do ato ou da celebração do negócio jurídico.

(2019/FCC/TRF 4ª Região/Analista Judiciário) Conforme Código Tributário Nacional (CTN), que estabelece normas gerais de direito tributário,

a) a natureza jurídica específica do tributo é determinada pelo fato gerador da respectiva obrigação, sendo irrelevantes para qualificá-la a denominação e demais características formais adotadas pela lei e a destinação legal do produto da sua arrecadação.

b) tributo é toda obrigação compulsória de pagar, em moeda ou título de crédito, inclusive as decorrentes de sanção de ato ilícito ou de utilização de

Cap. 7 – RELAÇÃO JURÍDICO-TRIBUTÁRIA: A "LINHA DO TEMPO"

rodovias e serviços públicos de transporte, instituída em ato normativo, e arrecadada na rede bancária ou em escritórios próprios da Administração pública.

c) imposto é o tributo cuja obrigação tem por fato gerador qualquer atividade do poder público em prol do sujeito passivo e que não constitua sanção de ato ilícito.

d) contribuição de melhoria pode ser cobrada pelos Estados e pelo Distrito Federal, para fazer face ao custo de obras de que decorra valorização imobiliária, tendo como limite total o acréscimo de valor, que da obra resultar, para cada imóvel beneficiado, ou um décimo do valor do imóvel após a obra.

e) as taxas podem ser cobradas pelos Municípios, Distrito Federal e Estados e têm como fato gerador o exercício do poder de polícia ou à disponibilidade a coletividade em geral de serviço público, prestado pela Administração direta ou indireta, da União, Estados ou Municípios.

Resposta: A

Comentários: Art. 4º do CTN: "A natureza jurídica específica do tributo é determinada pelo fato gerador da respectiva obrigação, sendo irrelevantes para qualificá-la a denominação e demais características formais adotadas pela lei e a destinação legal do produto da sua arrecadação". Relativamente à alternativa B, tributo é toda obrigação compulsória de pagar, em moeda ou título de crédito, inclusive as decorrentes de sanção de ato ilícito ou de utilização de rodovias e serviços públicos de transporte, instituída em ato normativo, e arrecadada na rede bancária ou em escritórios próprios da Administração pública, segundo o art. 3º do CTN. Em conformidade com o descrito, sanção não é imposto. Quanto às demais alternativas, C, D e E, incorretas, o respaldo encontra-se nos arts. 16, 81 e 77, respectivamente, do CTN.

7.3. OBRIGAÇÃO TRIBUTÁRIA

A obrigação tributária é resultante do fato gerador ou, em outras palavras, da concretização do paradigma legal previsto abstratamente na hipótese de incidência tributária. Pode ser analisada a partir de quatro elementos formadores:

1. Sujeito Ativo (arts. 119 e 120 do CTN);
2. Sujeito Passivo (arts. 121 a 123 do CTN);
3. Objeto (art. 113, §§ 1.º e 2.º, do CTN);
4. Causa (arts. 114 e 115 do CTN).

7.3.1. Sujeito ativo

Conforme o art. 119 do CTN, o sujeito ativo ocupa o lado credor da relação intersubjetiva tributária, sendo representado pelos entes que devem realizar a retirada dos valores a título de tributo, quais sejam, as pessoas jurídicas de direito público competentes para a exigência do tributo.

144 DIREITO TRIBUTÁRIO ESSENCIAL – *Eduardo Sabbag*

As indigitadas pessoas políticas podem executar leis, serviços, atos ou decisões administrativas em matéria tributária, sendo-lhes facultado delegar a outrem as funções de arrecadação ou fiscalização (parafiscalidade), conforme reza o art. 7.º do CTN.

Dessa forma, temos dois tipos de sujeitos ativos:

a) *Sujeito ativo direto*: entidades tributantes que detêm o poder de legislar em matéria tributária (União, Estados, Municípios e DF);

b) *Sujeito ativo indireto*: entidades parafiscais (CRM, CRC, CROSP etc.), os quais detêm o poder arrecadatório e fiscalizatório (capacidade tributária ativa).

A propósito, o tributo deverá ser pago a um sujeito ativo, e não a mais de um. É que só se admite a chamada solidariedade tributária passiva, constante dos arts. 124 e 125 do CTN. Caso contrário, dar-se-á ensejo a uma possível bitributação, vedada no Direito Tributário. Como é sabido, a única exceção à mencionada restrição ocorre com o imposto extraordinário (de guerra), constante do art. 154, II, da CF.

(2015/FGV/TCE-RJ/Auditor Substituto) Um profissional médico vem a ser sancionado com a suspensão do exercício profissional por 30 (trinta) dias pelo Conselho Regional de Medicina do Estado. Apesar da penalidade, ele continua a prestar serviços médicos durante o período. Como a prestação de serviços médicos é fato gerador do Imposto sobre Serviços de qualquer natureza (ISS), a municipalidade, ao descobrir tal fato, autua o profissional para cobrar o ISS não pago, mais multa e juros. A autuação está:

a) incorreta, pois a capacidade tributária passiva depende de achar-se a pessoa natural autorizada ao exercício de atividades profissionais;

b) correta, pois a sanção de suspensão foi estabelecida por órgão fiscalizador do exercício de profissão regulamentada de nível regional;

c) incorreta, pois o fato gerador do ISS depende de achar-se o profissional autorizado ao exercício da atividade prevista na hipótese de incidência;

d) incorreta, pois a sanção de suspensão não foi estabelecida por órgão fiscalizador do exercício de profissão regulamentada de nível nacional;

e) correta, pois a capacidade tributária passiva independe de achar-se a pessoa natural autorizada ao exercício de atividades profissionais.

Resposta: E

Comentários: A fundamentação está na própria disposição expressa no CTN: "Art. 126. A capacidade tributária passiva independe: I – da capacidade civil das pessoas naturais; II – de achar-se a pessoa natural sujeita a medidas que importem privação ou limitação do exercício de atividades civis, comerciais ou profissionais, ou da administração direta de seus bens ou negócios; III – de estar a pessoa jurídica regularmente constituída, bastando que configure uma unidade econômica ou profissional".

7.3.2. Sujeito passivo

A sujeição passiva é matéria adstrita ao polo passivo da relação jurídico-tributária. Refere-se, pois, ao lado devedor da relação intersubjetiva tributária, representado pelos entes destinatários da invasão patrimonial na retirada compulsória de valores, a título de tributos (e, ainda, multas).

Existem dois tipos de sujeitos passivos, a saber:

a) *Sujeito passivo direto*: é o contribuinte, que possui relação pessoal e direta com o fator gerador (art. 121, parágrafo único, I, do CTN). Exemplo: o proprietário do bem imóvel é contribuinte do IPTU;

b) *Sujeito passivo indireto*: é o responsável, na condição de terceiro, escolhido por lei para o pagamento do tributo, sem que tenha relação com o fator gerador (art. 121, parágrafo único, II, do CTN). Exemplos: os pais são os responsáveis tributários relativamente ao tributo devido pelo filho menor; o adquirente do bem imóvel (ou móvel) é o responsável tributário relativamente ao tributo devido pelo alienante; o administrador da sociedade é responsável tributário relativamente ao tributo devido pela pessoa jurídica.

A propósito, em 9 de maio de 2018, o STJ aprovou a Súmula n. 614, segundo a qual "o locatário não possui legitimidade ativa para discutir a relação jurídico-tributária de IPTU e de taxas referentes ao imóvel alugado nem para repetir indébito desses tributos".

Acerca da temática da responsabilidade tributária, a ser detalhada em capítulo próprio nesta obra, podemos antecipar que a doutrina estabelece os seguintes tipos de responsabilidade:

a) *Responsabilidade por transferência*: ocorre quando existe de forma legal o contribuinte, e a lei atribui a outro o dever do pagamento do tributo, tendo em vista eventos futuros ao surgimento da obrigação tributária. Exemplo: no caso de falecimento do proprietário de um imóvel urbano, devedor de IPTU, a responsabilidade passa a ser do espólio (art. 131, III, do CTN);

b) *Responsabilidade por substituição*: ocorre quando a legislação situa uma pessoa qualquer como sujeito passivo no lugar do contribuinte, desde a ocorrência do fato gerador. Nesse caso, a lei afasta o contribuinte previamente, independentemente de eventos futuros. Exemplo: no recolhimento do IRRF, o empregado é o contribuinte, porém a fonte pagadora é responsável pelo recolhimento do tributo.

Por fim, frise-se que o art. 123 do CTN não permite que contratos particulares sejam utilizados perante o Fisco para a modificação do sujeito passivo. Nesse caso, o Fisco exigirá a satisfação do tributo pelo sujeito passivo apontado na lei, cabendo à parte prejudicada acionar na esfera do direito privado a parte descumpridora do contrato.

146 DIREITO TRIBUTÁRIO ESSENCIAL – *Eduardo Sabbag*

(2018/Funrio/AL-RR/Funrio/Assistente Legislativo) Considerando as normas contidas no Código Tributário Nacional (CTN) sobre sujeição passiva tributária, assinale a alternativa CORRETA.

a) O sujeito passivo da relação tributária pode ser definido por lei ou estabelecido por meio de contrato validamente firmado entre as partes.

b) Somente as pessoas maiores e capazes podem ser consideradas contribuintes.

c) O responsável tributário é aquele que realiza o fato gerador e, por isso, está inserido como devedor do tributo.

d) O adquirente de bem imóvel não será responsável pelos tributos relativos ao mesmo, se houver certidão que prove sua quitação.

Resposta: D

Comentários: Lei nº 5.172/1966: "Art. 130. Os créditos tributários relativos a impostos cujo fato gerador seja a propriedade, o domínio útil ou a posse de bens imóveis, e bem assim os relativos a taxas pela prestação de serviços referentes a tais bens, ou a contribuições de melhoria, sub-rogam-se na pessoa dos respectivos adquirentes, salvo quando conste do título a prova de sua quitação".

7.3.3. Capacidade tributária

A capacidade tributária em questão trata da capacidade jurídico-tributária, e implica a aptidão do titular de direitos para a composição do polo passivo da relação jurídica que engloba a cobrança do tributo. O inciso I do artigo em questão preceitua que a incapacidade civil, absoluta ou relativa, é totalmente irrelevante para fins tributários. À luz do inciso I do art. 126, diz-se que a incapacidade civil – absoluta ou relativa – é de todo irrelevante para fins tributários. Os atos realizados por menores de 16 anos (*e.g.*, o recém-nascido) – ou até por aqueles entre 16 e 18 anos –, pelos ébrios habituais, pelos toxicômanos, pelos pródigos, pelos excepcionais (sem desenvolvimento mental completo), pelos deficientes mentais e pelos surdos-mudos, quando estes não puderem exprimir sua vontade, se tiverem implicações tributárias, ensejarão infalivelmente o tributo.

O inciso II trata da pessoa natural que, mesmo sofrendo limitações no exercício das suas atividades civis, comerciais ou profissionais, continuará possibilitada a integrar a sujeição passiva tributária.

A pessoa natural que, a despeito de sofrer limitações no exercício de suas atividades civis, comerciais ou profissionais, não está dispensada do pagamento de exações. À guisa de exemplificação temos: o falido, o interditado, o réu preso, o inabilitado para o exercício de certa profissão (*v.g.*, o advogado suspenso pela OAB; o transportador autônomo com habilitação para dirigir suspensa; o financista com empresa sob intervenção do Banco Central).

Finalmente, o inciso III trata da ocorrência da incidência tributária independentemente de estar a pessoa jurídica regularmente constituída. A incidência tributária ocorrerá independentemente da regular constituição da pessoa jurídica, mediante

Cap. 7 – RELAÇÃO JURÍDICO-TRIBUTÁRIA: A "LINHA DO TEMPO"

a inscrição ou registro dos seus atos constitutivos no órgão competente. Se, à revelia dessa formalidade legal – o que torna a empresa comercial existente "de fato", e não "de direito" –, houver a ocorrência do fato gerador, *v.g.*, a comercialização de mercadorias, dar-se-á a imposição do tributo, exigível, no caso, sobre os sócios da pessoa jurídica, haja vista a responsabilização pessoal constante do art. 135, *caput*, CTN. A esse propósito, o STJ entendeu que "(...) A situação irregular da Empresa no Distrito Federal não afasta a obrigação de recolher o tributo, pois a capacidade tributária de uma empresa independe da constatação da regularidade de sua formação (...)" (CC 37.768/SP, 3ª T., rel. Min. Gilson Dipp, j. em 11.06.2003).

(2015/Esaf/PGFN/Procurador da Fazenda Nacional) Não tem capacidade ou sujeição tributária passiva:

a) o menor impúbere.

b) o louco de todo gênero.

c) o interdito.

d) o ente despersonalizado.

e) a pessoa alheia ao fato gerador, mas obrigada pela Administração Tributária ao pagamento de tributo ou penalidade pecuniária.

Resposta: E

Comentários: Observe o disposto no art. 126, CTN: "Art. 126. A capacidade tributária passiva independe: I – da capacidade civil das pessoas naturais; II – de achar-se a pessoa natural sujeita a medidas que importem privação ou limitação do exercício de atividades civis, comerciais ou profissionais, ou da administração direta de seus bens ou negócios; III – de estar a pessoa jurídica regularmente constituída, bastando que configure uma unidade econômica ou profissional".

No que tange a letra E, trata-se justamente o caso do responsável tributário (sujeição passiva indireta). Vale mencionar que, mesmo quando não for presente a relação entre o fato gerador e o sujeito passivo, porém existir entre ele e a situação que constitui o fato gerador algum vínculo, é possível identificar a figura do responsável. É uma responsabilidade derivada, por decorrer da lei, e não da relação de natureza econômica, pessoal e direta com a situação que constitui o fato gerador.

(2015/FCC/Sefaz-PE/Julgador Administrativo Tributário do Tesouro Estadual) De acordo com o CTN, é correto afirmar:

a) Salvo disposição de lei em contrário, a moratória não aproveita aos casos de dolo, fraude ou simulação do sujeito passivo ou do terceiro em benefício daquele.

b) Se a lei não dispuser de modo diverso, os juros de mora são calculados com base na taxa SELIC.

c) Sujeito ativo da obrigação tributária é a pessoa jurídica de direito público, titular da competência para instituir o correspondente tributo e para exigir o seu cumprimento.

d) Quando a legislação tributária não dispuser a respeito, o pagamento é efetuado na repartição competente do domicílio do sujeito passivo.

e) As circunstâncias que modificam o crédito tributário, sua extensão ou seus efeitos, ou que excluem sua exigibilidade, afetam a obrigação tributária que lhe deu origem.

Resposta: D

Comentários: A assertiva A está incorreta, uma vez que a lei não admite exceções, conforme implica a expressão "Salvo disposição de lei em contrário". Relativamente à assertiva B, atenção para o art. 161 § 1.º: "Se a lei não dispuser de modo diverso, os juros de mora são calculados à taxa de um por cento ao mês". A alternativa C, também incorreta, tem fundamentação expressa no CTN, art. 119: "Sujeito ativo da obrigação é a pessoa jurídica de direito público, titular da competência para exigir o seu cumprimento". A assertiva D está correta, em conformidade com o art. 159 do CTN: "Quando a legislação tributária não dispuser a respeito, o pagamento é efetuado na repartição competente do domicílio do sujeito passivo". A alternativa D está incorreta, de acordo com o art. 140: "As circunstâncias que modificam o crédito tributário, sua extensão ou seus efeitos, ou as garantias ou os privilégios a ele atribuídos, ou que excluem sua exigibilidade não afetam a obrigação tributária que lhe deu origem".

(2015/FCC/TCM-GO/Procurador do Ministério Público de Contas) De acordo com o Código Tributário Nacional, no que se refere à sujeição passiva de obrigação tributária, pode-se asseverar que

a) são solidariamente obrigados os sujeitos passivos que tenham interesse comum na situação que constitua o fato gerador da obrigação principal.

b) o sujeito passivo da obrigação principal diz-se contribuinte, quando tenha relação direta ou indireta com a situação que constitua o respectivo fato gerador.

c) são solidariamente obrigados os sujeitos passivos expressamente designados pela legislação tributária.

d) sujeito passivo de obrigação acessória é a pessoa obrigada ao pagamento de penalidade pecuniária.

e) o sujeito passivo da obrigação principal diz-se responsável, quando, revestindo ou não a condição de contribuinte, sua obrigação decorra de disposição expressa da legislação tributária.

Resposta: A

Comentários: Em consonância com o art. 124, CTN: "São solidariamente obrigadas: I – as pessoas que tenham interesse comum na situação que constitua o fato gerador da obrigação principal". A alternativa B está incorreta, conforme dispõe o art. 121 Parágrafo único: "O sujeito passivo da obrigação principal diz-se: I – contribuinte, quando tenha relação pessoal e direta com a situação que constitua o respectivo fato gerador". A assertiva C, também está incorreta, de acordo com o art. 124: "São solidariamente obrigadas: II – as pessoas expressamente designadas por lei". Igualmente

Cap. 7 – RELAÇÃO JURÍDICO-TRIBUTÁRIA: A "LINHA DO TEMPO"

incorretas as alternativas D e E, conforme os ditames previstos no CTN, arts. 121 e 122. "Art. 121. Sujeito passivo da obrigação principal é a pessoa obrigada ao pagamento de tributo ou penalidade pecuniária." "Art. 122. Sujeito passivo da obrigação acessória é a pessoa obrigada às prestações que constituam o seu objeto." Parágrafo único, do art. 121: "O sujeito passivo da obrigação principal diz-se: II – responsável, quando, sem revestir a condição de contribuinte, sua obrigação decorra de disposição expressa de lei".

7.3.4. Objeto

O objeto da obrigação tributária é a prestação, de cunho pecuniário ou não pecuniário, a que se submete o sujeito passivo diante da realização do fato gerador.

O objeto poderá se materializar na chamada *obrigação principal*, se for pecuniária, indicadora de uma "obrigação de dar". Ela está prevista no § 1.º do art. 113 do CTN.

Por outro lado, o objeto poderá se materializar na intitulada *obrigação acessória*, se for instrumental (não pecuniária), indicadora de "obrigação de fazer ou de não fazer". Ela está prevista no § 2.º do art. 113 do CTN.

A obrigação principal é a prestação que representa o ato de pagar (tributo ou multa). Exemplo: pagamento da parcela do IRPF; pagamento da multa tributária em dado valor etc.

A obrigação acessória é a prestação positiva ou negativa, que se desdobra em atos de fazer ou de não fazer, sem caráter de patrimonialidade e dotados do viés de instrumentalidade. Exemplos: a obrigatoriedade de emitir notas fiscais, entregar declarações etc.

À guisa de curiosidade, os efeitos desonerativos da isenção e da anistia atingem a obrigação tributária principal, mantendo-se incólumes os deveres instrumentais do contribuinte, ou seja, as chamadas obrigações tributárias acessórias (art. 175, parágrafo único, do CTN). Assim, o contribuinte isento, por exemplo, continuará obrigado às prestações positivas ou negativas que não correspondam ao pagamento de tributo (art. 113, § 2.º, do CTN).

7.3.5. Causa

A causa é o vínculo jurídico que motiva a ligação jurídico-obrigacional entre os sujeitos ativo e passivo. A causa pode residir na *lei tributária* (art. 114 do CTN) ou na *legislação tributária* (art. 115 do CTN).

A lei tributária mostra-se como o fato gerador da obrigação tributária principal, enquanto a legislação tributária perfaz o fato gerador da obrigação tributária acessória.

7.4. DOMICÍLIO TRIBUTÁRIO

Em Direito Tributário, domicílio é o lugar onde o sujeito passivo é chamado a cumprir seus deveres de ordem tributária.

Segundo o art. 127 do CTN, podemos depreender que a regra geral do domicílio tributário é a utilização do *domicílio de eleição*, ou seja, o contribuinte elege o local de sua preferência. Caso o contribuinte não o eleja, os incs. I, II e III do referido artigo deverão ser aplicados, na busca da solução.

Em caso de impossibilidade de aplicação dos incisos citados, ou na hipótese de a Administração recusar, fundamentadamente, o domicílio de eleição, o § 1.º do art. 127 deverá ser aplicado. Tal dispositivo indica que será escolhido como domicílio *o lugar da situação dos bens ou da ocorrência dos atos ou fatos que originaram a obrigação.*

7.5.   QUADROS-SÍNTESE DO CAPÍTULO

RELAÇÃO JURÍDICO-TRIBUTÁRIA	
HIPÓTESE DE INCIDÊNCIA: Momento abstrato escolhido pelo legislador em que um fato da vida real dará ensejo ao fenômeno jurídico tributário. Exemplos: circular mercadorias; transmitir bens; prestar serviços etc.	
FATO GERADOR: É a materialização da hipótese de incidência. Em outras palavras, é o momento em que o que foi previsto na lei tributária (hipótese de incidência) realmente ocorre no mundo real.	
Aspectos Estruturantes do Fato Gerador	– Pessoal: sujeitos ativo e passivo; – Temporal: momento em que ocorre o fato gerador; – Espacial: local em que ocorre o fato gerador; – Material: descrição do cerne da hipótese de incidência; – Quantificativo: base de cálculo e alíquota. Obs.: Não importa a natureza dos atos praticados nem de seus efeitos; atos nulos ou ilícitos podem ser tributados (art. 118 do CTN). É a chamada interpretação objetiva do fato gerador, calcada na máxima latina *pecunia non olet*.
Aspecto Temporal do Fato Gerador	O fato gerador é considerado ocorrido quando: – em situações de fato, no momento em que se verifica a materialidade necessária para que se produzam os efeitos dela decorrente; – em situações jurídicas, no momento em que a situação esteja constituída definitivamente, conforme o direito aplicável. – em negócios jurídicos condicionais (art. 117 do CTN): a) havendo uma condição suspensiva, quando houver a concretização da referida condição; b) havendo uma condição resolutória, desde o momento da prática do ato ou da celebração do negócio jurídico.
OBRIGAÇÃO TRIBUTÁRIA: é resultante do fato gerador ou, em outras palavras, da concretização do paradigma legal previsto abstratamente na hipótese de incidência tributária.	
Elementos Formadores	– Sujeito Ativo (arts. 119 e 120 do CTN); – Sujeito Passivo (arts. 121 a 123 do CTN); – Objeto (art. 113, §§ 1.º e 2.º, do CTN); – Causa (arts. 114 e 115 do CTN).
Sujeito Ativo	Dois tipos: – Sujeito ativo direto: entidades tributantes que detêm o poder de legislar em matéria tributária (União, Estados, Municípios e DF); – Sujeito ativo indireto: entidades parafiscais (CRM, CRC, CROSP etc.), os quais detêm o poder arrecadatório e fiscalizatório (capacidade tributária ativa).

Sujeito Passivo	– Sujeito passivo direto: é o contribuinte, que possui relação pessoal e direta com o fator gerador. – Sujeito passivo indireto: é o responsável, na condição de terceiro, escolhido por lei para o pagamento do tributo, sem que tenha relação com o fato gerador.
Capacidade Tributária	– A incapacidade civil, absoluta ou relativa, é totalmente irrelevante para fins tributários. – No inciso I do art. 126 diz-se que a incapacidade civil – absoluta ou relativa – é de todo irrelevante para fins tributários. – O inciso II trata da pessoa natural que, mesmo sofrendo limitações no exercício das suas atividades civis, comerciais ou profissionais, continuará possibilitada para integrar a sujeição passiva tributária. – O inciso III trata da ocorrência da incidência tributária independentemente de estar a pessoa jurídica regularmente constituída.
Responsabilidade Tributária	– Responsabilidade por transferência: ocorre quando existe de forma legal o contribuinte, e a lei atribui a outro o dever do pagamento do tributo, tendo em vista eventos futuros ao surgimento da obrigação tributária. – Responsabilidade por substituição: ocorre quando a legislação situa uma pessoa qualquer como sujeito passivo no lugar do contribuinte, desde a ocorrência do fato gerador. Nesse caso, a lei afasta o contribuinte previamente, independentemente de eventos futuros.
Objeto	É a prestação, de cunho pecuniário ou não pecuniário, a que se submete o sujeito passivo diante da realização do fato gerador.
Causa	É o vínculo jurídico que motiva a ligação jurídico-obrigacional entre os sujeitos ativo e passivo. A causa pode residir na lei tributária (art. 114 do CTN) ou na legislação tributária (art. 115 do CTN).

DOMICÍLIO TRIBUTÁRIO: é o lugar onde o sujeito passivo é chamado a cumprir seus deveres de ordem tributária.	
Regra Geral	Domicílio de eleição, ou seja, o contribuinte elege o local de sua preferência.
Caso não Incida a Regra Geral	Será escolhido como domicílio o lugar da situação dos bens ou da ocorrência dos atos ou fatos que originaram a obrigação.

7.6. QUESTÕES

1) **(2019/Vunesp/TJ-RS/Titular de Serviços de Notas e de Registros) De acordo com o Código Tributário Nacional, uma lei que disponha sobre dispensa do cumprimento de obrigações tributárias acessórias deve ser interpretada**

a) literalmente.
b) extensivamente.
c) teleologicamente.
d) equitativamente.
e) analogicamente.

Resposta: A

DIREITO TRIBUTÁRIO ESSENCIAL – *Eduardo Sabbag*

2) **(2018/FCC/Câmara Legislativa do Distrito Federal/Consultor Legislativo) A condição de responsável tributário é uma das formas de sujeição passiva em relação à obrigação tributária principal. O Código Tributário Nacional contempla várias regras atinentes à responsabilidade. Relativamente à responsabilidade dos sucessores, prevista no CTN, o**

a) cônjuge meeiro, que não se qualifique como herdeiro, é pessoalmente responsável, por sucessão, pelos tributos devidos pelo *de cujus*, até a data da partilha, limitada esta responsabilidade ao montante da meação.

b) adquirente, que compra um bem por meio de contrato de venda e compra, é responsável pelos tributos devidos pelo vendedor, embora essa responsabilidade não seja pessoal, por não se tratar de uma situação de sucessão.

c) herdeiro, parente em linha colateral, até o quarto grau, é responsável, ilimitadamente, pelos tributos devidos pelo *de cujus*, até a data da abertura da sucessão.

d) legatário que tiver aceitado o legado, desde que não tenha tido relação de parentesco com o autor da herança, não é pessoal nem limitadamente responsável pelos tributos devidos pelo *de cujus*, até a data da abertura da sucessão.

e) espólio é excluído de qualquer forma de responsabilização, por não ter personalidade jurídica.

Resposta: A

3) **(2018/UEG/PC-GO/Delegado de Polícia) Fato gerador é a situação definida em lei como necessária e suficiente à ocorrência da obrigação tributária principal. Entre diferentes aspectos do fato gerador, verifica-se que**

a) o produto do crime se encontra sujeito à tributação na medida em que, conforme o Código Tributário Nacional, vigora para exação tributária a regra do *non olet*.

b) o Estado, no exercício do seu poder de tributar, ao prever como fato gerador determinado ato, abstrai qualquer aspecto de licitude penal.

c) a definição do fato gerador demanda não só ato jurídico válido, mas também natureza lícita do seu objeto e efeitos conforme o ordenamento jurídico.

d) sujeito passivo da obrigação tributária é apenas o contribuinte, dado que vigora, também, no direito tributário o princípio da instransferibilidade da sanção a afastar a solidariedade.

e) o cidadão que se encontre sob a custódia do Estado, quando condenado simultaneamente à vedação de contratação com Poder Público, não pode ser sujeito passivo de obrigação tributária.

Resposta: A

4) **(2018/Cespe/TJ-CE/Juiz Substituto) No direito tributário, obrigação tributária principal e obrigação tributária acessória são de naturezas distintas. Nesse sentido, assinale a opção correta.**

a) A obrigação principal refere-se apenas ao contribuinte; a obrigação acessória, ao responsável tributário.

Cap. 7 – RELAÇÃO JURÍDICO-TRIBUTÁRIA: A "LINHA DO TEMPO" **153**

b) A obrigação principal decorre da legislação tributária; a obrigação acessória, de ato administrativo concreto.

c) A obrigação principal é pessoal e intransferível; a obrigação acessória pode ser transferida para terceiros.

d) A obrigação principal é de natureza patrimonial; a obrigação acessória, de natureza não patrimonial.

e) A obrigação principal tem por objeto o pagamento de um tributo; a obrigação acessória, o pagamento de uma penalidade.

Resposta: D

5) **(2018/Cespe/STJ/Analista Judiciário – Judiciária) Julgue o item que se segue, a respeito das disposições do Código Tributário Nacional (CTN).**

O contribuinte é o sujeito passivo da obrigação principal, enquanto o responsável é o sujeito passivo da obrigação acessória.

Resposta: Errado

6) **(2018/Cespe/STJ/Analista Judiciário – Judiciária) À luz da jurisprudência majoritária e atual dos tribunais superiores e da doutrina acerca dos princípios constitucionais tributários, do indébito tributário, do crédito tributário e do poder de tributar, julgue o item seguinte.**

De acordo com o Supremo Tribunal Federal, a norma legal que altera o prazo de recolhimento da obrigação tributária deve observar o princípio da anterioridade que for aplicável ao respectivo tributo.

Resposta: Errado

7) **(2018/Fundep/MPE-MG/Promotor de Justiça Substituto) Assinale a alternativa INCORRETA:**

a) Imposto é o tributo cuja obrigação tem por fato gerador uma situação independente de qualquer atividade estatal específica, relativa ao contribuinte.

b) A contribuição de melhoria cobrada pela União, pelos Estados, pelo Distrito Federal ou pelos Municípios, no âmbito de suas respectivas atribuições, é instituída para fazer face ao custo de obras públicas de que decorra valorização imobiliária, tendo como limite total a despesa realizada e como limite individual o acréscimo de valor que da obra resultar para cada imóvel beneficiado.

c) A autoridade administrativa poderá desconsiderar atos ou negócios jurídicos praticados com a finalidade de dissimular a ocorrência do fato gerador do tributo ou a natureza dos elementos constitutivos da obrigação tributária, observados os procedimentos a serem estabelecidos em lei ordinária.

d) A obrigação tributária acessória, pelo simples fato da sua inobservância, não se converte em obrigação principal relativamente à penalidade pecuniária.

Resposta: D

DIREITO TRIBUTÁRIO ESSENCIAL – *Eduardo Sabbag*

8) **(2018/Cesgranrio/Petrobras/Auditor Júnior) Quando a substituição tributária ocorre com a aquisição de mercadoria do substituído, com adiamento do pagamento do tributo que será adimplido pelo substituto na operação posterior, fala-se da denominada substituição tributária**
   a) progressiva
   b) regressiva
   c) responsável
   d) excepcional
   e) negocial
   Resposta: B

9) **(2018/Vunesp/TJ-SP/Titular de Serviços de Notas e de Registros – Provimento) De acordo com o Código Tributário Nacional,**
   a) os princípios gerais de direito privado são utilizados para pesquisa da definição, do conteúdo e do alcance de seus institutos, conceitos e formas, inclusive para a definição dos respectivos efeitos tributários.
   b) a obrigação acessória, pelo simples fato de sua inobservância, converte-se em obrigação principal relativamente à penalidade pecuniária.
   c) está em conformidade com o conceito de tributo a noção de prestação pecuniária que constitua sanção de ato ilícito.
   d) a lei tributária nova pode retroagir, quando for expressamente interpretativa, inclusive para aplicação de penalidade.
   Resposta: B

10) **(2018/Nucepe/PC-PI/Delegado de Polícia Civil) Considerando o previsto no Código Tributário Nacional sobre a obrigação tributária, assinale a alternativa CORRETA.**
   a) A obrigação acessória decorre da legislação tributária e tem por objeto as prestações, positivas ou negativas, nela previstas no interesse da arrecadação ou da fiscalização dos tributos. Ademais, pelo simples fato da sua inobservância, converte-se em obrigação principal relativamente à penalidade pecuniária.
   b) O sujeito passivo da obrigação tributária principal é denominado responsável, quando tenha relação pessoal e direta com a situação que constitua o respectivo fato gerador.
   c) A capacidade tributária passiva coincide com a capacidade civil. Assim, os considerados civilmente incapazes são desprovidos de capacidade tributária passiva.
   d) Em regra, a responsabilidade por infrações da legislação tributária depende da intenção do agente ou do responsável e da efetividade, natureza e extensão dos efeitos do ato.
   e) Considerando que a escolha do domicílio tributário é ato de natureza personalíssima, é vedado à autoridade administrativa recusar o domicílio eleito.
   Resposta: A

Responsabilidade Tributária

Num primeiro momento, a cobrança do tributo deve ser realizada do indivíduo praticante do fato gerador, situação que faz surgir o *sujeito passivo direto*, isto é, o contribuinte.

Em determinados cenários, poderá, ainda, haver a presença de um terceiro, que será destinatário da cobrança do Estado. Aqui teremos a caracterização da responsabilidade tributária referente ao *sujeito passivo indireto* (art. 128 do CTN). Este poderá ser:

a) *Responsabilidade por substituição*: o responsável ou substituto ocupa o lugar do contribuinte a partir do *fato gerador*, despontando como sujeito passivo desde o implemento da obrigação tributária;

b) *Responsabilidade por transferência*: o responsável ocupa o lugar do contribuinte após a ocorrência do fato gerador, ou seja, há um fato que se dá posteriormente ao surgimento da obrigação e acarreta a transferência da sujeição passiva para um terceiro.

A partir da definição de *contribuinte*, constante do art. 121, parágrafo único, I, do CTN, pode-se dizer que a responsabilidade do sujeito passivo direto é *originária*, em face da patente identidade entre aquele que deve pagar o tributo e o que realizou o fato gerador, obtendo benefícios econômicos deste. Sobre tal relação, pode-se identificar no CTN um *critério econômico* de incidência, ao se determinar a cobrança do gravame daquele que obteve vantagem econômica decorrente do fato imponível, sendo irrelevantes os critérios territorial e de cidadania (ver arts. 118 e 126 do CTN). Nessa toada, evidencia-se que o fato gerador serve como indicador da capacidade contributiva do indivíduo.

Por outro lado, a responsabilidade do sujeito passivo indireto é *derivada*, despontando a figura do *responsável* como aquele que tem sua obrigação prevista expressamente em lei, devendo arcar com o ônus tributário sem ter realizado o fato gerador. No entanto, não se permite a atribuição do pagamento do tributo a terceiro que não tenha vinculação com o fato gerador, conforme os arts. 121, parágrafo único, II, e 128, ambos do CTN.

A propósito, em 9 de maio de 2018, o STJ aprovou a Súmula n.º 614, segundo a qual "o locatário não possui legitimidade ativa para discutir a relação jurídico-tributária de IPTU e de taxas referentes ao imóvel alugado nem para repetir indébito desses tributos".

DIREITO TRIBUTÁRIO ESSENCIAL – *Eduardo Sabbag*

(2015/Cespe/TJPB/Juiz Substituto) Uma empresa foi multada por auditor do Estado, em fiscalização que tinha por objeto o ICMS, por não apresentar notas fiscais relativas à circulação de mercadorias. A empresa alegou que não dispunha das notas porque um diretor as havia subtraído para prática de fraude em proveito próprio. Informou ainda que, devido à fraude, esse dirigente havia sido condenado por furto, falsidade ideológica e sonegação, com sentença penal transitada em julgado. Acerca da responsabilidade pela multa nessa situação hipotética, assinale a opção correta.

a) O diretor não poderá ser responsabilizado no âmbito tributário pela não apresentação das notas fiscais, pois a obrigação acessória pela guarda das notas é da empresa.

b) Há responsabilidade solidária entre o diretor e a empresa no que se refere ao pagamento da multa, uma vez que o fato ilícito beneficiou a ambos.

c) Por se tratar de infração com dolo específico, a responsabilidade é pessoal do diretor.

d) Em razão da condenação penal transitada em julgado do diretor, nem ele nem a empresa poderão ser autuados administrativamente, sob pena de ofensa ao princípio do *ne bis in idem*.

e) O pagamento da multa deve ser feito pela empresa, que, no entanto, poderá promover ação regressiva contra o ex-diretor.

Resposta: C

Comentários: Observe o art. 137: "A responsabilidade é pessoal ao agente: I – quanto às infrações conceituadas por lei como crimes ou contravenções, salvo quando praticadas no exercício regular de administração, mandato, função, cargo ou emprego, ou no cumprimento de ordem expressa emitida por quem de direito; II – quanto às infrações em cuja definição o dolo específico do agente seja elementar; III – quanto às infrações que decorram direta e exclusivamente de dolo específico: a) das pessoas referidas no artigo 134, contra aquelas por quem respondem; b) dos mandatários, prepostos ou empregados, contra seus mandantes, preponentes ou empregadores; c) dos diretores, gerentes ou representantes de pessoas jurídicas de direito privado, contra estas".

(2015/FCC/Sefaz-PE/Julgador Administrativo Tributário do Tesouro Estadual) Considere as proposições a seguir, com base no CTN:

I) Salvo disposição de lei em contrário, quando o valor tributário esteja expresso em moeda estrangeira, no lançamento far-se-á sua conversão em moeda nacional ao câmbio do dia da ocorrência do fato gerador da obrigação.

II) A observância das normas complementares exclui a imposição de penalidades, a cobrança de juros de mora e a atualização do valor monetário da base de cálculo do tributo.

III) A responsabilidade é pessoal ao agente quanto às infrações em cuja definição o dolo específico do agente seja elementar.

Está correto o que se afirma em

a) III, apenas.

b) I, apenas.

c) I, II e III

d) II e III, apenas.

e) I e II, apenas.

Resposta: C

Comentários: Vamos às fundamentações legais para cada alternativa, uma vez que todas estão corretas.

I – "Art. 143. Salvo disposição de lei em contrário, quando o valor tributário esteja expresso em moeda estrangeira, no lançamento far-se-á sua conversão em moeda nacional ao câmbio do dia da ocorrência do fato gerador da obrigação."

II – "Art. 100. São normas complementares das leis, dos tratados e das convenções internacionais e dos decretos."

"Parágrafo único. A observância das normas referidas neste artigo exclui a imposição de penalidades, a cobrança de juros de mora e a atualização do valor monetário da base de cálculo do tributo."

III – "Art. 137. A responsabilidade é pessoal ao agente:

I – quanto às infrações conceituadas por lei como crimes ou contravenções, salvo quando praticadas no exercício regular de administração, mandato, função, cargo ou emprego, ou no cumprimento de ordem expressa emitida por quem de direito;

II – quanto às infrações em cuja definição o dolo específico do agente seja elementar;

III – quanto às infrações que decorram direta e exclusivamente de dolo específico."

8.1. TIPOS DE RESPONSABILIDADE TRIBUTÁRIA

8.1.1. Responsabilidade por substituição

A lei determina que terceiro substitua o contribuinte antes da ocorrência do fato gerador. Pode-se verificar tal situação mais frequentemente quanto ao ICMS e ao IR. Exemplo: a Caixa Econômica Federal mostra-se como substituto tributário, quanto ao IR incidente sobre o prêmio de loteria a ser pago a um ganhador.

A propósito do ICMS, no contexto da substituição tributária, insta mencionar uma subdivisão presente na doutrina: a substituição "para trás" e a substituição "para frente".

Ver STJ: REsp 1.318.163/PR-2014 (após a admissão dos embargos de divergência, houve seu julgamento na 1ª Seção do STJ, em 14 de junho de 2017, ratificando-se a tese de que "a repetição de indébito tributário só pode ser postulada pelo sujeito passivo que pagou, ou seja, que arcou efetivamente com o ônus financeiro da cobrança, conforme a interpretação dos artigos 121 e 165 do Código Tributário Nacional") e REsp 1.218.222/RS-2014.

8.1.1.1. *Substituição para trás ou regressiva*

O fato gerador ocorre "para trás". Em termos mais técnicos, configura-se pelo adiamento do recolhimento do tributo para um momento após a ocorrência do fato

DIREITO TRIBUTÁRIO ESSENCIAL – *Eduardo Sabbag*

gerador. Por conveniência, a Administração adia o pagamento do ICMS, recaindo o ônus tributário sobre o substituto legal tributário. Aqui identificamos a figura do diferimento, uma vez que não há contemporaneidade entre o fato imponível e o pagamento da exação. Exemplo: o ICMS devido pelo produtor rural, relativamente ao leite cru que vende ao laticínio, é recolhido por este no lugar daquele, em virtude do adiamento do fato gerador; o ICMS devido pelo produtor rural, relativamente à cana em caule que vende à usina, é recolhido por esta no lugar daquele, em virtude do adiamento do fato gerador.

(2015/Vunesp/TJ-SP/Juiz Substituto) Quando a legislação tributária estabelece que é responsável pelo recolhimento do tributo terceira pessoa, vinculada ao mesmo fato gerador ocorrido, estamos diante da situação denominada
   a) responsabilidade *stricto sensu*, "por transferência".
   b) solidariedade passiva tributária por imposição legal.
   c) substituição tributária "para frente".
   d) substituição tributária "para trás".

Resposta: D
Comentários: Substituição tributária regressiva ou "para trás" é a postergação ou o adiamento do tributo relativamente ao momento pretérito em que acontece o fato gerador. Tal modalidade de substituição acontece nos casos em que as pessoas ocupantes das posições anteriores nas cadeias de produção e circulação são substituídas, no dever de pagamento do tributo, por aquelas que ocupam as posições posteriores nessas mesmas cadeias.

8.1.1.2. Substituição para frente ou progressiva

O fato gerador ocorre "para frente". Com maior rigor, diz-se que o recolhimento do tributo é antecipado, sem que haja a definição do fato gerador. Tal mecanismo encontra contestações na doutrina, por dar ensejo a um fato imponível fictício (ou presumido, como preferem alguns). No entanto, a Constituição Federal dá respaldo à sistemática em seu art. 150, § 7.º, *in fine*. Exemplo: quando os veículos novos deixam a indústria automobilística em direção às concessionárias ou lojas, já saem com o ICMS antecipadamente recolhido, levando-se em conta que o fato gerador relativamente à venda do bem está por realizar. O mesmo fenômeno se dá com os cigarros, os refrigerantes e vários outros bens.

Ver STF: RE 598.677/2015. Ver STJ: REsp 687.113/RS e ADI 1.851/AL.

8.1.2.   Responsabilidade por transferência

Na responsabilidade por transferência, a escolha do responsável acontece posteriormente a ocorrência do fato gerador, "transferindo-se" o ônus tributário para um terceiro determinado em lei. Depois de surgida a obrigação tributária contra um (o contribuinte), a relação jurídica é transferida para outrem, em virtude de um fato posterior, por exemplo, a venda e compra do bem, a morte do contribuinte etc.

Cap. 8 – RESPONSABILIDADE TRIBUTÁRIA **159**

O Código Tributário Nacional arrola três situações de responsabilidade por transferência:

Responsabilidade por transferência
- Por solidariedade tributária passiva (arts. 124 e 125)
- Dos sucessores (arts. 130 a 133)
- De terceiros (art. 134)

Sujeito Passivo:*
I – Direto (contribuinte)
II – Indireto:

a) por Substituição
- Por solidariedade
- Dos sucessores
- De terceiros

b) por Transferência

* Quadro explicativo idealizado por Rubens Gomes de Sousa.

8.1.2.1. Solidariedade tributária passiva

Na solidariedade tributária, os devedores solidários respondem pelo todo, sem que haja um necessário benefício de ordem. Ela pode ser *natural* ou *legal*.

Na *solidariedade natural*, há indivíduos que têm interesse comum no fato que desencadeia a constituição do fato gerador da obrigação tributária principal. Exemplo: irmãos coproprietários de uma fazenda quanto ao ITR.

Na *solidariedade legal*, há expressa determinação legal para a sua ocorrência. Exemplo: os casos previstos no art. 134 do CTN, por exemplo, a ser estudado.

Importante é mencionar que a solidariedade tributária passiva não comporta benefício de ordem, ou seja, o Estado pode escolher qualquer um dos devedores para assumir totalmente o cumprimento da obrigação tributária (art. 124, parágrafo único, do CTN). Dessa forma, o Fisco não está adstrito a uma ordem de preferência, e nenhum dos coobrigados pode ser contemplado pelo chamado "benefício de ordem".

O art. 125 do CTN, por sua vez, dispõe sobre os efeitos da solidariedade.

(2018/Vunesp/Câmara de Itaquaquecetuba-SP/Procurador Jurídico) Conside-rando que dois proprietários de um bem imóvel são solidários na obrigação tributária, assinale a alternativa correta.

a) O pagamento efetuado por um dos obrigados não aproveita o outro.

b) A isenção ou remissão de crédito exonera todos os obrigados, salvo se ou-torgada pessoalmente a um deles.

c) A interrupção da prescrição, em favor ou contra um dos obrigados, não favorece nem prejudica aos demais.

d) As convenções particulares que eles fizerem relativas à responsabilidade pelo pagamento dos tributos podem ser opostas à Fazenda Pública.

e) Na solidariedade expressamente designada por lei, haverá benefício de ordem entre os obrigados.

Resposta: B

Comentários:

a) CTN, art. 125. "Salvo disposição de lei em contrário, são os seguintes os efeitos da solidariedade:
I – o pagamento efetuado por um dos obrigados aproveita aos demais;"
b) CTN, art. 125. Salvo disposição de lei em contrário, são os seguintes os efeitos da solidariedade: (...)
II – a isenção ou remissão de crédito exonera todos os obrigados, salvo se outorgada pessoalmente a um deles, subsistindo, nesse caso, a solidariedade quanto aos demais pelo saldo;
c) CTN, art. 125. Salvo disposição de lei em contrário, são os seguintes os efeitos da solidariedade: (...)
III – a interrupção da prescrição, em favor ou contra um dos obrigados, favorece ou prejudica aos demais.
d) Art. 123. Salvo disposições de lei em contrário, as convenções particulares, relativas à responsabilidade pelo pagamento de tributos, não podem ser opostas à FP, para modificar a definição legal do sujeito passivo das obrigações tributárias correspondentes.
e) Art. 124. São solidariamente obrigadas:
I – as pessoas que tenham interesse comum na situação que constitua o fato gerador da obrigação principal;
II – as pessoas expressamente designadas por lei.
Parágrafo único. A solidariedade referida neste artigo não comporta benefício de ordem.

(2015/NC-UFPR/Prefeitura de Curitiba-PR/Procurador) Nos termos do Código Tributário Nacional, sujeito passivo da obrigação principal é a pessoa obrigada ao pagamento de tributo ou penalidade pecuniária.
Sobre a sujeição passiva tributária, assinale a alternativa correta.

a) Admite-se a exclusão da responsabilidade tributária pela denúncia espontânea da infração quando a referida denúncia for acompanhada do pagamento da dívida, admitindo-se, para esse fim, nos termos de jurisprudência dominante do Superior Tribunal de Justiça, o parcelamento.

b) A responsabilidade é pessoal ao agente quanto às infrações que decorram direta e exclusivamente de dolo específico dos diretores, gerentes ou representantes de pessoas jurídicas de direito privado, contra estas.

c) O inadimplemento tributário enseja a responsabilização do sócio-administrador.

d) O sócio-administrador responde pelas dívidas tributárias e não tributárias da sociedade empresária em caso de falência.

e) Na responsabilidade por substituição para trás, o tributo relativo a fatos geradores que deverão ocorrer posteriormente é arrecadado de maneira antecipada, sobre uma base de cálculo presumida.

Resposta: B

Comentários: Observe o que dita o art. 135, CTN: "São pessoalmente responsáveis pelos créditos correspondentes a obrigações tributárias resultantes de atos praticados com excesso de poderes ou infração de lei, contrato social ou estatutos: I – as pessoas referidas no artigo anterior; II – os mandatários, prepostos e empregados; III – os diretores, gerentes ou representantes de pessoas jurídicas de direito privado".

8.1.2.2. Responsabilidade dos sucessores

O desaparecimento do devedor original acarreta a transferência da obrigação tributária para outro indivíduo. Observe as hipóteses à luz dos dispositivos correspondentes:

a) Transferência *causa mortis*: transmissão para herdeiros, havendo, no caso, uma responsabilidade pessoal (art. 131, II e III, do CTN);

b) Transferência *inter vivos*: obrigação transferida para o comprador, nas seguintes hipóteses, previstas no CTN:

1.ª Hipótese – Art. 130: transmissão de imóveis (sucessão imobiliária);

2.ª Hipótese – Art. 131, I: transmissão de bens móveis (sucessão mobiliária);

3.ª Hipótese – Art. 133: transmissão de estabelecimento comercial, industrial ou profissional (sucessão comercial);

4.ª Hipótese – Art. 132: transmissão decorrente de fusão, incorporação, transformação ou cisão (sucessão empresarial).

Antes de detalharmos as hipóteses acima, é indispensável que apreciemos o teor do art. 129 do CTN, à guisa de preâmbulo do tema ora proposto: "O disposto nesta Seção aplica-se por igual aos créditos tributários definitivamente constituídos ou em curso de constituição à data dos atos nela referidos, e aos constituídos posteriormente aos mesmos atos, desde que relativos a obrigações tributárias surgidas até a referida data".

A responsabilidade dos sucessores, tratada nos arts. 129 a 133 do CTN, atingirá:

a) os *créditos definitivamente constituídos* (o lançamento já se realizou);

b) os *créditos em procedimento de constituição*, na data da ocorrência dos atos ou fatos determinantes da sucessão (o lançamento está em fase de realização);

c) os *créditos ainda não constituídos*, porém correspondentes a fatos geradores ocorridos antes da realização dos atos ou fatos determinantes da sucessão (o lançamento ainda não se realizou).

Em resumo, pode-se dizer que o sucessor assume todos os débitos tributários do sucedido, relativamente a *fatos geradores ocorridos antes da data do ato ou fato* que demarcou a sucessão, sendo irrelevante o andamento da constituição definitiva do crédito. Portanto, é o fato gerador que vai regular o conjunto de obrigações transferidas.

No referido artigo, fica expresso que os débitos reconhecidos à data da sucessão, isto é, já lançados, bem como aqueles que estiverem em via de sê-los, ou mesmos

DIREITO TRIBUTÁRIO ESSENCIAL – *Eduardo Sabbag*

desconhecidos, mas que serão lançados posteriormente, podem ser irrogados aos sucessores.

Analisemos as quatro hipóteses de responsabilidade dos sucessores:

1.ª Hipótese: art. 130 do CTN

O dispositivo faz referência aos tributos incidentes sobre o bem imóvel, que passam a ser exigíveis do adquirente, no caso de sua venda e compra. O sujeito passivo passa a ser o novo proprietário, posseiro ou foreiro.

Não é caso de solidariedade, nem mesmo, ao que parece, de hipótese de responsabilidade subsidiária. Caberá ao Oficial de Registro fiscalizar o recolhimento dos tributos, exigindo a apresentação de certidões negativas.

Tal dispositivo apresenta duas exceções:

a) *quando constar na escritura de transmissão de propriedade a certidão negativa expedida pela Fazenda* (art. 130, *caput*, parte final, do CTN): a certidão negativa vale como um atestado de inexistência de débitos, apresentando-se como uma forma de o adquirente eximir-se da responsabilidade; no atual entendimento do STJ, a sub-rogação prevista no *caput* do art. 130 do CTN tem caráter solidário, cumulativo, reforçativo e não excludente da responsabilidade do alienante, cabendo ao credor escolher o acervo patrimonial que melhor satisfaça o débito cobrado. Ver STJ: AREsp 942.940/RJ.

b) *quando o imóvel for adquirido em* hasta pública (art. 130, parágrafo único, do CTN): refere-se ao leilão executado pelo Poder Público para a satisfação da dívida. O montante das dívidas existentes está incluído no montante pago pelo bem imóvel, cabendo à autoridade judicial zelar pela imediata quitação das dívidas.

Assim, "a arrematação tem o efeito de extinguir os ônus que incidem sobre o bem imóvel arrematado, passando este ao arrematante livre e desembaraçado dos encargos tributários".

Relativamente ao REsp 1.668.058/ES, a 2ª Turma do STJ entendeu que "o ente desapropriante não responde por tributos incidentes sobre o imóvel desapropriado nas hipóteses em que o período de ocorrência dos fatos geradores é anterior ao ato de aquisição originária da propriedade". O caso concreto versou sobre a responsabilidade por sucessão imobiliária, quanto ao IPTU e um taxa de coleta de resíduos, diante de uma desapropriação, pela União, de imóvel pertencente a empresa privada.

É sabido que a desapropriação é forma originária de aquisição da propriedade, não demandando nenhum título (dominial) anterior. Dessa forma, o bem expropriado trafega livre de quaisquer ônus que eventualmente pesavam sobre ele em momento precedente. O credor fica sub-rogado exclusivamente no preço. Tal cenário impede a imposição (ou repercussão) de ônus tributário sobre o bem por quem quer que seja (art. 35 do Decreto-Lei n.º 3.365/1941), até porque os institutos, conceitos e formas de direito privado não podem ter sua definição alterada pela lei tributária, a fim de que se limite competência tributária (art. 110, CTN).

Diante, portanto, do fato de que não há transferência de responsabilidade tributária (art. 130 do CTN) ao ente expropriante – e que, *ad argumentandum*, os

Cap. 8 – RESPONSABILIDADE TRIBUTÁRIA

163

fatos geradores ocorreram antes do ato expropriatório –, são inexigíveis, perante a União, os créditos tributários incidentes sobre o imóvel, devendo eventuais direitos creditórios, em favor da exequente, ser imputados ao expropriado.

Ver STJ: REsp 166.975/SP e REsp 1.668.058/ES. Ver STF: RE 599.176/PR.

2.ª Hipótese: art. 131, I, do CTN

Tal dispositivo tem sido interpretado pela doutrina como um comando afeto a *bens móveis*, uma vez que o precedente tratou de bens imóveis. Ademais, a doutrina tem concebido o art. 131 do CTN como designativo de responsabilidade exclusiva, afastando-se a responsabilidade dos devedores originais. Estes não responderão supletiva (ou subsidiária) ou solidariamente, já que o devedor sucedido (1) pode ter desaparecido (nos casos dos incisos II e III) ou (2) pode não ter relevância (inciso I).

No tocante à responsabilidade, haverá a assunção das dívidas, anteriores à aquisição, pelo adquirente ou remitente. Em relação à remição, aliás, o remitente será o responsável pessoal por aquele bem remido.

Importante salientar que o art. 131 não contém hipóteses de exceção à responsabilização, como o dispositivo anterior, havendo sempre a responsabilidade do adquirente.

3.ª Hipótese: art. 132 do CTN

O comando em análise versa sobre a sucessão empresarial pela extinção de pessoa jurídica. A pessoa jurídica resultante da operação societária – fusão, transformação, incorporação e cisão – será responsável pelas dívidas anteriores. Tal situação configura a responsabilidade *exclusiva* das empresas fusionadas, transformadas, incorporadas e cindidas, justificando a ausência de menção a estas últimas, pelo fato de que a cisão veio a ser regulada pela Lei das Sociedades Anônimas (Lei n.º 6.404/1976), publicada após a edição do Código Tributário Nacional (25.10.1966). No entanto, doutrina e jurisprudência entendem válida a extensão da regra à cisão.

Em 9 de setembro de 2020, o STJ concluiu o julgamento do REsp 1.848.993/SP, por meio do qual restou firmada a seguinte tese: "A execução fiscal pode ser redirecionada em desfavor da empresa sucessora para cobrança de crédito tributário relativo a fato gerador ocorrido posteriormente à incorporação empresarial e ainda lançado em nome da sucedida, sem a necessidade de modificação da Certidão de Dívida Ativa, quando verificado que esse negócio jurídico não foi informado oportunamente ao fisco". Trata-se do Tema 1.049 de Recursos Repetitivos.

O parágrafo único do art. 132 reza que a responsabilidade por sucessão será extensiva aos casos de *extinção* de pessoas jurídicas de direito privado, em situações de continuação da exploração da atividade por sócio remanescente, ou seu espólio, sob a mesma ou outra razão social, ou sob firma individual. Assim, a unidade econômica que ressurgir, continuada por sócio remanescente ou espólio, responderá pelas dívidas. Nesta situação, aplicaremos conjuntamente o art. 135, III, do CTN, a ser estudado, que faz menção à desconsideração da pessoa jurídica.

No tocante às multas, doutrina e jurisprudência têm entendido que a responsabilidade dos sucessores deve abrangê-las, pois elas integrariam o passivo da empresa sucedida. Parece-nos razoável, uma vez que a disposição legal se apresenta como ferramenta hábil a coibir possíveis fraudes em operações societárias que objetivam escapar das multas.

Súmula n.º 554 do STJ:"Na hipótese de sucessão empresarial, a responsabilidade da sucessora abrange não apenas os tributos devidos pela sucedida, mas também as multas moratórias ou punitivas referentes a fatos geradores ocorridos até a data da sucessão".

4.ª Hipótese: art. 133 do CTN

O presente dispositivo trata da chamada "sucessão comercial" – hipótese em que uma pessoa jurídica (ou física) adquire outra pessoa jurídica.

Quando há a continuação da exploração do empreendimento após sua aquisição, utilizando-se da estrutura organizacional anterior com a absorção da unidade econômica e da clientela do alienante, será possível a responsabilização do sucessor pelos tributos devidos até a data do ato translativo. Note, assim, que a responsabilidade dependerá da atividade a ser desempenhada pelo adquirente – se ele vai continuar a exploração da atividade ou não.

Além disso, é importante frisar que o adquirente poderá ser responsabilizado *integralmente* ou *subsidiariamente*, a depender do comportamento do alienante. Vejamos.

O adquirente responderá *integralmente* se o *alienante* cessar a exploração, não retomando qualquer atividade no período de seis meses, a contar da alienação. De outra banda, o adquirente responderá *subsidiariamente*, na situação em que o alienante não cessar a exploração comercial ou, interrompendo-a, retomar as atividades em até seis meses a contar da alienação. Neste caso, cobrar-se-á o tributo, em primeiro lugar, do alienante e, se este não resolver a obrigação, será ele exigido do adquirente.

Vale mencionar, ainda, a diferente situação em que não haverá responsabilidade do adquirente pelos tributos devidos: se ele *não continuar a respectiva exploração da atividade*.

Relativamente às multas, aliás, aplica-se o mesmo entendimento externado quando comentado o art. 132.

Por fim, registre-se que o art. 133 foi alterado pela LC n.º 118/2005, com a inclusão de três parágrafos, os quais analisaremos brevemente:

Pelo § 1.º, depreende-se que não haverá responsabilização do adquirente de uma empresa *em processo de falência* ou *em recuperação judicial*, no tocante a tributos devidos anteriormente à aquisição. Tal modificação tem como objetivo dar estímulo à realização de negócios, ofertando garantia ao adquirente, uma vez afastada a responsabilidade por sucessão. A nosso ver, esta inovação é muito positiva, pois proporciona a continuidade à empresa (gerando riquezas e mantendo empregos), ao mesmo tempo em que o produto da alienação torna-se de suma importância no processo de reabilitação do devedor.

O § 2.º, visando evitar fraudes, apresenta ressalvas ao parágrafo anterior, no caso de haver envolvimento do alienante com o devedor (parente, sócio etc.). Urge ressaltar que, havendo a utilização indevida dos institutos da recuperação, o adquirente responderá pelas dívidas.

Cap. 8 – RESPONSABILIDADE TRIBUTÁRIA **165**

O § 3.º, por sua vez, refere-se ao procedimento realizado quando da guarda do produto da alienação judicial, durante o qual será utilizada uma conta de depósito à disposição do juízo de falência, durante 1 (um) ano, sem possibilidade de saque, ressalvando-se o pagamento de créditos extraconcursais e aqueles créditos que preferem ao crédito tributário.

Ver STJ: REsp 1.786.311/PR.

8.1.2.3. Responsabilidade de terceiros

Tal responsabilidade se prende ao dever legal ou contratual que indivíduos (terceiros) devem observar em relação ao patrimônio alheio, normalmente pessoas naturais incapazes (menor, tutelado, curatelado) ou entes despidos de personalidade jurídica (espólio e massa falida).

O art. 134 trata da chamada *responsabilidade por transferência*, quando o dever de responsabilidade se apresenta posteriormente ao fato gerador, à semelhança dos arts. 130, 131, 132 e 133, já estudados. Ademais, é hipótese de responsabilidade *subsidiária*, em face da ordem de preferência recomendada no próprio *caput* do dispositivo.

O artigo seguinte, o art. 135, por sua vez, traz à baila a *responsabilidade por substituição*, na qual o dever de responsabilidade se apresenta concomitante ao fato gerador. Outrossim, é hipótese de responsabilidade *pessoal*.

Em suma, o CTN classificou os dois dispositivos (arts. 134 e 135) como indicadores de "responsabilidade por transferência". Vamos analisá-los:

(2017/Vunesp/Prefeitura de São José dos Campos-SP/Procurador) Nos casos de impossibilidade de exigência do cumprimento da obrigação principal pelo contribuinte, respondem solidariamente com este nos atos que intervierem ou pelas omissões de que forem responsáveis, determinadas pessoas que a lei específica, dentre as quais

a) o inventariante, pelos tributos devidos pelo espólio.

b) o adquirente, pelos tributos relativos aos bens adquiridos.

c) o espólio, pelos tributos devidos pelo *de cujus* até a data da abertura da sucessão.

d) o sucessor a qualquer título, pelos tributos devidos pelo *de cujus* até a data da abertura da sucessão.

e) a pessoa jurídica de direito privado que resultar de fusão, incorporação ou transformação de outra ou em outra.

Resposta: A

Comentários: CTN, art. 134. Nos casos de impossibilidade de exigência do cumprimento da obrigação principal pelo contribuinte, respondem solidariamente com este nos atos em que intervierem ou pelas omissões de que forem responsáveis. (...) IV – o inventariante, pelos tributos devidos pelo espólio.

8.1.2.4. A responsabilidade "solidária" do art. 134 do CTN

A responsabilidade definida como "solidária" neste artigo não é "solidária plena", mas, sim, *subsidiária*, pelo fato de não haver a discricionariedade para se definir de quem cobrar o débito. É que o dispositivo impõe que se cobre, primeiramente, do contribuinte; verificada a impossibilidade de receber deste, exigir-se-á o gravame do responsável.

Importante frisar que os contribuintes enumerados no dispositivo em estudo, embora sejam ora incapazes, ora despidos de personalidade jurídica, possuem capacidade tributária passiva, conforme o art. 126 do CTN.

Para se verificar a obrigação "solidária", é necessária a ocorrência simultânea de duas condições, conforme se prevê no *caput* do dispositivo:

a) que seja impossível a exigência do cumprimento da obrigação tributária principal do contribuinte (primeiro, o Fisco cobra deste);

b) que o responsável indicado tenha colaborado para o não pagamento do tributo, diante de ato ou omissão a ele atribuíveis, devendo a atuação do terceiro na administração do patrimônio do representado ter relação direta com o aparecimento da obrigação tributária não cumprida.

Assim, trata-se de nítida *responsabilidade subsidiária*, estando a Fazenda autorizada a acionar o terceiro se comprovar, no contribuinte, a ausência ou insuficiência de bens. Frise-se que, se houver a execução direta dos bens dos terceiros, estes poderão invocar o benefício de ordem para a satisfação da dívida, o que ratifica a subsidiariedade imanente ao dispositivo legal.

O parágrafo único, por sua vez, trata explicitamente da aplicação de *multas*. Somente a obrigação principal poderá ser exigida dos terceiros, excluindo-se o cumprimento dos deveres acessórios e a aplicação das penalidades, com exceção daquelas de *caráter moratório*. Por isso, somente são transferíveis as multas punitivas ao descumprimento da obrigação tributária principal. Aqui vale a aplicação da frase "cada um responde pelos seus atos".

Vejamos agora um breve detalhamento dos sete incisos do art. 134:

Inciso I: os pais são os representantes legais dos filhos menores, revestindo-se da qualidade de responsáveis, devendo zelar pelos seus bens e negócios;

Inciso II: os tutores e curadores são representantes legais dos tutelados e curatelados;

Inciso III: o administrador de bens será o responsável com relação ao patrimônio do terceiro por ele administrado;

Inciso IV: o inventariante, que é a pessoa que tem a incumbência de gerir o patrimônio do espólio até a prolação da sentença (art. 618 do CPC/2015), será responsável quanto às dívidas tributárias do espólio. Vale lembrar que durante a fase judicial do inventário é possível que apareçam novas dívidas (Exemplo: novos fatos geradores de IPVA, IPTU, IR). Assim, a propriedade de veículo automotor em 1.º de janeiro seguinte ao ano do falecimento do contribuinte definirá como *contribuinte* o próprio *espólio*, enquanto o *inventariante* será o *responsável tributário*;

Cap. 8 – RESPONSABILIDADE TRIBUTÁRIA

Inciso V: o síndico ou o comissário, pelos tributos devidos pela massa falida. Atualmente, com a nova terminologia, implantada pela Lei n.º 11.101/2005, os vocábulos "síndico" e "comissário" foram substituídos pelo termo *administrador judicial*, que, escolhido entre os maiores credores, deverá apurar a existência de direitos e de dívidas e o quadro de credores, além de vender ou ratear bens;

Inciso VI: Para evitar a responsabilização em análise, é comum que os serventuários de ofício exijam a comprovação do pagamento eventualmente incidente sobre os atos que devam praticar, antes até de praticá-los. Se não tomarem as cautelas, restando o tributo inadimplido, o tabelião ou registrador poderão ser subsidiariamente responsabilizados. Assim, só se pode exigir o pagamento do ITBI de um tabelião se a legislação qualificar sua responsabilidade pela falta de exigência das partes envolvidas do prévio recolhimento de seu valor, por ocasião da lavratura da escritura. Nesse passo, ademais, só se pode exigir o pagamento do ITCMD de um escrivão se não se puder realizar perante o espólio, por exemplo.

Inciso VII: os sócios, no caso de liquidação das "sociedades de pessoas". Estas sociedades caracterizam-se, especialmente, pela responsabilidade subsidiária e ilimitada dos sócios pelas dívidas sociais. Hodiernamente, não é comum depararmos com este tipo de empresa, uma vez que prevalece, diferentemente, a limitação da responsabilidade do sócio ao capital subscrito. Portanto, entendemos que esta regra não se aplica a estas empresas. Insta mencionar, a propósito, o posicionamento do STJ, que entende que as sociedades por quota de responsabilidade limitada *não* são sociedades de pessoas.

Ver STJ: REsp 1.591.419/DF, REsp 133.645/PR e REsp 1.775.269/PR .

8.1.2.5. A responsabilidade pessoal do art. 135 do CTN

Este dispositivo se refere à responsabilidade pessoal e exclusiva das pessoas discriminadas nos seus incisos I, II e III.

É que, geralmente, os representantes dos contribuintes extrapolam os limites legais e da boa-fé, motivo pelo qual se responsabiliza pessoalmente tal indivíduo, não se atingindo o contribuinte, quando houver (a) *excesso de poderes* ou (b) *infração da lei, contrato social ou estatutos* – condições à aplicação do preceptivo.

a) *Excesso de Poderes*: o terceiro age por própria conta, além dos poderes que o preceito legal, contratual ou estatutária lhe conferem, ou seja, subvertendo as atribuições que lhe foram outorgadas. Diversamente das hipóteses de omissão do art. 134, neste artigo temos notório comportamento comissivo. Exemplo: diretor de sociedade que obtém um bem imóvel, ciente que, pelo estatuto social, estava impedido de realiza-lo, sem o consentimento de todos os sócios. Recairá pessoalmente sobre ele a dívida do ITBI.

b) *Infração de lei, contrato social ou estatutos*: De acordo com a melhor doutrina, o descumprimento da obrigação tributária principal, livre de dolo ou fraude, somente representa mora da empresa, e não "infração legal" provocadora da responsabilidade pessoal. A atuação com dolo do gerente ou diretor é imprescindível, necessitando de ser provada cabalmente. O não pagamento, separadamente analisado, é "mera presunção" de infração à lei pelo gestor da pessoa jurídica. Além disso, a infração preceituada pelo art. 135 é subjetiva (e não objetiva), ou seja, dolosa, e é sabido que o dolo não é presumido. Salienta-se que o caso mais comum a criar a responsabilidade dos sócios-gerentes está no rompimento irregular de sociedade – forma evidente de infração à lei.

De acordo com os incisos do art. 135, temos que podem ser pessoalmente responsáveis: as pessoas referidas no artigo anterior; os mandatários, prepostos e empregados; os diretores, gerentes ou representantes de pessoas jurídicas de direito privado. Assim:

a) *pessoas constantes do art. 134 do CTN:* o comando, conforme se estudou, trata da responsabilidade "solidária", ou, em abono do rigor, *subsidiária*, posto que não se pode cobrar tanto de um como de outro, mas obedecendo-se um benefício de ordem. Em princípio, cobra-se do contribuinte; depois, exige-se do responsável. No entanto, se o responsável agir com excesso de poderes ou infração à lei, estatutos ou contrato, a responsabilidade passa a ser "pessoal". Curiosamente, atos de *infração de lei (estatuto ou contrato)* ou *excesso de poderes* podem ocorrer em benefício dos contribuintes discriminados no art. 134 – filho menor, espólio etc. – o que nos parece dar ensejo a uma *solidariedade* entre terceiros atuantes e contribuintes beneficiados.

b) *os mandatários, prepostos e empregados:* a responsabilização pessoal de mandatários, prepostos e empregados da empresa que tenham se beneficiado de excesso de poderes ou infração de lei, contrato social ou estatutos é comum. "(...) Esta responsabilidade pessoal, caso existente, deverá ser oportunamente apurada e comprovada pelo Fisco e debatida, ainda, em sede de Embargos do Devedor, caso venha a ser promovida a Execução Fiscal do débito (...)" (STJ, REsp 245.489/MG, 1.ª T., 09.05.2000, rel. Min. José Delgado, *DJ* de 05.06.2000, p. 129).

c) *os diretores, gerentes ou representantes de pessoas jurídicas de direito privado:* o preceito autoriza atingir a pessoa do diretor, gerente ou representante da pessoa jurídica. Entretanto, a regra é a personificação jurídica da sociedade e, portanto, ela é quem responde pelas obrigações sociais. Dessa forma, a aplicação da "Teoria da Desconsideração da Personalidade Jurídica", prevista no art. 50 do CC/2002, deve ser realizada em caráter excepcional, quando o administrador se beneficia do manto da personalidade jurídica para, atuando com má-fé, prejudicar credores da sociedade. A desconsideração da personalidade jurídica, embora tenha origem pretoriana (ou seja, nas decisões dos tribunais), está atualmente regulada pelo direito positivo brasileiro, podendo ser aplicada de forma mais ou menos ampla, a depender do ramo do direito e da regulação específica (por exemplo, Código Civil, Código de Defesa do Consumidor, lei trabalhista, lei tributária). A sistemática tem natureza casuística, ou seja, é aplicada pelos juízes, no julgamento de casos concretos, o qual pode imputar certas e determinadas relações de obrigações aos bens particulares dos sócios ou administradores da pessoa jurídica.

No tocante às *multas*, neste artigo, temos uma responsabilidade maior que a prevista nos artigos anteriores (arts. 130 a 134), uma vez que abrange, além dos tributos, todas as multas devidas pelo passivo original.

Importante ressaltar, quanto ao inciso III, que a melhor jurisprudência vai no sentido de que os sócios responsáveis são os detentores de poderes de administração quando da ocorrência do fato imponível. Se os gravames devidos referirem-se a período diferente deste, não gerarão sua responsabilidade pessoal.

Ao mesmo tempo, a doutrina considera este comando como determinante de *responsabilidade por substituição*, tendo em vista que o dever recai sobre o responsável desde o momento do fato gerador. Esta é a única hipótese de *substituição* regulada pelo Código Tributário Nacional.

Quanto à responsabilidade do sócio-gerente, não mais pertencente aos quadros societários, pela dissolução irregular da empresa executada, vale lembrar que a temática aguarda julgamento no STJ, sob a sistemática dos Recursos Repetitivos (Tema 962). A questão submetida a julgamento é a seguinte: "Discute-se a possibilidade de redirecionamento da execução fiscal contra o sócio que, apesar de exercer a gerência da empresa devedora à época do fato tributário, dela regularmente se afastou, sem dar causa, portanto, à posterior dissolução irregular da sociedade empresária".

Por derradeiro, à guisa de curiosidade, impende mencionar uma outra hipótese de responsabilidade tributária: a responsabilização do funcionário emissor de certidão fraudulenta, conforme o art. 208 do CTN. Este comando disciplina uma *responsabilidade pessoal* contra o funcionário emitente de certidão negativa inquinada de falsidade ideológica. Este ficará responsável pela diferença que não constou na certidão, além de responder administrativa e criminalmente. De modo diverso, se o funcionário agir culposamente, sem dolo, não será responsabilizado pelo crédito tributário, podendo apenas responder nas esferas penal e administrativa. Nosso entendimento, quanto ao tema, é que responsabilizar *pessoalmente* o servidor fazendário é contraproducente, devendo-se entendê-la como responsabilidade *solidária*, estando esta mais próxima ao ideal de justiça.

Ad argumentandum, insta citar uma outra hipótese de responsabilidade tributária, além daquelas dos arts. 134 e 135 do CTN: trata-se da responsabilização do funcionário emissor de certidão fraudulenta. Atente para o art. 208 do CTN: "A certidão negativa expedida com dolo ou fraude, que contenha erro contra a Fazenda Pública, responsabiliza pessoalmente o funcionário que a expedir, pelo crédito tributário e juros de mora acrescidos. Parágrafo único. O disposto neste artigo não exclui a responsabilidade criminal e funcional que no caso couber".

O comando em questão rege uma *responsabilidade pessoal*, quanto ao pagamento da dívida tributária, contra o funcionário que emitir uma certidão negativa maculada de falsidade ideológica.

Com razão, o funcionário em questão poderá ser alvo de responsabilização penal, atribuindo-se-lhe o crime de prevaricação, no mínimo, quando não o de corrupção passiva.

Entretanto, se o funcionário agir sem dolo, *exempli gratia*, com culpa, não haverá incidência da responsabilidade pelo crédito tributário, podendo exsurgir, a responsabilização disciplinar e a penal, no entanto.

Tal responsabilização *pessoal* do servidor público fazendário é contraditória, devendo-se aproveitá-la como responsabilidade *solidária*. Isso porque o servidor público, como se sabe, recebe, como regra, parcos salários, não se podendo imaginá-lo capaz a suprir créditos tributários "robustos". Ademais, proteger-se-ia o contribuinte não honesto, com um autêntico *escudo*, na pessoa do servidor. Dessa maneira, a responsabilidade mais consentânea com o ideal de justiça deve ser a *solidária*, a fim de se dar ensejo à eventual responsabilização do sujeito passivo originário.

Ver STJ: AgInt no REsp 1.646.648/SP, REsp 1.775.269/PR, REsp 1.371.128/RS-2014, REsp 1.520.257/SP-2015 e AgRg no AREsp 696.320/BA-2015.

8.1.2.6. *Responsabilidade por infrações – análise dos arts. 136 e 137 do CTN*

Para apuração da responsabilidade por infrações no direito tributário, adota-se, em princípio, a *teoria da responsabilidade objetiva*. Aquele que pratica o ato ilícito será responsabilizado, independentemente de culpa, desconsiderando-se também as circunstâncias que excluam ou atenuem a punibilidade. A aplicação de penalidades prescinde de provas da intenção do infrator, sendo irrelevante o nexo psicológico entre o agente e o resultado. Exemplo: em uma circulação de mercadoria sem nota fiscal, se o contribuinte escriturou a saída e recolheu o imposto, a falha persistiu e, por ela, independentemente de sua intenção (se houve dolo ou culpa), o omisso responderá.

No entanto, há uma ressalva legal, relacionada à edição de lei ordinária ("salvo disposição de lei em contrário..."), que permitirá aplicação e interpretação conflituosas ao tema em análise. Dessa forma, não há empecilho à possibilidade de infrações somente puníveis na modalidade "subjetiva" por lei ordinária.

Importante trazer à baila a discussão relacionada às multas. É notório que a multa fiscal tem caráter penal. Entretanto, por ocasião da infração tributária, há de se presumir que houve culpa do agente. Portanto, o contribuinte não deve ser punido quando agiu com *boa-fé*, sem intenção de lesionar o Estado, movido por razões incontroláveis. Neste caso seria oportuna a aplicação do *princípio da boa-fé*, visando excluir a imposição de multa.

O STJ, em 31 de março de 2014, publicou a Súmula n.º 509: "É lícito ao comerciante de boa-fé aproveitar os créditos de ICMS decorrentes de nota fiscal posteriormente declarada inidônea, quando demonstrada a veracidade da compra e venda".

Passemos agora à análise do art. 137 do CTN.

O inciso I do dispositivo dispõe que, se a infração é tão grave a ponto de ser tipificada como crime ou contravenção, a responsabilização da pessoa jurídica será afastada, atingindo-se os dirigentes, até mesmo com a pena privativa de liberdade (Lei n.º 8.137/1990). Geralmente, os crimes tributários são também infrações fiscais, implicando *sanções penais* e *sanções fiscais*. Vale lembrar que, no Brasil, não há previsão de responsabilização criminal da pessoa jurídica. Há duas ressalvas relativas a tal regra: a) infração realizada no "regular exercício da administração"; b) infração cometida no cumprimento de "ordem expressa emitida por quem de direito".

O inciso II dispõe que a lei poderá utilizar-se do elemento subjetivo para caracterizar a infração – dolo, culpa ou, até mesmo, *dolo específico*. Neste último, como se sabe, há uma manifestação deliberada do agente na consecução do resultado, tendo em mente uma finalidade especial. Portanto, se houver um objetivo especial do agente na prática do ilícito, o dolo específico será elementar e a punição será *pessoal*.

Cap. 8 – RESPONSABILIDADE TRIBUTÁRIA

Por fim, o inciso III prevê a possibilidade de infração cometida pelos gestores de interesses dos representados, com intenção de prejudicá-los, para obterem vantagem indevida. Nessa situação haverá a responsabilização pessoal do agente e não do sujeito passivo.

Ver STJ: AREsp 1.198.146/SP.

8.2. DENÚNCIA ESPONTÂNEA

A *denúncia espontânea* permite que o contribuinte compareça à repartição fiscal, *opportuno tempore*, a fim de declarar a ocorrência da infração e efetuar o pagamento de tributos em atraso, se houver. Tal instituto tem o fito de afastar a aplicação de multa ao contribuinte. "Juros" e "correção monetária" não são excluídos, já que esta integra o valor do tributo, enquanto aqueles compõem o traço remuneratório do capital. A doutrina, a par da jurisprudência em consolidação, defende a exclusão de qualquer penalidade sobre a irregularidade autodenunciada, excluindo-se tanto as multas *moratórias* ou *substanciais* quanto as *multas punitivas* ou *formais*. A posição da doutrina acerca do dispositivo em comento define tal comando como incompatível com qualquer punição, sendo a autodenúncia hábil a extinguir a punibilidade das infrações, na seara criminal. É que absolver administrativamente, de um lado, e condenar criminalmente, de outro, mostra-se incompatível com a ideia de Estado de Direito.

Vale salientar que o êxito da denúncia espontânea dar-se-á quando o Fisco for comunicado da infração ou receber o pagamento do gravame devido antes de começado qualquer procedimento fiscal. A formalização do início do procedimento é verificada pelo *Termo de Início de Fiscalização*, mencionado no art. 196 do CTN. Todavia, a espontaneidade ficará prejudicada apenas no tocante ao tributo objeto da fiscalização, podendo ser considerada válida em relação a dívidas tributárias diversas.

Relevante citar que o art. 138 do CTN comporta semelhança com o instituto da *consulta fiscal* que, enquanto pendente, mantém o contribuinte-consulente a salvo de penalidades pecuniárias (art. 161, § 2.º, do CTN).

Com relação aos tributos sujeitos ao lançamento por homologação, merece destaque a Súmula 360 do STJ, por meio da qual "O benefício da denúncia espontânea não se aplica aos tributos sujeitos a lançamento por homologação regularmente declarados, mas pagos a destempo".

8.3. QUADROS-SÍNTESE DO CAPÍTULO

TIPOS DE RESPONSABILIDADE TRIBUTÁRIA	
Responsabilidade por Substituição	A lei determina que terceiro substitua o contribuinte antes da ocorrência do fato gerador.
a) para trás (ICMS)	Configura-se pelo adiamento do recolhimento do tributo para um momento após a ocorrência do fato gerador.
b) para frente (ICMS)	Diz-se que o recolhimento do tributo é antecipado, sem que haja a definição do fato gerador.

Responsabilidade por Transferência	– Por solidariedade tributária passiva (arts. 124 e 125 do CTN); – Dos sucessores (arts. 130 a 133 do CTN); – De terceiros (art. 134 do CTN).
a) Solidariedade tributária passiva	– Natural: há indivíduos que têm interesse comum no fato que desencadeia a constituição do fato gerador da obrigação tributária principal. – Legal: há expressa determinação legal para a sua ocorrência. Obs.: Ambas não comportam benefício de ordem.
b) Responsabilidade dos sucessores	O sucessor assume todos os débitos tributários do sucedido, relativamente a fatos geradores ocorridos antes da data do ato ou fato que demarcou a sucessão, sendo irrelevante o andamento da constituição definitiva do crédito. – Hipóteses: 1. tributos incidentes sobre o bem *imóvel* de responsabilidade do adquirente – art. 130 do CTN (atenção: há exceções): 2. tributos incidentes sobre o bem *móvel* de responsabilidade do adquirente ou remitente – art. 131, I, do CTN; 3. sucessão empresarial pela extinção de pessoa jurídica: a pessoa jurídica resultante da operação societária – fusão, transformação, incorporação e cisão – será responsável pelas dívidas anteriores – art. 132 do CTN; Súmula 554 STJ. 4. exploração do empreendimento após sua aquisição, utilizando-se da estrutura organizacional anterior com a absorção da unidade econômica e da clientela do alienante: será possível a responsabilização do sucessor pelos tributos devidos até a data do ato translativo.
c) Responsabilidade de terceiros	– Responsabilidade "solidária" do art. 134 do CTN: nos casos de impossibilidade de exigência do cumprimento da obrigação principal pelo contribuinte, respondem solidariamente com este nos atos em que intervierem ou pelas omissões de que forem responsáveis pelas pessoas relacionadas na norma. Ex.: os pais, pelos tributos devidos por seus filhos menores. – Responsabilidade pessoal do art. 135 do CTN: são pessoalmente responsáveis pelos créditos correspondentes a obrigações tributárias resultantes de atos praticados com excesso de poderes ou infração de lei, contrato social ou estatutos as pessoas relacionadas na norma. Ex.: os mandatários, prepostos e empregados.
Responsabilidade por Infrações (Arts. 136 e 137 do CTN)	– Teoria da responsabilidade objetiva: independentemente de culpa, desconsiderando-se também as circunstâncias que excluam ou atenuem a punibilidade. A aplicação de penalidades prescinde de provas da intenção do infrator, sendo irrelevante o nexo psicológico entre o agente e o resultado. – Há ressalva legal, relacionada à edição de lei ordinária ("salvo disposição de lei em contrário..."). – Multas: aplicação do princípio da boa-fé. – Crimes ou contravenções: se a infração é tão grave a ponto de ser tipificada como crime ou contravenção, a responsabilização da pessoa jurídica será afastada, atingindo-se os dirigentes, até mesmo com a pena privativa de liberdade (Lei n.º 8.137/1990). – Infração cometida pelos gestores de interesses dos representados, com intenção de prejudicá-los, para obterem vantagem indevida: haverá a responsabilização pessoal do agente e não do sujeito passivo.

DENÚNCIA ESPONTÂNEA: permite que o contribuinte compareça à repartição fiscal, *opportuno tempore*, a fim de declarar a ocorrência da infração e efetuar o pagamento de tributos em atraso, se houver.

Consequência	O instituto visa afastar a aplicação de multa ao contribuinte. "Juros" e "correção monetária" não são excluídos, já que esta integra o valor do tributo, enquanto aqueles compõem o traço remuneratório do capital. A doutrina, a par da jurisprudência em consolidação, defende a exclusão de qualquer penalidade sobre a irregularidade autodenunciada, excluindo-se tanto as multas moratórias ou substanciais quanto as multas punitivas ou formais.

Momento	Quando o Fisco for comunicado da infração ou receber o pagamento do grava-me devido antes de começado qualquer procedimento fiscal. A formalização do início do procedimento é verificada pelo Termo de Início de Fiscalização (art. 196 do CTN).
Tributos sujeitos ao lançamento por homologação	Súmula 360, STJ – "O benefício da denúncia espontânea não se aplica aos tributos sujeitos a lançamento por homologação regularmente declarados, mas pagos a destempo".

8.4. QUESTÕES

1) **(2019/FCC/Auditor Fiscal) Sobre a responsabilidade tributária, o Código Tributário Nacional dispõe:**

I. A responsabilidade é pessoal ao agente, quanto às infrações conceituadas por lei como crimes ou contravenções, salvo quando praticadas no exercício regular de administração, mandato, função, cargo ou emprego, ou no cumprimento de ordem expressa emitida por quem de direito.

II. A pessoa natural ou jurídica de direito privado que adquirir de outra, por qualquer título, fundo de comércio e continuar a respectiva exploração, sob a mesma ou outra razão social, responde subsidiariamente pelos tributos, relativos ao fundo ou estabelecimento adquirido, devidos até a data do ato, se o alienante cessar a exploração do comércio, indústria ou atividade.

III. Haverá responsabilidade pessoal e exclusiva dos pais, pelos tributos devidos por seus filhos, bem como dos tutores e curadores, pelos tributos devidos por seus tutelados ou curatelados em todos os atos em que intervierem, exceto pelas omissões de que forem responsáveis.

IV. Os mandatários, prepostos e empregados são pessoalmente responsáveis pelos créditos correspondentes a obrigações tributárias resultantes de atos praticados com excesso de poderes ou infração de lei, contrato social ou estatutos.

Está correto o que se afirma APENAS em

a) I e II.

b) II e III.

c) I, II e IV.

d) III e IV.

e) I e IV.

Resposta: E

2) **(2019/Vunesp/TJ-RS/Titular de Serviços de Notas e de Registros) Ao dispor acerca da responsabilidade tributária, o Código Tributário Nacional estabelece que são pessoalmente responsáveis**

a) os tutores e curadores, pelos tributos devidos por seus tutelados ou curatelados.

b) os administradores de bens de terceiros, pelos tributos devidos por estes.

c) os tabeliães, escrivães e demais serventuários de ofício, pelos tributos devidos sobre os atos praticados por eles, ou perante eles, em razão do seu ofício.

d) os pais, pelos tributos devidos por seus filhos menores.

e) o adquirente ou o remitente, pelos tributos relativos aos bens adquiridos ou remidos.

Resposta: E

3) **(2019/Ieses/TJ-SC/Titular de Serviços de Notas e de Registros) Os tributos, em regra, devem ser exigidos da pessoa que realiza o fato gerador da obrigação tributária. Entretanto, a lei pode atribuir de modo expresso, em determinadas situações, a responsabilidade pelo crédito tributário a terceira pessoa, vinculada ao fato gerador da respectiva obrigação, excluindo a responsabilidade do contribuinte ou atribuindo-a a este em caráter supletivo do cumprimento total ou parcial da referida obrigação. No que tange à responsabilidade tributária, assinale a alternativa INCORRETA:**

a) Nas hipóteses de impossibilidade de exigência do cumprimento da obrigação principal pelo espólio, o inventariante responde solidariamente com este nos atos em que intervier ou pelas omissões de que for responsável, assim como ocorre com os tutores e curadores em relação aos tributos devidos por seus tutelados ou curatelados.

b) Em relação às infrações que decorram direta e exclusivamente de dolo específico, a responsabilidade é pessoal ao agente.

c) Os mandatários, prepostos e empregados não são pessoalmente responsáveis pelos créditos correspondentes a obrigações tributárias resultantes de atos praticados com excesso de poderes ou infração de lei, contrato social ou estatutos, contra seus mandantes, preponentes ou empregadores.

d) De acordo com o entendimento sumulado do Superior Tribunal de Justiça, o inadimplemento da obrigação tributária pela sociedade não gera, por si só, a responsabilidade solidária do sócio-gerente.

Resposta: C

4) **(2018/FGV/MPE-AL/Analista do Ministério Público) Com relação à responsabilidade tributária, analise as afirmativas listadas a seguir e assinale (V) para a afirmativa verdadeira e (F) para a falsa.**

( ) No caso de hasta pública de bem imóvel, os créditos tributários relativos a impostos cujo fato gerador seja a propriedade, o domínio útil ou a posse de bens imóveis se sub-rogam sobre o respectivo preço.

( ) Os administradores de bens de terceiros respondem, subsidiariamente, pelos tributos devidos pelos administrados, nos fatos geradores que tiverem intervindo.

( ) No caso de transformação societária, como a fusão, a pessoa jurídica resultante desta operação societária será responsável pelos tributos devidos até a data do ato, pelas pessoas jurídicas fusionadas.

Assinale a opção que apresenta a sequência correta, segundo a ordem apresentada.

a) V – V – F.

b) V – F – V.

c) V – F – F.

Cap. 8 – RESPONSABILIDADE TRIBUTÁRIA **175**

d)   F – V – F.

e)   F – V – V.

Resposta: B

5)   **(2018/Consulplan/Câmara de Belo Horizonte-MG/Procurador) Na hipótese de sucessão empresarial: fusão, cisão ou incorporação, é correto afirmar que, quanto à responsabilidade tributária,**

a)   o sucessor só responde pelos tributos devidos até a data da sucessão.

b)   o sucessor é responsável pelos tributos e multas até a data da sucessão.

c)   o sucessor não responde pelas multas tributárias, que têm caráter punitivo.

d)   o sucessor responde pelos tributos e multas devidos até o prazo prescricional.

Resposta: B

6)   **(2018/Funrio/AL-RR/Assessor Técnico Legislativo) Com relação ao tema Responsabilidade Tributária, é CORRETO afirmar que**

a)   finda a arrematação ocorrida em leilão, não pode o Fisco exigir qualquer diferença de crédito tributário do arrematante.

b)   a pessoa natural ou jurídica que adquirir fundo de comércio de outra e continuar sua exploração fica pessoal e integralmente responsável pelos tributos devidos até a data da aquisição.

c)   a responsabilidade dos sócios em matéria tributária será sempre pessoal nos casos em que a pessoa jurídica não tenha bens suficientes para o pagamento do crédito tributário.

d)   o Espólio será responsável tributário pelos fatos geradores ocorridos após a morte do *de cujus*.

Resposta: A

7)   **(2018/Cespe/PGM Manaus-AM/Procurador do Município) Julgue o item que se segue à luz do que dispõe o Código Tributário Nacional.**

O inventariante não pode ser solidariamente responsabilizado pelos tributos devidos pelo *de cujus*, referentes a fatos geradores anteriores à data da abertura da sucessão.

Resposta: Errado

8)   **(2017/Consulplan/TJ-MG/Titular de Serviços de Notas e de Registros) Acerca da responsabilidade tributária por infrações, é correto afirmar:**

a)   De acordo com o princípio da responsabilidade objetiva, a responsabilidade por infração à legislação tributária, via de regra, independe da intenção do agente, porém a extensão dos efeitos do ato interfere naquela responsabilidade.

b)   Certa pessoa jurídica é obrigada a entregar a declaração anual de imposto de renda, mas seu respectivo diretor descumpriu tal obrigação tributária acessória e, por ser o agente da infração, responde pessoalmente perante o Fisco.

c)   A entrega de declaração pelo contribuinte, reconhecendo o débito fiscal, constitui o crédito tributário, todavia não dispensa outras providências por parte do Fisco.

d) O benefício da denúncia espontânea não se aplica aos tributos sujeitos a lançamento por homologação regularmente declarados, mas pagos a destempo.

Resposta: D

9) **(2017/FMP Concursos/PGE-AC/Procurador do Estado) O art. 134, VII, do CTN menciona que são solidariamente responsáveis com o contribuinte em caso de impossibilidade de exigência os sócios, no caso de liquidação de sociedades de pessoas. Sobre isso, assinale a alternativa CORRETA.**

a) As sociedades limitadas são sociedades de pessoas e, portanto, os sócios deste tipo societário são solidariamente responsáveis em caso de liquidação.

b) Os sócios serão responsáveis apenas em caso de falência e, mesmo assim, apenas os sócios-gerentes.

c) Esta responsabilidade de todos os sócios somente ocorre em caso de falência fraudulenta e de forma automática.

d) O CTN está a referir apenas os sócios de sociedades de pessoas cujo tipo societário não seja o de responsabilidade limitada.

e) A responsabilidade limitada é instituto de direito comercial que não se aplica ao Fisco.

Resposta: D

10) **(2016/Vunesp/IPSMI/Procurador) Segundo o Código Tributário Nacional (CTN), a pessoa natural ou jurídica de direito privado que adquirir de outra, por qualquer título, fundo de comércio ou estabelecimento empresarial, e continuar a respectiva exploração, sob a mesma ou outra razão social ou sob firma ou nome individual, responde pelos tributos relativos ao fundo ou estabelecimento adquirido, devidos até a data do ato:**

a) integralmente, se o alienante cessar a exploração do comércio, indústria ou atividade.

b) solidariamente com o alienante, se este prosseguir na exploração ou iniciar dentro de seis meses, a contar da data da alienação, nova atividade no mesmo ou em outro ramo de comércio, indústria ou profissão.

c) integralmente, se o alienante prosseguir na exploração ou iniciar dentro de seis meses, a contar da data da alienação, nova atividade no mesmo ou em outro ramo de comércio, indústria ou profissão.

d) subsidiariamente com o alienante, se este prosseguir na exploração ou iniciar dentro de três meses, a contar da data da alienação, nova atividade no mesmo ou em outro ramo de comércio, indústria ou profissão.

e) solidariamente, se o alienante cessar a exploração do comércio, indústria ou atividade, mesmo na hipótese de alienação judicial em processo de falência.

Resposta: A

Crédito Tributário

9.1. CRÉDITO TRIBUTÁRIO

O crédito tributário (art. 139 do CTN) torna-se exigível a partir do lançamento tributário, que é o ato administrativo pelo qual se dá exigibilidade à obrigação tributária, quantificando-a (*quantum debeatur*) e qualificando-a (*an debeatur*). Neste momento, a relação jurídico-tributária passa a ser vista pelo contribuinte como obrigação tributária e pelo Fisco como crédito tributário.

Considerando a perspectiva interdisciplinar entre o Direito Tributário e o Direito Penal, a 1.ª Turma do STF, em 29 de maio de 2018, no HC 121.798 (rel. Min. Marco Aurélio), entendeu que não há necessidade de constituição do crédito tributário, com a prévia existência de um procedimento administrativo-fiscal, para a configuração do crime de descaminho (CP, art. 334), haja vista a natureza formal do delito, ou seja, a característica do crime que não exige, para a sua consumação, um resultado naturalístico, independendo de um resultado.

9.2. O LANÇAMENTO

O lançamento, que está conceituado no art. 142 do CTN, é o ato por meio do qual se declara a obrigação tributária proveniente do fato gerador, operando-se efeitos *ex tunc*, em total consonância com o princípio da irretroatividade tributária. Daí se falar na *feição declaratória* do lançamento. A bem da verdade, é o fato gerador que opera efeitos *ex nunc*, por se tratar de ato criador de direitos e deveres, configurando-se como um *ato constitutivo*. Todavia, diz-se que o lançamento "constitui o crédito tributário", o que lhe revestiria da feição constitutiva do crédito. Portanto, podemos considerar lançamento como um instrumento de natureza jurídica mista – constitutivo (do lançamento) e declaratório (da obrigação tributária).

Insta mencionar que o lançamento é ato administrativo vinculado, não autoexecutório e privativo do Fisco, podendo haver, em seu processamento, uma participação maior ou menor do contribuinte no ato de lançar. De acordo com o CTN, são previstas as seguintes espécies de lançamento, em virtude da intensidade dessa participação do contribuinte:

a) lançamento direto, de ofício ou *ex officio* (art. 149, I);
b) lançamento misto ou por declaração (art. 147);
c) lançamento por homologação ou autolançamento (art. 150).

DIREITO TRIBUTÁRIO ESSENCIAL – *Eduardo Sabbag*

(2018/Vunesp/PGE-SP/Procurador do Estado) Após a ocorrência do fato gerador, inovação legislativa amplia os poderes de investigação da Administração Tributária. Nessa circunstância, de acordo com o Código Tributário Nacional, é correto afirmar:

a) a autoridade poderá aplicar amplamente a lei nova, inclusive para alterar o lançamento, até a extinção do crédito tributário.

b) a autoridade poderá aplicar os novos critérios de apuração exclusivamente em casos de lançamento por homologação.

c) a lei nova apenas poderá ser aplicada pela autoridade se, e somente se, seus critérios resultarem em benefício para o contribuinte.

d) a autoridade competente não poderá aplicar a lei nova ao fato gerador pretérito, ocorrido anteriormente à sua vigência.

e) a lei nova será aplicada pela autoridade competente na apuração do crédito tributário respectivo até a finalização do lançamento.

Resposta: E

Comentários: Art. 144: "O lançamento reporta-se à data da ocorrência do fato gerador da obrigação e rege-se pela lei então vigente, ainda que posteriormente modificada ou revogada.

§ 1º Aplica-se ao lançamento a legislação que, posteriormente à ocorrência do fato gerador da obrigação, tenha instituído novos critérios de apuração ou processos de fiscalização, ampliado os poderes de investigação das autoridades administrativas, ou outorgado ao crédito maiores garantias ou privilégios, exceto, neste último caso, para o efeito de atribuir responsabilidade tributária a terceiros".

(2015/Consulplan/TJMG/Titular de Serviços de Notas e de Registro) É correto afirmar que o lançamento, disciplinado pelo Código Tributário Nacional

a) não é ato privativo da autoridade administrativa e pode, portanto, ser delegado ao contribuinte.

b) é um procedimento administrativo facultativo.

c) é um procedimento administrativo discricionário.

d) é um procedimento administrativo por meio do qual a autoridade fiscal pode aplicar penalidade.

Resposta: D

Comentários: A fundamentação encontra-se expressa no art. 142 do Código Tributário Nacional. Acompanhe: "Compete privativamente à autoridade administrativa constituir o crédito tributário pelo lançamento, assim entendido o procedimento administrativo tendente a verificar a ocorrência do fato gerador da obrigação correspondente, determinar a matéria tributável, calcular o montante do tributo devido, identificar o sujeito passivo e, sendo caso, propor a aplicação da penalidade cabível".

(2015/Consulplan/TJMG/Titular de Serviços de Notas e de Registro) A respeito da prescrição e da decadência no direito tributário, é correta a afirmação:
   a) Assim como no Direito Civil, o pagamento de crédito prescrito não gera direito à restituição do valor pago, tendo em vista que a prescrição não atinge o direito material.
   b) Caso tenha havido pagamento parcial de tributo sujeito a lançamento por homologação, o direito de a Fazenda Pública constituir o crédito tributário conta-se a partir da data da ocorrência do fato gerador, ainda que tenha havido dolo, fraude ou simulação.
   c) A realização de protesto judicial suspende a prescrição da cobrança do crédito tributário.
   d) Em regra, no caso de lançamento por homologação, caso não haja pagamento do tributo na data devida, o direito de a Fazenda Pública constituir o crédito tributário extingue-se após cinco anos, contados do primeiro dia do exercício seguinte àquele em que o lançamento poderia ter sido efetuado.

Resposta: D
Comentários: A assertiva A está incorreta, conforme dispõe o art. 165, do CTN: "O sujeito passivo tem direito, independentemente de prévio protesto, à restituição total ou parcial do tributo, seja qual for a modalidade do seu pagamento, ressalvado o disposto no § 4.º do artigo 162, nos seguintes casos (...)".

A assertiva B também está incorreta, conforme fundamentação expressa do art. 150, § 4.º: "Se a lei não fixar prazo à homologação, será ele de cinco anos, a contar da ocorrência do fato gerador; expirado esse prazo sem que a Fazenda Pública se tenha pronunciado, considera-se homologado o lançamento e definitivamente extinto o crédito, salvo se comprovada a ocorrência de dolo, fraude ou simulação".

A alternativa C está igualmente incorreta, segundo os ditames do art. 174, parágrafo único, do CTN: "A prescrição se interrompe: I – pelo despacho do juiz que ordenar a citação em execução fiscal; II – pelo protesto judicial; III – por qualquer ato judicial que constitua em mora o devedor; IV – por qualquer ato inequívoco, ainda que extrajudicial, que importe em reconhecimento do débito pelo devedor".

E, finalmente, correta a assertiva D, em conformidade com o art. 173, I, do CTN, no que tange à tributo não declarado e não pago. "O direito de a Fazenda Pública constituir o crédito tributário extingue-se após 5 (cinco) anos, contados: I – do primeiro dia do exercício seguinte àquele em que o lançamento poderia ter sido efetuado".

9.2.1. Lançamento direto ou unilateral

É aquele lançamento realizado pela autoridade fiscal que, dispondo de dados suficientes em seus registros para efetuar a cobrança da exação, constitui o crédito tributário dispensando o auxílio do contribuinte. É também conhecido como lançamento de ofício ou *ex officio*.

Memorize: o lançamento direto ou de ofício é procedimento constitutivo do crédito de iniciativa da Administração.

Exemplos: IPTU (lançamento *de ofício*, por excelência), IPVA, taxas e contribuição de melhoria.

9.2.2. Lançamento misto ou "por declaração"

Nessa espécie, o Fisco constitui o crédito tributário a partir de informações fornecidas pelo contribuinte por meio de declaração, sem as quais o lançamento ficaria prejudicado.

Memorize: o lançamento misto é um procedimento constitutivo do crédito de iniciativa da Administração.

Exemplos: o imposto de importação e o imposto de exportação.

9.2.3. Lançamento por homologação ou "autolançamento"

No lançamento por homologação, o contribuinte participa direta e ativamente de sua formatação (cálculo e pagamento do tributo), cabendo ao Fisco tão somente o procedimento homologatório.

Memorize: o lançamento por homologação é um procedimento constitutivo do crédito de iniciativa do contribuinte.

Exemplos: ICMS, IR, IPI, PIS, COFINS, CSLL, entre tantos outros tributos, representando o maior volume de arrecadação.

(2017/Vunesp/Ipresb-SP/Controlador Interno) O lançamento por homologação consiste

a) no ato do contribuinte que, antecipando-se à ação do Fisco, recolhe o tributo devido, sem necessidade de confirmação posterior por parte da administração tributária.

b) no ato da autoridade administrativa de constituição do crédito tributário baseado em declaração do sujeito passivo ou de terceiro a respeito de informações sobre matéria de fato, indispensáveis à sua efetivação.

c) no procedimento administrativo tendente a verificar a ocorrência do fato gerador da obrigação correspondente, determinar a matéria tributável, calcular o montante do tributo devido e identificar o sujeito passivo.

d) no ato da autoridade administrativa que, tomando conhecimento da antecipação de pagamento efetivada pelo sujeito passivo sem prévio exame, expressamente ou tacitamente a homologa.

e) no ato da autoridade administrativa de constituição do crédito tributário por iniciativa própria quando a declaração não seja prestada, por quem de direito, no prazo e na forma da legislação tributária.

Resposta: D

Comentários: CTN, art. 150. O lançamento por homologação, que ocorre quanto aos tributos cuja legislação atribua ao sujeito passivo o dever de antecipar o pagamento sem prévio exame da autoridade administrativa, opera-se pelo ato em que a referida autoridade, tomando conhecimento da atividade assim exercida pelo obrigado, expressamente a homologa.

9.3. A DECADÊNCIA

A decadência, no Direito Tributário, refere-se ao decaimento (ou perecimento) do estatal direito de constituição do crédito tributário pelo lançamento. Sua ocorrência prevê a extinção do crédito tributário (art. 156, V, do CTN).

Nessa medida, o Fisco tende a proceder ao lançamento com o intuito de prevenir-se contra a decadência, ainda que o crédito esteja com a exigibilidade suspensa (STJ, EDIvREsp 572.603/PR e REsp 119.156/SP).

Importante é mencionar algumas características da decadência: (a) atinge o direito subjetivo do sujeito ativo; (b) sempre decorre de lei; (c) aplicam-se, à decadência, os princípios da legalidade e da segurança jurídica; (d) só podemos falar em decadência, antes do lançamento. O lançamento pode ser compreendido como a "notificação expedida", conforme se nota na parte final da Súmula 622 do STJ, publicada em dezembro de 2018: "A notificação do auto de infração faz cessar a contagem da decadência para a constituição do crédito tributário; exaurida a instância administrativa com o decurso do prazo para a impugnação ou com a notificação de seu julgamento definitivo e esgotado o prazo concedido pela Administração para o pagamento voluntário, inicia-se o prazo prescricional para a cobrança judicial"; (e) em tese, se houver decadência, não haverá prescrição; (f) o tributo atingido pela decadência poderá ser restituído.

9.3.1. A decadência no CTN

O CTN apresenta dois dispositivos que devem ser analisados quando do estudo da decadência: art. 173, I, e art. 150, § 4.º.

No art. 173, I, encontramos a previsão do *dies a quo* como *o primeiro dia do exercício seguinte àquele em que o lançamento poderia ter sido efetuado*. Neste caso, o lançamento poderá ser efetuado no próprio exercício em que ocorrer o fato gerador, garantindo prazo um pouco maior que aquele previsto no art. 150, § 4.º, do CTN, o que representa à Fazenda Pública uma maior possibilidade para lançar.

Já o art. 150, § 4.º, do CTN prevê o marco inicial como *a data do fato gerador*. Importante é frisar que o transcurso *in albis* do quinquênio decadencial, sem que haja conferência expressa, provocará a homologação tácita do lançamento, perdendo o Fisco o direito de lançar, de modo suplementar, uma eventual diferença. A aplicação do art. 150, § 4.º, do CTN deverá ser ressalvada nas seguintes situações:

a) se a lei não fixar outro prazo para a homologação, o que só poderá fazê-lo para menos, conforme posição unânime da doutrina;

b) se houver prova da ocorrência de dolo, fraude ou simulação, caso em que será aplicado o art. 173, I, do CTN. Ver STJ: REsp 973.733-SC.

Pode-se dizer, em suma, que o STJ prevê duas hipóteses para a utilização dos artigos em comento:

a) *Aplicação exclusiva do art. 173, I, do CTN*: quando não há o pagamento do tributo, não há homologação a ser realizada, pois falta objeto ao lançamento por homologação, na visão uníssona do STJ.

Note a jurisprudência do STJ: "Se não houve pagamento antecipado pelo contribuinte, é cabível o lançamento direto substitutivo, previsto no art. 149, V, do CTN, e o prazo decadencial rege-se pela regra geral do art. 173, I, do CTN. Precedentes da 1.ª Seção" (2.ª T., REsp 445.137/MG, rel. Min. Castro Meira, em agosto de 2006).

A esse propósito, já se afirmara a Súmula 219 do TFR (extinto Tribunal Federal de Recursos): "Não havendo antecipação do pagamento, o direito de constituir o crédito previdenciário extingue-se decorridos 5 (cinco) anos do primeiro dia do exercício seguinte àquele em que ocorreu o fato gerador". Atualmente, tem-se a Súmula n.º 555 do STJ, por meio da qual: "Quando não houver declaração do débito, o prazo decadencial quinquenal para o Fisco constituir o crédito tributário conta-se exclusivamente na forma do art. 173, I, do CTN, nos casos em que a legislação atribui ao sujeito passivo o dever de antecipar o pagamento sem prévio exame da autoridade administrativa".

b) *Aplicação cumulativa dos arts. 150, § 4.º, e 173, I, ambos do CTN*: neste caso, o prazo decadencial encontrou lastro na intitulada tese dos cinco mais cinco, sendo que o *marco inicial* do prazo do art. 173 é o primeiro dia do exercício seguinte ao do *dies ad quem* do prazo do art. 150, § 4.º, do CTN. A jurisprudência do STJ sempre foi farta nessa direção (REsp 58.918-5/RS-1995; REsp 463.521/PR-2003; e tantos outros exemplos).

A doutrina unânime rapidamente se formou no sentido de discordar dessa interpretação, o que foi seguido, aos poucos, pela jurisprudência do STJ (REsp 638.962/PR-2005; AgRgEREsp 216.758/SP-2006).

Importante é mencionar que o cálculo do art. 150, § 4.º pode gerar dúvidas nas situações em que inexistir o pagamento antecipado.

Para o STJ, deve-se calcular o prazo de decadência com base no art. 173, I, do CTN (STJ, EREsp 101.407/SP-2000). Ricardo Lobo Torres, Sacha Calmon Navarro Coêlho, Luciano Amaro e Paulo de Barros Carvalho adotam pensamento idêntico.

Entretanto, para uma parte da doutrina, a aplicação do art. 150, § 4.º, do CTN deverá ocorrer mesmo que não haja pagamento antecipado. A propósito, para Hugo de Brito Machado Segundo, homologa-se a "atividade" que motivou o pagamento, e não o "pagamento", lembrando o eminente autor que o *caput* menciona o termo "atividade". Embora louvável tal entendimento, entendemos que se choca com a jurisprudência sedimentada do STJ, além de posição adotada pelos Conselhos de Contribuintes do Ministério da Fazenda e da Câmara Superior de Recursos Fiscais (CSRF, 1.ª C., Proc. 10680.004198/2001-31/j. 2004; CSRF, 1.ª C., Proc. 10980.010992/1999-45/j. 2002).

Posto isso, consoante o entendimento do STJ, concluímos que, para os lançamentos por homologação, será utilizado o art. 150, § 4.º, do CTN, nos casos típicos de antecipação de pagamento, e o art. 173, I, do CTN, nos casos de ausência de antecipação, lembrando que ainda hoje persiste a defesa, embora com menos força, da aplicação cumulativa dos artigos nesta hipótese.

9.3.1.1. A decadência e a anulação do lançamento anterior

Após o trânsito em julgado da *decisão* que anular o lançamento originário, o prazo de decadência de cinco anos é reaberto para que se faça novo lançamento. É o que se depreende do inc. II do art. 173 do CTN. A doutrina majoritária tem entendido que tal decisão pode ser administrativa ou judicial.

Importante salientar que o dispositivo se refere a *vício formal*, que é aquele inerente ao procedimento do lançamento, e não a vícios materiais, ou seja, aqueles intimamente ligados ao cerne da obrigação tributária, *v.g.*, a inexistência de fato gerador, a atribuição ilegal de responsabilidade, as situações de imunidade etc.

No tocante à possibilidade de se rotular o fenômeno de "interrupção de prazo decadencial", parte da doutrina e da jurisprudência assegura que a decadência não se interrompe nem se suspende, correndo o prazo decadencial sem solução de continuidade (ver, na doutrina: Ives Gandra Martins, Vittorio Cassone, Fabio Fanucchi, Hugo de Brito Machado, Kiyoshi Harada, entre outros; na jurisprudência, ver STJ: REsp 332.366/MG).

Diversamente, outra parte defende a ideia de que a decadência admite, sim, interrupção. Compartilham desse entendimento José Eduardo Soares de Melo, Alcides Jorge Costa, Ricardo Lobo Torres, Paulo de Barros Carvalho, Luciano Amaro, entre outros.

A nosso ver, esta regra, interruptiva ou não, ao definir um prazo excessivamente elástico, beneficia o erário no seu próprio erro. Embora seja notória a supremacia do interesse público sobre o particular, tal comando premia a desídia e imperícia governamentais e enaltece o administrador incompetente.

9.3.1.2. A decadência e a medida preparatória de lançamento

O parágrafo único do art. 173 do CTN prevê uma antecipação do termo inicial do prazo decadencial, ou seja, o *dies a quo* é deslocado, antecipadamente, do primeiro dia do exercício seguinte àquele em que o lançamento poderia ter sido efetuado para a data da medida preparatória do lançamento. Caso o prazo decadencial já tenha sido iniciado por força do inc. I do art. 173, não será possível aplicar o dispositivo, provocando alteração no prazo decadencial já iniciado (Nesse sentido: Eurico Marcos Diniz de Santi, Sacha Calmon Navarro Coêlho, Alexandre Barros Castro, Hugo de Brito Machado, entre outros).

9.4. A DECADÊNCIA E A LEI COMPLEMENTAR

O art. 146, III, *b*, da CF dispõe que "cabe à lei complementar estabelecer normas gerais em matéria de legislação tributária, especialmente sobre obrigação, lançamento, crédito, prescrição e decadência tributários (...)".

A lei complementar, citada no dispositivo constitucional, é o próprio Código Tributário Nacional (Lei n.º 5.172/1966) – uma lei ordinária, que foi elevada à categoria de lei complementar, em razão principalmente do seu objeto. Interpretando-se o art. 146 da CF à luz do art. 1.º do CTN, que indica as matérias afetas à lei complementar, e, finalmente, comparando-as com a estrutura dogmática do próprio Código Tributário Nacional, chega-se à conclusão já expendida, podendo-se inferir que o CTN deve ser modificado apenas por nova lei complementar ou por normas que lhe forem hierarquicamente superiores.

DIREITO TRIBUTÁRIO ESSENCIAL – *Eduardo Sabbag*

A supremacia da lei complementar no que lhe competir privativamente pode ser justificada por sólidos argumentos, os quais se mostram a nós bastante acreditáveis: (I) se assim não for, o art. 146 da CF será transmutado em "letra morta"; (II) o princípio federativo não pode se sobrepor ao princípio da segurança jurídica, que ficaria comprometido com a convivência multifacetada de prazos. Com efeito, é notório que a lei complementar tem papel unificador, com importante função garantística, ratificando o pacto federativo.

9.4.1. A decadência e o prazo decenal das contribuições sociais previdenciárias

De acordo com o art. 45 da Lei n.º 8.212/1991, "o direito de a Fazenda Pública constituir o crédito tributário extingue-se após 10 (dez) anos, contados: I – do primeiro dia do exercício seguinte àquele em que o crédito poderia ter sido constituído. II – da data em que se tornar definitiva a decisão que houver anulado, por vício formal, o lançamento anteriormente efetuado".

O artigo supramencionado foi contestado severamente pela doutrina, que afirmava ser o dispositivo inconstitucional, considerando prevalecente o prazo quinquenal contido no CTN, sobretudo em virtude da Súmula 108 do extinto TFR: "A Constituição do crédito previdenciário está sujeita ao prazo de decadência de cinco anos". Sempre se argumentou que, embora a decadência fosse proveniente do direito privado, o CTN disciplinará a matéria, à luz do princípio da segurança jurídica.

Em 2008, o STF, seguindo o entendimento do STJ, sacramentou a posição majoritária da doutrina, editando a *Súmula Vinculante 8*, com o seguinte teor: "São inconstitucionais o parágrafo único do art. 5.º do Dec.-lei n.º 1.569/1977 e os arts. 45 e 46 da Lei n.º 8.212/1991, que tratam de prescrição e decadência de crédito tributário". Posteriormente, o art. 45 foi revogado pela LC n.º 128/2008.

9.5. A PRESCRIÇÃO

A prescrição tributária é o fato jurídico que implica a perda do direito de ajuizamento da ação de execução fiscal. Insere-se a prescrição no bojo do direito processual. Verificada a sua ocorrência, nula será a ação executiva (art. 803, I, do CPC/2015), e extinto estará o crédito tributário (art. 156, V, do CTN). Este inciso, aliás, traz a associação da extinção do crédito tributário à prescrição e à decadência. De fato, a prescrição é causa extintiva do crédito tributário. Equivocadamente, o CTN prevê tal extinção à decadência. É cediço que a decadência não pode extinguir algo que não nasceu e que, com ela, ficaria proibido de nascer.

O STF, há muito, adota o entendimento de que até o lançamento seria possível a ocorrência da decadência (STF, ERE 94.462-1/SP-1982). A partir da última decisão administrativa da qual não coubesse mais recurso, com a constituição definitiva do crédito tributário, ter-se-ia o *dies a quo* para a contagem da prescrição.

Ver STJ: Súmula 622, REsp 332.366/MG-2002, REsp 435.896/SP-1996 e REsp 88.578/SP-2004.

Podemos identificar alguns pontos em comum entre a prescrição e a decadência. Vejamos:

Cap. 9 – CRÉDITO TRIBUTÁRIO

a) são causas extintivas do crédito tributário (art. 156, V, do CTN);

b) extinguem o direito subjetivo, ou seja, o de exercer uma conduta diante da ocorrência de um fato;

c) surgem da realização do fato jurídico de omissão no exercício de um direito, que se extingue, caso ele não seja exercido durante um período de tempo;

d) provocam uma espécie de autofagia do direito, interrompendo o processo de positivação do direito tributário;

e) nascem da relação "direito *versus* tempo", garantindo a expectativa de segurança jurídica;

f) encontram respaldo em lei de normas gerais, o próprio CTN, conforme o art. 146, III, *b*, da CF (*v.g.*, a prescrição, no art. 174 do CTN, e a decadência, no art. 173 do CTN);

g) podem ter seus prazos interrompidos ou suspensos. Ver STJ, REsp 332.366/MG-2002 e REsp 575.991/SP-2005;

h) podem ser reconhecidas de ofício pelo juiz ou a requerimento (art. 487, II, do CPC/2015);

i) admitem a restituição do tributo "decaído" ou "prescrito";

j) não se aplicam ao FGTS as disposições do CTN relativas à decadência e à prescrição. Ver STF: RE 100.249/SP-1987, RE 134.328/DF-1993 e RE 120.189/SC-1998. Ver STJ: REsp 703.347/SC-2005, REsp 396.275D PR-2002 e REsp 383.885D PR-2002. Em relação à prescrição trintenária do FGTS, subsistem algumas súmulas defendendo-a: Súmulas 43 e 57 do TRF-4.ª Reg. e a Súmula 210 do STJ. Esta é de extrema importância para o STJ que, desde 1990, tem entendido correta a prescrição trintenária para o FGTS. Ver STJ: REsp 35.124/MG-1997, REsp 129.197/SC-1997, REsp 113.586/AL-1997, REsp 63.401/MG-1995 e REsp 1.635.047/RS. Ver STF: ARE 709.212-2014 e RE 522.897.

O prazo para a contagem do quinquênio prescricional tem início no momento da *constituição definitiva do crédito tributário*, conforme reza o art. 174 do CTN. Em outras palavras, pode-se dizer que o termo *a quo* decorre do momento em que o crédito tributário se torna indiscutível, ou seja, quando não se admitir qualquer recurso administrativo a seu respeito.

Tal ocorrência pode se verificar em momentos distintos. Caso o sujeito passivo não procure discutir o débito, a constituição definitiva do crédito tributário ocorrerá ao término do prazo permitido para fazê-lo, sendo este de 30 dias na esfera administrativa federal. De outra forma, se o contribuinte impugnar o débito, o início da contagem do prazo prescricional dar-se-á quando da ocorrência da última decisão administrativa, da qual não caiba mais recurso.

Ver STJ: EAREsp 407.940/RS, REsp 1.658.517/PA e REsp 1.658.517/PA.

Com relação ao IPTU (tributo lançado de ofício), o STJ firmou tese, sob a sistemática dos Recursos Repetitivos, apontando que o "O termo inicial do prazo prescricional da cobrança judicial do Imposto Predial e Territorial Urbano – IPTU inicia-se no dia seguinte à data estipulada para o vencimento da exação" (Tema 980).

Ver STJ: Súmula 397.

DIREITO TRIBUTÁRIO ESSENCIAL – *Eduardo Sabbag*

(2015/FGV/Codemig/Advogado Societário) A ação para a cobrança do crédito tributário, nos termos das normas do Código Tributário Nacional, prescreve em cinco anos, contados:

a) do primeiro dia do exercício seguinte àquele em que o lançamento poderia ter sido efetuado.

b) do respectivo vencimento, nos termos da legislação tributária.

c) da data em que se tornar definitiva a decisão que houver anulado, por vício formal, o lançamento anteriormente efetuado.

d) da data da sua constituição definitiva.

e) da data em que tenha sido iniciada a constituição do crédito tributário pela notificação, ao sujeito passivo, de qualquer medida preparatória indispensável ao lançamento.

Resposta: D

Comentários: Trata-se da literalidade do art. 174 no Código Tributário Nacional. Entretanto, salienta-se que, segundo o STJ, além da constituição definitiva do crédito tributário, o vencimento deste deve ser aguardado para que a ação de cobrança possa ser ajuizada. Portanto, a rigor, o prazo prescricional deve ser iniciado com a constituição definitiva do crédito tributário e desde que já escoado seu prazo de vencimento.

9.5.1. A prescrição e a dívida ativa

A não satisfação do débito perante a Fazenda Nacional ocasionará a inscrição do crédito tributário em dívida ativa. Com isso, tem-se a habilitação para proposição da ação de execução fiscal, com fulcro na Lei n.º 6.830/1980.

O sujeito passivo poderá propor embargos à execução após a garantia do juízo, no prazo de 5 dias, com o intuito de extinguir a execução fiscal preexistente no prazo de 30 dias, a contar da: (I) data do depósito; (II) juntada da prova da fiança bancária; ou (III) intimação da penhora (art. 16, I, II e III, da LEF). Vale mencionar a possibilidade de o executado valer-se da exceção de pré-executividade.

Ver STJ: REsp 1.457.991/RN-2014, REsp 1.437.078/RS-2014 e REsp 1.409.688/SP-2014.

9.5.2. A prescrição e os lançamentos por homologação

Nos lançamentos por homologação, o contribuinte, antecipadamente ao fato gerador, entrega ao Fisco a declaração pertinente, contendo o valor do gravame a ser satisfeito. Tal declaração representa a constituição do débito por iniciativa do contribuinte. Nos casos em que o pagamento for suficiente e correto, ocorrerá a homologação tácita ou expressa, extinguindo definitivamente o crédito tributário, não se falando em prescrição, nem tampouco em decadência. Se o contribuinte não declara e, evidentemente, nada recolhe, não há constituição do crédito tributário, portanto não se cogitará da prescrição, sendo possível arguir a decadência.

A dificuldade na interpretação do tema aparece na situação em que o pagamento efetuado não equivale ao valor declarado corretamente. O STF e o STJ, sob críticas da doutrina, têm se posicionado no sentido de que a constituição definitiva do crédito

Cap. 9 – CRÉDITO TRIBUTÁRIO **187**

tributário, para fins de prescrição, ocorrerá quando houver a entrega da declaração. O marco inicial da prescrição para cobrança do tributo corretamente declarado e não pago será a data de vencimento para o pagamento constante da declaração.

Importante salientar que não haverá contagem de prescrição no período entre a entrega da declaração e o vencimento (STJ, REsp 658.138/PR-2005). Nesse passo, na visão do STJ, torna-se possível e legal a inscrição do sujeito passivo em dívida ativa sem a necessidade de procedimento administrativo ou de notificação, uma vez que o contribuinte reconheceu a existência do débito fiscal por sua iniciativa por meio de um procedimento não impositivo, "autonotificando-se" com a entrega da declaração. Ver STJ: REsp 1.497.248/RS-2015.

Podemos afirmar, portanto, que o não pagamento do débito no prazo estabelecido provocará consequências significativas, conforme entendimento do STJ: (I) autorização para inscrição em dívida ativa; (II) fixação do termo *a quo* do prazo de prescrição; (III) inibição de certidão negativa de débito; e (IV) afastamento da possibilidade de denúncia espontânea (Súmula 360 do STJ).

Por outro lado, o STJ entende que, caso a declaração entregue contenha valor a menor, o Fisco, de ofício, procederá ao lançamento suplementar, no prazo decadencial convencional. Ao término deste prazo, inicia-se o período de prescrição para o ajuizamento da ação de execução fiscal. Vale lembrar que, passados 5 anos da data da declaração, sem a manifestação da Fazenda Pública, presume-se a aceitação do Fisco com relação ao montante declarado, constituindo-se o crédito pela declaração e não se necessitando de lançamento.

Ver STF: REsp 389.089/RS-2002, REsp 71.959/SP-1998, REsp 436.747/SC-2002 e REsp 850.423/SP-2007. Ver STJ: Súmulas 555 e 436.

9.5.3. A interrupção da prescrição

O art. 174, parágrafo único, I a IV, do CTN trata das causas de interrupção de prescrição.

O inc. I do dispositivo em comento prevê que a prescrição será interrompida "pelo despacho do juiz que ordenar a citação em execução fiscal". Com esta nova redação, dada pela LC n.º 118/2005, o Fisco tornou-se mais protegido, uma vez que será verificada a interrupção com o simples despacho, independentemente da citação efetivada.

O *protesto judicial* é tratado no inc. II. Tal procedimento especial e cautelar, no que se refere ao crédito tributário, somente se verifica adequado se o Fisco estiver impossibilitado de ajuizar a execução fiscal, na iminência de restar configurada a prescrição.

O inc. III deixa transparecer uma menção aos atos que se traduziriam na intenção de receber o pagamento do tributo.

Finalmente, o inc. IV traz a única hipótese de interrupção da prescrição decorrente de ação do próprio devedor, bem como de interrupção extrajudicial. Exemplos: requerimento reconhecendo o débito e pedindo compensação; declaração escrita; pedido de parcelamento do débito.

Vale ressaltar que, consoante entendimento do STJ, verificada a interrupção da prescrição relativa à pessoa jurídica, os efeitos se estenderão aos responsáveis tributários.

Por fim, afirma o STJ que a consulta administrativa não interrompe a prescrição (EDecREsp 87.840/BA-1998).

Quanto ao tema da "suspensão de prescrição", requer-se cautela, uma vez que a doutrina e jurisprudência não se mantêm uníssonas. É cediço que a suspensão *difere da interrupção, principalmente, no tocante à contagem do prazo. Tal contagem fica* suspensa durante o período de duração da causa suspensiva, continuando a fluir após o término desta. Por outro lado, a causa interruptiva fulmina o período de tempo, "zerando-se" a contagem e renovando-se o quinquênio.

São possíveis causas de suspensão da prescrição:

a) as causas de suspensão do crédito tributário (art. 151, I a VI, do CTN). Para muitos, todavia, tais causas não seriam bem consideradas como tais;

b) as causas de anulação de moratória (art. 155, parágrafo único, do CTN);

c) o período de 180 dias, entre a inscrição do crédito em dívida ativa e a distribuição da execução fiscal (art. 2.º, § 3.º, da LEF);

d) o período máximo de um ano, previsto no § 2.º do art. 40 da Lei n.º 6.830/1980, caso não seja localizado o devedor ou não sejam encontrados bens suficientes para garantir o juízo.

Como se notou, a "etiquetagem" das situações como exemplos de suspensão de prescrição é bastante delicada. Todavia, deixamos aqui registradas algumas possibilidades.

Ver STJ: REsp 46.087-5/DF-1994, REsp 82.553/DF-1996, REsp 633.480/MG-2004, REsp 165.219/RS-1999, EDclREsp 773.011/RS-2006, REsp 1.658.517/PA, REsp 668.637/RS-2005, REsp 1.493.115/SP-2015, AgRg-REsp 1.534.509/RS-2015, AgRg no REsp 1.528.020-PR-2015 e Súmula 248 do TFR .

9.5.4. A prescrição intercorrente

O tema da prescrição intercorrente encontra respaldo no § 4.º do art. 40 da Lei n.º 6.830/1980.

Caso não seja localizado o devedor ou não sejam encontrados bens suficientes para garantir o juízo, haverá a suspensão do curso da execução, pelo período máximo de um ano (§ 2.º do art. 40). Se a situação persistir, ao término do período, os autos serão encaminhados ao arquivo, devendo lá permanecer pelo período de prescrição (5 anos).

Ratificando tal entendimento, o STJ editou a *Súmula 314*: "Em execução fiscal, não localizados bens penhoráveis, suspende-se o processo por um ano, findo o qual inicia-se o prazo de prescrição quinquenal intercorrente".

Nos casos de arquivamento superior a cinco anos, em que se verificava a inércia da Fazenda, a jurisprudência sempre tendeu a aceitar a tese da prescrição intercorrente. O STF, na década de 80, já adotava entendimento nesse sentido (RE 99.867-5/SP-1984 e RE 106.217/SP-1986). Do mesmo modo, o STJ (REsp 6.783/RS-1990; REsp 708.234/MG-2005; e vários outros julgados).

Após vários anos de entendimento pacificado, o legislador editou as Leis 11.051/2004 e 11.280/2006. A primeira acrescentou o § 4.º ao art. 40 da Lei n.º 6.830/1980, e a segunda alterou o § 5.º do art. 219 do CPC (o dispositivo não foi reproduzido pelo NCPC/2015. O pronunciamento *ex officio* da prescrição foi tratado no art. 332, § 1.º, do NCPC/2015). Com isso, permitiu-se ao juiz o pronunciamento de ofício sobre a prescrição, com o intuito de proporcionar equilíbrio ao conflito e impor segurança jurídica aos litigantes. Neste caso, a única exigência é que a Fazenda seja previamente ouvida. É o que dispõe o § 4.º ao art. 40 da Lei n.º 6.830/1980.

Frise-se que, por estar atrelada à norma de natureza processual, os processos em curso serão atingidos (STJ, REsp 735.220/RS-2005). A nosso pensar, os processos em curso serão atingidos apenas se a execução fiscal tiver sido iniciada após a edição da Lei n.º 11.051, de 30.12.2004.

Insta mencionar, por óbvio, que a demora na citação por motivos alheios à ação do credor, ou se o mesmo não concorrer com culpa, não haverá justificativa para arguir a prescrição intercorrente.

Ver STJ: Súmula 106, REsp 242.838/PR-2000 e REsp 31.653/SP-2005.

9.6. QUADROS-SÍNTESE DO CAPÍTULO

CRÉDITO TRIBUTÁRIO: torna-se exigível a partir do lançamento tributário, que é o ato administrativo pelo qual se dá exigibilidade à obrigação tributária, quantificando-a (*quantum debeatur*) e qualificando-a (*an debeatur*).

LANÇAMENTO: é o ato por meio do qual se declara a obrigação tributária proveniente do fato gerador, operando-se efeitos *ex tunc*, em total consonância com o princípio da irretroatividade tributária. O lançamento "constitui o crédito tributário".

Espécies	– Lançamento direto ou unilateral (art. 149, I); – lançamento misto ou por declaração (art. 147); – lançamento por homologação ou autolançamento (art. 150).

DECADÊNCIA: refere-se ao decaimento (ou perecimento) do estatal direito de constituição do crédito tributário pelo lançamento. Sua ocorrência prevê a extinção do crédito tributário (art. 156, V, do CTN).

Características	– atinge o direito subjetivo do sujeito ativo; – sempre decorre de lei; – aplicam-se os princípios da legalidade e da segurança jurídica; – só podemos falar em decadência antes do lançamento; – em tese, se houver decadência, não haverá prescrição; – o tributo atingido pela decadência poderá ser restituído.
Marco Inicial	– art. 173, I: previsão do *dies a quo* como o primeiro dia do exercício seguinte àquele em que o lançamento poderia ter sido efetuado; – art. 150, § 4.º, do CTN prevê o marco inicial como a data do fato gerador. Obs.: para os lançamentos por homologação, será utilizado o art. 150, § 4.º, do CTN, nos casos típicos de antecipação de pagamento, e o art. 173, I, do CTN, nos casos de ausência de antecipação, lembrando que ainda hoje persiste a defesa, embora com menos força, da aplicação cumulativa dos artigos nesta hipótese.
Decadência e Anulação do Lançamento Anterior	Após o trânsito em julgado da decisão que anular o lançamento originário, o prazo de decadência de cinco anos é reaberto para que se faça novo lançamento (art. 173, II, do CTN).

DIREITO TRIBUTÁRIO ESSENCIAL – *Eduardo Sabbag*

Decadência e Medida Preparatória de Lançamento	Prevê-se uma antecipação do termo inicial do prazo decadencial, ou seja, o *dies a quo* é deslocado, antecipadamente, do primeiro dia do exercício seguinte àquele em que o lançamento poderia ter sido efetuado para a data da medida preparatória do lançamento (art. 173, parágrafo único, do CTN).
Decadência e Lei Complementar	"Cabe à lei complementar estabelecer normas gerais em matéria de legislação tributária, especialmente sobre obrigação, lançamento, crédito, prescrição e decadência tributários (...)" – art. 146, III, "b", da CF. Trata-se do CTN.
Decadência e Prazo Decenal das Contribuições Sociais Previdenciárias	Súmula Vinculante 8: "São inconstitucionais o parágrafo único do art. 5.º do Dec.-lei n.º 1.569/1977 e os arts. 45 e 46 da Lei n.º 8.212/1991, que tratam de prescrição e decadência de crédito tributário". Obs.: O art. 45 foi revogado pela LC 128/2008.

PRESCRIÇÃO: é o fato jurídico que implica a perda do direito de ajuizamento da ação de execução fiscal.

Consequências	– ação executiva será nula (art. 803, I, do CPC/2015); – crédito tributário será extinto (art. 156, V, do CTN).
Posição do STF e STJ	STF: adota o entendimento de que até o lançamento seria possível a ocorrência da decadência (STF, ERE 94.462-1/SP-1982). A partir da última decisão administrativa da qual não coubesse mais recurso, com a constituição definitiva do crédito tributário, ter-se-ia o *dies a quo* para a contagem da prescrição. STJ: ratificado o entendimento do STF (REsp 332.366/MG-2002, REsp 435.896/SP-1996 e REsp 88.578/SP-2004).
Marco Inicial	O prazo para a contagem do quinquênio prescricional tem início no momento da constituição definitiva do crédito tributário (art. 174 do CTN), ou seja, quando não se admitir qualquer recurso administrativo a seu respeito.
Prescrição e Lançamentos por Homologação	Marco inicial da prescrição para cobrança do tributo corretamente declarado e não pago será a data de vencimento para o pagamento constante da declaração.
Interrupção da Prescrição (Art. 174, parágrafo único, do CTN)	– pelo despacho do juiz que ordenar a citação em execução fiscal; – pelo protesto judicial; – por qualquer ato judicial que constitua em mora o devedor; – por qualquer ato inequívoco ainda que extrajudicial, que importe em reconhecimento do débito pelo devedor.
Suspensão da Prescrição	– as causas de suspensão do crédito tributário (art. 151, I a VI, do CTN). Para muitos, todavia, tais causas não seriam bem consideradas como tais; – as causas de anulação de moratória (art. 155, parágrafo único, do CTN); – o período de 180 dias, entre a inscrição do crédito em dívida ativa e a distribuição da execução fiscal (art. 2.º, § 3.º, da LEF); – o período máximo de um ano, previsto no § 2.º do art. 40 da Lei n.º 6.830/1980, caso não seja localizado o devedor ou não sejam encontrados bens suficientes para garantir o juízo.
Diferença entre Suspensão e Interrupção da Prescrição	Diferem principalmente no tocante à contagem do prazo. Tal contagem fica suspensa durante o período de duração da causa suspensiva, continuando a fluir após o término desta. Por outro lado, a causa interruptiva fulmina o período de tempo, "zerando-se" a contagem e renovando-se o quinquênio.
Prescrição Intercorrente (§ 4.º do art. 40 da Lei n.º 6.830/1980)	Súmula 314 do STJ: "Em execução fiscal, não localizados bens penhoráveis, suspende-se o processo por um ano, findo o qual se inicia o prazo de prescrição quinquenal intercorrente".

Cap. 9 – CRÉDITO TRIBUTÁRIO

9.7. QUESTÕES

1) **(2019/FCC/Auditor Fiscal) O Código Tributário Nacional, ao tratar do crédito tributário e do lançamento tributário, assim dispõe:**

   a) As circunstâncias que modificam o crédito tributário, sua extensão, seus efeitos, as garantias ou os privilégios a ele atribuídos, ou que excluem sua exigibilidade afetam a obrigação tributária que lhe deu origem.

   b) Aplica-se ao lançamento a legislação que, posteriormente à ocorrência do fato gerador da obrigação, tenha instituído novos critérios de apuração ou processos de fiscalização, ou ampliado os poderes de investigação das autoridades administrativas.

   c) Ao constituir o crédito tributário, a Administração Fiscal não poderá aplicar ao lançamento a legislação que, posteriormente à data da ocorrência do fato gerador, tenha ampliado os poderes de investigação das autoridades administrativas.

   d) A lei posterior à ocorrência do fato gerador da obrigação tributária, que tenha outorgado ao crédito maiores garantias ou privilégios, poderá atribuir responsabilidade tributária a terceiros.

   e) O lançamento constitui o crédito tributário e rege-se pela lei vigente na data de sua notificação ao sujeito passivo.

   Resposta: B

2) **(2019/FCC/Sefaz-BA/Auditor Fiscal) Relativamente aos temas obrigação tributária, fato gerador e lançamento o nosso Ordenamento Jurídico prescreve:**

   I. Além de outras atribuições, cabe à Lei complementar estabelecer normas gerais em matéria de legislação tributária, especialmente sobre a definição de tributo e de suas espécies, bem como, a dos respectivos fatos geradores, base de cálculo e contribuintes dos impostos discriminados na Constituição.

   II. A definição legal do fato gerador é interpretada levando-se em consideração a validade jurídica dos atos efetivamente praticados pelos contribuintes, responsáveis, ou terceiros.

   III. Tratando-se de situação jurídica, considera-se ocorrido o fato gerador e existentes os seus efeitos, desde o momento que se verifiquem as circunstâncias materiais necessárias a que produza os efeitos que normalmente lhe são próprios.

   IV. Se a lei não fixar prazo para homologação do lançamento, será ele de cinco anos, a contar da ocorrência do fato gerador, sendo que, expirado esse prazo sem que a Fazenda Pública se tenha pronunciado, considera-se homologado o lançamento e definitivamente extinto o crédito, salvo se comprovada a ocorrência de dolo, fraude ou simulação.

   Está correto o que se afirma APENAS em

   a) I, II e IV.

   b) I e IV.

DIREITO TRIBUTÁRIO ESSENCIAL – *Eduardo Sabbag*

c) II, III e IV.

d) III e IV

e) III.

Resposta: B

3) **(2019/Vunesp/TJ-AC/Juiz de Direito Substituto) O crédito tributário goza de privilégios e garantias especiais em razão da sua correlação com o financiamento do Estado e das políticas públicas a seu cargo. É correto afirmar que, na falência,**

a) a lei não poderá estabelecer limites e condições para a preferência dos créditos decorrentes da legislação do trabalho.

b) a multa tributária é subordinada a todos os demais créditos.

c) o crédito tributário não prefere aos créditos com garantia real, no limite do valor do bem gravado.

d) o crédito tributário prefere aos créditos extraconcursais.

Resposta: C

4) **(2019/FCC/TRF 4ª Região/Analista Judiciário) Considerando-se as modalidades de lançamento previstas no Código Tributário Nacional (CTN),**

a) quando a autoridade administrativa arbitra valor ou preço de bens, direitos, serviços ou atos jurídicos para o cálculo do tributo que tenha por base, ou tome em consideração, estes valores, sem a necessidade de processos regulares ou complexos, em tributos de baixo valor, tal procedimento se classifica como "lançamento simplificado".

b) o lançamento efetuado com base na declaração do sujeito passivo ou de terceiro, quando um ou outro, na forma da legislação tributária, presta à autoridade administrativa informações sobre matéria de fato, indispensáveis à sua efetivação, pode ser classificado como "lançamento por declaração".

c) o lançamento pode ser realizado pelo sujeito passivo, quando a legislação estabelece que ele deva elaborar sua escrituração fiscal, mediante procedimento regulado e regular, calcular o valor devido, apresentar os cálculos a autoridade administrativa, obter a guia de recolhimento com o visto autorizativo e recolher o valor devido, hipótese em que se configura o "lançamento passivo".

d) as leis tributárias da União, Estados, Distrito Federal e Municípios podem estabelecer outras modalidades de lançamento e de modificação do lançamento realizado, não previstas no Código, conhecidas por "lançamento especial".

e) o lançamento é realizado de ofício pela autoridade administrativa apenas na hipótese de indício ou suspeita de falsidade, erro ou omissão quanto a qualquer elemento definido na legislação tributária como sendo de declaração obrigatória, ou de não localização do sujeito passivo.

Resposta: B

5) **(2018/UEG/PC-GO/Delegado de Polícia) O lançamento da obrigação tributária, como ato privativo da Administração Tributária, constitui o crédito**

Cap. 9 – CRÉDITO TRIBUTÁRIO **193**

tributário. Quanto ao Crédito Tributário e seus consectários, constata-se que

a) no lançamento tributário praticado no âmbito de operação de fiscalização, a Administração Tributária tem prerrogativa de requisição de força policial.

b) a investigação por crime contra ordem tributária tem como pressuposto para atuação da autoridade policial lançamento tributário válido.

c) os crimes contra ordem tributária são todos materiais, na medida em que demandam efetiva supressão da arrecadação tributária.

d) entre as causas de extinção do crédito tributário, o parcelamento do tributo, quando já instaurada persecução penal, constitui causa de extintiva da punibilidade.

e) a isenção tributária como causa de extinção do crédito tributário corresponde à perda do *ius puniendi* do Estado em matéria de crimes contra ordem tributária.

Resposta: A

6) **(2018/Cespe/TJ-CE/Juiz Substituto) Considerando as disposições da Lei n.º 8.397/1992 acerca de medida cautelar fiscal, assinale a opção correta.**

a) Na hipótese de o devedor ser pessoa jurídica, a indisponibilidade de bens não recairá sobre bens do ativo permanente.

b) A petição inicial deverá vir acompanhada de prova pré-constituída, sendo inadmissível a dilação probatória.

c) Havendo a suspensão do crédito tributário, a medida cautelar será igualmente suspensa.

d) No procedimento cautelar fiscal, é vedado ao réu discutir o pagamento ou a remissão do tributo, devendo essas questões ser apresentadas nos embargos à execução fiscal.

e) A decretação de medida cautelar fiscal acarretará a indisponibilidade dos bens do requerido até o limite da satisfação da obrigação tributária.

Resposta: E

7) **(2018/Vunesp/PC-BA/Delegado de Polícia) O artigo 144 do Código Tributário Nacional dispõe que o lançamento se reporta à data da ocorrência do fato gerador da obrigação, regendo-se pela lei então vigente, ainda que posteriormente modificada ou revogada. O Código Tributário Nacional excepciona essa regra, admitindo a aplicação da legislação tributária que, posteriormente à ocorrência do fato gerador da obrigação,**

a) interprete expressamente ato ou fato pretérito quanto à aplicação de penalidade à infração dos dispositivos interpretados.

b) institua novos critérios de apuração ou processos de fiscalização, ampliando os poderes de investigação das autoridades administrativas.

c) outorgue ao crédito maiores garantias ou privilégios para o efeito de atribuir responsabilidade tributária a terceiros.

DIREITO TRIBUTÁRIO ESSENCIAL – *Eduardo Sabbag*

d) altere os critérios jurídicos adotados pela autoridade administrativa no exercício do lançamento.

e) deixe de definir ato definitivamente julgado como infração.

Resposta: B

8) **(2018/Cespe/STJ/Analista Judiciário) À luz da jurisprudência majoritária e atual dos tribunais superiores e da doutrina acerca dos princípios constitucionais tributários, do indébito tributário, do crédito tributário e do poder de tributar, julgue o item seguinte.**

A taxa de juros de mora incidente na repetição do indébito tributário deve corresponder àquela utilizada para a cobrança do tributo pago em atraso.

Resposta: Certo

9) **(2018/Cespe/STJ/Analista Judiciário – Oficial de Justiça Avaliador Federal) À luz das disposições do Código Tributário Nacional (CTN), julgue o item a seguir.**

Na hipótese de ser julgada procedente ação de consignação em pagamento, a fazenda pública poderá cobrar o crédito tributário acrescido dos juros de mora referentes a todo o período, até o trânsito em julgado.

Resposta: Errado

10) **(2018/FCC/PGE-TO/Procurador do Estado) O Código Tributário Nacional, em seu art. 145, estabelece, de modo indireto, a definitividade do lançamento regularmente notificado ao sujeito passivo. O referido dispositivo estabelece, expressamente, que o *lançamento regularmente notificado ao sujeito passivo só pode ser alterado em virtude de: I – impugnação do sujeito passivo; II – recurso de ofício; III – iniciativa de ofício da autoridade administrativa, nos casos previstos no artigo 149.***

De acordo com o artigo 149 do CTN, a revisão do lançamento só pode ser iniciada

a) quando o processo administrativo tributário tiver corrido à revelia das autoridades fazendárias.

b) enquanto não transcorrido o prazo decadencial.

c) enquanto não transcorrido o prazo prescricional.

d) quando se comprove que a autoridade fiscal, ou terceiro em benefício daquela, agiu com dolo, fraude ou simulação.

e) quando se comprove omissão ou inexatidão, por parte da pessoa legalmente obrigada, no exercício da atividade de auto aplicação de penalidade pecuniária – lançamento de penalidade por homologação.

Resposta: B

Suspensão do Crédito Tributário

O CTN, em seu art. 151, enumera os seguintes casos de suspensão da exigibilidade do crédito tributário:

I – Moratória;
II – Depósito do montante integral;
III – Reclamações e recursos administrativos;
IV – Concessão de liminar em mandado de segurança ou em cautelar;
V – Concessão de tutela antecipada em outras ações;
VI – Parcelamento.

Como recurso de memorização, sugerimos a palavra **MO-DE-RE-CO-PA**, indicadora das sílabas iniciais das causas suspensivas. Observe a legenda:

- **MO** = **MO**ratória
- **DE** = **DE**pósito do montante integral
- **RE** = **RE**clamações e **RE**cursos administrativos
- **CO** = **CO**ncessão de liminar em mandado de segurança e **CO**ncessão de tutela antecipada em outras ações
- **PA** = **Pa**rcelamento

(2015/FCC/TCM-GO/Auditor Conselheiro Substituto) De acordo com o Código Tributário Nacional, são causas de extinção, de suspensão de exigibilidade e de exclusão do crédito tributário, respectivamente, nessa ordem,
 a) a moratória; a concessão de medida liminar ou de tutela antecipada, em outras espécies de ação judicial; a isenção.
 b) a isenção; a prescrição; a concessão de medida liminar em mandado de segurança.
 c) a decisão administrativa irreformável, assim entendida a definitiva na órbita administrativa, que não mais possa ser objeto de ação anulatória; o depósito do seu montante integral; a anistia.
 d) o parcelamento; a consignação em pagamento, nos termos do disposto no § 2.º do artigo 164 do CTN; a moratória.

DIREITO TRIBUTÁRIO ESSENCIAL – *Eduardo Sabbag*

e) a anistia; as reclamações e os recursos, nos termos das leis reguladoras do processo tributário administrativo; a decisão judicial passada em julgado.

Resposta: C

Comentários: Fundamentações expressas nos arts. 151, 156 e 175 do Código Tributário Nacional.

10.1. MORATÓRIA

A moratória é a dilatação legal do prazo de pagamento e é regulada pelo CTN em seus arts. 152 a 155, diferentemente do que ocorre com as demais causas suspensivas, cujo tratamento é inexistente.

Até a LC n.º 104/2001, que introduziu o parcelamento como causa de suspensão do crédito tributário, a moratória acabava sendo a forma mais comum de parcelamento do crédito tributário.

A moratória é concedida por meio de lei ordinária, permitindo ao sujeito passivo que pague em cota única o tributo, porém com vencimento prorrogado.

O art. 152 do CTN confere à moratória duas formas de concessão: a *moratória geral* e a *moratória individual*.

Na forma geral, a moratória é concedida por lei, sem a necessidade da participação da autoridade administrativa. Nesta modalidade, podemos distinguir dois tipos de moratória, a saber:

- *Autonômica ou autônoma*: concedida pelo detentor da competência tributária. Exemplo: moratória do IPI pela União;
- *Heterônoma*: concedida pela União quanto a tributos de competência dos Estados, Distrito Federal e Municípios. Nesta modalidade, a União deve, simultaneamente, conceder a moratória a seus tributos e às obrigações de direito privado. Curiosamente, o CTN permite, no campo da moratória, o que a Constituição Federal veda, no campo das isenções. Relembre-se o princípio constitucional da vedação das isenções heterônomas, constante do inc. III do art. 151 da CF.

Na forma individual, a autoridade administrativa concederá o benefício por despacho administrativo, se assim for autorizado o benefício pela lei.

Quanto à territorialidade da moratória, o art. 152 do CTN permite a concessão da moratória de forma *total* ou *parcial*.

Na forma total, a moratória é concedida na totalidade do território da autoridade tributária. Já em sua forma parcial, o referido instituto é concedido somente para parte do território da referida autoridade.

O art. 153 do CTN, nos seus incs. I, II e III, trata dos requisitos obrigatórios e facultativos a serem cumpridos pelo beneficiário da moratória. Por requisitos obrigatórios, entendem-se o prazo e as condições em que se dará a concessão do favor. Já por facultativos, entendem-se os tributos a que se aplica, o número de prestações e os vencimentos e as garantias a serem fornecidas pelo beneficiário.

Cap. 10 – SUSPENSÃO DO CRÉDITO TRIBUTÁRIO **197**

Por sua vez, o art. 154 trata dos créditos a que a moratória se aplica, quais sejam, os definitivamente constituídos ou cujo lançamento já tenha sido iniciado.

Por fim, a anulação da moratória individual é tratada no art. 155 do CTN. Note-se que a moratória não gera direito adquirido, sendo passível de anulação ou cassação *"sempre que se apure que o beneficiado não satisfazia ou deixou de satisfazer as condições ou não cumpria ou deixou de cumprir os requisitos para a concessão do favor (...)".*

No caso de beneficiário que aja de boa-fé, caberá apenas a cobrança do tributo acrescido de juros. Na hipótese de o beneficiário ter agido com dolo, reza o artigo em estudo que se aplicará a penalidade (multa de ofício) e suspensão do prazo de prescrição, além do tributo e dos juros.

Urge observar, em tempo, que as disposições do art. 155 aplicam-se, também, à isenção (art. 179, § 2.º), à anistia (art. 182) e à remissão (art. 172, parágrafo único).

(2018/FCC/Sefaz-GO/Auditor Fiscal da Receita Estadual) O Código Tributário Nacional estabelece que a moratória suspende a exigibilidade do crédito tributário. De acordo com o referido Código,
- **a)** a lei concessiva de moratória pode circunscrever expressamente a sua aplicabilidade à determinada região do território da pessoa jurídica de direito público que a expedir, vedada essa concessão a determinada classe ou categoria de sujeitos passivos.
- **b)** a moratória, exceto quando se tratar de reincidência em um prazo quinquenal, pode ser concedida aos casos de simulação do sujeito passivo, ou do terceiro em benefício daquele.
- **c)** salvo disposição de lei em contrário, a moratória somente abrange os créditos definitivamente constituídos à data da lei ou do despacho que a conceder, ou cujo lançamento já tenha sido iniciado àquela data por ato regularmente notificado ao sujeito passivo.
- **d)** ela pode ser concedida em caráter individual, por despacho da autoridade administrativa, desde que autorizada por decreto, se o prazo concedido for de até seis meses, e, por lei, se o prazo concedido for superior a seis meses.
- **e)** a moratória pode ser concedida em caráter geral pelos Estados, quanto a tributos de competência da União, dos próprios Estados e do Distrito Federal, ou ainda dos Municípios, quando essa concessão tiver sido autorizada, de forma geral ou específica, por resolução do Senado Federal.

Resposta: C
Comentários:
Art. 154, CTN: "Salvo disposição de lei em contrário, a moratória somente abrange os créditos definitivamente constituídos à data da lei ou do despacho que a conceder, ou cujo lançamento já tenha sido iniciado àquela data por ato regularmente notificado ao sujeito passivo".

(2017/Vunesp/Prefeitura de São José dos Campos-SP/Procurador) Assinale a alternativa correta no que respeita ao instituto da moratória.
- **a)** A lei concessiva de moratória pode circunscrever expressamente a sua aplicabilidade a determinada região do território da pessoa jurídica de direito

público que a expedir, ou a determinada classe ou categoria de sujeitos passivos.

b) Salvo disposição de lei em contrário, a moratória somente abrange os créditos definitivamente constituídos posteriormente à data da lei ou do despacho que a conceder, ou cujo lançamento já tenha sido iniciado àquela data por ato regularmente notificado ao sujeito passivo.

c) A concessão da moratória em caráter individual gera direito adquirido, não podendo ser revogada de ofício, ainda que se apure, posteriormente, que o beneficiado não satisfazia as condições quando da concessão do favor.

d) A lei não poderá exigir garantias a serem fornecidas pelo beneficiado tratando-se de moratória concedida em caráter individual.

e) Se houver revogação, nos caso de dolo do beneficiado, o tempo decorrido entre a concessão da moratória e sua revogação computa-se para efeito da prescrição do direito de cobrança do crédito.

Resposta: A

Comentários: CTN, art. 152, parágrafo único: "A lei concessiva de moratória pode circunscrever expressamente a sua aplicabilidade a determinada região do território da pessoa jurídica de direito público que a expedir, ou a determinada classe ou categoria de sujeitos passivos".

10.2. DEPÓSITO DO MONTANTE INTEGRAL

O instituto do depósito é mais comumente utilizado na via judicial, não o sendo, na via administrativa.

Outrossim, a MP n.º 1.621-30/1997 previu a necessidade de depósito mínimo de 30% do valor atualizado da dívida para que se possa protocolizar recurso perante a segunda instância administrativa federal (depósito recursal).

O texto da Lei n.º 10.522/2002, por sua vez, ao promover alterações no § 2.º do art. 33 do Decreto n.º 70.235/1972, liberou o contribuinte de efetuar depósito recursal em dinheiro, abrindo a possibilidade de arrolamento de bens e direitos.

Por fim, o STF, em sua *Súmula n.º 373*, tornou ilegítima a exigência de depósito prévio como requisito para a impetração de recurso administrativo, por entender que sua exigência seria obstáculo ao direito de petição e ao direito de recorrer, em especial para grande parcela da população brasileira.

O depósito integral é um direito do contribuinte, que o utiliza visando à suspensão da exigibilidade do crédito tributário. Entende-se por "integral" o depósito realizado em dinheiro, que engloba o tributo acrescido de juros e multas. Ressalte-se que seu valor será aquele exigido pelo Fisco, e não o pretendido pelo contribuinte.

Vale observar que o contribuinte pode lançar mão do depósito integral mesmo nos casos em que já tenha obtido a suspensão do crédito tributário por outras formas, objetivando, em tal situação, livrar-se da incidência de juros, se o crédito voltar a ser exigível.

Cap. 10 – SUSPENSÃO DO CRÉDITO TRIBUTÁRIO

(2015/Vunesp/Prefeitura de Caieiras-SP/Assessor Jurídico/Procurador-Geral) É causa que suspende a exigibilidade do crédito tributário a
- **a)** concessão de liminar em mandado de segurança.
- **b)** conversão do depósito em renda.
- **c)** consignação em pagamento.
- **d)** decisão administrativa irreformável.
- **e)** decisão judicial passada em julgado.

Resposta: A
Comentários: CTN, "Art. 151. Suspendem a exigibilidade do crédito tributário:

- **I)** moratória;
- **II)** o depósito do seu montante integral;
- **III)** as reclamações e os recursos, nos termos das leis reguladoras do processo tributário administrativo;
- **IV)** a concessão de medida liminar em mandado de segurança;
- **V)** a concessão de medida liminar ou de tutela antecipada, em outras espécies de ação judicial;
- **VI)** o parcelamento.
    Parágrafo único. O disposto neste artigo não dispensa o cumprimento das obrigações assessórios dependentes da obrigação principal cujo crédito seja suspenso, ou dela consequentes".

10.3. RECLAMAÇÕES E RECURSOS ADMINISTRATIVOS

A suspensão da exigibilidade do crédito tributário pode se dar pela via administrativa.

As reclamações e os recursos administrativos representam, em geral, o primeiro passo antes da via judicial, trazendo a vantagem de não imporem ao litigante a incidência das custas judiciais.

Como é sabido, enquanto perdurar a lide no âmbito administrativo, a exigibilidade do crédito tributário permanecerá suspensa, e o contribuinte poderá obter uma certidão positiva com efeito de certidão negativa, conforme o art. 206 do CTN.

Ver STJ: REsp 1.389.892/SP-2013 e REsp 1.372.368/PR-2015.

(2015/Cetap/MPCM-PA/) Em relação às Súmulas Vinculantes em matéria tributária é correto afirmar:
- **a)** Segundo a Súmula Vinculante n.º 8, os prazos prescricionais e decadenciais das contribuições sociais são previstos na Lei 8.212/1991.
- **b)** Segundo a Súmula Vinculante n.º 21, é inconstitucional a exigência de depósito ou arrolamento prévios de dinheiro ou bens para admissibilidade de recurso administrativo.
- **c)** Segundo a Súmula Vinculante n.º 24, não se tipifica crime contra a ordem tributária, previsto no art. 1.º, incisos I a IV da Lei 8.137/1990, antes da propositura da ação de execução fiscal.

d) Segundo a Súmula Vinculante n.º 29, é inconstitucional a adoção, no cálculo do valor da taxa, de um ou mais elementos da base de cálculo própria de determinado imposto.

e) Segundo a Súmula Vinculante n.º 31, é constitucional a incidência do Imposto Sobre Serviços de Qualquer Natureza – ISS sobre operações de locação de bens móveis.

Resposta: B

Comentários: Vamos observar os enunciados corretos das Súmulas:

Súmula Vinculante n.º 8: São inconstitucionais o parágrafo único do artigo 5.º do Decreto-lei n.º 1.569/1977 e os artigos 45 e 46 da Lei n.º 8.212/1991, que tratam de prescrição e decadência de crédito tributário.

Súmula Vinculante n.º 21: É inconstitucional a exigência de depósito ou arrolamento prévios de dinheiro ou bens para admissibilidade de recurso administrativo.

Súmula Vinculante n.º 24: Não se tipifica crime material contra a ordem tributária, previsto no art. 1.º, incisos I a IV, da Lei n.º 8.137/1990, antes do lançamento definitivo do tributo.

Súmula Vinculante n.º 29: É constitucional a adoção, no cálculo do valor de taxa, de um ou mais elementos da base de cálculo própria de determinado imposto, desde que não haja integral identidade entre uma base e outra.

Súmula Vinculante n.º 31: É inconstitucional a incidência do Imposto Sobre Serviços de Qualquer Natureza – ISS sobre operações de locação de bens móveis.

10.4. CONCESSÃO DE LIMINAR EM MANDADO DE SEGURANÇA

A liminar em mandado de segurança sempre existiu como causa suspensiva da exigibilidade do crédito tributário. Até a LC n.º 104/2001, mostrava-se a única possibilidade de suspensão da exigibilidade, proveniente de ordem judicial, constando do inciso IV do art. 151 do CTN. Com o advento da LC n.º 104/2001, passaram-se a ter seis causas suspensivas, conforme se observa adiante, incluindo-se mais uma causa adstrita à ordem judicial – a concessão de medida liminar ou de tutela, em outras espécies de ação. Veja o dispositivo:

Art. 151. Suspendem a exigibilidade do crédito tributário:

I – moratória;

II – o depósito do seu montante integral;

III – as reclamações e os recursos, nos termos das leis reguladoras do processo tributário administrativo;

IV – a concessão de medida liminar em mandado de segurança;

Cap. 10 – SUSPENSÃO DO CRÉDITO TRIBUTÁRIO **201**

V – a concessão de medida liminar ou de tutela antecipada, em outras espécies de ação judicial; (Incluído pela LCP n.º 104, de 10.01.2001);

VI – o parcelamento. (Incluído pela LCP n.º 104, de 10.01.2001).

Desse modo, atualmente, subsistem duas causas suspensivas da exigibilidade do crédito tributário, oriundas de ordens emanadas do Poder Judiciário, quais sejam:

1. a concessão de medida liminar em mandado de segurança;
2. a concessão de tutela, em outras espécies de ação.

O mandado de segurança designa ação judicial própria à defesa de direito líquido e certo (provado de plano), e violado – ou na iminência de o ser – por ato abusivo de uma autoridade que age com coação (autoridade coatora). Trata-se de ação de rito mandamental com a possibilidade de conferir ao impetrante da ordem uma decisão *initio litis*, que suspende a exigibilidade do crédito tributário, ou seja, a liminar. Para tanto, o magistrado deverá verificar se estão presentes os pressupostos autorizativos dessa providência inaugural, a fim de que bem prolate a decisão interlocutória respectiva, em consonância com o inciso III do art. 7º da Lei n. 12.016/2009, quais sejam:

– relevante fundamento do pedido, também conhecido pela expressão latina *fumus boni juris*; e

– ineficácia da medida, caso não seja deferida de imediato, também intitulada *periculum in mora*.

O ajuizamento do mandado de segurança, com vistas à obtenção da medida liminar, pode se dar antes da ocorrência do lançamento. Trata-se do chamado "mandado de segurança preventivo". A propósito, é vedada a exclusão do Poder Judiciário da lesão a direito ou sua simples ameaça (art. 5º, XXXV, CF). Diante desse cenário, o juiz, ao conceder a liminar, apenas impedirá que o crédito tributário seja coercitivamente exigido, determinando a suspensão de sua exigibilidade, embora sem a constituição pelo lançamento. É o que denominamos "antecipação dos efeitos da suspensão da exigibilidade do crédito tributário".

Ainda que subsistam os mencionados "efeitos de antecipação", é vedada, todavia, a expedição de ordem objetivando impedir a autoridade fiscal de promover o lançamento tributário, uma vez que o perigo da demora não pode acarretar prejuízo para o Fisco, que veria esvair-se o prazo para a constituição do seu crédito tributário até que a ação fosse definitivamente julgada. Com efeito, a causa suspensiva do crédito tributário apenas suspende sua exigibilidade, não impedindo que ocorra sua constituição por meio do lançamento.

Sabe-se que o mandado de segurança não é a via adequada para questionar uma lei em tese, sendo esta entendida como a de natureza abstrata, sem vinculação com o contribuinte. Essa afirmação é corroborada na Súmula n. 266 do STF, que assim dispõe: "Não cabe 'mandado de segurança' contra lei em tese." No entanto, prevalece o entendimento segundo o qual é plenamente possível o mandado de segurança contra a lei tributária, sem qualquer espécie de paradoxo, uma vez que a norma do tributo tem a aptidão de ensejar efeitos concretos na órbita patrimonial dos contribuintes.

Ver STJ: REsp 1.656.172/MG.

10.5. LIMINAR EM AÇÃO CAUTELAR

Apesar de não estar incluída expressamente na lista de institutos do art. 151 do CTN, a concessão de liminar em ação cautelar tem sido aceita nos últimos tempos pela jurisprudência como causa de suspensão de crédito tributário.

10.6. CONCESSÃO DE TUTELA EM OUTRAS AÇÕES JUDICIAIS

Com o Código de Processo Civil de 2015 – Lei n.º 13. 105/2015, as medidas cautelares foram extintas, dando lugar à chamada tutela provisória, prevista no art. 294 e seguintes do CPC/2015, a qual foi dividida em tutelas de urgência (abrangendo as tutelas satisfativas e as tutelas cautelares) e tutelas de evidência.

As tutelas de urgência poderão ser concedidas, desde que haja elementos que demonstrem o *fumus bonis iuris* (probabilidade do direito vindicado) e o *periculum in mora* (perigo de dano ou risco ao resultado útil ao processo). Já as tutelas de evidência poderão ser concedidas independentemente da caracterização do *periculum in mora*, ou seja, basta a demonstração da plausibilidade do direito. Observe dois importantes comandos no CPC/2015:

> Art. 294. A tutela provisória pode fundamentar-se em urgência ou evidência.

> Art. 300. A tutela de urgência será concedida quando houver elementos que evidenciem a probabilidade do direito e o perigo de dano ou o risco ao resultado útil do processo.

A suspensão do crédito tributário, por meio de tutela concedida em ação judicial, consta expressamente no rol dos incisos do art. 151 do CTN, o que equivale a dizer que a extinta "medida cautelar" foi substituída pela atual tutela antecipada antecedente – um tipo de tutela de urgência que pode ser considerada a causa suspensiva da exigibilidade do crédito tributário.

Para tanto, o contribuinte deverá pleitear a concessão de medida, que poderá ser declaratória de inexistência de relação jurídico-tributária ou anulatória de débito fiscal, conforme o caso, devendo a petição inicial limitar-se ao requerimento da tutela e a indicação do pedido, com a exposição dos fatos e do direito, assim como a demonstração do perigo de dano ou do risco ao resultado útil ao processo, nos termos do art. 303 do CPC/2015. Após, no prazo legal, deverá aditar a petição inicial com a complementação da argumentação e a juntada de novos documentos, consoante o § 1º do mencionado artigo.

Ad argumentandum, ao que parece, no entanto, a medida cautelar fiscal permanece vigente. Esta espécie, que tem previsão em legislação própria, visa "obter a indisponibilidade patrimonial dos devedores para com o Fisco até o limite do valor exigido, frustrando com isso a tentativa de ser lesado o Estado, tanto na fase administrativa como na judicial de cobrança". Com efeito, para certas situações em que o Fisco verifique risco de tornar-se ineficaz a execução fiscal, a legislação brasileira prevê a ação ou medida cautelar fiscal. Esta não se confunde com as cautelares extintas pelo CPC/2015.

10.7. PARCELAMENTO

O parcelamento se caracteriza pelo ato do contribuinte, após requerimento à autoridade administrativa, de conduzir recursos de forma não integral ao Fisco. A providência gera a suspensão da exigibilidade do crédito tributário.

O parcelamento reveste-se da natureza de uma moratória, pois os pagamentos se dão após o vencimento dos créditos tributários, em geral de forma mensal durante longo período de tempo.

A princípio, o parcelamento constitui-se em ato discricionário da esfera administrativa, e, após sua concessão, passa a se revestir de direito líquido e certo para o contribuinte, conforme entendimento do STF.

O instituto do parcelamento é regulado pelo art. 155-A do CTN, com sua redação dada pela LC n.º 104/2001. O *caput* do referido artigo, ao mencionar a legalidade, parece-nos excessivo, porquanto o inciso VI do art. 97 do CTN já impõe a obediência da lei para os casos de suspensão do crédito tributário.

Em 21 de junho de 2018, a 1ª Turma do STJ (REsp 1.739.641/RS, rel. Min. Gurgel de Faria) entendeu que as condições para a concessão de parcelamento tributário devem estrita observância ao princípio da legalidade, não se permitindo que atos infralegais prevejam condições não estabelecidas na lei de regência do benefício.

Frise-se que o art. 155-A do CTN dispõe que o parcelamento será concedido na forma e na condição estabelecidas em lei específica. Para além disso, o art. 153 do CTN, aplicado subsidiariamente ao parcelamento (art. 155-A, §2º, CTN), assim estabelece:

> Art. 153. A lei que conceda moratória em caráter geral ou autorize sua concessão em caráter individual especificará, sem prejuízo de outros requisitos:
> I – o prazo de duração do favor;
> II – as condições da concessão do favor em caráter individual;
> III – sendo caso:
> a) os tributos a que se aplica;
> b) o número de prestações e seus vencimentos, dentro do prazo a que se refere o inciso I, podendo atribuir a fixação de uns e de outros à autoridade administrativa, para cada caso de concessão em caráter individual;
> c) as garantias que devem ser fornecidas pelo beneficiado no caso de concessão em caráter individual.

Posto isso, sob o parâmetro da legalidade, não se pode tolerar a autorização estatal para que atos infralegais, como portarias, tratem de condições não previstas na lei do parcelamento.

O § 1º do art. 155-A também peca por ser prolixo, quando indica que o parcelamento não exclui a incidência de juros e multas. Causa estranheza a utilização da palavra "multas", pois não cabe multa ao contribuinte que age licitamente. Imagina-se que a redação dada ao parágrafo em questão tenha sido pensada para se opor à jurisprudência corrente de que não incorre em multa a denúncia espontânea associada ao pagamento parcelado do tributo. Conclui-se, portanto, que o parcelamento não exclui a incidência de multa, nos casos de denúncia espontânea de pagamento parcelado. Daí não se poder confundir o parcelamento com a denúncia espontânea (art. 138 do CTN), pois esta requer o recolhimento integral do crédito tributário.

O § 2º do art. 155-A dispõe que as normas aplicáveis à moratória também o serão ao parcelamento.

A aprovação da nova Lei de Falências (Lei n.º 11.101/2005) trouxe a necessidade de alterações no CTN. Por essa razão, a LC n.º 118/2005, que alterou o art. 155-A do CTN, acrescentando-lhe os parágrafos terceiro e quarto, foi publicada simultaneamente com a nova Lei de Falências.

Os novos parágrafos (§§ 3.º e 4.º) estabelecem que lei específica disporá sobre as condições de parcelamento para o devedor em recuperação judicial. Caso não haja lei específica, a lei geral da entidade da Federação será utilizada, porém o prazo não poderá ser inferior ao que seria concedido pela lei específica. Note-se que a nova redação dada aos referidos dispositivos visa facilitar a recuperação de empresas que estejam passando por dificuldades financeiras.

Ver STJ: EREsp 1.349.584/MG, REsp 1.368.821/SP-2015, REsp 1.447.131/RS-2014, REsp 1.493.115/SP-2015, REsp 1.523.555/PE e Ementa prevista no Informativo n.º 542, de 27 de junho de 2014.

(2015/Cespe/TJDFT/Juiz de Direito Substituto) Determinado programa de parcelamento de débitos tributários, que possibilita aos contribuintes parcelarem suas dívidas em até cento e vinte meses, foi instituído por lei pelo DF. A empresa Z, que praticou sonegação com emissão de notas fiscais fraudadas, realizou denúncia espontânea e requereu ingresso em tal programa, com o parcelamento da dívida confessada.

A respeito dessa situação hipotética, assinale a opção correta.

a) No caso de dolo, fraude ou simulação por parte do contribuinte, não é possível a concessão de parcelamento, razão por que o requerimento da empresa Z deve ser indeferido.

b) Nessa situação, o parcelamento poderá ser concedido, sendo, no entanto, modalidade de suspensão do crédito tributário, de modo que somente após seu integral cumprimento é que estará excluída a responsabilidade da empresa Z.

c) A comunicação espontânea da empresa à autoridade tributária é suficiente para que seja excluída a sua responsabilidade pela infração.

d) O parcelamento é modalidade de extinção do crédito tributário, de modo que sua concessão equivale ao pagamento do tributo, o que, aliado à denúncia espontânea, exclui a responsabilidade da empresa Z.

e) Para ser válida, a denúncia espontânea deve ser acompanhada do pagamento do tributo, sendo suficiente para que ela produza efeitos que a empresa Z quite o principal, excluídos os juros e as penalidades.

Resposta: A

Comentários: A alternativa B está incorreta; uma vez tendo praticado dolo, fraude ou simulação, o parcelamento não poderá ser concedido. A assertiva C está incorreta, pois havendo sonegação, a comunicação espontânea da empresa à autoridade tributária não é suficiente para a exclusão da responsabilidade. A assertiva D está igualmente incorreta, uma vez que o parcelamento é modalidade de suspensão do crédito tributário e não de sua extinção. A alternativa E também está incorreta, uma vez que o pagamento do tributo deve ser acompanhado dos juros de mora, conforme dispõe o art. 138, do CTN: "A responsabilidade é excluída pela denúncia espontânea da infração, acompanhada, se for o caso, do pagamento do tributo devido e dos juros de mora, ou do depósito da importância arbitrada pela autoridade administrativa, quando o montante do tributo dependa de apuração".

Por fim, a assertiva A encontra-se correta, em conformidade com os seguintes fundamentos: Art. 155-A, § 2.º: "Aplicam-se, subsidiariamente, ao parcelamento as disposições desta Lei, relativas à moratória".

Art. 154, parágrafo único: "A moratória não aproveita aos casos de dolo, fraude ou simulação do sujeito passivo ou do terceiro em benefício daquele".

(2015/Consulplan/TJMG/Titular de Serviços de Notas e de Registro) Quanto ao crédito tributário e às correspondentes hipóteses de suspensão e extinção, é correta a assertiva:

a) O crédito tributário pode ter sua exigibilidade suspensa, entre outras hipóteses, mediante concessão de moratória, parcelamento ou transação.

b) O parcelamento tributário pode ser instituído e disciplinado por meio de ato infralegal da Fazenda Pública.

c) O crédito tributário pode ser extinto por meio de dação em pagamento de bens imóveis, desde que observadas a forma e as condições estabelecidas em lei.

d) Quando o pagamento é realizado em cotas periódicas, a quitação da última parcela gera a presunção relativa do pagamento das parcelas anteriores.

Resposta: C

Comentários: A assertiva A está incorreta, já que transação é modalidade que extingue o crédito tributário. A alternativa B está incorreta, uma vez que o parcelamento tributário pode ser instituído e disciplinado somente mediante lei, conforme o disposto no art. 155-A: "O parcelamento será concedido na forma e condição estabelecidas em lei específica". A alternativa D está incorreta, posto que a quitação da última parcela não gera presunção de pagamento das prestações anteriores, conforme disposição expressa no art. 158, do CTN: "O pagamento de um crédito não importa em presunção de pagamento: I – quando parcial, das prestações em que se decomponha". Correta está a alternativa C, em conformidade com o art. 156, do CTN: "Extinguem o crédito tributário: (...) XI – a dação em pagamento em bens imóveis, na forma e condições estabelecidas em lei".

10.8. QUADROS-SÍNTESE DO CAPÍTULO

SUSPENSÃO DA EXIGIBILIDADE DO CRÉDITO TRIBUTÁRIO	
Casos (Art. 151 do CTN)	**MO-DE-RE-CO-PA** MO = MOratória DE = DEpósito do montante integral RE = REclamações e REcursos administrativos CO = COncessão de liminar em mandado de segurança e COncessão de tutela em outras ações PA = PArcelamento

MORATÓRIA: é a dilatação legal do prazo de pagamento e é regulada pelo CTN em seus arts. 152 a 155. Concedida por meio de lei ordinária, permite ao sujeito passivo que pague em cota única o tributo, porém com vencimento prorrogado.

Espécies	– Geral; – Individual.
Espécies sem a Participação da Autoridade Administrativa	– Autonômica ou autônoma: concedida pelo detentor da competência tributária; – Heterônoma: concedida pela União quanto a tributos de competência dos Estados, Distrito Federal e Municípios.
Territorialidade da Moratória	– Total: é concedida na totalidade do território da autoridade tributária; – Parcial: concedido somente para parte do território da referida autoridade.
Anulação da Moratória Individual (Art. 155 do CTN)	A moratória não gera direito adquirido, sendo passível de anulação ou cassação "sempre que se apure que o beneficiado não satisfazia ou deixou de satisfazer as condições ou não cumpria ou deixou de cumprir os requisitos para a concessão do favor (...)".

DEPÓSITO DO MONTANTE INTEGRAL: é um direito do contribuinte, que o utiliza visando à suspensão da exigibilidade do crédito tributário.

Valor	Engloba o tributo acrescido de juros e multas. Seu valor será aquele exigido pelo Fisco, e não o pretendido pelo contribuinte.

RECLAMAÇÕES E RECURSOS ADMINISTRATIVOS: suspendem a exigibilidade do crédito tributário, permitindo ao contribuinte obter uma certidão positiva com efeito de certidão negativa, conforme o art. 206 do CTN.

LIMINAR EM MANDADO DE SEGURANÇA: medida que permite suspender provisória e imediatamente o ato impugnado, além de provocar a consequente suspensão da exigibilidade do crédito tributário (Art. 151, IV, do CTN).

Requisitos (Art. 151, IV, do CTN)	– Relevante fundamento do pedido; – A ineficácia da medida, caso não seja deferido o pedido de imediato.

LIMINAR EM AÇÃO CAUTELAR: não está incluída expressamente na lista de institutos do art. 151 do CTN, porém é aceita pela jurisprudência como causa de suspensão de crédito tributário.

Cap. 10 – SUSPENSÃO DO CRÉDITO TRIBUTÁRIO

TUTELA EM OUTRAS AÇÕES JUDICIAIS: Com o Código de Processo Civil – Lei n.º 13.105/2015, as medidas cautelares foram extintas, dando lugar à chamada tutela provisória, prevista no art. 294 e seguintes, a qual foi dividida em tutelas de urgência (abrangendo as tutelas satisfativas e as tutelas cautelares) e tutelas de evidência.
As tutelas de urgência poderão ser concedidas, desde que haja elementos que demonstrem o *fumus bonis iuris* (probabilidade do direito vindicado) e o *periculum in mora* (perigo de dano ou risco ao resultado útil ao processo). Já as tutelas de evidência poderão ser concedidas independentemente da caracterização do *periculum in mora*, ou seja, basta a demonstração da plausibilidade do direito.

Requisitos	– Quando houver elementos que evidenciem a probabilidade do direito; – Perigo de dano ou o risco ao resultado útil do processo.

PARCELAMENTO: caracteriza-se pelo ato do contribuinte, após requerimento à autoridade administrativa, de conduzir recursos de forma não integral ao Fisco. Reveste-se da natureza de uma moratória, pois os pagamentos se dão após o vencimento dos créditos tributários, em geral de forma mensal durante longo período de tempo.

Multa	– O parcelamento não exclui a incidência de multa, nos casos de denúncia espontânea de pagamento parcelado.

10.9. QUESTÕES

1) **(2019/FCC/Sefaz-BA/Auditor Fiscal) Sobre a moratória, o Código Tributário Nacional prevê:**

   a) Do contribuinte devedor, contemplado irregularmente com o benefício da moratória, não serão cobrados juros de mora e não será aplicada penalidade pecuniária, na hipótese de dolo ou simulação, praticados por terceiro, em seu benefício.

   b) A moratória somente pode ser concedida, em caráter individual ou geral, por despacho da autoridade administrativa, desde que autorizada por lei ou decreto, expedido pela pessoa jurídica de direito público competente para instituir o tributo a que se refira.

   c) A concessão da moratória em caráter individual gera direito adquirido, garantido pela Constituição Federal, e, por isso, nenhum motivo justifica sua revogação de ofício, após ser concedida ao contribuinte por autoridade competente.

   d) Salvo disposição de lei em contrário, a moratória somente abrange os créditos definitivamente constituídos à data da lei ou do despacho que a conceder, ou cujo lançamento já tenha sido iniciado àquela data por ato regularmente notificado ao sujeito passivo.

   e) A moratória suspende a exigibilidade do crédito tributário e dispensa o cumprimento das obrigações assessórias relacionadas com o tributo, cujo crédito tributário está suspenso.

   Resposta: D

2) **(2019/Vunesp/TJ-AC/Juiz de Direito Substituto) Considerando o disposto no texto constitucional sobre as garantias asseguradas aos contribuintes, é correto afirmar que**

a) a instituição dos emolumentos cartorários pelo Tribunal de Justiça não viola o princípio da reserva legal.

b) infringe os princípios da anterioridade e o da vedação de delegação legislativa, decreto estadual que modifica a data de vencimento de tributo de competência do Estado.

c) a imunidade tributária é matéria a ser tratada por norma constitucional, enquanto que a isenção pode ser criada por lei.

d) não viola a Constituição a mera concessão de isenção tributária à operação de aquisição de automóveis por oficiais de justiça estaduais.

Resposta: C

3) **(2019/FCC/Sefaz-BA/Auditor Fiscal) Conforme o Código Tributário Nacional, são casos de exclusão do crédito tributário a isenção e anistia, sendo que a**

a) isenção é sempre decorrente de lei, salvo quando prevista em contrato.

b) concessão de anistia, decorrente de infração tributária, compete privativamente ao Presidente da República, sem necessidade da sanção do Congresso Nacional, conforme dispõe, expressamente, o Código Tributário Nacional.

c) Constituição Federal veda à União instituir isenções de tributos da competência dos Estados, do Distrito Federal ou dos Municípios.

d) anistia abrange somente as infrações cometidas após a vigência da lei que a concede, não se aplicando aos atos qualificados em lei como crimes ou contravenções, mas se aplicando aos atos praticados apenas com dolo, fraude ou simulação pelo sujeito passivo ou por terceiro em benefício daquele.

e) isenção concedida a determinado imposto sobre propriedade é extensiva às taxas relacionadas com o referido bem e aos tributos instituídos posteriormente à sua concessão.

Resposta: C

4) **(2019/Vunesp/TJ-AC/Juiz de Direito Substituto) A Assembleia Legislativa de determinado estado da federação aprova lei de parcelamento tributário estabelecendo, entre outras medidas, a suspensão, por 36 (trinta e seis) meses, dos pagamentos devidos por tributos vencidos até o momento de aprovação da lei, o parcelamento em 120 (cento e vinte) parcelas das dívidas e o perdão de 50% das multas tributárias devidas. Neste contexto, é correto afirmar que a lei previu instrumentos de**

a) suspensão da exigibilidade (moratória e parcelamento) e exclusão do crédito tributário (anistia).

b) anulação (remissão) e extinção do crédito tributário (parcelamento).

c) exclusão (remissão) e extinção do crédito tributário (anistia e parcelamento).

d) suspensão da exigibilidade (moratória) e extinção do crédito tributário (anistia).

Resposta: A

Cap. 10 – SUSPENSÃO DO CRÉDITO TRIBUTÁRIO 209

5) **(2018/Ieses/TJ-AM/Titular de Serviços de Notas e de Registros – Provimento) Sobre o crédito tributário, assinale a alternativa INCORRETA com relação ao previsto no Código Tributário Nacional:**
   a) A suspensão do crédito tributário dispensa o cumprimento das obrigações assessórias dependentes da obrigação principal cujo crédito seja suspenso.
   b) A anistia é modalidade de exclusão do crédito tributário.
   c) São modalidades de extinção do crédito tributário o pagamento, a decadência, a conversão do depósito em renda e a compensação.
   d) A moratória é modalidade de suspensão da exigibilidade do crédito tributário.

   Resposta: A

6) **(2018/Ieses/TJ-AM/ Titular de Serviços de Notas e de Registros – Remoção) Suspendem a exigibilidade do crédito tributário:**
   I. A concessão de medida liminar em mandado de segurança.
   II. A transação.
   III. O pagamento.
   IV. A prescrição e a decadência.
   A sequência correta é:
   a) Apenas as assertivas I, II e III estão corretas.
   b) Apenas a assertiva I está correta.
   c) Apenas as assertivas II e IV estão incorretas.
   d) As assertivas I, II, III e IV estão corretas.

   Resposta: B

7) **(2018/Cespe/STJ/Analista Judiciário – Oficial de Justiça Avaliador Federal) À luz das disposições do Código Tributário Nacional (CTN), julgue o item a seguir.**
   O parcelamento pelo fisco suspende a exigibilidade do crédito tributário parcelado.

   Resposta: Certo

8) **(2018/FGV/Sefin-RO/Auditor Fiscal de Tributos Estaduais) As opções a seguir apresentam os efeitos da concessão de liminar em mandado de segurança com a finalidade de suspender a exigibilidade do crédito tributário, *à exceção de uma*. Assinale-a.**
   a) Impedir a propositura de execução fiscal.
   b) Afastar a situação de inadimplência, possibilitando a expedição de certidão positiva com efeitos de negativa.
   c) Suspender o curso do prazo prescricional.
   d) Impedir o lançamento do crédito.
   e) Suspender a inscrição no CADIN (Cadastro Informativo de Créditos Não Quitados de Órgãos e Entidades Federais).

   Resposta: D

9) **(2018/Nucepe/PC-PI/Delegado de Polícia Civil) Considerando o previsto no Código Tributário Nacional sobre constituição do crédito tributário e sobre a suspensão da exigibilidade do crédito tributário, assinale a alternativa CORRETA.**

a) A suspensão da exigibilidade do crédito tributário tem como natural e automática consequência a dispensa do cumprimento das obrigações acessórias dependentes da obrigação principal cujo crédito esteja suspenso.
b) A concessão da moratória em caráter individual não gera direito adquirido e será revogada de ofício, sempre que se apure que o beneficiado não satisfazia ou deixou de satisfazer as condições ou não cumprira ou deixou de cumprir os requisitos para a concessão do favor, cobrando-se o crédito acrescido de juros de mora, sendo vedada a imposição de penalidade.
c) O lançamento regularmente notificado ao sujeito passivo só pode ser alterado em virtude de impugnação formulada pelo próprio sujeito passivo.
d) Salvo disposição de lei em contrário, quando o valor tributário esteja expresso em moeda estrangeira, no lançamento far-se-á sua conversão em moeda nacional ao câmbio do dia da realização do lançamento.
e) O lançamento, atividade vinculada e obrigatória, sob pena de responsabilidade funcional, é o procedimento administrativo tendente a verificar a ocorrência do fato gerador da obrigação correspondente, determinar a matéria tributável, calcular o montante do tributo devido, identificar o sujeito passivo e, sendo caso, propor a aplicação da penalidade cabível.

Resposta: E

10) **(2018/Cespe/DPE-PE/Defensor Público) De acordo com o Código Tributário Nacional, as hipóteses de suspensão do crédito tributário incluem a**

a) moratória, o parcelamento e a remissão.
b) prescrição, a decadência e o parcelamento.
c) remissão, o parcelamento e o depósito do montante integral do crédito.
d) concessão de liminar em favor do sujeito passivo, a compensação e a transação.
e) moratória, o depósito do montante integral do crédito e a concessão de liminar em favor do sujeito passivo.

Resposta: E

Causas de Exclusão do Crédito Tributário

11.1. A ISENÇÃO

A isenção é uma causa de exclusão do crédito tributário, consoante o inciso I do art. 175 do CTN. Não se confunde com a imunidade: esta tem respaldo constitucional; a isenção, legal.

Seus efeitos desonerativos atingem a obrigação tributária principal, mantendo-se incólumes os deveres instrumentais do contribuinte, ou seja, as chamadas obrigações tributárias acessórias (art. 175, parágrafo único, do CTN). O contribuinte isento continuará obrigado às prestações positivas ou negativas que não correspondam ao pagamento de tributo (art. 113, § 2.º, do CTN).

O STF admite que, tratando-se de isenção, o fato gerador ocorre, acarretando a criação da obrigação tributária (RE 114.850-1/1988; RE 97.455-RS). Nesse passo, há a dispensa legal do pagamento do gravame, localizando-se a isenção no campo da "incidência tributária".

De modo diverso, na trilha da visão adotada pela doutrina mais moderna, a isenção, localizando-se no campo da "não incidência tributária", impede o nascimento da obrigação tributária, ou melhor, define-se como "o próprio poder de tributar visto ao inverso". Em outras palavras, a norma isentiva incidirá para que a norma da tributação não incida.

Quanto a questão da *revogabilidade*, as isenções poderão ser revogadas a qualquer tempo, com exceção das isenções onerosas, uma vez que estas proporcionam direito adquirido, conforme entendimento do STF (Súmula n.º 544 e RE 169.880/SP-1996). Assim se depreende do art. 178 do CTN.

De modo diverso, aquelas isenções não onerosas, na visão do STF, estão sujeitas à revogação a qualquer tempo, tornando o gravame imediatamente exigível (AgRE 564.225/RS-2014; RE 204.062-ES-1996).

Em regra, a isenção se relaciona apenas a impostos, excluindo-se taxas e contribuições de melhoria do benefício isencional (art. 177, I, do CTN).

O art. 177, II, do CTN prevê a impossibilidade de concessão da isenção aos tributos cuja competência tributária não tenha sido exercida. Nessa medida, não se pode isentar um "imposto sobre grandes fortunas", haja vista o fato de que a competência tributária para a sua instituição não foi ainda exercida pela União (art. 153, VII, da CF).

O princípio da legalidade tributária é bastante relevante no estudo das isenções. Como é sabido, a isenção depende de lei (art. 178, *caput*, do CTN). A lei concessiva da isenção deverá ser a lei ordinária, no formato de "lei específica", conforme o art. 150, § 6.º, da CF. Para o caso de tributos criados por lei complementar, sua eventual dispensa, por meio de uma lei isentiva, deverá ser feita por dispositivo de mesma hierarquia.

Ainda no plano principiológico da legalidade, frise-se que as isenções de ICMS não se enquadram, em princípio, ao comando, uma vez que os Estados e o Distrito Federal deverão, previamente, firmar entre si convênios, celebrados no Conselho Nacional de Política Fazendária – CONFAZ, para posteriormente conceder a isenção. Discute-se a possível violação ao princípio da legalidade tributária no expediente adotado.

Confirmando a ideia de simetria no plano da competência tributária, o art. 151, III, da Constituição Federal proíbe que a União conceda isenções de tributos que estejam fora de sua competência tributária. São as chamadas isenções heterônomas ou heterotópicas.

Relativamente aos tratados e convenções internacionais (exceção não prevista de maneira expressa na CF), trata-se de uma ressalva ao princípio da vedação das isenções heterônomas, tida como tal pela doutrina e jurisprudência do STF. Refere-se à possibilidade de concessão de isenção de tributos estaduais e municipais pela via do tratado internacional. Como é cediço, a União, ao celebrar o tratado, não se mostra como pessoa política de Direito Público Interno, mas como pessoa política internacional, ou sujeito de direito na ordem internacional, passando ao largo da restrição constitucional. Em tempo, o Presidente da República firma tais acordos à frente dos interesses soberanos da nação, e não na defesa de seus restritos propósitos como entidade federada. Daí se assegurar que a concessão da isenção na via do tratado não se sujeita à vedação da concessão de isenção heterônoma.

Por fim, conforme o art. 179, § 2.º c/c art. 155 do CTN, a isenção em caráter individual não gera direito adquirido. Poderá ser anulada se não houver a satisfação das condições, sendo possível exigir o valor da exação acrescido de juros de mora. Será, também, aplicada multa se o benefício tiver sido obtido com dolo ou simulação, não se computando, para efeitos de prescrição, o tempo decorrido entre a concessão da isenção e a sua revogação.

(2018/Vunesp/PGE-SP/Procurador do Estado) No que diz respeito à isenção, conforme o Código Tributário Nacional, é correto afirmar:
   a) é causa excludente do crédito tributário, mas não dispensa o cumprimento das obrigações acessórias dependentes da obrigação principal cujo crédito tenha sido excluído.
   b) é causa extintiva do crédito tributário, sendo extensiva às taxas e contribuições que tenham por fato gerador o mesmo fato jurídico relevante do crédito tributário extinto.
   c) é causa excludente do crédito tributário e pode ser livremente suprimida, mesmo quando concedida sob condição onerosa.

Cap.11 – CAUSAS DE EXCLUSÃO DO CRÉDITO TRIBUTÁRIO

d) é causa extintiva do crédito tributário e depende, em qualquer hipótese, de despacho, genérico ou particular, de autoridade administrativa competente para a verificação.

e) é causa excludente do crédito tributário e só pode ser concedida em caráter geral, nos termos da lei, pela isonomia tributária, mas deve sofrer, em qualquer caso, restrições temporais por meio de regulamento.

Resposta: A
Comentários: CTN, art. 175: "Excluem o crédito tributário:
I – a isenção;
II – a anistia.
Parágrafo único. A exclusão do crédito tributário não dispensa o cumprimento das obrigações acessórias dependentes da obrigação principal cujo crédito seja excluído, ou dela consequente".

(2017/FMP Concursos/MPE-RO/Promotor de Justiça Substituto) No atinente à isenção, É CORRETO afirmar que
a) é extensiva, salvo disposição de lei em contrário, às taxas e contribuições de melhoria e aos tributos instituídos posteriormente à sua concessão.
b) dispensa o cumprimento de obrigações acessórias.
c) pode ser revogada ou modificada por lei, a qualquer tempo, salvo se concedida por prazo certo e em função de determinadas condições.
d) pode ser revogada ou modificada por lei, a qualquer tempo, salvo se concedida por prazo certo ou em função de determinadas condições.
e) extingue o crédito tributário da mesma forma que a anistia.

Resposta: C
Comentários: Art. 178. A isenção, salvo se concedida por prazo certo **e** em função de determinadas condições, pode ser revogada ou modificada por lei, a qualquer tempo, observado o disposto no inciso III do art. 104.

11.2. A ANISTIA

A anistia é uma causa de exclusão do crédito tributário, consoante o inciso II do art. 175 do CTN.

Seus efeitos desonerativos atingem a obrigação tributária principal, mantendo-se incólumes os deveres instrumentais do contribuinte, ou seja, as chamadas obrigações tributárias acessórias (art. 175, parágrafo único, do CTN).

Conceitua-se a anistia como o perdão das penalidades pecuniárias, concedido por lei, antes da constituição do crédito tributário. Somente pode ser aplicada a infrações cometidas antes da vigência da lei que a tiver concedido, operando efeito retrospectivo. É o que se depreende do *caput* do art. 180 do CTN.

A anistia poderá ser *geral* ou *limitada*. Quando assume a roupagem de "anistia limitada", poderá ser concedida nas seguintes situações: (I) às infrações relativas a

DIREITO TRIBUTÁRIO ESSENCIAL – *Eduardo Sabbag*

determinado tributo; (II) àquelas infrações punidas com penalidades pecuniárias até determinado montante, conjugadas ou não com penalidades de outra natureza; (III) à determinada região do território da entidade tributante, em função de condições a ela peculiares; (IV) sob condição do pagamento de tributo no prazo fixado pela lei concessiva do favor ou pela autoridade administrativa.

Importante é frisar que não se dispensa o cumprimento das obrigações acessórias relativas ao crédito excluído, no caso da anistia. O contribuinte anistiado continuará obrigado às prestações positivas ou negativas que não correspondam ao pagamento de tributo (art. 113, § 2.º, do CTN), além de satisfazer o valor *principal* do crédito exigido, uma vez que o benefício é somente para multas (art. 175, parágrafo único, do CTN).

Vale ressaltar que não é possível a isenção ou anistia para tributo ou multa já lançados. Entende-se que o favor legal a ser ventilado será a remissão (art. 156, IV, c/c art. 172 do CTN).

Por fim, conforme o art. 182, parágrafo único, c/c art. 155, ambos do CTN, a anistia não gera direito adquirido. Poderá ser anulada se não houver a satisfação das condições, não se computando, para efeitos de prescrição, o tempo decorrido entre a concessão da anistia e a sua revogação, caso tenha havido dolo, fraude ou simulação.

11.3. QUADROS-SÍNTESE DO CAPÍTULO

CAUSAS DE EXCLUSÃO DO CRÉDITO TRIBUTÁRIO	
ISENÇÃO: localiza-se no campo da "não incidência tributária", impedindo o nascimento da obrigação tributária (art. 175, I, do CTN). Não se confunde com a imunidade: esta tem respaldo constitucional; a isenção, legal.	
Efeitos Desonerativos	– Atingem a obrigação tributária principal, mantendo-se incólumes os deveres instrumentais do contribuinte, ou seja, as chamadas obrigações tributárias acessórias (art. 175, parágrafo único, do CTN). – Alcança apenas a impostos, excluindo-se taxas e contribuições de melhoria do benefício isencional (art. 177, I, do CTN).
ANISTIA: é o perdão das penalidades pecuniárias, concedido por lei, antes da constituição do crédito tributário (art. 175, II, do CTN). Somente pode ser aplicada a infrações cometidas antes da vigência da lei que a tiver concedido, operando efeito retrospectivo.	
Espécies	– Geral; – Limitada
Anistia Limitada	– às infrações relativas a determinado tributo; – àquelas infrações punidas com penalidades pecuniárias até determinado montante, conjugadas ou não com penalidades de outra natureza; – à determinada região do território da entidade tributante, em função de condições a ela peculiares; – sob condição do pagamento de tributo no prazo fixado pela lei concessiva do favor ou pela autoridade administrativa.

Cap.11 – CAUSAS DE EXCLUSÃO DO CRÉDITO TRIBUTÁRIO

11.4. QUESTÕES

1) **(2019/FCC/Sefaz-BA/Auditor Fiscal) Conforme o Código Tributário Nacional, são casos de exclusão do crédito tributário a isenção e anistia, sendo que a**
   a) isenção é sempre decorrente de lei, salvo quando prevista em contrato.
   b) concessão de anistia, decorrente de infração tributária, compete privativamente ao Presidente da República, sem necessidade da sanção do Congresso Nacional, conforme dispõe, expressamente, o Código Tributário Nacional.
   c) Constituição Federal veda à União instituir isenções de tributos da competência dos Estados, do Distrito Federal ou dos Municípios.
   d) anistia abrange somente as infrações cometidas após a vigência da lei que a concede, não se aplicando aos atos qualificados em lei como crimes ou contravenções, mas se aplicando aos atos praticados apenas com dolo, fraude ou simulação pelo sujeito passivo ou por terceiro em benefício daquele.
   e) isenção concedida a determinado imposto sobre propriedade é extensiva às taxas relacionadas com o referido bem e aos tributos instituídos posteriormente à sua concessão.

   Resposta: C

2) **(2019/NC-UFPR/TJ-PR/Titular de Serviços de Notas e de Registros) Sobre hipóteses de extinção e de exclusão do crédito tributário, assinale a alternativa correta.**
   a) A dação em pagamento de bens imóveis e a consignação em pagamento excluem o crédito tributário.
   b) A prescrição e a decadência excluem o crédito tributário.
   c) O pagamento antecipado extingue o crédito tributário, dependendo de eventual posterior homologação do lançamento.
   d) O pagamento e a isenção extinguem o crédito tributário.
   e) A compensação e a anistia excluem o crédito tributário.

   Resposta: C

3) **(2019/Vunesp/TJ-RS/Titular de Serviços de Notas e de Registros) É instituto de Direito Tributário que abrange exclusivamente as infrações cometidas anteriormente à vigência da lei que a concede, não se aplicando aos atos qualificados em lei como crimes ou contravenções e aos que, mesmo sem essa qualificação, sejam praticados com dolo, fraude ou simulação pelo sujeito passivo ou por terceiro em benefício daquele e, salvo disposição em contrário, às infrações resultantes de conluio entre duas ou mais pessoas naturais ou jurídicas.**

   Trata-se da
   a) isenção
   b) prescrição intercorrente.

DIREITO TRIBUTÁRIO ESSENCIAL – *Eduardo Sabbag*

c) remissão
d) denúncia espontânea.
e) anistia
Resposta: E

4) **(2018/Cespe/TJ-CE/Juiz Substituto) De acordo com o CTN, as hipóteses de exclusão do crédito tributário incluem**

a) a isenção e a anistia.
b) o pagamento e a compensação.
c) a prescrição e a decadência.
d) a moratória e o parcelamento.
e) a remissão e o depósito do montante integral.
Resposta: A

5) **(2018/FCC/DPE-RS/Defensor Público) Sobre o crédito tributário, é correto afirmar:**

a) A anistia é causa de exclusão do crédito tributário.
b) A isenção é causa de extinção do crédito tributário.
c) A compensação é causa de suspensão do crédito tributário.
d) A moratória é causa de exclusão do crédito tributário.
e) A prescrição é causa de exclusão do crédito tributário.
Resposta: A

6) **(2017/Consulplan/TJ-MG/Titular de Serviços de Notas e de Registros) Excluem o crédito tributário a anistia e a isenção. Sobre a exclusão do crédito tributário prevista no Código Tributário Nacional, analise:**

I. A anistia abrange exclusivamente as infrações cometidas anteriormente à vigência da lei que a concede, aplicando-se aos atos qualificados em lei como contravenções.
II. A exclusão do crédito tributário não dispensa o cumprimento das obrigações acessórias dependentes da obrigação principal cujo crédito seja excluído, ou dela consequente.
III. Salvo disposição de lei em contrário, a isenção não é extensiva às taxas e às contribuições de melhoria.
IV. A anistia pode ser concedida limitadamente às infrações punidas com penalidades pecuniárias até determinado montante, conjugadas ou não com penalidades de outra natureza.

Está correto apenas o que se afirma em:
a) I e II.
b) II, III e IV.
c) I, III e IV.
d) III e IV.
Resposta: B

Cap.11 – CAUSAS DE EXCLUSÃO DO CRÉDITO TRIBUTÁRIO

7) (2017/Cespe/Prefeitura de Belo Horizonte-MG/Procurador Municipal) Tendo por base os conceitos presentes na legislação tributária, assinale a opção correta.

a) Presume-se fraudulenta a alienação de bens por sujeito passivo em débito com a Fazenda Pública, ainda que ele tenha reservado bens ou rendas que sejam suficientes para o pagamento total da dívida inscrita.

b) Contribuinte é o sujeito passivo da obrigação principal, ao passo que responsável é o sujeito passivo apenas da obrigação acessória.

c) Decadência é uma modalidade de extinção do crédito tributário; prescrição, uma modalidade de suspensão desse crédito.

d) A isenção exclui o crédito tributário, mas não dispensa o cumprimento das obrigações acessórias dependentes da obrigação principal cujo crédito tenha sido excluído.

Resposta: D

8) (2016/Caip-Imes/BahiaGás/Analista de Processos Organizacionais) Considerando as normas constitucionais e tributárias que normatizam a imunidade, a não incidência e isenção, assinale a alternativa correta.

a) Isenção é dispensa do pagamento do tributo. O fato gerador ocorre, porém, ato administrativo, considerando um fim social, isenta o contribuinte do seu pagamento.

b) O Código Tributário, em seu art. 175, I, apenas dispõe que imunidade é uma das hipóteses que exclui o crédito tributário.

c) Imunidade é uma limitação à competência tributária por determinação exclusiva da Constituição, atingindo pessoas ou bens. Refere-se aos impostos e taxas.

d) A não incidência tributária é tudo aquilo que, embora seja devido, carece do fato gerador. Pode ser instituída pelo Poder Legislativo de qualquer dos entes federados.

e) A imunidade, a não incidência e a isenção, embora produzam o mesmo efeito, de não gravar o fato pelo tributo, têm natureza distinta. A isenção e a imunidade são benefícios fiscais, pois são concedidos por lei pelo legislador, excluindo fatos que normalmente seriam tributados pela legislação.

Resposta: E

9) (2016/TRF 3ª Região/Juiz Federal Substituto) Com relação à jurisprudência dominante, assinale a alternativa correta:

a) STF: isenções tributárias, como favor fiscal que são, podem ser livremente suprimidas mesmo se concedidas sob condição onerosa.

b) STJ: na execução fiscal é necessária a instrução da petição inicial com o demonstrativo do cálculo do débito, para assegurar a ampla defesa do contribuinte.

c) STJ: no caso de sucessão empresarial, a responsabilidade da sucessora abrange os tributos e as multas moratórias devidas pela sucedida referentes aos fatos geradores ocorridos até a sucessão, mas não as multas punitivas dado o caráter pessoal delas.

d) STF: a norma legal que altera o prazo de recolhimento da obrigação tributária não se sujeita ao princípio da anterioridade.

Resposta: D

10) **(2016/FCC/Segep-MA/Procurador do Estado) A isenção, enquanto causa de exclusão do crédito tributário, está adstrita à regra da legalidade estrita. Diante disso, é correto afirmar:**

a) Somente pode alcançar o crédito tributário relativamente a impostos, ficando excluída da sua incidência as taxas, por serem forma de custear serviços públicos.

b) Pode ser concedida por ente diferente daquele competente para instituir o tributo, desde que na mesma lei esteja também concedendo isenção para tributo de sua competência.

c) Ainda que o ente tenha competência para conceder isenção deverá ainda se ater, em qualquer hipótese, à verificação de que não afetará as metas de resultados fiscais previstas em anexo próprio da lei de diretrizes orçamentárias.

d) Quando concedida em caráter geral, não é considerada como renúncia de receita tributária para fins de obediência às exigências previstas na Lei de Responsabilidade Fiscal.

e) Para ser concedida por ente diverso do competente para instituir o tributo deve vir acompanhada de medidas de compensação, no período em que deva iniciar sua vigência e nos dois subsequentes, por meio de aumento de receita ou de repartição de receita tributária.

Resposta: D

Causas de Extinção do Crédito Tributário

Conforme preceitua o art. 156 do CTN, são formas de extinção do crédito tributário: (1) pagamento; (2) compensação; (3) transação; (4) remissão; (5) prescrição e decadência; (6) conversão do depósito em renda; (7) pagamento antecipado e a homologação do lançamento; (8) consignação em pagamento, ao final dela; (9) decisão administrativa irreformável; (10) decisão judicial passada em julgado e (11) dação em pagamento.

Passemos a analisar as onze causas extintivas do crédito tributário:

12.1. PAGAMENTO

O pagamento, como fator extintivo do crédito tributário, está regulamentado nos arts. 157 a 169 do CTN, tratando-se de modalidade direta de extinção do crédito tributário, em função da desnecessidade de autorização legal para a sua efetivação.

Por via de regra, o pagamento deve ser realizado em pecúnia (cheque, dinheiro ou equivalente). Nesse sentido, vale ressaltar que, com a edição da Lei Complementar n.º 104/2001, veio à baila uma nova possibilidade de extinção indireta do crédito tributário – porque depende de lei –, pela *dação em pagamento*, consoante o inc. XI do art. 156 do CTN. Imperioso é recordar que essa modalidade de extinção indireta do crédito tributário refere-se apenas a bens imóveis.

Ver Lei n.º 13.313/2016 e Lei n.º 13.259/2016. Ver STJ: REsp 1.573.873/PR e AREsp 581.679/RS.

12.1.1. Consulta tributária

A consulta tributária, prevista no art. 161, § 2.º, do CTN, é procedimento administrativo tendente a dirimir dúvidas relativas à legislação tributária, elaboradas pelo contribuinte ao Fisco. O consulente adota uma conduta comissiva, imbuído de boa-fé, de modo que, no concernente à sua responsabilidade tributária, responde somente pelo gravame, além da correção monetária, ficando afastada a cobrança de juros e multa.

Refere-se à formulação de dúvidas pelo contribuinte consulente ao Fisco, o qual deverá proceder formalmente à satisfação da dúvida.

DIREITO TRIBUTÁRIO ESSENCIAL – *Eduardo Sabbag*

Recomenda-se que o questionamento deva ser razoável, enfocando um possível deslize do legislador, o qual supostamente tenha omitido algo, ou, ainda, dito a lei, mas com obscuridade ou ambiguidade. Tais vícios de compreensão, como é cediço, repelem a segurança e certeza que devem reger o diálogo entre a norma e seu destinatário. Daí se prever uma solução à satisfação da dúvida: a consulta tributária. No âmbito federal, a consulta está regida pelos arts. 46 a 58 do Decreto n.º 70.235/1972, bem como pelos arts. 48 a 50 da Lei n.º 9.430/1996.

12.1.2. A restituição de pagamento indevido ou a maior e o prazo prescricional

O CTN, tirante os prazos habitualmente oponíveis à Fazenda, trata de lapsos temporais para o contribuinte pleitear a restituição de quantias pagas indevidamente.

Se o tributo for pago a maior, o contribuinte verá nascer o direito à restituição, sem qualquer óbice a ser criado pelo Fisco. O pagamento indevido ou a maior será restituído (administrativa ou judicialmente), independentemente de provas sobejas, bastando a apresentação da guia de recolhimento (autenticada, conforme o entendimento do STJ, no REsp 267.007/SP-2005) para que se formalize o pedido do valor.

No entendimento do STJ, aliás, o prazo prescricional para a repetição de indébito não se interrompe e/ou suspende, em face de pedido formulado na esfera administrativa (AgRgAg 629.184/MG-2005).

Quando há uma repetição de indébito, o interessado tem direito à devolução do valor principal, acrescido de juros moratórios (e não de "juros remuneratórios") e da correção monetária. Em tempo, frise-se que os juros de mora são contados a partir do trânsito em julgado da decisão definitiva que satisfez a pretensão restituitória (Súmula n.º 188 do STJ c/c art. 167, parágrafo único, do CTN), enquanto a correção monetária é contada a partir da data do pagamento indevido (Súmula n.º 162 do STJ).

12.1.2.1. Limitação temporal

O CTN dispõe que é de cinco anos o prazo para a repetição (devolução) do valor pago indevidamente, contados da data extinção do crédito tributário pelo pagamento.

Frise-se que, em 12 de dezembro de 2018, o STJ editou a Súmula n.º 625, segundo a qual "o pedido administrativo de compensação ou de restituição não interrompe o prazo prescricional para a ação de repetição de indébito tributário de que trata o art. 168 do CTN nem o da execução de título judicial contra a Fazenda Pública".

No tocante ao tempo hábil a pleitear a restituição, diga-se que o inc. I do art. 168 do CTN passou a ter outra interpretação à luz do art. 3.º da LC n.º 118/2005. É notório que, conforme aquele comando, o prazo para pleitear a restituição de importância tributária é de 5 (cinco) anos contados da data da "extinção do crédito tributário", ou seja, a data do pagamento indevido. Nessa toada, segundo se depreende do art. 3.º da LC n.º 118/2005, a extinção do crédito tributário, nos lançamentos por homologação, deverá acontecer num momento anterior à homologação, qual seja, na data do pagamento antecipado. Nos parágrafos seguintes o tema será aprofundado.

Analisemos o art. 3.º da LC n.º 118/2005: "Art. 3.º Para efeito de interpretação do inc. I do art. 168 da Lei n.º 5.172, de 25 de outubro de 1966 – Código Tributário Nacional, a extinção do crédito tributário ocorre, no caso de tributo sujeito a lançamento por homologação, no momento do pagamento antecipado de que trata o § 1.º do art. 150 da referida Lei".

Assim, o art. 3.º soterrou a teoria do prazo dos "cinco mais cinco", que havia sido prestigiada pela jurisprudência, para a restituição de pagamento indevido de tributos constituídos por lançamento por homologação. Tal teoria é aquela em que o prazo de cinco anos para a restituição de um tributo (com lançamento por homologação) deveria começar a contar a partir da data da homologação (seja expressa ou tácita).

Com base no art. 150, § 4.º, do CTN, o prazo para a homologação é de cinco anos, dessa forma, a Fazenda Pública teria cinco anos para homologar o lançamento (a contar do fato gerador) e, terminado este prazo, o sujeito passivo teria mais cinco anos para pedir a restituição, isto é, a consagração da tese dos "cinco mais cinco anos".

Curiosamente, há um tempo, o STJ decidiu que o termo inicial para a contagem do prazo (cinco anos) de restituição de tributo pendente de *homologação tácita* seria a data do pagamento indevido (REsp 258.161/DF-2001).

Desde 1994, no entanto, o STJ vem modificando o entendimento, passando a considerar, em se tratando do lançamento por homologação, o início do prazo para restituição na data da homologação tácita, ou seja, conta-se o prazo de cinco anos após o fato gerador e a este ponto se acrescenta o prazo de 5 anos, a contar da homologação. Dessa forma, o STJ concebeu no caso de retenção indevida de IOF na fonte (REsp 641.897/PE-2005) e retenção indevida de IRRF (EDivREsp 289.398/2002), considerando que se devia contar o prazo de 5 anos, a partir da retenção indevida na fonte, acrescidos de mais um quinquênio. Esse entendimento, beneficiado de suporte normativo adequado, conquanto não o fosse adotado por todos os Tribunais, consagrou-se na 1.ª Seção do STJ, no julgamento do EREsp 435.835/SC-2004.

Objetivando unicamente a redução de algumas poucas conquistas alcançadas pelo sujeito passivo, a LC n.º 118 veio encerrar esta tese. É válido agora o singelo prazo de cinco anos, contado do dia do pagamento indevido, e não mais de sua homologação tácita, para os tributos lançados por homologação. Diferentemente, Leandro Paulsen entende que a modificação é adequada, haja vista ocorrer excesso no prazo de 10 anos (5+5).

Segundo verificamos no art. 3.º da LC n.º 118/2005, com a expressão "para efeito de interpretação do inciso I (...)", fica patente o objetivo do legislador em interpretar um preceito em aplicação. Com isso, devemos atentar para o que dispõe o art. 106 do próprio CTN: "A lei aplica-se a ato ou fato pretérito: I – em qualquer caso, quando seja expressamente interpretativa, excluída a aplicação de penalidade à infração dos dispositivos interpretados (...)".

A lei tributária poderá atingir fatos pretéritos quando esta for expressamente interpretativa, ou seja, quando nasceu meramente para esclarecimento de um ponto obscuro na vigente legislação, e tal elucidação não poderá provocar aplicação de penalidades.

Parece-nos, por isso, que o legislador intentou imprimir na norma em questão o cunho de lei interpretativa, para revesti-la de vigência retrospectiva. Questionamentos judiciais surgiram relativamente à constitucionalidade desta aplicação passada, considerando o direito adquirido em face dos inúmeros entendimentos jurisprudenciais advindos em nossa ordem jurídica, solidificando a tese dos "cinco mais cinco" anos. Entendemos que tal interpretação deverá ter eficácia somente para o futuro, isto é, da vigência desta Lei Complementar (120 dias após sua publicação) em diante, preponderando a *segurança jurídica*.

Com relação ao prazo de anulação da decisão administrativa denegatória do pleito, vejamos o que preceitua o art. 169 do CTN: "Prescreve em dois anos a ação anulatória da decisão administrativa que denegar a restituição. Parágrafo único. O prazo de prescrição é interrompido pelo início da ação judicial, recomeçando o seu curso, por metade, a partir da data da intimação validamente feita ao representante judicial da Fazenda Pública interessada".

A ação a que faz menção o referente artigo é a *ação de repetição de indébito*, e não a ação anulatória de débito fiscal, como se faz aparentar. Não obstante a atecnia no dispositivo, havendo denegação do pedido na escala administrativa, poderá o contribuinte se valer do Poder Judiciário, invocando-o através da ação judicial hábil ao ressarcimento de tributos pagos a maior ou indevidamente – ação de repetição de indébito.

Dessa forma, a "função jurisdicional administrativa" não possui o poder de ditar a aplicação da lei, como reservado ao Judiciário. Por isso, a decisão administrativa do órgão julgador, embora definitiva (art. 42 do Dec. 70.235/1972), traduz-se em "ato administrativo" ou, nas palavras magistrais de Celso Antônio Bandeira de Mello, "ato de administração contenciosa", podendo reapreciado na via judicial, em face do princípio constitucional do livre e amplo acesso ao Poder Judiciário (art. 5.º, XXXV, da CF).

O artigo trata de prazo prescricional especial (biênio prescricional – uma exceção à norma do lustro ou quinquênio do art. 174 do CTN), podendo se sujeitar a causas de suspensão ou interrupção.

O parágrafo único versa sobre causa interruptiva, com *dies a quo* no "início da ação judicial" – expressão que deve ser entendida como a *data da distribuição da ação*. A questão curiosa é que, interrompido o prazo, a contagem não se reinicia de imediato e nem por inteiro, como é costumeiro. O recomeço se faz pela metade (um ano) e apenas a partir da "intimação" (melhor seria "citação") válida do representante da Fazenda. Refere-se ao prazo afeto à *prescrição intercorrente*, devendo ser tão somente reconhecida caso seja o autor o responsável pela paralisação no processo. Dessa forma, o direito do autor poderá ficar lesado se ele der efetiva causa a que o processo fique paralisado, ou seja, apenas tem curso existindo demora provocada de fato imputável ao autor da ação.

(2018/Consulplan/TJ-MG/Titular de Serviços de Notas e Registros) O art. 174, parágrafo único, do Código Tributário Nacional, enumera como causa interruptiva do prazo prescricional, EXCETO:
- **a)** Inscrição do crédito tributário em dívida ativa.
- **b)** Qualquer ato judicial que constitua em mora o devedor.
- **c)** Despacho do juiz que ordenar a citação em execução fiscal.

d) Qualquer ato inequívoco, ainda que extrajudicial, que importe reconheci-
mento do débito pelo devedor.
Resposta: A
Comentários:

CTN, art. 174: "A ação para a cobrança do crédito tributário prescreve em
cinco anos, contados da data da sua constituição definitiva.

Parágrafo único. A prescrição se interrompe:

I – pelo despacho do juiz que ordenar a citação em execução fiscal; (Redação
dada pela Lcp nº 118, de 2005)

II – pelo protesto judicial;

III – por qualquer ato judicial que constitua em mora o devedor;

IV – por qualquer ato inequívoco ainda que extrajudicial, que importe em
reconhecimento do débito pelo devedor".

12.1.2.2. *Arguição de inconstitucionalidade nos embargos de divergência em REsp
644.736/PE (trânsito em julgado 27.09.2007)*

Nesta data, o STJ reconheceu a inconstitucionalidade do art. 4.º, segunda parte,
da LC n.º 118/2005, compreendendo que o prazo prescricional deve ser contado da
seguinte forma:

a) Pagamento de tributo efetuado a partir da vigência (09.06.2005), com fato
gerador ocorrido após esta data, o prazo é de 5 anos a contar da data de
pagamento;

b) Pagamento de tributo efetuado antes da vigência (09.06.2005), com fato gerador ocorrido antes desta data, vale a regra de prescrição do regime anterior,
limitada, porém, ao prazo máximo de cinco anos a contar da vigência da lei;

c) Pagamento de tributo efetuado após a vigência (09.06.2005), com fato gerador ocorrido antes desta data, vale a regra de prescrição do regime anterior,
limitada, porém, ao prazo máximo de cinco anos a contar da vigência da lei.

12.1.2.3. *Prazo para restituir com a declaração de inconstitucionalidade*

Prevaleceu na 1.ª Seção do STJ, até 2004, o entendimento abaixo em destaque,
em total consagração do princípio da *actio nata*. Originariamente, o STJ (REsp 43.502,
44.952 e 44.221), com inspiração no posicionamento adotado no voto (AC 44.403-3,
1.ª T., abril de 1994) do então Desembargador Federal do TRF 5.ª R., Hugo de Brito Machado, que, por sua vez, se inspirou nos dizeres de Ricardo Lobo Torres, entendeu que:

a) Em sede de controle direto ou concentrado de inconstitucionalidade (*eficácia
erga omnes*): o termo *a quo* é a data da publicação do acórdão do STF que
declarou a inconstitucionalidade (data do trânsito em julgado da ADIn);

b) Em sede de controle difuso de inconstitucionalidade (*inter partes*): o termo *a
quo* é a data da publicação da resolução do senado que suspender, *erga omnes*,

o dispositivo declarado inconstitucional *incidenter tantum* pelo STF. Exemplo (a): o STF declarou incidentalmente a inconstitucionalidade do PIS, com eficácia *erga omnes*, com a publicação da Res. do Senado n.º 49/1995 (*DO* 10.10.1995), tornando sem efeitos os Dec.-leis 2.445/1988 e 2.449/1988. O prazo prescricional para repetir o PIS iniciou-se em 10.10.1995, extinguindo-se em 09.10.2000.

Em março de 2004, o STJ, no julgamento dos Embargos de Divergência 435.835/ SC, reconsiderou o entendimento em epígrafe para solidificar posição, agora, no sentido de que a declaração de inconstitucionalidade não influencia na contagem de prazo para repetição.

Efetivamente, o direito não pode suscitar da decisão do STF. Cada contribuinte, mesmo anteriormente à decisão do STF, pode pleitear o reconhecimento do direito no Judiciário no controle difuso. Este sempre foi o entendimento adotado no TRF 4.ª região e, agora, adotado no STJ. Com este entendimento, no citado REsp 435.835/ SC, retorna-se à aplicação do prazo de restituição constante do CTN.

A Receita Federal, *ad argumentandum*, não imputa à decisão do STF, nos controles difuso e concentrado, repercussão alguma na contagem do prazo, que é realizada a contar da extinção do crédito tributário, segundo Ato Declaratório SRF 096 (26.11.1999).

No entanto, como a questão é de índole constitucional, embora se reconheça que é do STJ a competência para interpretação da legislação federal, parece que a derradeira palavra deve caber ao STF, que adota a data da inconstitucionalidade como termo *a quo*. (ver RE 136.805/94, no âmbito dos Empréstimos Compulsórios incidentes sobre a aquisição de automóveis).

Ver STJ: REsp 703.950/SC-2005 e REsp 801.175/MG-2006.

12.2. COMPENSAÇÃO

A compensação tributária, delineada nos arts. 170 e 170-A do CTN, representa uma forma indireta (por via de lei) de extinção do crédito tributário, realizada pelo encontro de contas de créditos e débitos.

A compensação não pode ser realizada por mera iniciativa do contribuinte, pois depende de lei que a autorize, mais, especificamente, de uma autorização do Poder Executivo (com apoio naquela lei para sua aplicação).

O contribuinte não pode verificar a *certeza* e *liquidez* de seu crédito sem a homologação do Poder Executivo ou do Poder Judiciário. Logo, nos lançamentos por homologação, ele pode fazer a compensação de seus créditos informando-os na DCTF – Declaração de Contribuições e Tributos Federais, mas necessita esperar pela posterior confirmação (homologação) do Fisco.

Com o advento da LC n.º 104/2001, que trouxe o art. 170-A, a compensação exige trânsito em julgado da sentença autorizadora, ficando afastada a realização de compensação por liminar em Mandado de Segurança ou por meio de tutela antecipada, o que veio a ser referendado pelas *Súmulas n.º 212 e 213 do STJ*.

Atente-se que o art. 170-A do CTN apenas é aplicável aos casos em que o contribuinte já realizou o pagamento de determinado tributo, que entende indevido pela invalidade da lei que o instituiu. Por isso, a compensação neste caso é vedada.

Cap. 12 – CAUSAS DE EXTINÇÃO DO CRÉDITO TRIBUTÁRIO **225**

Estando a lei ainda em vigor, é preciso o ajuizamento da ação, além do trânsito em julgado de decisão que lhe seja favorável para que se operacionalize a compensação. De outro lado, se já existir declaração da inconstitucionalidade da lei pelo STF, Resolução do Senado a respeito ou se tratar de mero erro de cálculo, entendemos que o dispositivo não há de ser aplicado, sendo permitida a compensação.

Ver STJ: REsp 1.240.038, REsp 1.738.282/ES, REsp n1.111.164/BA, REsp 365.095/SP, REsp 1.715.256/SP e REsp 1.715.294/SP.

(2015/Vunesp/Prefeitura de São José dos Campos-SP/Auditor Tributário Municipal) Extingue o crédito tributário regularmente constituído pelo lançamento:
   a) a moratória.
   b) a remissão.
   c) o depósito de seu montante integral.
   d) a reclamação ou recurso.
   e) o parcelamento.

Resposta: B

Comentários: As alternativas a), c), d) e) são incorretas, são modalidades de suspensão do crédito tributário, conforme art. 151 do CTN. A assertiva B está correta, tem fundamentação expressa no art. 156, do CTN: "Extinguem o crédito tributário: I – o pagamento; II – a compensação; III – a transação; IV – remissão; V – a prescrição e a decadência; VI – a conversão de depósito em renda; VII – o pagamento antecipado e a homologação do lançamento nos termos do disposto no artigo 150 e seus §§ 1.º e 4.º; VIII – a consignação em pagamento, nos termos do disposto no § 2.º do artigo 164; IX – a decisão administrativa irreformável, assim entendida a definitiva na órbita administrativa, que não mais possa ser objeto de ação anulatória; X – a decisão judicial passada em julgado; XI – a dação em pagamento em bens imóveis, na forma e condições estabelecidas em lei".

12.3. TRANSAÇÃO

A transação tributária, prevista no art. 171 do CTN, representa o acordo ou as concessões recíprocas que encerram um litígio instalado (arts. 840 a 850 da Lei n.º 10.406/2002), com reciprocidade de ônus e vantagens.

Depende de lei que a conceda, sendo, portanto, uma forma indireta de extinção do crédito tributário.

Ver Lei n.º 13.202/2015.

12.4. REMISSÃO

A remissão tributária, delineada no art. 172 do CTN, é o perdão da dívida pelo credor. Traduz-se na liberação graciosa (unilateral) da dívida pelo Fisco. Tal instituto depende da existência de lei para sua aplicação. Exemplo: perdão (assimilação) de resíduos ínfimos quanto aos pagamentos de tributo (art. 172, III, do CTN).

226 DIREITO TRIBUTÁRIO ESSENCIAL – *Eduardo Sabbag*

(2017/Consulplan/TJ-MG/Titular de Serviços de Notas e de Registros) Sobre a extinção do crédito tributário disciplinada no Código Tributário Nacional, assinale a assertiva correta:
   a) A lei pode autorizar a autoridade administrativa a conceder, por despacho fundamentado, remissão total ou parcial do crédito tributário, atendendo à sua diminuta importância.
   b) A lei pode autorizar a compensação de créditos tributários com créditos ilíquidos do sujeito passivo contra a Fazenda Pública.
   c) É vedada a celebração de transação entre os sujeitos ativo e passivo da obrigação tributária que, mediante concessões mútuas, importe em extinção de crédito tributário.
   d) A prescrição se interrompe pela citação do devedor em execução fiscal.

Resposta: A
Comentários: CTN, art. 172: "A lei pode autorizar a autoridade administrativa a conceder, por despacho fundamentado, remissão total ou parcial do crédito tributário".

12.5. DECADÊNCIA E PRESCRIÇÃO

A prescrição e a decadência são causas de extinção do crédito tributário. Vale dizer que estará extinto o crédito tributário caso o Fisco deixe de realizar o lançamento dentro do prazo previsto na lei (decadência), ou deixe de propor a execução fiscal em prazo legal (prescrição).

Ambos os institutos jurídicos estão tratados, detalhadamente, em tópicos específicos, na presente obra.

12.6. CONVERSÃO DO DEPÓSITO EM RENDA

Após decisão definitiva em sede administrativa ou judicial, favorável ao sujeito ativo, o depósito integral efetuado nos autos será convertido em renda em seu favor, provocando a extinção do crédito tributário.

Vale lembrar que, ao longo do processo, tutelado pelo depósito garantidor, o crédito tributário fica com a exigibilidade suspensa, nos termos do art. 151, II, do CTN. Todavia, encerrada a demanda de maneira favorável à Fazenda, ocorre a extinção do crédito tributário e sua conversão em renda (art. 156, VI, do CTN). Observe o quadro adiante.

12.7. PAGAMENTO ANTECIPADO E HOMOLOGAÇÃO DO LANÇAMENTO

Nos gravames cujos lançamentos se dão por homologação, o contribuinte paga o tributo com fundamento em apuração por ele mesmo realizada. Daí se falar em *pagamento antecipado*, uma vez que é feito antes do lançamento (antes da participação da autoridade administrativa).

Como é sabido, a extinção do crédito tributário não se dá com o pagamento, mas com a sua contextual adição à homologação do lançamento (art. 150, §§ 1.º e 4.º, do CTN). Isso ocorre porque, no lançamento por homologação, tem-se uma antecipação

Cap. 12 – CAUSAS DE EXTINÇÃO DO CRÉDITO TRIBUTÁRIO **227**

de pagamento, dando-se ao Fisco um prazo decadencial de cinco anos, contados a partir do fato gerador, para que se faça a homologação. O transcurso *in albis* do quinquênio decadencial sem manifestação do fisco denotará uma homologação tácita, e o sujeito ativo perderá o direito de cobrar uma possível diferença.

12.8. CONSIGNAÇÃO EM PAGAMENTO

A consignação em pagamento é o instrumento hábil a garantir ao sujeito passivo o exercício de seu direito de recolher o tributo, nos termos do art. 164 do CTN, diante de determinadas circunstâncias, a saber: a) recusa de recebimento, ou subordinação deste ao pagamento de outro tributo ou penalidade, ou cumprimento de obrigação acessória; b) subordinação do recebimento ao cumprimento de exigências administrativas sem fundamento legal; c) exigência, por mais de uma pessoa jurídica de direito público, de tributo idêntico sobre um mesmo fato gerador. Aqui, desponta o vício de *bitributação*, cujos efeitos a consignatória visa coibir.

Encerrada a demanda, julgada procedente a consignação, o pagamento se reputa efetuado, tornando extinto o crédito tributário, e a importância consignada será convertida em renda. Esta conversão ocorrerá em favor do sujeito ativo credor. Se julgada improcedente a consignação, no todo ou em parte, será cobrado o crédito, acrescido de juros de mora, sem prejuízo das penalidades cabíveis (art. 164, § 2.º, do CTN).

Ver STJ: AgRg no REsp 1.365.761/RS-2015.

(2015/Vunesp/Câmara Municipal de Itatiba-SP/Advogado) A ação de consignação em pagamento,
   a) pode versar sobre qualquer aspecto do crédito tributário e do lançamento que lhe deu origem.
   b) não pode ser promovida no caso da subordinação do pagamento ao cumprimento de uma obrigação acessória.
   c) só tem cabimento no caso da exigência, por mais de uma pessoa jurídica, de tributo idêntico sobre o mesmo fato gerador.
   d) se for julgada procedente, o consignante levantará a quantia depositada.
   e) se for julgada improcedente, no todo ou em parte, cobra-se o crédito acrescido de juros de mora, sem prejuízo das penalidades cabíveis.

Resposta: E
Comentários: A questão trata da consignação em pagamento, cujas fundamentações legais estão dispostas nos preceitos a seguir.

> "Art. 164. A importância de crédito tributário pode ser consignada judicialmente pelo sujeito passivo, nos casos: I – de recusa de recebimento, ou subordinação deste ao pagamento de outro tributo ou de penalidade, ou ao cumprimento de obrigação acessória; II – de subordinação do recebimento ao cumprimento de exigências administrativas sem fundamento legal; III – de exigência, por mais de uma pessoa jurídica de direito público, de tributo idêntico sobre um mesmo fato gerador.

§ 1.º A consignação só pode versar sobre o crédito que o consignante se propõe pagar.

§ 2.º Julgada procedente a consignação, o pagamento se reputa efetuado e a importância consignada é convertida em renda; julgada improcedente a consignação no todo ou em parte, cobra-se o crédito acrescido de juros de mora, sem prejuízo das penalidades cabíveis."

12.9. DECISÃO ADMINISTRATIVA IRREFORMÁVEL

Esta causa extintiva diz respeito às decisões administrativas favoráveis ao contribuinte, uma vez que, se contrárias, não terão o condão de extinguir o crédito tributário, restando ao contribuinte a possibilidade de sua reforma na via judicial.

12.10. DECISÃO JUDICIAL PASSADA EM JULGADO

A decisão judicial passada em julgado extingue o crédito tributário. A coisa julgada detém efeito absoluto, como regra, e nem mesmo a lei poderá prejudicá-la, conforme a previsão elencada no art. 5.º, XXXVI, *in fine*, da CF.

12.11. DAÇÃO EM PAGAMENTO PARA BENS IMÓVEIS

O CTN prevê a dação em pagamento como uma das formas de extinção do crédito tributário, apenas para o caso de *bens imóveis*. A tributária dação em pagamento representa modalidade indireta de extinção do crédito, por depender de lei autorizadora que a discipline.

A dação em pagamento de créditos tributários inscritos em dívida ativa da União foi regulamentada, em 2016, por meio da Lei n.º 13.259. Para efetivação da dação, a lei prevê o cumprimento das seguintes condições (art. 4.º): I – a dação seja precedida de avaliação do bem ou dos bens ofertados, que devem estar livres e desembaraçados de quaisquer ônus, nos termos de ato do Ministério da Fazenda; e II – a dação abranja a totalidade do crédito ou créditos que se pretende liquidar com atualização, juros, multa e encargos legais, sem desconto de qualquer natureza, assegurando-se ao devedor a possibilidade de complementação em dinheiro de eventual diferença entre os valores da totalidade da dívida e o valor do bem ou dos bens ofertados em dação.

Em razão do estado de pandemia decorrente da COVID-19, em 2020, foi publicada a Lei n.º 14.011, que incluiu o art. 4.º-A na Lei n.º 13.259/2016. A partir de então, cumpridas as condições indicadas no parágrafo acima, "na hipótese de estado de calamidade pública reconhecido em ato do Poder Executivo federal, o crédito inscrito em dívida ativa da União poderá ser extinto mediante dação em pagamento de bens imóveis que possuam valor histórico, cultural, artístico, turístico ou paisagístico, desde que estejam localizados nas áreas descritas nas informações de desastre natural ou tecnológico e as atividades empresariais do devedor legítimo proprietário do bem imóvel decorram das áreas afetadas pelo desastre".

12.12. QUADROS-SÍNTESE DO CAPÍTULO

	CAUSAS DE EXTINÇÃO DO CRÉDITO TRIBUTÁRIO
Causas Extintivas (Art. 156 do CTN)	1. pagamento; 2. compensação; 3. transação; 4. remissão; 5. prescrição e decadência; 6. conversão do depósito em renda; 7. pagamento antecipado e a homologação do lançamento; 8. consignação em pagamento, ao final dela; 9. decisão administrativa irreformável; 10. decisão judicial passada em julgado; 11. dação em pagamento.
PAGAMENTO – Restituição de Pagamento Indevido ou a Maior e o Prazo Prescricional	É de 5 anos o prazo para a repetição do valor pago indevidamente, contados da data extinção do crédito tributário pelo pagamento. Obs.: tributos com lançamento por homologação: após a LC 118/2005, prazo de 5 anos, contado do dia do pagamento indevido, e não mais de sua homologação tácita. Tal interpretação deverá ter eficácia somente para o futuro, isto é, da vigência desta Lei Complementar (120 dias após sua publicação) em diante, preponderando a *segurança jurídica*. Antes, prevalece a tese dos "cinco mais cinco" anos.
Prazo de Anulação da Decisão Administrativa Denegatória do Pleito	Conforme art. 169 do CTN: "Prescreve em dois anos a ação anulatória da decisão administrativa que denegar a restituição. Parágrafo único. O prazo de prescrição é interrompido pelo início da ação judicial, recomeçando o seu curso, por metade, a partir da data da intimação validamente feita ao representante judicial da Fazenda Pública interessada".
Contagem do Prazo Prescricional	Arguição de inconstitucionalidade nos embargos de divergência em REsp 644.736/PE (trânsito em julgado 27.09.2007): – Prazo prescricional deve ser contado da seguinte forma: a) Pagamento de tributo efetuado a partir da vigência (09.06.2005), com fato gerador ocorrido após esta data, o prazo é de 5 anos a contar da data de pagamento; b) Pagamento de tributo efetuado antes da vigência (09.06.2005), com fato gerador ocorrido antes desta data, vale a regra de prescrição do regime anterior, limitada, porém, ao prazo máximo de cinco anos a contar da vigência da lei; c) Pagamento de tributo efetuado após a vigência (09.06.2005), com fato gerador ocorrido antes desta data, vale a regra de prescrição do regime anterior, limitada, porém, ao prazo máximo de cinco anos a contar da vigência da lei.
Prazo para restituir com a Declaração de Inconstitucionalidade	STJ: a declaração de inconstitucionalidade não influencia na contagem de prazo para repetição (REsp 703.950/SC-2005, 2.ª T., e REsp 801.175/MG-2006, 1.ª T.). STF: adota a data da inconstitucionalidade como termo *a quo* RE 136.805/94, no âmbito dos Empréstimos Compulsórios incidentes sobre a aquisição de automóveis).
COMPENSAÇÃO (Arts. 170 e 170-A do CTN): representa uma forma indireta (por via de lei) de extinção do crédito tributário, realizada pelo encontro de contas de créditos e débitos.	
Momento da Compensação	– no âmbito administrativo: nos lançamentos por homologação, o contribuinte pode fazer a compensação de seus créditos informando-os na DCTF – Declaração de Contribuições e Tributos Federais, mas necessita esperar pela posterior confirmação (homologação) do Fisco. – em juízo: compensação exige trânsito em julgado da sentença autorizadora, ficando afastada a realização de compensação por liminar em Mandado de Segurança ou por meio de tutela antecipada, o que veio a ser referendado pelas Súmulas n.º 212 e 213 do STJ. – se já existir declaração da inconstitucionalidade da lei pelo STF, Resolução do Senado a respeito ou se tratar de mero erro de cálculo, é permitida desde logo a compensação.

230 DIREITO TRIBUTÁRIO ESSENCIAL – *Eduardo Sabbag*

TRANSAÇÃO (Art. 171 do CTN): o acordo ou as concessões recíprocas que encerram um litígio instalado (arts. 840 a 850 da Lei n.º 10.406/2002), com reciprocidade de ônus e vantagens. Depende de lei que a conceda, sendo, portanto uma forma indireta de extinção do crédito tributário.

REMISSÃO (Art. 172 do CTN): é o perdão da dívida pelo credor. Traduz-se na liberação graciosa (unilateral) da dívida pelo Fisco. Tal instituto depende da existência de lei para sua aplicação.

DECADÊNCIA E PRESCRIÇÃO: São causas de extinção do crédito tributário. Vale dizer que estará extinto o crédito tributário caso o Fisco deixe de realizar o lançamento dentro do prazo previsto na lei (decadência), ou deixe de propor a execução fiscal em prazo legal (prescrição).

CONVERSÃO DO DEPÓSITO EM RENDA: Após decisão definitiva em sede administrativa ou judicial, favorável ao sujeito ativo, o depósito integral efetuado nos autos será convertido em renda em seu favor, provocando a extinção do crédito tributário.

PAGAMENTO ANTECIPADO E A HOMOLOGAÇÃO DO LANÇAMENTO: Nos gravames cujos lançamentos se dão por homologação, o contribuinte paga o tributo com fundamento em apuração por ele mesmo realizada. Daí se falar em pagamento antecipado, uma vez que é feito antes do lançamento (antes da participação da autoridade administrativa).

CONSIGNAÇÃO EM PAGAMENTO (Art. 164 do CTN): é o instrumento hábil a garantir ao sujeito passivo o exercício de seu direito de recolher o tributo.

Hipóteses	– recusa de recebimento, ou subordinação deste ao pagamento de outro tributo ou penalidade, ou cumprimento de obrigação acessória; – subordinação do recebimento ao cumprimento de exigências administrativas sem fundamento legal; – exigência, por mais de uma pessoa jurídica de direito público, de tributo idêntico sobre um mesmo fato gerador. Aqui, desponta o vício de bitributação, cujos efeitos a consignatória visa coibir.

DECISÃO ADMINISTRATIVA IRREFORMÁVEL: Esta causa extintiva diz respeito às decisões administrativas favoráveis ao contribuinte, uma vez que, se contrárias, não terão o condão de extinguir o crédito tributário, restando ao contribuinte a possibilidade de sua reforma na via judicial.

DECISÃO JUDICIAL PASSADA EM JULGADO: Extingue o crédito tributário. A coisa julgada detém efeito absoluto, como regra, e nem mesmo a lei poderá prejudicá-la, conforme a previsão elencada no art. 5.º, XXXVI, *in fine*, da CF.

DAÇÃO EM PAGAMENTO PARA BENS IMÓVEIS: Uma das formas de extinção do crédito tributário. A tributária dação em pagamento representa modalidade indireta de extinção do crédito, por depender de lei autorizadora que a discipline.

12.13. QUESTÕES

1) **(2019/Ieses/TJ-SC/Titular de Serviços de Notas e de Registros) Conside-rando as disposições do Código Tributário Nacional a respeito das hipó-teses de suspensão e extinção do crédito tributário, assinale a alternativa correta:**

   a) O parcelamento não está previsto expressamente como hipótese de suspensão do crédito tributário no CTN.

   b) A prescrição não extingue o crédito tributário.

   c) A impetração de mandado de segurança, por si só, suspende a exigibilidade do crédito tributário.

   d) O pagamento constitui hipótese de extinção do crédito tributário.

   Resposta: D

Cap. 12 – CAUSAS DE EXTINÇÃO DO CRÉDITO TRIBUTÁRIO **231**

2) **(2019/NC-UFPR/TJ-PR/Titular de Serviços de Notas e de Registros) Sobre hipóteses de extinção e de exclusão do crédito tributário, assinale a alternativa correta.**

a) A dação em pagamento de bens imóveis e a consignação em pagamento excluem o crédito tributário.

b) A prescrição e a decadência excluem o crédito tributário.

c) O pagamento antecipado extingue o crédito tributário, dependendo de eventual posterior homologação do lançamento.

d) O pagamento e a isenção extinguem o crédito tributário.

e) A compensação e a anistia excluem o crédito tributário.

Resposta: C

3) **(2018/TRF 3ª Região /Juiz Federal Substituto) Indique a afirmação INCORRETA:**

a) Os tratados internacionais para evitar a dupla tributação prevalecem sobre a legislação interna brasileira.

b) O aplicador da lei não pode empregar a analogia para exigir tributo não previsto em lei.

c) A compensação pode ser promovida pelo sujeito passivo, mesmo sem lei que a preveja, desde que seja realizada entre tributos e contribuições da mesma espécie.

d) A moratória suspende a exigibilidade do crédito tributário.

Resposta: C

4) **(2018/CESPE/STJ/Analista Judiciário – Judiciária) Julgue o item que se segue, a respeito das disposições do Código Tributário Nacional (CTN).**

A decadência é uma hipótese de extinção do crédito tributário que decorre do transcurso do tempo máximo previsto para a constituição desse crédito.

Resposta: Certo

5) **(2018/Vunesp/Câmara de Indaiatuba-SP/Controlador Interno) É causa que extingue o crédito tributário:**

a) a moratória.

b) a compensação.

c) o depósito do montante integral.

d) a concessão de liminar em mandado de segurança.

e) o parcelamento.

Resposta: B

6) **(2018/Nucepe/PC-PI/Delegado de Polícia Civil) Assinale a alternativa que não contempla hipótese de extinção do crédito tributário expressamente prevista no Código Tributário Nacional:**

a) Remissão;

b) Compensação;

c) Isenção;

d) Dação em pagamento em bens imóveis, na forma e condições estabelecidas em lei;

e) Decisão judicial passada em julgado.

Resposta: C

7) **(2017/Consulplan/TRE-RJ/Analista Judiciário) A dação em pagamento em bens imóveis, na forma e condições estabelecidas em lei, constitui espécie de**

a) extinção do crédito tributário.

b) remissão do crédito tributário.

c) transação sobre a dívida tributária.

d) compensação da obrigação tributária.

Resposta: A

8) **(2017/Consulplan/TJ-MG/Titular de Serviços de Notas e de Registros) Sobre a extinção do crédito tributário disciplinada no Código Tributário Nacional, assinale a assertiva correta:**

a) A lei pode autorizar a autoridade administrativa a conceder, por despacho fundamentado, remissão total ou parcial do crédito tributário, atendendo à sua diminuta importância.

b) A lei pode autorizar a compensação de créditos tributários com créditos ilíquidos do sujeito passivo contra a Fazenda Pública.

c) É vedada a celebração de transação entre os sujeitos ativo e passivo da obrigação tributária que, mediante concessões mútuas, importe em extinção de crédito tributário.

d) A prescrição se interrompe pela citação do devedor em execução fiscal.

Resposta: A

9) **(2017/Vunesp/TJ-SP/Juiz Substituto) Sobre a dação em pagamento, é correto afirmar que**

a) é instituto de direito civil acolhido pelo Código Tributário Nacional, como forma de extinção do crédito tributário, mediante a entrega de bens, no modo e condições estabelecidos em decreto do Chefe do Poder Executivo da pessoa jurídica de direito público credora.

b) é instituto de direito civil acolhido pelo Código Tributário Nacional, como forma de extinção do crédito tributário, mediante a entrega de bens móveis e imóveis, no modo e condições estabelecidos em lei.

c) é instituto de direito civil acolhido pelo Código Tributário Nacional, como forma de extinção do crédito tributário, mediante a entrega de bens imóveis, no modo e condições estabelecidos pela lei.

d) é instituto de direito civil não expressamente acolhido pelo Código Tributário Nacional, mas que pode ser admitido pela legislação específica dos entes tributantes como forma de extinção do crédito tributário, mediante a entrega de bens.

Resposta: C

Cap. 12 – CAUSAS DE EXTINÇÃO DO CRÉDITO TRIBUTÁRIO — 233

10) **(2016/Caip/Imes/Craisa de Santo André-SP/Advogado) Assinale a alternativa incorreta.**

Extinguem o crédito tributário:

a) o pagamento; a compensação; a transação e a remissão.

b) a prescrição e a decadência.

c) a conversão de depósito em renda.

d) a dação em pagamento em bens imóveis, circunstância que prescinde de lei que se aperfeiçoe.

Resposta: D

Garantias e Privilégios do Crédito Tributário

13.1. GARANTIAS DO CRÉDITO TRIBUTÁRIO

As garantias do crédito tributário, detalhadas nos arts. 183 a 193 do CTN, sem prejuízo de outras garantias não previstas no CTN, são as prerrogativas do Poder Público por este utilizadas para conduzir o contribuinte ao pagamento do tributo. Sua existência decorre do princípio da supremacia do interesse público.

Ressalvados os bens e rendas declarados pela lei como impenhoráveis (art. 833 do CPC/2015), todos os outros respondem pelo crédito tributário do sujeito passivo (art. 184 do CTN). Importante é frisar que até mesmo os bens gravados por ônus real ou aqueles que contêm cláusulas de inalienabilidade ou impenhorabilidade podem ser executados pelos entes tributantes.

Com relação à exceção de impenhorabilidade de bem de família, conforme Informativo de Jurisprudência do STJ n.º 665, de março de 2020, "Para a aplicação da exceção à impenhorabilidade do bem de família prevista no art. 3.º, IV, da Lei n.º 8.009/1990 é preciso que o débito de natureza tributária seja proveniente do próprio imóvel que se pretende penhorar" (REsp 1.332.071/SP).

Caso o devedor se valha de esquemas ardilosos, com o intuito de burlar o Fisco, após sua inscrição em dívida ativa, restará caracterizada a fraude à execução. Tais métodos ilegais são considerados fraudulentos em sua essência, não se admitindo prova em contrário.

Uma particularidade da fraude contra credores do direito tributário está no deslocamento do ônus probante para o polo do devedor, diferentemente do direito privado, ressalvado o devedor que reserva outros bens ou rendas suficientes para o pagamento total da dívida fiscal em fase de execução (art. 185, parágrafo único, do CTN).

Anteriormente, a redação do artigo em apreço deixava dúvidas quanto ao instante a ser considerado como caracterização da fraude. Tais questionamentos foram sanados com a nova redação dada pela LC n.º 118/2005, que definiu a simples inscrição em dívida ativa como suficiente para configurar a fraude na alienação ou oneração de bens.

A citada lei complementar adicionou, também, o art. 185-A, que reforçou as garantias do crédito tributário. Observe-o:

> "Art. 185-A. Na hipótese do devedor tributário, devidamente citado, não pagar nem apresentar bens à penhora no prazo legal e não forem encontra-

dos bens penhoráveis, o juiz determinará a indisponibilidade de seus bens e direitos, comunicando a decisão, preferencialmente por meio eletrônico, aos órgãos e entidades que promovam registros de transferência de bens, especialmente ao registro público de imóveis, e às autoridades supervisoras do mercado bancário e do mercado de capitais, a fim de que, no âmbito de suas atribuições, façam cumprir a ordem judicial.

§ 1.º A indisponibilidade de que trata o *caput* deste artigo limitar-se-á ao valor total exigível, devendo o juiz determinar o imediato levantamento da indisponibilidade dos bens ou valores que excederem esse limite.

§ 2.º Os órgãos e entidades aos quais se fizer a comunicação de que trata o caput deste artigo enviarão imediatamente ao juízo a relação discriminada dos bens e direitos cuja indisponibilidade houverem promovido".

Há de se confrontar o art. 185-A com o art. 854 do CPC/2015 (que alterou o art. 655-A do CPC): "Para possibilitar a penhora de dinheiro em depósito ou em aplicação financeira, o juiz, a requerimento do exequente, sem dar ciência prévia do ato ao executado, determinará às instituições financeiras, por meio de sistema eletrônico gerido pela autoridade supervisora do sistema financeiro nacional, que torne indisponíveis ativos financeiros existentes em nome do executado, limitando-se a indisponibilidade ao valor indicado na execução".

Em 9 de dezembro de 2015, o STJ lapidou a Súmula n.º 560: "A decretação da indisponibilidade de bens e direitos, na forma do art. 185-A do CTN, pressupõe o exaurimento das diligências na busca por bens penhoráveis, o qual fica caracterizado quando infrutíferos o pedido de constrição sobre ativos financeiros e a expedição de ofícios aos registros públicos do domicílio do executado, ao Denatran ou Detran".

Ver STJ: REsp 1.377.507/SP-2014.

13.2. PREFERÊNCIAS DO CRÉDITO TRIBUTÁRIO

Pode-se afirmar que o privilégio do crédito tributário é significativo, porém não é absoluto. Em detrimento do crédito tributário, serão satisfeitos os créditos trabalhistas e aqueles decorrentes de acidente de trabalho, com a respectiva reserva para eventual pagamento de férias, décimo terceiro salário, aviso prévio etc.

Em fevereiro de 2005, foi aprovada a "Lei de Falências", com consequentes alterações no CTN. Ao mesmo tempo, foi publicada a LC n.º 118/2005, modificando o *caput* e incs. do parágrafo único do art. 186 do CTN.

Com a nova redação do art. 186, o crédito tributário "perdeu uma posição" na ordem de preferência. Caso haja falência, fica definida a seguinte ordem:

1.º) créditos extraconcursais;

2.º) importâncias passíveis de restituição, nos termos da lei falimentar (aquelas relativas a bens e direitos de terceiros e que se encontravam em poder do devedor na data da decretação de falência);

3.º) créditos trabalhistas e acidentários (art. 83, I, da Lei n.º 11.101/2005);

Cap. 13 – GARANTIAS E PRIVILÉGIOS DO CRÉDITO TRIBUTÁRIO

4.º) créditos com garantia real, no limite do valor do bem gravado (art. 83, II, da Lei n.º 11.101/2005 c/c art. 186, parágrafo único, I, do CTN).

5.º) crédito tributário.

Insta mencionar que, conforme a Súmula 44 do extinto TFR, se a penhora em execução fiscal se realiza antes da falência, os bens penhorados não se sujeitam *"à arrecadação no juízo falimentar; proposta a execução fiscal após a falência, a penhora far-se-á no rosto dos autos do processo de quebra, citando-se o síndico"*.

O art. 187 do CTN também sofreu modificações advindas da edição da LC n.º 118/2005. Tem-se a previsão de apenas um tipo de concurso de credores, quando se tratar do crédito tributário. Nesse passo, "o concurso de preferência somente se verifica entre pessoas jurídicas de direito público, na seguinte ordem: I – União; II – Estados, Distrito Federal e Territórios, conjuntamente e *pro rata*; III – Municípios, conjuntamente e *pro rata*".

Pode-se afirmar que o credor civil fica impedido de prosseguir na execução do devedor insolvente com a Fazenda Pública. Assim, não haverá necessidade de habilitação dos créditos da Fazenda Pública nos casos de "*concurso de credores ou habilitação em falência, recuperação judicial, inventário ou arrolamento*".

A nova Lei de Falências instituiu a *recuperação extrajudicial* – o período em que o devedor tentaria liquidar suas obrigações sem interferência do Poder Judiciário. Não logrando êxito nessa empreitada, partiria então para a recuperação judicial.

O STF já foi provocado a se pronunciar sobre a constitucionalidade do art. 187, parágrafo único, do CTN, uma vez que, a nosso ver, o federalismo de equilíbrio e a isonomia são desrespeitados pelo dispositivo, o que culminou na edição da Súmula n.º 563, *ad litteram*: "O concurso de preferência a que se refere o parágrafo único do art. 187 do CTN é compatível com o disposto no art. 9.º, I, da Constituição Federal" (tal artigo se referia, no regime constitucional anterior, à regra similar ao comando previsto, atualmente, no art. 19, III, *in fine*, da CF, que proíbe diferenças entre as pessoas políticas).

Por fim, registre-se que, da conjugação do art. 29 da Lei n.º 6.830/1980, do art. 51 da Lei n.º 8.212/1991 e do art. 187, parágrafo único, do CTN, temos que a ordem de concurso de preferência é a seguinte:

1.º) *União, INSS e autarquias federais;*

2.º) *Estados, Distrito Federal e autarquias estaduais;*

3.º) *Municípios e autarquias municipais.*

(2016/FGV/OAB/XIX Exame de Ordem Unificado) A falência da sociedade XYZ Ltda. foi decretada em 5.6.2014. Nessa data, a pessoa jurídica já possuía dois imóveis hipotecados para garantia de dívidas diversas. A União tem créditos tributários a receber da sociedade, inscritos em dívida ativa em abril de 2013. Baseado nos fatos narrados, assinale a afirmativa correta.

a) A União tem direito de preferência sobre todo e qualquer credor, porque o crédito tributário foi inscrito em dívida ativa antes da decretação da falência.

b) A União tem direito de preferência sobre os credores com garantia real, pois o crédito tributário prefere a qualquer outro, seja qual for sua natureza ou o tempo de sua constituição.

238 DIREITO TRIBUTÁRIO ESSENCIAL – *Eduardo Sabbag*

c) A União tem de respeitar a preferência dos credores hipotecários, no limite do valor dos bens gravados.

d) A União tem de respeitar a preferência dos credores hipotecários, no limite do valor das dívidas garantidas pelas hipotecas.

Resposta: C

Comentários: Em consonância com o art. 186, parágrafo único, I, do CTN, na falência, o crédito tributário não prefere aos créditos extraconcursais ou às importâncias passíveis de restituição, nos termos da lei falimentar, nem aos créditos com garantia real, no limite do valor do bem gravado. Uma vez que o crédito tributário não se caracteriza como extraconcursal, os créditos com garantia real possuem preferência em relação ao crédito tributário. Portanto, a União tem de respeitar a preferência dos credores hipotecários, no limite do valor dos bens gravados.

13.3. PREFERÊNCIA NA FALÊNCIA, NO INVENTÁRIO E NA LIQUIDAÇÃO

As alterações no CTN, realizadas pela LC n.º 118, estenderam-se para o *caput* do art. 188. Neste dispositivo temos a previsão de que créditos *extraconcursais* são os créditos tributários criados após a abertura do processo de falência e terão preferência para recebimento.

O art. 84 da Lei n.º 11.101/2005 indica a prevalência absoluta dos créditos extraconcursais – despesas e obrigações contraídas durante a falência, até mesmo à frente dos créditos trabalhistas. Importante a leitura dos arts. 189 e 190, os quais transcrevemos:

> "Art. 189. São pagos preferencialmente a quaisquer créditos habilitados em inventário ou arrolamento, ou a outros encargos do monte, os créditos tributários vencidos ou vincendos, a cargo do *de cujus* ou de seu espólio, exigíveis no decurso do processo de inventário ou arrolamento. Parágrafo único. Contestado o crédito tributário, proceder-se-á na forma do disposto no § 1.º do artigo anterior".

> "Art. 190. São pagos preferencialmente a quaisquer outros os créditos tributários vencidos ou vincendos, a cargo de pessoas jurídicas de direito privado em liquidação judicial ou voluntária, exigíveis no decurso da liquidação."

Assim, os créditos tributários poderão ser interpretados como *extraconcursais* se o fato gerador ocorrer durante o *processo de falência*.

Finalmente, conforme a Lei de Falências, no curso do processo falimentar, o crédito tributário tem preferência sobre os créditos com privilégio especial, privilégio geral, quirografários e os subordinados.

Ver STJ: EREsp 1.162.964/RJ.

(2018/FCC/PGE-A/Procurador do Estado) Relativamente às "Garantias e Privilégios do Crédito Tributário", o Código Tributário Nacional estabelece algumas regras de preferência, inclusive para o caso de empresas em processo falimentar. De acordo com este Código,

Cap. 13 – GARANTIAS E PRIVILÉGIOS DO CRÉDITO TRIBUTÁRIO

a) são extraconcursais os créditos tributários decorrentes de fatos geradores ocorridos até o 60º dia que antecedeu o início do processo de falência, e no curso de processo de recuperação judicial.

b) os créditos extraconcursais não poderão ser pagos, no curso de processo de falência da empresa, com recursos oriundos da sua alienação judicial.

c) são extraconcursais os créditos tributários referentes a impostos cujos fatos geradores tiverem ocorrido no curso do processo de falência.

d) somente os créditos extraconcursais poderão ser pagos, no curso de processo de falência da empresa, com recursos oriundos da sua alienação judicial.

e) são extraconcursais os créditos tributários decorrentes de fatos geradores ocorridos até o 30º dia que antecedeu o início do processo de falência.

Resposta: C
Comentários:
CTN, art. 188: "São extraconcursais os créditos tributários decorrentes de fatos geradores ocorridos no curso do processo de falência".

(2017/Vunesp/Prefeitura de São José dos Campos-SP/ Procurador) Nos termos da lei, o crédito tributário prefere a qualquer outro, seja qual for sua natureza ou o tempo de sua constituição, ressalvados os créditos decorrentes da legislação do trabalho ou do acidente do trabalho. Nesse sentido, é correto afirmar que na falência, a multa tributária prefere apenas aos créditos

a) com garantia real.

b) com privilégio especial.

c) com privilégio geral.

d) quirografários.

e) subordinados.

Resposta: E
Comentários: CTN, art. 186, parágrafo único. "Na falência: I – o crédito tributário não prefere aos créditos extraconcursais ou às importâncias passíveis de restituição, nos termos da lei falimentar, nem aos créditos com garantia real, no limite do valor do bem gravado; II – a lei poderá estabelecer limites e condições para a preferência dos créditos decorrentes da legislação do trabalho; e III – a multa tributária prefere apenas aos créditos subordinados".

13.4. QUITAÇÃO DE TRIBUTOS

Segundo o art. 191 do CTN (alterado pela LC n.º 118), "a extinção das obrigações do falido requer prova de quitação de todos os tributos".

Antes da indigitada alteração no dispositivo, a apresentação da certidão negativa dos tributos relativos à sua atividade mercantil era suficiente para que o falido obtivesse a declaração de extinção de suas obrigações.

Observe, ainda, o art. 191-A do CTN:

Art. 191-A do CTN: "A concessão de recuperação judicial depende da apresentação da prova de quitação de todos os tributos, observado o disposto nos arts. 151, 205 e 206 desta Lei".

A inteligência deste comando se faz conjuntamente com o art. 187 do CTN, que reza que a cobrança judicial do crédito tributário não é sujeita à recuperação judicial. Dessa forma, deverá o falido apresentar a prova de quitação como condição essencial à extinção das obrigações.

Vale ressaltar, conforme o art. 193 do CTN, que contratos administrativos e propostas de concorrência envolvendo Poder Público e particular serão eficazes mediante prova da quitação de todos os tributos devidos à Fazenda Pública interessada. Frise-se que é permitida a liberação de todas essas exigências por lei.

Enquanto o processo administrativo fiscal não se encontrar definitivamente encerrado, o contribuinte não pode ser considerado devedor, nem tampouco podem ser negadas as certidões negativas de débito, a serem expedidas pelas Fazendas Públicas. O STJ já se posicionou acerca desse tema, decidindo que inscrito o débito em dívida ativa, o contribuinte poderá, através de ação cautelar, antecipar a garantia do juízo e ter expedida certidão positiva de débito com efeitos de negativa, ou seja, a chamada certidão de regularidade fiscal. Consoante tal entendimento, o seguinte julgado:

> "Tributário. Certidão positiva com efeitos de negativa. Penhora de bens suficientes. A execução fiscal que, em princípio, agrava a situação do devedor pode, ao revés, beneficiá-lo com a possibilidade de obter a certidão positiva com efeitos de negativa (CTN, art. 206); trata-se de um efeito reflexo da penhora, cuja função primeira é a de garantir a execução – reflexo inevitável porque, suficiente a penhora, os interesses que a certidão negativa visa acautelar já estão preservados. Mas daí não se segue que, enquanto a execução fiscal não for ajuizada, o devedor capaz de indicar bens suficientes à penhora tenha direito à certidão positiva com efeito de negativa, porque aí os interesses que a certidão negativa visa tutelar estão a descoberto. A solução pode ser outra se, como no caso, o contribuinte antecipar a prestação da garantia em Juízo, de forma cautelar. Recurso especial não conhecido". Ver STJ: REsp 99.653-SP e REsp 1.704.359/DF.

13.5. QUADRO-SÍNTESE DO CAPÍTULO

GARANTIAS E PRIVILÉGIOS DO CRÉDITO TRIBUTÁRIO: são as prerrogativas do Poder Público por este utilizadas para conduzir o contribuinte ao pagamento do tributo. Sua existência decorre do princípio da supremacia do interesse público.	
Garantias (Arts. 183 a 193 do CTN)	Exemplos: – Todos os bens do sujeito passivo respondem pelo crédito tributário, exceto os impenhoráveis (art. 184 do CTN). – Caso o devedor se valha de esquemas ardilosos, com o intuito de burlar o Fisco, após sua inscrição em dívida ativa, restará caracterizada a fraude à execução. Ônus da prova caberá ao devedor.

Cap. 13 – GARANTIAS E PRIVILÉGIOS DO CRÉDITO TRIBUTÁRIO **241**

	– Se o devedor tributário, citado, não pagar nem apresentar bens à penhora no prazo legal e não forem encontrados bens penhoráveis, o juiz determinará a indisponibilidade de seus bens e direitos.
Preferências	Em caso de falência, fica definida a seguinte ordem de preferência: 1. créditos extraconcursais; 2. importâncias passíveis de restituição, nos termos da lei falimentar (aquelas relativas a bens e direitos de terceiros e que se encontravam em poder do devedor na data da decretação de falência); 3. créditos trabalhistas e acidentários (art. 83, I, da Lei n.º 11.101/2005); 4. créditos com garantia real, no limite do valor do bem gravado (art. 83, II, da Lei n.º 11.101/2005 c/c art. 186, parágrafo único, I, do CTN); 5. crédito tributário.
Concurso de Credores, Quando se Tratar do Crédito Tributário	Concurso de preferência entre pessoas jurídicas de direito público: 1. União, INSS e autarquias federais; 2. Estados, Distrito Federal e autarquias estaduais; 3. Municípios e autarquias municipais.
Créditos Extraconcursais	São os créditos tributários criados após a abertura do processo de falência e terão preferência para recebimento.
Quitação de Tributos	A extinção das obrigações do falido requer prova de quitação de todos os tributos.

13.6. QUESTÕES

1) **(2019/Ieses/TJ-SC/Titular de Serviços de Notas e de Registros) Com relação ao processo de execução fiscal, assinale a alternativa INCORRETA:**

a) Não sendo embargada a execução fiscal ou sendo rejeitados os embargos à execução fiscal, no caso de garantia prestada por terceiro, será este intimado, sob pena de contra ele prosseguir a execução nos próprios autos, para, no prazo de 15 (quinze) dias: (i) remir o bem, se a garantia for real; ou (ii) pagar o valor da dívida, juros e multa de mora e demais encargos, indicados na Certidão de Dívida Ativa pelos quais se obrigou se a garantia for fidejussória.

b) Se houver penhora sobre imóvel, no curso de processo de execução fiscal, far-se-á intimação ao cônjuge, observadas as normas previstas para a citação.

c) Segundo a Lei de Execução Fiscal, a arrematação será precedida de edital, afixado no local de costume, na sede do Juízo, e publicado em resumo, uma só vez, em jornal de grande circulação. O prazo entre as datas de publicação do edital e do leilão não poderá ser superior a 30 (trinta), nem inferior a 5 (cinco) dias.

d) O executado só poderá indicar e o terceiro oferecer bem imóvel à penhora, no âmbito de processo de execução fiscal, com o consentimento expresso do respectivo cônjuge.

Resposta: C

DIREITO TRIBUTÁRIO ESSENCIAL – *Eduardo Sabbag*

2) **(2019/FCC/TRF 4ª Região/Analista Judiciário) No capítulo que trata de responsabilidade tributária, o Código Tributário Nacional (CTN) estabelece que**

   a) a pessoa jurídica de direito privado que resultar de cisão, fusão ou incorporação de outra é responsável apenas pelos tributos devidos após a data do ato, sendo que os débitos anteriores ao ato são de responsabilidade integral das pessoas jurídicas cindidas, fundidas ou incorporadas, e seus respectivos sócios, titulares, controladores e gestores.

   b) a responsabilidade dos sucessores ocorre quando pessoa natural ou jurídica, de direito público ou privado, adquire, em leilão judicial, fundo de comércio ou estabelecimento, comercial, industrial ou profissional, em processo de falência, e continua a exploração da respectiva atividade.

   c) em processo da falência, o produto da alienação judicial de empresa, filial ou unidade produtiva isolada permanecerá em conta de depósito à disposição do juízo de falência pelo prazo de um ano, contado da data de alienação, somente podendo ser utilizado para o pagamento de créditos extraconcursais ou de créditos que preferem ao tributário.

   d) a responsabilidade relativa às infrações à legislação tributária é excluída na hipótese de denúncia espontânea, desde que acompanhada de recolhimento, ou de parcelamento, do valor integral do tributo, acrescido dos juros de mora e multa moratória devidos.

   e) em regra, o crédito tributário não pode ser exigido de terceiro, que não seja o contribuinte ou o responsável, mas admite tal cobrança, com caráter solidário e sem benefício de ordem, em relação aos pais e avós pelos tributos devidos por seus filhos e netos menores e em relação aos sócios, pelos tributos devidos pela sociedade simples ou empresarial.

   Resposta: C

3) **(2019/Ieses/TJ-SC/Titular de Serviços de Notas e de Registros) Em relação às ações judiciais em matéria tributária, assinale a alternativa correta:**

   a) Créditos da Fazenda Pública de natureza não tributária, regularmente inscritos em Dívida Ativa, não podem ser cobrados por meio de Execução Fiscal, nos termos da Lei nº 6.830/80.

   b) A Execução Fiscal não pode ser promovida contra o fiador, segundo disposição expressa da Lei de Execução Fiscal.

   c) A Ação de Repetição de Indébito pode ser ajuizada, dentre outras hipóteses, no caso de pagamento espontâneo de tributo maior que o devido em face da legislação tributária aplicável.

   d) A Ação de Consignação em Pagamento pode ser ajuizada em face do tabelião somente nos casos em que o tributo discutido seja de competência da União.

   Resposta: C

4) **(2019/FCC/Sefaz-BA/Auditor Fiscal) Sobre as garantias e privilégios do crédito tributário, o Código Tributário Nacional dispõe:**

Cap. 13 – GARANTIAS E PRIVILÉGIOS DO CRÉDITO TRIBUTÁRIO

a) Presume-se fraudulenta a alienação ou oneração de bem, ou seu começo, por sujeito passivo em débito para com a Fazenda Pública, por crédito tributário ainda não inscrito na Dívida Ativa, mas constituído pela autoridade competente, através de lançamento tributário.

b) Para garantir o pagamento do crédito tributário, o juiz determinará a indisponibilidade de todos os bens e direitos do devedor, mesmo quando o devedor apresentar ao respectivo Juízo, no prazo legal, bens à penhora.

c) O crédito tributário prefere a qualquer outro, seja qual for sua natureza ou o tempo de sua constituição, ressalvados os créditos decorrentes da legislação do trabalho ou do acidente de trabalho.

d) A cobrança judicial do crédito tributário está sujeita a concurso de credores ou habilitação em falência, recuperação judicial, concordata, inventário ou arrolamento.

e) No caso de decretação de falência do devedor, o pagamento de crédito tributário será realizado na seguinte ordem: em primeiro lugar, pagam-se os créditos da União; em segundo lugar, os créditos dos Municípios, conjuntamente e pró rata; e, em último lugar, os créditos dos Estados e Distrito Federal, conjuntamente e pró rata.

Resposta: C

5) **(2018/Cespe/STJ/Analista Judiciário – Judiciária) Julgue o item que se segue, a respeito das disposições do Código Tributário Nacional (CTN).**

As garantias do crédito tributário estão taxativamente previstas no CTN.

Resposta: Errado

6) **(2018/Vunesp/Câmara de Indaiatuba-SP/Controlador Interno) De acordo com o que dispõe a Lei nº 6.830/80, a dívida ativa regularmente inscrita goza de presunção de certeza e liquidez. Quanto a tal presunção, é correto afirmar que**

a) é relativa.

b) não admite prova em contrário a ser produzida pelo executado.

c) somente pode ser ilidida pelo próprio executado.

d) somente pode ser ilidida por terceiro a quem aproveite.

e) pode ser ilidida por qualquer tipo de prova, independentemente de ser inequívoca.

Resposta: A

7) **(2018/FGV/Câmara de Salvador-BA/Advogado Legislativo) Um contribuinte questiona judicialmente, através de uma ação ordinária, três créditos tributários.**

Caso esse contribuinte venha a requerer certidão sobre sua situação fiscal, ela será:

a) negativa, em qualquer caso;

b) positiva, em qualquer caso;

c) positiva com efeitos de negativa, em qualquer caso;

d) negativa, caso o contribuinte tenha confessado os débitos em juízo;

e) positiva com efeitos de negativa, caso tenha sido concedida a antecipação dos efeitos da tutela.

Resposta: E

8) **(2017/Cespe/PGE-SE/Procurador do Estado) Um devedor tributário, devidamente citado em execução fiscal, não pagou nem apresentou bens à penhora no prazo legal. Nesse caso, considerando-se as garantias e os privilégios do crédito tributário, a declaração da indisponibilidade dos bens do devedor prevista no CTN dependerá da demonstração do esgotamento das diligências para a localização de bens penhoráveis.**

Segundo a jurisprudência do STJ, o esgotamento dessas diligências caracteriza-se pela

a) comprovação da tentativa ou consumação de alienação ou oneração de bens ou rendas após a inscrição em dívida ativa, como acontece na medida cautelar fiscal.

b) diligência da Fazenda Pública em demonstrar ter realizado buscas razoavelmente exigíveis, já que inexiste na jurisprudência um rol mínimo de diligências a serem realizadas.

c) existência de pedido e determinação, nos autos, de constrição sobre ativos financeiros via BacenJud, expedição de ofícios aos registros públicos do domicílio do executado e ao Departamento Nacional – ou estadual – de Trânsito.

d) existência de pedido e determinação, nos autos, de constrição sobre ativos financeiros via BacenJud, expedição de ofícios aos registros de imóveis do local de residência do executado e da sede da comarca e da capital da respectiva unidade da Federação.

e) simples inexistência de pagamento ou de oferecimento de bens à penhora no prazo legal da contestação, como ocorre na medida cautelar fiscal.

Resposta: C

9) **(2017/Vunesp/TJ-SP/Juiz Substituto) A alienação ou oneração de bens imóveis presume-se em fraude à execução em relação à Fazenda Pública a partir**

a) do protesto da Certidão da Dívida Ativa.

b) da inscrição do débito tributário na Dívida Ativa.

c) do ajuizamento da ação de execução fiscal.

d) do despacho que ordenou a citação do executado.

Resposta: B

10) **(2017/Consulplan/TJ-MG/Titular de Serviços de Notas e de Registros) À luz do entendimento sumulado pelo Superior Tribunal de Justiça em matéria tributária, assinale a alternativa INCORRETA:**

Cap. 13 – GARANTIAS E PRIVILÉGIOS DO CRÉDITO TRIBUTÁRIO

a) Na hipótese de sucessão empresarial, a responsabilidade da sucessora abrange os tributos devidos pela sucedida, excluídas as multas moratórias ou punitivas referentes a fatos geradores ocorridos até a data da sucessão.

b) A taxa de juros de mora incidente na repetição de indébito de tributos estaduais deve corresponder à utilizada para cobrança do tributo pago em atraso, sendo legítima a incidência da taxa Selic, em ambas as hipóteses, quando prevista na legislação local, vedada sua cumulação com quaisquer outros índices.

c) É lícito ao comerciante de boa-fé aproveitar os créditos de ICMS decorrentes de nota fiscal posteriormente declarada inidônea, quando demonstrada a veracidade da compra e venda.

d) Os créditos das autarquias federais preferem aos créditos da Fazenda estadual, desde que coexistam penhoras sobre o mesmo bem.

Resposta: A

Administração Tributária e Disposições Finais do CTN

A administração tributária possui fundamental importância para o cumprimento do objetivo do Poder Público em seu papel tributacional, que consiste na retirada obrigatória de valores dos sujeitos passivos da relação jurídico-tributária.

A eficácia da administração tributária se manifesta nos seguintes expedientes: procedimentos fiscalizatórios adequados, cobrança judicial dos valores inscritos em dívida ativa e medidas de controle e verificação da regularidade fiscal do contribuinte. Estas nobres tarefas estão detalhadas nos arts. 194 a 208 do CTN, os quais passamos agora a estudar.

14.1. FISCALIZAÇÃO

Consiste em atos verificatórios do cumprimento das obrigações tributárias, sejam elas *principais* ou *acessórias*. Tais atos são parte da faculdade outorgada pela Constituinte às pessoas políticas, com relação à instituição de tributos, entendendo-se que o poder fiscalizatório se traduz em um poder-dever dos entes impositores.

O *caput* do art. 194 do CTN submete a competência e os poderes da administração, no tocante à fiscalização, às regras impostas pela *legislação tributária* (art. 96 do CTN).

O art. 194 do CTN, em seu parágrafo único, prescreve a submissão geral das pessoas físicas e jurídicas, contribuintes ou não, aos efeitos da legislação reguladora da atividade fiscalizatória, mesmo nos casos de empresas imunes ou isentas, já que não podem deixar de cumprir suas obrigações acessórias.

As eventuais determinações legais limitativas ou obstativas do direito de examinar mercadorias ou documentos pertencentes ao sujeito passivo não são eficazes, vez que a jurisprudência assenta que quaisquer livros comerciais estão sujeitos à fiscalização, limitada aos pontos que são objeto da investigação (Súmula n.º 439 do STF). Devemos salientar que a fiscalização deve se manter restrita aos pontos de interesse, sem extrapolar a competência administrativa.

O art. 195 do CTN reza que não têm aplicação quaisquer disposições legais que limitem ou excluam o direito de fiscalizar mercadorias, livros, arquivos etc. Em seu parágrafo único, existe a previsão de guarda dos livros e documentos fiscais até que ocorra a prescrição dos créditos. A lei não cita os cinco anos mencionados no art. 174 do CTN, pois a prescrição pode sofrer interrupções ou suspensão.

A fiscalização possui, como parte do procedimento, início, meio e fim, de forma a não prolongar *ad infinitum* a atividade fiscalizadora, o que causaria constrangimento ao sujeito passivo. O tema está tratado no art. 196 do CTN. No início da fiscalização, registra-se o termo de início e, concomitantemente, o prazo para seu fim. Esses atos, aparentemente simples, orientam dois importantes institutos do direito tributário: a denúncia espontânea (art. 138 do CTN) e a decadência (art. 173 do CTN). Passemos a explicar.

O parágrafo único do art. 173 do CTN indica uma antecipação do termo *a quo* do prazo de decadência, na medida em que o marco inicial da contagem é deslocado do 1.º dia do exercício seguinte àquele em que o lançamento poderia ter sido efetuado para a data da medida preparatória de constituição de crédito tributário.

Em relação à denúncia espontânea, esta deve ser oferecida antes do início de qualquer procedimento fiscalizatório, conforme o art. 138 do CTN.

As ações fiscalizatórias constituem-se em ato público da Administração, portanto devem estar revestidas dos princípios da legalidade, impessoalidade, moralidade e publicidade (art. 37 da CF).

O art. 197 do CTN prevê que as pessoas listadas em seu texto (tabeliães, escrivães, bancos, corretores, leiloeiros etc.) estão obrigadas a prestar informações a respeito de terceiros, mediante intimação escrita. Observe-se que a intimação citada é administrativa; se fosse judicial, todos, e não somente os arrolados, teriam de prestar informações.

O inc. VII do artigo em apreço requer a necessidade de lei para quaisquer outras pessoas ou entidades não listadas nos incisos anteriores.

Por fim, frise-se que pessoas legalmente obrigadas ao sigilo (médicos, psicólogos, advogados etc.), mesmo intimadas pela via administrativa, não serão compelidas a prestar informações. Ao Fisco, cabe o poder de fiscalizar e, da mesma forma, o dever de manter sigilo das informações obtidas, sujeitando-se a penas administrativas e criminais, caso não o cumpra (art. 198 do CTN).

O mesmo artigo, porém, faz ressalvas a três casos específicos:

a) requisição do juiz;
b) solicitação de outro órgão da Administração Pública para a apuração de infrações administrativas, passando o dever de sigilo ao requisitante;
c) troca de informações entre entidades impositoras, por força de lei ou de convênio (art. 199).

A hipótese prevista no art. 199 do CTN não é autoexecutável, havendo a necessidade de regulação por meio de lei ou convênio. Aqui, da mesma forma, há a obrigação da guarda de sigilo pelo órgão receptor.

No caso de permuta entre a União e outros países, por força de tratado ou acordo internacional, também há a necessidade de regulamentação, pois os primeiros não são autoexecutáveis.

Cap. 14 – ADMINISTRAÇÃO TRIBUTÁRIA E DISPOSIÇÕES FINAIS DO CTN **249**

Por fim, cabe ressaltar que a LC n.º 104/2001 permitiu ressalvas de importância ao princípio do sigilo fiscal, por não vedar a divulgação de (I) *informações relativas a representações fiscais para fins penais, (II) inscrições na dívida ativa da Fazenda Pública e (III) parcelamento ou moratória* (art. 198, § 3.º, do CTN).

O art. 200 do CTN trata da requisição de força pública federal, estadual ou municipal pelas autoridades administrativas, quando estas depararem com obstáculos à fiscalização impostos pelo fiscalizado.

No caso, deve ser observada a máxima parcimônia no uso da força, para que não se configure crime de excesso de exação (art. 316 do CP) ou de violência arbitrária (art. 322 do CP).

A doutrina não é uníssona sobre a possibilidade de requisição de força pública na hipótese de recusa de apresentação de livros comercias ou documentos fiscais.

Por fim, observe-se que o próprio agente fará a requisição da força, sem a necessidade de referir-se a superior hierárquico.

Ver STF: RE 601.314 e ADIs n.º 2.390, n.º 2.386, n.º 2.397 e n.º 2.859.

(2018/FCC/Sefaz-GO/Auditor Fiscal da Receita Estadual) Relativamente à fiscalização tributária, notadamente no que diz respeito aos impostos de competência das diversas pessoas jurídicas de direito público interno, o Código Tributário Nacional estabelece que às Fazendas Públicas é permitida a prestação de assistência mútua

a) entre todas elas, para a fiscalização dos tributos respectivos e para a permuta de informações, na forma estabelecida por lei ou convênio, em caráter geral ou específico.

b) apenas para a permuta de informações, desde que restrita ao âmbito dos Estados e do Distrito Federal, relativamente aos impostos de sua competência comum, e ao âmbito dos Municípios e do Distrito Federal, relativamente aos impostos de competência comum destes.

c) entre todas elas, para a permuta de informações e para a fiscalização de tributos, na forma estabelecida, por lei ou convênio, vedada a prestação de informações pela Fazenda Pública da União, que, no entanto, poderá recebê-las das Fazendas Públicas estaduais e municipais.

d) para a permuta de informações de caráter tributário, mas vedada para fiscalização dos tributos respectivos, pois a fiscalização é atividade indelegável.

e) apenas para a fiscalização de tributos respectivos, desde que restrita ao âmbito dos Estados e do Distrito Federal, relativamente aos impostos de sua competência comum, e ao âmbito dos Municípios, relativamente aos impostos de competência comum destes.

Resposta: A

Comentários:

CTN, art. 199: "A Fazenda Pública da União e as dos Estados, do Distrito Federal e dos Municípios prestar-se-ão mutuamente assistência para a fiscalização dos tributos respectivos e permuta de informações, na forma estabelecida, em caráter geral ou específico, por lei ou convênio".

(2017/Cespe/TRF 5ª Região/Juiz Federal Substituto) Em cada uma das opções a seguir, é apresentada uma situação hipotética. Assinale a opção que apresenta situação que configura quebra de sigilo fiscal conforme as disposições do CTN.

a) Com base nas informações constantes dos livros fiscais obtidos em determinada empresa, o funcionário do Fisco lavrou auto de infração e, ao final do procedimento administrativo, sem autorização judicial, encaminhou a informação para apuração criminal.

b) A Fazenda Pública divulgou, por meio de sistemas públicos, sem autorização dos contribuintes, a concessão de moratória ou parcelamentos.

c) Um funcionário da Receita Federal, tendo tomado conhecimento de informações fiscais por conta de sua função, repassou-as a outro funcionário da Receita Federal, do mesmo setor, para providências funcionais, sem expressa autorização da chefia direta.

d) Tendo tomado conhecimento de informações fiscais, um funcionário do Fisco lavrou o devido auto de infração e, após o prazo de impugnação, encaminhou-o para a inscrição na dívida ativa, sem conhecimento do secretário da Receita Federal.

e) Tendo verificado práticas ilícitas de natureza tributária, no curso de processo administrativo fiscal, o funcionário do Fisco encaminhou a informação ao Ministério Público, ao final do procedimento administrativo, bem como repassou para um jornalista amigo as informações, sob a promessa de sigilo da fonte.

Resposta: E
Comentários: CTN, art. 198: "Sem prejuízo do disposto na legislação criminal, é vedada a divulgação, por parte da Fazenda Pública ou de seus servidores, de informação obtida em razão do ofício sobre a situação econômica ou financeira do sujeito passivo ou de terceiros e sobre a natureza e o estado de seus negócios ou atividades".

14.2. DÍVIDA ATIVA

O art. 201 do CTN dispõe que dívida ativa é a que provém de crédito tributário não pago dentro do prazo fixado pela lei ou por decisão judicial final em processo regular, quando regularmente inscrita na repartição administrativa competente.

Apesar de o CTN tratar somente da dívida ativa tributária, a Lei n.º 6.830/1980 eliminou a distinção entre créditos tributários (fiscais) e não tributários. Em suma, *créditos tributários* provêm de tributos acrescidos de juros e multas devidos por inadimplência, enquanto a *dívida ativa não tributária* adstringe-se aos demais créditos da Fazenda Pública, como os provenientes de foros, laudêmios, aluguéis etc.

Lei n.º 6.830/1980: "Art. 1.º A execução judicial para cobrança da dívida ativa da União, dos Estados, do Distrito Federal, dos Municípios e respectivas autarquias será regida por esta Lei e, subsidiariamente, pelo Código de Processo Civil.

> *"Art. 2.º Constitui dívida ativa da Fazenda Pública aquela definida como tributária ou não tributária na Lei n.º 4.320, de 17 de março de 1964, com as*

Cap. 14 – ADMINISTRAÇÃO TRIBUTÁRIA E DISPOSIÇÕES FINAIS DO CTN **251**

alterações posteriores, que estatui normas gerais de direito financeiro para elaboração e controle dos orçamentos e balanços da União, dos Estados, dos Municípios e do Distrito Federal. § 1.º Qualquer valor cuja cobrança seja atribuída por lei às entidades de que trata o art. 1.º será considerado *dívida ativa da Fazenda Pública*. § 2.º A dívida ativa da Fazenda Pública, compreendendo a tributária e a não tributária, abrange atualização monetária, juros e multa de mora e demais encargos previstos em lei ou contrato. § 3.º A inscrição, que se constitui no ato de controle administrativo da legalidade, será feita pelo órgão competente para apurar a liquidez e certeza do crédito e suspenderá a prescrição, para todos os efeitos de direito, por 180 (cento e oitenta) dias ou até a distribuição da execução fiscal, se esta ocorrer antes de findo aquele prazo. § 4.º A dívida ativa da União será apurada e inscrita na Procuradoria da Fazenda Nacional" (grifos nossos).

Note o teor da Súmula n.º 521/STJ: "A legitimidade para a execução fiscal de multa pendente de pagamento imposta em sentença condenatória é exclusiva da Procuradoria da Fazenda Pública".

A inscrição do crédito tributário em dívida ativa ocorre quando o crédito tributário não é suspenso, extinto ou excluído, de forma que a obrigação tributária, nascida com a ocorrência do fato gerador e não sendo satisfeita, gera a necessidade de cobrança administrativa contra o sujeito passivo, por meio do lançamento. Caso não se logre êxito na exigibilidade do tributo ora lançado, despontará a necessidade de inaugurar a cobrança judicial do tributo, por meio da inscrição em dívida ativa.

Em outras palavras, a dívida ativa é o crédito tributário inscrito, conforme a fórmula a seguir:

$$DA = CT + INSCRIÇÃO$$

Uma vez inscrito o crédito tributário na dívida ativa, estará aberto o caminho para a execução fiscal, que é realizada conforme a Lei n.º 6.830/1980.

O contribuinte responderá à execução, após o fornecimento de garantia ao juízo, valendo-se dos "embargos à execução", com o intento de fulminar a cobrança executiva.

O termo de inscrição na dívida ativa é o documento que permite à Fazenda Pública dar início à execução, por meio do ajuizamento da ação de cobrança. Modernamente, a inscrição propriamente dita é realizada em meio eletrônico, e não mais em livros, como o parágrafo único do art. 202 faz referência.

O termo de inscrição dá origem à CDA (Certidão de Dívida Ativa), que consiste em título executivo extrajudicial, o qual servirá de lastro da ação judicial de execução fiscal.

O art. 202, I a V, do CTN prevê que determinados itens devam constar no termo de inscrição e na CDA.

Por sua vez, o art. 203 do CTN prevê que o erro ou a omissão de tais elementos causam nulidade da inscrição e do processo de cobrança, ressalvando-se que a nulidade poderá ser sanada até decisão de primeira instância. No caso, poderá ser

252 DIREITO TRIBUTÁRIO ESSENCIAL – *Eduardo Sabbag*

providenciada a substituição da certidão nula, reabrindo-se o prazo para defesa do sujeito passivo.

Contrariamente ao que ocorre no direito privado, a Fazenda não necessita provar a certeza e liquidez do crédito tributário para dar seguimento à execução fiscal, pois, segundo o art. 204 do CTN, combinado com o art. 3.º da LEF (Lei n.º 6.830/1980), a CDA é título líquido e certo, imediatamente exigível e tem o efeito de prova pré-constituída.

O parágrafo único do art. 204, aliás, indica que a presunção de legitimidade da dívida ativa é relativa (ou *juris tantum*), podendo ser ilidida por prova em contrário.

Em tempo, frise-se que, em 9 de dezembro de 2015, o STJ lapidou a Súmula n.º 558: "Em ações de execução fiscal, a petição inicial não pode ser indeferida sob o argumento da falta de indicação do CPF e/ou RG ou CNPJ da parte executada". Também na mesma data, o STJ elaborou a Súmula n.º 559: "Em ações de execução fiscal, é desnecessária a instrução da petição inicial com o demonstrativo de cálculo do débito, por tratar-se de requisito não previsto no art. 6.º da Lei n.º 6.830/1980".

Ver STJ: REsp 1.126.515/PR-2013, REsp 1.450.819/AM-2014, REsp 1.455.091/AM-2014, REsp 1.279.899/MG-2014, REsp 1.508.171/SP-2015, REsp 1.523.794/RS-2015, Embargos de Divergência no REsp 1.163.553/RJ-2015, EREsp 1.269.069/CE-2014, REsp 1.440.639/PE-2015 e REsp 1.487.772/SE.

Ver Lei n.º 13.202/2015 e Lei n.º 13.313/2016.

(2016/FGV/OAB/XIX Exame de Ordem Unificado) João foi citado, em execução fiscal, para pagamento do Imposto sobre a Propriedade Predial e Territorial Urbana ("IPTU") relativo ao imóvel em que reside e do qual é proprietário. Ocorre que o contribuinte pretende impugnar tal cobrança por meio de embargos à execução. Tendo em vista a disciplina da Lei nº 6.830/80, tais embargos poderão ser apresentados no prazo de 30 dias, contados a partir

a) da juntada aos autos do mandado de penhora devidamente cumprido.
b) da sua citação.
c) da data da intimação da penhora.
d) da propositura da execução fiscal.

Resposta: C

Comentários: Lei n.º 6.830/1980: Dispõe sobre a cobrança judicial da Dívida Ativa da Fazenda Pública, e dá outras providências.

> Art. 16 – O executado oferecerá embargos, no prazo de 30 (trinta) dias, contados:
>
> I – do depósito;
>
> II – da juntada da prova da fiança bancária ou do seguro garantia;
>
> III – da intimação da penhora.

Cap. 14 – ADMINISTRAÇÃO TRIBUTÁRIA E DISPOSIÇÕES FINAIS DO CTN

(2015/Vunesp/ Prefeitura de São José dos Campos-SP/Auditor Tributário Municipal – Gestão Tributária) A dívida ativa do ente público

a) compreende os restos a pagar, o serviço da dívida, os depósitos e os débitos de tesouraria.

b) compreende somente as obrigações legais relativas a tributos e seus adicionais.

c) se for executável em até 12 meses, é denominada dívida flutuante, e acima desse prazo, é denominada dívida fundada.

d) decorre apenas de obrigações não adimplidas de empréstimos efetuados pelo ente público.

e) é constituída por créditos do ente público em relação a terceiros, cuja liquidez e certeza foram apuradas pela autoridade competente.

Resposta: E

Comentários: Conforme preceitua o art. 204 do CTN, sendo regularmente inscrita, a dívida goza de presunção de certeza e liquidez e tem o efeito de prova pré-constituída. Entretanto, o parágrafo único estabelece que essa presunção é somente relativa (*juris tantum*) e pode ser ilidida por prova inequívoca, a cargo do sujeito passivo ou de terceiro a que aproveite.

(2015/Vunesp/Prefeitura de Caieiras-SP/Assessor Jurídico/Procurador-Geral) Assinale a alternativa correta no que respeita à dívida ativa tributária.

a) Constitui dívida ativa tributária a proveniente de crédito público de qualquer natureza, depois de esgotado o prazo fixado por decisão proferida em processo regular.

b) A fluência de juros de mora, relativamente à dívida ativa, exclui a liquidez do crédito.

c) A omissão de quaisquer dos requisitos exigidos para o termo de inscrição da dívida ativa, ou o erro a eles relativo são causas de nulidade da inscrição e do processo dela decorrente, mas a nulidade poderá ser sanada, mediante correção da certidão nula, até decisão de segunda instância.

d) A dívida regularmente inscrita goza de presunção absoluta de certeza e liquidez e tem o efeito de prova pré-constituída.

e) A presunção de certeza e liquidez da dívida regularmente inscrita é relativa e pode ser ilidida por prova inequívoca, a cargo do sujeito passivo ou do terceiro a que aproveite.

Resposta: E

Comentários: A assertiva A está incorreta, uma vez que a dívida ativa tributária não é a proveniente de crédito de qualquer natureza, conforme dispõe o art. 201 do CTN. A alternativa B também está incorreta, já que a fluência de juros de mora não exclui a liquidez do crédito, conforme art. 201, parágrafo único. A letra C está incorreta conforme a literalidade do art. 203 do CTN. A assertiva D está incorreta, já

DIREITO TRIBUTÁRIO ESSENCIAL – *Eduardo Sabbag*

que a presunção de certeza e liquidez da dívida regularmente inscrita é relativa e não absoluta, segundo o art. 204, parágrafo único. E por fim, correta a alternativa E, fundamentada no mesmo preceito legal anteriormente citado.

(2015/Consulplan/TJMG/Titular de Serviços de Notas e de Registro) Ajuizada uma execução fiscal e tendo sido constatada pela Fazenda Pública a existência de um erro material na Certidão de Dívida Ativa – CDA, de acordo com entendimento consolidado do STJ,

- **a)** tendo em vista que o erro não é meramente formal, não se admite a substituição da CDA.
- **b)** é admissível a substituição da CDA por parte da Fazenda Pública, mas desde que os embargos à execução não tenham sido julgados em primeira instância.
- **c)** caso não tenham sido propostos embargos à execução, é facultada à Fazenda Pública a substituição da CDA para alterar o sujeito passivo, desde que o prazo para embargos à execução seja reaberto.
- **d)** a Fazenda Pública pode substituir a CDA apenas até a interposição dos embargos à execução.

Resposta: B

Comentários: A fundamentação está expressa na Súmula n.º 392 do STJ: A Fazenda Pública pode substituir a Certidão de Dívida Ativa (CDA) até a prolação da sentença de embargos, quando se tratar de correção de erro material ou formal, vedada a modificação do sujeito passivo da execução.

Previsão semelhante também está na Lei n.º 6.830/1980, a Lei de Execução Fiscal:

> "Art. 2.º (...)
>
> § 8.º Até a decisão de primeira instância, a Certidão de Dívida Ativa poderá ser emendada ou substituída, assegurada ao executado a devolução do prazo para embargos".

14.3. CERTIDÃO NEGATIVA

A obtenção de certidões em repartições públicas, independentemente do pagamento de taxas, para defesa de direitos e esclarecimentos de situações de interesse pessoal, está prevista na alínea *b* do inc. XXXIV do art. 5.º da CF.

Há doutrinadores que consideram esta norma, aliás, como exemplo de imunidade tributária.

Nota-se que o art. 205 do CTN faz menção, em seu parágrafo único, ao prazo para expedição da certidão: *dez dias*, e não dez dias úteis.

Caso o sujeito passivo necessite de uma certidão negativa enquanto o crédito permanece com a exigibilidade suspensa, a Administração fornecer-lhe-á um documento chamado de *certidão de regularização ou certidão positiva com efeitos de negativa* (art. 206 do CTN).

Cap. 14 – ADMINISTRAÇÃO TRIBUTÁRIA E DISPOSIÇÕES FINAIS DO CTN **255**

Os efeitos da referida certidão serão idênticos aos da certidão negativa. O mesmo tipo de certidão será emitida nos casos de existência de créditos não vencidos ou em curso de cobrança executiva em que tenha havido uma penhora.

Dessa forma, se o contribuinte devedor realizar o parcelamento de seus débitos, passará a ter direito a uma certidão positiva com efeitos de negativa, também chamada de certidão de regularidade fiscal. Ela produz os mesmos efeitos da certidão negativa. Por essa razão, "a certidão positiva que indique a existência de um crédito tributário já vencido, mas submetido a parcelamento, tem os mesmos efeitos de uma certidão negativa". Em bom trocadilho, podemos dizer: "a 'positiva' de ontem (com débito pendente), torna-se 'positiva com efeitos de negativa' de hoje (com débitos parcelados), passando a ter, no amanhã, os mesmos efeitos da 'negativa'".

O art. 207 do CTN permite que, em caso de necessidade de prática de ato indispensável a evitar a caducidade ou perecimento de direito, a certidão negativa poderá ser dispensada, independentemente da necessidade de disposição legal autorizativa. Na hipótese de se apurarem débitos posteriores, os participantes deverão arcar com os tributos, juros de mora e penalidades cabíveis, exceção feita às multas pessoais ao infrator.

Ao funcionário que age com dolo ou fraude na emissão de certidão negativa, o art. 208 do CTN prevê que este arcará, pessoalmente, com o crédito tributário acrescido de juros de mora, além das sanções penais e administrativas cabíveis. O funcionário que age com culpa, ou seja, sem dolo, arcará com as sanções administrativas e penais, estando liberado da responsabilidade pelo crédito tributário.

Ver STJ: REsp 1.479.276/MG-2014 e AgRg no Ag 1.185.481/DF-2013.

14.4. DISPOSIÇÕES FINAIS E TRANSITÓRIAS DO CTN

O art. 209 do CTN trata da expressão "Fazenda Pública". Tal expressão, quando empregada sem qualificação no CTN, abrangerá a Fazenda Pública da União, dos Estados, do DF e dos Municípios.

A Fazenda Pública, conforme o art. 41, I, II e III, do CC/2002, é pessoa jurídica de direito público interno. Outras acepções utilizadas na doutrina são "ente tributante", "entidade impositora", ou, simplesmente, "Fisco".

Segundo o entendimento do STJ, a expressão em análise abrange, também, as pessoas administrativas submetidas ao regime de direito público – autarquias e fundações públicas.

Dessa forma, as entidades paraestatais (sociedades de economia mista e empresas públicas), porque dotadas de personalidade de direito privado, acham-se excluídas do conceito de fazenda pública (art. 173, §§ 1.º, II, e 2.º, da CF).

No caso dos *Territórios Federais*, não há Fazenda Pública própria, sendo que a Fazenda Pública da União integrará seus créditos e débitos. Caso os referidos Territórios sejam divididos em Municípios, a atividade tributacional caberá às Fazendas Públicas Municipais, conforme a parte final do art. 147 da CF.

Os prazos, no CTN, serão contínuos e, para sua contagem, excluirão o dia de início e incluirão o dia de vencimento. O cômputo se iniciará no primeiro dia de expediente normal na repartição em que o ato deva ser praticado ou em que corra o processo. A expressão "expediente normal" exclui pontos facultativos ou dias de meio expediente.

Nessa toada, diga-se que o parágrafo único do art. 210 refere-se a dia de expediente normal (expediente completo), e não a "dia útil". Assim, não são considerados aqueles de "meio expediente" ou "pontos facultativos". O dia deve ser "integralmente útil".

A jurisprudência ratifica o entendimento, como se depreende do teor da Súmula 310 do STF: "Quando a intimação tiver lugar na sexta-feira, ou a publicação com efeito de intimação for feita nesse dia, o prazo judicial terá início na segunda-feira imediata, salvo se não houver expediente, caso em que começará no primeiro dia útil que se seguir". Ademais, não é diferente a inteligência do comando inserto no art. 224, § 3.º, do CPC/2015, que, por ser mais prolixo, dá completude e subsidia o preceito do CTN, coexistindo ambos sem dicotomia.

14.5. QUADROS-SÍNTESE DO CAPÍTULO

ADMINISTRAÇÃO TRIBUTÁRIA E DISPOSIÇÕES FINAIS DO CTN	
FISCALIZAÇÃO: consiste em atos verificatórios do cumprimento das obrigações tributárias, sejam elas principais ou acessórias.	
Submissão à Fiscalização (Art. 194, parágrafo único, do CTN)	Submissão geral das pessoas físicas e jurídicas, contribuintes ou não, aos efeitos da legislação reguladora da atividade fiscalizatória, mesmo nos casos de empresas imunes ou isentas, já que não podem deixar de cumprir suas obrigações acessórias.
Procedimento	Possui início, meio e fim, de forma a não prolongar *ad infinitum* a atividade fiscalizadora, o que causaria constrangimento ao sujeito passivo. No início da fiscalização, registra-se o termo de início e, concomitantemente, o prazo para seu fim. Esses atos, aparentemente simples, orientam dois importantes institutos do direito tributário: a denúncia espontânea (art. 138 do CTN) e a decadência (art. 173 do CTN).
Sigilo das Informações – Exceções	– Requisição do juiz; – Solicitação de outro órgão da Administração Pública para a apuração de infrações administrativas, passando o dever de sigilo ao requisitante; – Troca de informações entre entidades impositoras, por força de lei ou de convênio (art. 199).
DÍVIDA ATIVA: dívida ativa é a que provém de crédito tributário não pago dentro do prazo fixado pela lei ou por decisão judicial final em processo regular, quando regularmente inscrita na repartição administrativa competente.	
Termo de Inscrição na Dívida Ativa	– É o documento que permite à Fazenda Pública dar início à execução, por meio do ajuizamento da ação de cobrança. – Dá origem à CDA (Certidão de Dívida Ativa), que consiste em título executivo extrajudicial, o qual servirá de lastro da ação judicial de execução fiscal.
Presunção de Legitimidade	Presunção de legitimidade da dívida ativa é relativa (ou *juris tantum*), podendo ser ilidida por prova em contrário.

Cap. 14 – ADMINISTRAÇÃO TRIBUTÁRIA E DISPOSIÇÕES FINAIS DO CTN

Certidão Negativa	– Prazo de expedição: 10 dias (não dez dias úteis); – Caso o sujeito passivo necessite de uma certidão negativa enquanto o crédito permanece com a exigibilidade suspensa, a Administração fornecer--lhe-á um documento chamado de certidão de regularização ou certidão positiva com efeitos de negativa (art. 206 do CTN).
DISPOSIÇÕES FINAIS E TRANSITÓRIAS DO CTN	
Expressão "Fazenda Pública"	– É pessoa jurídica de direito público interno; – Abrange, também, as pessoas administrativas submetidas ao regime de direito público – autarquias e fundações públicas.
Prazos no CTN	Serão contínuos e, para sua contagem, excluirão o dia de início e incluirão o dia de vencimento. O cômputo se iniciará no primeiro dia de expediente normal na repartição em que o ato deva ser praticado ou em que corra o processo. A expressão "expediente normal" exclui pontos facultativos ou dias de meio expediente.

14.6. QUESTÕES

1) **(2019/MPE-SC/Promotor de Justiça) A denúncia espontânea (art. 138 do CTN) não necessariamente exclui a punibilidade do delito subjacente à evasão.**

Resposta: Errado

2) **(2018/CESPE/PGM – Manaus-AM/Procurador do Município) Julgue o item que se segue à luz do que dispõe o Código Tributário Nacional.**

A certidão positiva que indique a existência de um crédito tributário já vencido, mas submetido a parcelamento, tem os mesmos efeitos de uma certidão negativa.

Resposta: Certo

3) **(2018/Ieses/TJ-AM/Titular de Serviços de Notas e de Registros) Com relação à Administração Tributária e seu mecanismo de fiscalização, assinale a alternativa INCORRETA com relação ao previsto no Código Tributário Nacional:**

a) Os tabeliães, escrivães e demais serventuários de ofício, quando intimados por escrito, são obrigados a prestar à autoridade administrativa todas as informações de que disponham com relação aos bens, negócios ou atividades de terceiros, ressalvadas hipóteses de segredo em razão de seu ofício.

b) Os livros obrigatórios de escrituração comercial e fiscal e os comprovantes dos lançamentos neles efetuados serão conservados até que ocorra a prescrição dos créditos tributários decorrentes das operações a que se refiram.

c) A legislação tributária aplica-se às pessoas naturais ou jurídicas, contribuintes ou não, exceto às que gozem de imunidade tributária ou de isenção de caráter pessoal.

DIREITO TRIBUTÁRIO ESSENCIAL – *Eduardo Sabbag*

d) A Fazenda Pública da União, na forma estabelecida em tratados, acordos ou convênios, poderá permutar informações com Estados estrangeiros no interesse da arrecadação e da fiscalização de tributos.

Resposta: C

4) **(2017/Cespe/DPU/Defensor Público Federal) A respeito das normas gerais de direito tributário, julgue o seguinte item.**

A fluência de juros de mora de dívida ativa regularmente inscrita exclui a liquidez do crédito.

Resposta: Errado

5) **(2017/Vunesp/Prefeitura de Porto Ferreira-SP/Procurador Jurídico) Nos termos da lei que disciplina a matéria, um dos requisitos para a concessão da medida cautelar fiscal é a prova literal da constituição do crédito tributário. Entretanto, independe da prévia constituição do crédito tributário quando o devedor,**

a) sem domicílio certo, intenta ausentar-se ou alienar bens que possui ou deixa de pagar a obrigação no prazo fixado.

b) tendo domicílio certo, ausenta-se ou tenta se ausentar, visando a elidir o adimplemento da obrigação.

c) caindo em insolvência, aliena ou tenta alienar bens.

d) notificado pela Fazenda Pública para que proceda ao recolhimento do crédito fiscal, deixa de pagá-lo no prazo legal, salvo se suspensa sua exigibilidade.

e) sem proceder à devida comunicação ao órgão da Fazenda Pública competente, quando exigível em virtude de lei, aliena bens ou direitos.

Resposta: E

6) **(2016/FAURGS/TJRS/Juiz de Direito Substituto) No que se refere ao termo de inscrição da dívida ativa, considere os conjuntos de informações abaixo.**

I – Nome do devedor, número da carteira de identidade, domicílio e número do cadastro da pessoa física.

II – Nome do devedor, a quantia devida e a maneira de calcular os juros de mora acrescidos.

III – Nome do devedor, número da carteira de identidade, residência e número do cadastro da pessoa física.

IV – A origem e natureza do crédito, a data em que a dívida ativa foi inscrita e número do cadastro de pessoa física.

Quais possuem apenas itens obrigatórios ao termo de inscrição da dívida ativa?

a) Apenas I.

b) Apenas II.

c) Apenas I e III.

d) Apenas II e IV.

e) Apenas I, III e IV.

Gabarito: B

Cap. 14 – ADMINISTRAÇÃO TRIBUTÁRIA E DISPOSIÇÕES FINAIS DO CTN **259**

7) **(2016/Cespe/TJAM/Juiz Substituto) A empresa J Ltda. impetrou, em 20.07.2014, mandado de segurança para obter certidão negativa de débitos tributários na Fazenda do Estado do Amazonas. Ao seu nome estavam vinculados três débitos: um primeiro, já com decisão de primeira instância, pendente de intimação, mantendo o lançamento; um segundo, de ICMS, em relação ao qual o contribuinte alegou decadência, tendo o fato gerador ocorrido em 20.06.2009, com declaração e pagamento parcial do tributo à época, sem que tivesse ocorrido até a data da impetração qualquer lançamento; e um terceiro, em fase de execução judicial, com penhora determinada, e não realizada, sobre o faturamento.**

Nessa situação hipotética,

a) ocorrida a penhora sobre o faturamento, seria possível a expedição da certidão negativa, de acordo com o CTN.

b) não havia possibilidade de expedição de certidão negativa, mas apenas de certidão positiva com efeitos de negativa.

c) a expedição da certidão cabível estava condicionada ao depósito integral do terceiro débito discutido.

d) não havia ocorrido a decadência do segundo débito, pois o início da contagem do prazo de decadência era 1.º.01.2010, por força de dispositivo do CTN.

e) a prolação de decisão pela Secretaria de Fazenda do Estado do Amazonas cessou a suspensão da exigibilidade do crédito tributário que permitiria a expedição da certidão cabível.

Resposta: C

8) **(2016/Cespe/TCE-PR/Analista de Controle) Em razão do não pagamento de tributos e da consequente inscrição do contribuinte em dívida ativa, determinado município pretende acionar judicialmente esse contribuinte inadimplente. Nessa situação,**

a) caso venha a ser ajuizada a ação, haverá obrigatoriedade de participação do Ministério Público no processo como fiscal da ordem jurídica.

b) proposta a ação, o réu inadimplente, quando for eventualmente citado, poderá requerer gratuidade de justiça, mas a concessão dessa gratuidade não afastará definitivamente a responsabilidade do requerente quanto a despesas processuais e honorários advocatícios no processo.

c) o Ministério Público poderá exercer a representação judicial do município, caso esse ente federativo não possua órgão oficial próprio de representação.

d) para receber seu crédito, o município deverá propor ação de conhecimento, com pedido condenatório, no domicílio do réu.

e) se, proposta a ação, surgir a necessidade de nomeação de curador especial para o réu, essa função deverá ser exercida pelo Ministério Público.

Resposta: B

9) **(2016/Cespe/TCE-SC/Auditor-Fiscal de Controle Externo) Autoridade fiscal de determinado município foi denunciada no Tribunal de Contas do Estado (TCE) por ter emitido certidão positiva com efeitos de negativa para uma empresa**

que detinha débitos de imposto sobre serviços de qualquer natureza (ISS) com o município. Na denúncia, constava que a certidão havia sido expedida durante o período em que era analisado, em processo administrativo tributário, o recurso interposto pela empresa contra a decisão em primeira instância, que havia julgado improcedente a impugnação do contribuinte e concluído pela subsistência do auto de infração, dada a existência de débito da empresa. A esse respeito, dispõe o Código Tributário Nacional (CTN):

> Art. 205. A lei poderá exigir que a prova da quitação de determinado tributo, quando exigível, seja feita por certidão negativa, expedida à vista de requerimento do interessado, que contenha todas as informações necessárias à identificação de sua pessoa, domicílio fiscal e ramo de negócio ou atividade e indique o período a que se refere o pedido.
>
> Parágrafo único. A certidão negativa será sempre expedida nos termos em que tenha sido requerida e será fornecida dentro de dez dias da data da entrada do requerimento na repartição.
>
> Art. 206. Tem os mesmos efeitos previstos no artigo anterior a certidão de que conste a existência de créditos não vencidos, em curso de cobrança executiva em que tenha sido efetivada a penhora, ou cuja exigibilidade esteja suspensa.

Considerando essa situação hipotética e os artigos do CTN apresentados, julgue o item a seguir.

Caso a empresa exportasse para outros países serviços desenvolvidos no Brasil e pagos por residentes no exterior, não haveria incidência do ISS, e não haveria, também, impedimento à expedição da certidão negativa de débitos.

Resposta: Errado

10) **(2016/Consulplan/TJMG/Titular de Serviços de Notas e de Registros) No que toca às disposições do Código Tributário Nacional sobre Garantias e Privilégios do Crédito Tributário e Administração Tributário, é correto afirmar que**

   a) a cobrança judicial do crédito tributário é sujeita à habilitação em inventário.

   b) é presumida fraudulenta a alienação de bens por sujeito passivo em débito com a Fazenda Pública por crédito tributário regularmente inscrito como dívida ativa em fase de execução, ainda que o devedor tenha reservado bem suficiente para pagamento da dívida.

   c) é vedada a divulgação por parte da Fazenda Pública de informações relativas a representações fiscais para fins penais.

   d) as Fazendas Públicas da União, dos Estados, do Distrito Federal e dos Municípios têm o dever de prestar mútua assistência para a fiscalização dos tributos respectivos e permuta de informações, na forma estabelecida em lei ou em convênio.

Resposta: D

Impostos Municipais em Espécie

15.1. IPTU – IMPOSTO SOBRE A PROPRIEDADE PREDIAL E TERRITORIAL URBANA

15.1.1. Competência e sujeito ativo

O IPTU está previsto nos arts. 32 e ss. do CTN e no art. 156, I, da CF, dispondo-se ambos ser o Município o sujeito ativo competente para instituição do imposto.

15.1.2. Sujeito passivo

Os sujeitos passivos do IPTU são os titulares de qualquer direito inerente à propriedade. Podemos destacar, a título exemplificativo, o proprietário, o titular de domínio útil e o possuidor com *animus domini*, isto é, aquele que exerce a posse com a manifesta intenção de ser dono.

Frise-se que, em 9 de maio de 2018, o STJ aprovou a Súmula n.º 614, segundo a qual "o locatário não possui legitimidade ativa para discutir a relação jurídico-tributária de IPTU e de taxas referentes ao imóvel alugado nem para repetir indébito desses tributos".

Ver STF: RE 601.720.

15.1.3. Fato gerador

O imposto de competência dos Municípios tem como fato gerador a *propriedade*, o *domínio útil* ou a *posse* de bem *imóvel*, que esteja localizado em *zona urbana* do Município.

O fato gerador do IPTU dar-se-á com a *propriedade*, o *domínio útil* ou a *posse* de bem imóvel, localizado na zona urbana do Município, consubstanciando-se, mediante ficção jurídica, no primeiro dia do ano civil (1.º de janeiro).

Propriedade: o gozo jurídico pleno de uso, fruição e disposição do bem imóvel.

Domínio útil: um dos elementos de gozo jurídico da propriedade plena.

Posse: manifesta-se, no caso de incidência de IPTU, quando alguém age como se fosse titular do domínio útil, portanto, na posse caracterizada como *usucapionem*. Assim, refere-se à posse juridicamente perfeita, e não àquela de índole irregular.

Impende destacar que o conceito de *bem imóvel*, seja por *natureza* ou *acessão física*, é decorrente da legislação civil e está previsto nos arts. 79, primeira parte, e 1.248 do Código Civil.

Quanto ao conceito de *zona* urbana, note os §§ 1.º e 2.º do art. 32 do CTN, *in verbis*:

> Art. 32 do CTN: "(...) § 1.º Para efeito deste imposto entende-se como zona urbana a definida em lei municipal, observando o requisito mínimo da existência de melhoramentos indicados em pelo menos 2 (dois) dos incisos seguintes, construídos ou mantidos pelo Poder Público: I – meio-fio ou calçamento, com canalização de águas fluviais; II – abastecimento de água; III – sistema de esgotos sanitários; IV – rede de iluminação pública, com ou sem posteamento para distribuição domiciliar; V – escola primária ou posto de saúde a uma distância máxima de 3 (três) quilômetros do imóvel considerado.
>
> § 2.º A lei municipal pode considerar urbanas as áreas urbanizáveis, ou de expansão urbana, constantes de loteamentos aprovados pelos órgãos competentes, destinados à habitação ou a comércio, mesmo que localizados fora das zonas definidas nos termos do parágrafo anterior".

Resumidamente, o fato gerador do IPTU é norteado por dois elementos: *espacial* e *temporal*. O primeiro é o território urbano do Município, e o segundo, a cobrança anual (1.º de janeiro de cada ano, mediante ficção jurídica).

Frise-se que, em 12 de dezembro de 2018, a Primeira Seção do STJ aprovou a Súmula n.º 626, com o seguinte enunciado: "A incidência do IPTU sobre imóvel situado em área considerada pela lei local como urbanizável ou de expansão urbana não está condicionada à existência dos melhoramentos elencados no artigo 32, parágrafo 1º, do CTN".

Ver STJ: REsp 1.482.184/RS-2015.

15.1.4. Base de cálculo

A base de cálculo do IPTU será o valor venal do imóvel, desconsiderando os valores advindos de bens móveis mantidos em caráter permanente ou temporário no imóvel.

Note o art. 33 do CTN:

> "A base de cálculo é o valor venal do imóvel. Parágrafo único. Na determinação da base de cálculo, não se considera valor dos bens móveis mantidos, em caráter permanente ou temporário, no imóvel, para efeito de sua utilização, exploração, aformoseamento ou comodidade".

A propósito, conforme o § 2.º do art. 97 do CTN, a simples atualização do valor monetário da respectiva base de cálculo, com índices oficiais de correção monetária, não implica majoração do tributo. Por outro lado, se houver excesso em relação aos índices oficiais, poderá será declarado indevido o aumento, por violar o princípio da legalidade tributária. É o teor da Súmula n.º 160 do STJ.

Nesse sentido, "a majoração da base de cálculo do IPTU depende da elaboração de lei, exceto nos casos de simples atualização monetária, em atendimento ao princípio da reserva legal. Não pode o Município, por simples Decreto, atualizar o valor venal dos imóveis, para fins de cálculo do IPTU, com base na Planta de Valores, ultrapassando a correção monetária autorizada por ato administrativo. Recurso conhecido e provido (STJ, REsp 31.532/RS – 1995)".

Tal entendimento pode ser ratificado nos dizeres elucidativos da Súmula n.º 160 do STJ, cuja transcrição segue, *ad litteram*: "É defeso ao Município atualizar o IPTU, mediante Decreto, em percentual superior ao índice oficial de correção monetária".

Há possibilidade, entretanto, que, mesmo atualizado monetariamente, não se consiga alcançar o valor venal *real* do imóvel. Nessa hipótese, quando se pensa em "atualizar" com índices superiores aos da correção monetária do período, pode não se ter apenas uma "atualização", mas uma *majoração*, o que só será possível através de lei, em razão da *estrita legalidade tributária* ou *tipicidade cerrada*.

15.1.5. Alíquotas

O IPTU é imposto norteado pela técnica de incidência de *alíquotas* progressivas, uma vez que a Constituição Federal as admite, explicitamente, nos arts. 156, § 1.º, I e II, e 182, § 4.º, II.

A *progressividade* no IPTU pode ser (i) *fiscal* ou (ii) *extrafiscal*. A primeira tem por objetivo promover o aumento da arrecadação, levando em conta a capacidade contributiva, com fundamento no § 1.º do art. 145 da CF. Já a segunda liga-se à necessidade de desestimular os contribuintes a realizarem determinadas ações, por considerá-las inconvenientes ou nocivas ao interesse público.

Importante mencionar que, até o advento da EC n.º 29/2000, à luz dos arts. 156, § 1.º, e 182, § 4.º, da CF, o IPTU era um imposto norteado apenas pela *progressividade extrafiscal no tempo*, objetivando dar à propriedade o adequado aproveitamento da propriedade, com o reflexo cumprimento de sua função social.

Com o advento da EC n.º 29/2000, acrescentaram-se ao § 1.º do art. 156 os incs. I e II, prevendo-se a *progressividade fiscal*, em razão do *valor, localização e uso do imóvel*.

Insta destacar que a EC n.º 29/2000 recebeu severas críticas ao estabelecer a hipótese de *progressividade fiscal* para o IPTU, uma vez que referido imposto é de natureza real e, como se nota no art. 145, § 1.º, da CF, a progressividade fiscal está relacionada aos impostos de natureza pessoal. Nesse caso, seguindo o entendimento do STF, os impostos reais tendem à *proporcionalidade,* e não à progressividade.

Por fim, a Súmula n.º 668 do STF dispôs "ser inconstitucional a lei municipal que tenha estabelecido, antes da EC n.º 29/2000, alíquotas progressivas para o IPTU, salvo se destinada a assegurar o cumprimento da função social da propriedade urbana".

Ver STF: AgR no RE 542.485-2013.

DIREITO TRIBUTÁRIO ESSENCIAL – *Eduardo Sabbag*

(2018/Cespe/Polícia Federal/Perito Criminal Federal) Em cada um dos itens seguintes, é apresentada uma situação hipotética, seguida de uma assertiva a ser julgada a respeito de obrigação tributária sobre ganho de capitais, de Imposto Predial Territorial Urbano (IPTU) e de crimes previdenciários.

Gustavo e Eduardo firmaram, por meio de instrumento particular, um contrato de transmissão de posse de imóvel urbano. Nessa situação, a municipalidade poderá exigir do adquirente Eduardo as eventuais obrigações provenientes do IPTU relativas ao período anterior à assinatura do contrato de transmissão de posse.

Resposta: Certo
Comentários:
CTN, art. 32: "O imposto, de competência dos Municípios, sobre a propriedade predial e territorial urbana tem como fato gerador a propriedade, o domínio útil ou a posse de bem imóvel por natureza ou por acessão física, como definido na lei civil, localizado na zona urbana do Município".

"Art. 130. Os créditos tributários relativos a impostos cujo fato gerador seja a propriedade, o domínio útil ou a posse de bens imóveis, e bem assim os relativos a taxas pela prestação de serviços referentes a tais bens, ou a contribuições de melhoria, sub-rogam-se na pessoa dos respectivos adquirentes, salvo quando conste do título a prova de sua quitação".

Considerando os artigos acima, o adquirente poderá ser exigido, ainda que as obrigações sejam anteriores à posse, posto que se sub-roga nessas obrigações.

(2015/Cetap/MPCM-PA/Analista – Direito) Quanto à progressividade do IPTU, pode-se afirmar:

a) A Constituição Federal de 1988 ao ser promulgada não previa a progressividade do IPTU.

b) A Constituição Federal de 1988 ao ser promulgada previa exclusivamente a progressividade do IPTU em razão do valor do imóvel, conforme previsão do art. 156, § 1.º, I.

c) A Constituição Federal de 1988 ao ser promulgada previa exclusivamente a progressividade do IPTU no tempo, conforme previsão do art. 182, § 4.º, II.

d) A Constituição Federal de 1988 ao ser promulgada previa a progressividade do IPTU no tempo, conforme previsão do art. 182, § 4.º, II e a relativa ao valor do imóvel, conforme previsão do art. 156, § 1.º, I.

e) A Constituição Federal de 1988 ao ser emendada para inclusão da progressividade do IPTU em razão do valor do imóvel extinguiu a progressividade do IPTU no tempo.

Resposta: C
Comentários: A assertiva trata da progressividade do IPTU, seja em razão do tempo ou do valor do imóvel.

1. Progressividade extrafiscal, que lhe é – e sempre foi – genuína, rotulada de progressividade no tempo (art. 182, § 4.º, II, CF), única normatizada antes do texto constitucional de 1988;

2. Progressividade fiscal, prevista na EC n.º 29/2000, com base no valor do imóvel (art. 156, § 1.º, I, CF), sem embargo da seletividade trazida pela diferenciação das alíquotas em razão da localização e do uso do imóvel.

15.1.6. Notas gerais

a) Sítios de recreio

A propriedade de sítios de recreio pode ser considerada fato gerador do IPTU, se estiverem situadas em zona urbana ou em área de expansão urbana, em atendimento aos requisitos elencados no art. 32 do CTN. Entretanto, hodiernamente a localização do imóvel não é mais critério a ser levado, isoladamente, em consideração para se definir o tributo incidente sobre o indigitado bem. A esse propósito, temos notado iterativas decisões não só de tribunais estaduais, mas também do próprio STJ (REsp 1.112.646/SP; REsp 492.869/PR), no sentido de preterir o critério de localização do imóvel em detrimento do critério de sua destinação econômica. Tal mudança de posicionamento se deu em função das alterações produzidas pelo art. 15 do Dec.-lei n.º 57/1966, que, a despeito de ter sido revogado por meio do art. 6 da Lei n.º 5.868/1972, veio a ser posteriormente revigorado com a declaração de inconstitucionalidade do referido art. 6 da Lei n.º 5.868/1972, pelo STF.

Dessa forma, tendo em vista a insuficiência ínsita ao critério de localização, deve ser prestigiada a tributação dos imóveis localizados em zona urbana segundo o critério de sua destinação econômica.

Ver STJ: Súmula 626.

b) Locatário e IPTU

O locatário e o comodatário jamais poderão representar-se como contribuintes do IPTU, por não praticarem o *animus domini* e possuírem o imóvel como simples detentores de coisa alheia. Podem, entretanto, figurar como responsáveis tributários.

(2017/FCC/TRF 5ª Região/Analista Judiciário) Em fevereiro do corrente ano, 2017, um Município nordestino efetuou o lançamento de ofício do IPTU, cujo fato gerador ocorreu no dia 1º de janeiro do mesmo exercício. O referido lançamento foi feito em nome do Sr. Aníbal de Oliveira, que, segundo informações constantes do cadastro municipal, seria o proprietário do referido imóvel, na data da ocorrência do fato gerador.

Em março de 2017, depois de devidamente notificado do lançamento realizado, o Sr. Aníbal de Oliveira apresentou, tempestivamente, no órgão municipal competente, impugnação contra o lançamento efetuado, alegando que, em 15 de dezembro de 2016, havia formalizado a doação do referido imóvel a seu filho, Sérgio de Oliveira, e que, em razão disso, não seria devedor do crédito tributário referente ao IPTU 2017. A impugnação estava instruída com cópia da escritura de doação e de seu respectivo registro, ainda em 2016, no Cartório de Registro de Imóveis competente. O doador esclareceu, ainda, na referida impugnação, que o órgão municipal competente não foi comunicado, nem por ele nem pelo donatário, da transmissão da propriedade do referido imóvel, pois a legislação local não os obrigava a prestar tal informação.

Sérgio de Oliveira, a seu turno, foi corretamente identificado como contribuinte do ITCMD devido em razão da doação por ele recebida, e pagou crédito tributário devido.

Considerando os dados acima, bem como as regras do Código Tributário Nacional e da Constituição Federal acerca do lançamento tributário, constata-se que

a) não poderá ser feito lançamento de IPTU contra Sérgio de Oliveira, em 2017, por ele já ter sido identificado, no ano anterior, como contribuinte do ITCMD incidente sobre a doação recebida.
b) o princípio constitucional da anterioridade nonagesimal (noventena) impede o lançamento e a cobrança do IPTU antes de transcorridos 90 (noventa) dias da ocorrência de fato gerador do ITBI ou do ITCMD.
c) o lançamento do IPTU, antes de decorrido um ano do lançamento do ITCMD, constitui bitributação, bem como violação do princípio do não confisco e da anterioridade nonagesimal (noventena).
d) o lançamento de ofício do IPTU poderá ser revisto pelo Município, ainda em 2017, pois, embora a doação tenha ocorrido antes de 1° de janeiro de 2017, a Fazenda Pública não teve conhecimento de tal fato antes de o contribuinte apresentar sua impugnação.
e) o lançamento de ofício do IPTU poderá ser revisto, mas por órgão competente do Estado em que se localiza o referido Município, em obediência ao princípio constitucional da duplicidade instâncias de lançamento, e desde que obedecido o prazo prescricional.

Resposta: D

Comentários: CTN, art. 149, parágrafo único: "A revisão do lançamento só pode ser iniciada enquanto não extinto o direito da Fazenda Pública".

(2016/FGV/OAB/XX Exame de Ordem Unificado) Fulano de Tal prometeu adquirir de uma autarquia federal um imóvel residencial urbano. O sinal e parte substancial do preço são pagos no momento da lavratura da escritura pública de promessa de compra e venda, que é prontamente registrada no Registro Geral de Imóveis (RGI) competente. O saldo do preço será pago em várias parcelas. Após o registro da promessa de compra e venda:

a) passa a incidir o IPTU, a ser pago pela autarquia.
b) continua a não incidir o IPTU, por força da imunidade da autarquia (cujo nome continua vinculado ao imóvel no RGI, ainda que agora a autarquia figure como promitente vendedora).

Cap. 15 – IMPOSTOS MUNICIPAIS EM ESPÉCIE

c) passa a incidir o IPTU, a ser pago solidariamente pela autarquia e por Fulano de Tal.

d) passa a incidir o IPTU, a ser pago por Fulano de Tal, uma vez que registrada no RGI a promessa de compra e venda do imóvel.

Resposta: D

Comentários: Uma vez que gozam da denominada imunidade recíproca extensiva, não incide o IPTU sobre os imóveis das autarquias. Entretanto, tal imunidade não exonera o promitente comprador da obrigação de pagamento do imposto relativo ao bem imóvel, consoante o art. 150, § 3º, da CF/88. Assim, passa a incidir o IPTU, a ser a ser pago por Fulano de Tal, uma vez que registrada no RGI a promessa de compra e venda do imóvel. Súmula nº 583 do STF: Promitente-Comprador de imóvel residencial transcrito em nome de autarquia é contribuinte do imposto predial territorial urbano.

(2015/FAURGS/TJRS/Outorga de Delegação de Serviços Notariais e Registrais – remoção) Assinale a alternativa que contém afirmativa correta em relação ao imposto sobre a propriedade predial e territorial urbana.

a) Somente os Municípios têm a competência para instituir o imposto sobre a propriedade predial e territorial urbana.

b) A progressividade do imposto sobre a propriedade predial e territorial urbana, prevista no § 4º do inc. II do art. 182 da Constituição Federal, tem função preponderantemente extrafiscal.

c) O imposto só poderá ter alíquotas diferenciadas em função da localização do imóvel.

d) O imposto sobre a propriedade predial e territorial urbana não poderá ter alíquotas progressivas atendendo a função preponderantemente arrecadatória.

Resposta: B

Comentários: A extrafiscalidade é uma característica de determinados tributos cujas finalidades precípuas são a intervenção numa situação social ou econômica.

> "Art. 182, § 4º. É facultado ao Poder Público municipal, mediante lei específica para área incluída no plano diretor, exigir, nos termos da lei federal, do proprietário do solo urbano não edificado, subutilizado ou não utilizado, que promova seu adequado aproveitamento, sob pena, sucessivamente, de: (...) II – imposto sobre a propriedade predial e territorial urbana progressivo no tempo; (...)."

(2015/Vunesp/TJSP/Juiz Substituto) O Supremo Tribunal Federal, no julgamento do ARE 639632 AgR/MS, ao analisar a questão relativa à cobrança progressiva do IPTU, estabeleceu alguns parâmetros e, de acordo com tal julgamento, é correto afirmar que

a) a parafiscalidade é o fenômeno por meio do qual se busca a concretização da função social da propriedade.

DIREITO TRIBUTÁRIO ESSENCIAL – *Eduardo Sabbag*

b) é inconstitucional o regime de alíquotas progressivas do IPTU com base no valor venal do imóvel.

c) a progressividade extrafiscal também tem previsão normativa no Estatuto da Cidade.

d) os pressupostos e condições para aplicação da progressividade extrafiscal e da progressividade fiscal devem ser os mesmos.

Resposta: C

Comentários: Observe os julgados:

"Agravo regimental no recurso extraordinário com agravo. IPTU. Progressividade. Lei local instituída após a Emenda Constitucional nº 29/2000. Constitucionalidade. Condições previstas pelo estatuto da cidade. Inaplicabilidade. 1. A progressividade extrafiscal, baseada na função social da propriedade, sempre foi permitida pelo texto Constitucional. Esta é a modalidade de progressividade que se opera conforme as condições previstas pelo Estatuto da Cidade. 2. A progressividade fiscal, dita arrecadatória, só foi viabilizada após constar da Constituição Federal o permissivo trazido pela Emenda Constitucional nº 29/2000. Nesse caso, a progressividade é mecanismo de concreção da capacidade contributiva e opera-se com a majoração de alíquotas em relação diretamente proporcional ao aumento da base de cálculo" (STF ARE 639632 AGR/MS).

(2015/FGV/TCE-RJ/Auditor Substituto) O Município Alfa altera a legislação do Imposto sobre a Propriedade Predial e Territorial Urbana (IPTU), que, graças às inovações introduzidas, passa a ter alíquotas (i) diferenciadas pela localização do imóvel; e (ii) progressivas conforme o valor do imóvel. Nesse contexto, é correto afirmar que:

a) é constitucional a inovação introduzida no item (i), apenas;

b) é constitucional a inovação introduzida no item (ii), apenas;

c) é constitucional a inovação introduzida em ambos os itens;

d) é inconstitucional a inovação introduzida em ambos os itens, pois a diferenciação e a progressividade de alíquota do IPTU é tema reservado à lei complementar nacional;

e) é inconstitucional a inovação introduzida em ambos os itens, pois nem mesmo por lei complementar se admite a diferenciação e a progressividade de alíquota do IPTU em razão da localização e do valor do imóvel.

Resposta: C

Comentários: Art. 156, § 1º, da CF: "Sem prejuízo da progressividade no tempo a que se refere o art. 182, § 4º, inciso II, o imposto previsto no inciso I poderá: I – ser progressivo em razão do valor do imóvel; e II – ter alíquotas diferentes de acordo com a localização e o uso do imóvel."

Relativamente à vedação da progressividade do IPTU, preceitua o STF: Súmula nº 668 STF: "É inconstitucional a lei municipal que tenha estabelecido, antes da Emen-

Cap. 15 – IMPOSTOS MUNICIPAIS EM ESPÉCIE **269**

da Constitucional 29/2000, alíquotas progressivas para o IPTU, salvo se destinada a assegurar o cumprimento da função social da propriedade urbana."

(2015/Funiversa/PC-DF/Delegado de Polícia) No que se refere ao princípio tributário da anterioridade anual e nonagesimal, assinale a alternativa correta.

a) Os Municípios e o Distrito Federal, ao fixarem a base de cálculo do IPTU, devem respeitar o princípio da anterioridade nonagesimal.

b) O princípio da anterioridade anual não incide sobre o Imposto sobre Produtos Industrializados (IPI), isto é, em caso de majoração do tributo, este poderá ser cobrado no mesmo exercício financeiro da publicação da lei que o majorou, desde que respeitado o princípio da anterioridade nonagesimal.

c) Em se tratando de instituição ou majoração dos tributos sobre o comércio exterior, do imposto sobre importação de produtos estrangeiros e do imposto sobre exportação para o exterior de produtos nacionais ou nacionalizados, deve-se observar o princípio da anterioridade anual, isto é, tais tributos só poderão ser cobrados no exercício financeiro seguinte ao da publicação da lei que os instituiu ou aumentou.

d) Caso haja majoração da alíquota do Imposto de Renda (IR), é vedado à União cobrar o tributo com a nova alíquota antes de decorridos noventa dias da publicação da lei que o majorou.

e) Aplica-se a anterioridade nonagesimal à fixação da base de cálculo do IPVA pelo Distrito Federal.

Resposta: B
Comentários: A assertiva A está incorreta. Conforme o art. 150, § 1º, da Constituição Federal, quando alteradas as bases de cálculo do IPTU ou do IPVA, tais impostos não atenderão a anterioridade nonagesimal. A letra B está correta. Nos termos do art. 150, § 1º, da Constituição Federal, o IPI não obedecerá ao princípio da anterioridade. A assertiva C está incorreta, uma vez que os tributos II, IE, IOF, IEG e empréstimos compulsórios de calamidade pública ou guerra externa não devem obediência aos princípios da anterioridade anual e nonagesimal. Nos termos do art. 150, § 1º, o IR não obedecerá ao princípio da anterioridade nonagesimal. Portanto, incorreta a assertiva D. E finalmente incorreta também a alternativa E, uma vez que na fixação da base de cálculo do IPVA não será aplicado o princípio da anterioridade nonagesimal.

(2015/FCC/TCM-GO/Auditor Conselheiro Substituto) A Constituição Federal, no inciso I do seu art. 156, estabelece:

"Art. 156. Compete aos Municípios instituir impostos sobre:
I – propriedade predial e territorial urbana; [...]."

De acordo com a Constituição Federal, o IPTU está sujeito aos princípios da legalidade,

a) irretroatividade, exceto no que diz respeito ao desmembramento de um Município em dois ou mais Municípios, anterioridade e anterioridade nonagesimal (noventena).

b) irretroatividade, anterioridade e anterioridade nonagesimal (noventena), sendo que o princípio da noventena não se aplica à fixação da base de cálculo do IPTU.

c) irretroatividade, anterioridade nonagesimal (noventena), não se aplicando o princípio da anterioridade ao exercício em que houver desdobramento de um Município em dois ou mais Municípios.

d) exceto no que diz respeito à fixação de sua base de cálculo, que pode ser estabelecida por decreto, irretroatividade, anterioridade, mas não está sujeito ao princípio da anterioridade nonagesimal (noventena).

e) exceto no que diz respeito à variação de sua alíquota, que pode ser aumentada por decreto, irretroatividade, anterioridade e anterioridade nonagesimal (noventena).

Resposta: B

Comentários: A questão trata da aplicação dos princípios constitucionais ao IPTU. Art. 150, IV e § 1º A vedação do inciso III, *b*, anterioridade, não se aplica aos tributos previstos nos arts. 148, I, 153, I, II, IV e V, e 154, II; e a vedação do inciso III, *c*, noventena, não se aplica aos tributos previstos nos arts. 148, I, 153, I, II, III e V; e 154, II, nem à fixação da base de cálculo dos impostos previstos nos arts. 155, III, e 156, I (IPTU). Portanto, para a base de cálculo do IPTU, não se aplica a anterioridade nonagesimal.

15.2. ISS – IMPOSTO SOBRE SERVIÇOS DE QUALQUER NATUREZA

15.2.1. Competência e sujeito ativo

O ISS (ou ISSQN) está previsto no art. 156, III, da CF e na LC n.º 116/2003 (alterada pela Lei Complementar n.º 157/2016), os quais dispõem ser o Município o sujeito ativo competente para a instituição do imposto.

15.2.2. Sujeito passivo

Os sujeitos passivos do ISS serão os prestadores de serviços, empresa ou profissional autônomo, com ou sem estabelecimento fixo (art. 5.º da LC n.º 116/2003). Como exemplos, podemos citar os médicos, advogados, contadores etc.

De acordo com o art. 2.º, II, da LC n.º 116/2003, não serão considerados contribuintes os que prestem serviços em relação de emprego, os trabalhadores avulsos e os diretores e membros de Conselhos Consultivo ou Fiscal de Sociedades.

15.2.3. Fato gerador

É a prestação por empresa ou profissional autônomo, com ou sem estabelecimento fixo, de serviços constantes da Lista anexa à LC n.º 116/2003 (alterada pela LC n.º 157/2016) que enumera, aproximadamente, 230 serviços, divididos em 40 itens.

Aliás, se o serviço for gratuito, não ocorrerá o fato gerador do ISS (STF, RE 112.923-9/SP-1987).

A LC n.º 116/2003 (alterada pela LC n.º 157/2016), em vez de dar uma definição teórica de serviços, optou por elaborar uma Lista de Serviços tributáveis pelo ISS. A LC n.º 157/2016 fez novas inclusões à lista de serviços sujeitos à incidência do ISS. Dessa maneira, a lei apresenta uma lista taxativa ou *numerus clausus* de serviços. Esse é o entendimento do STF, que também autoriza uma interpretação analógica para os itens que contêm a expressão "congêneres", sem que se faça o extrapolamento da acepção do termo, evitando-se a criação de serviços.

No entanto, para que os Municípios possam cobrar o ISS dos prestadores de serviços, devem instituí-lo por meio de lei ordinária própria, que poderá adotar todos os itens da Lista de Serviços anexa à lei complementar, ou alguns deles, sendo-lhes, porém, proibido criar serviços não previstos na norma complementar.

Importante é mencionar que não estão compreendidas no fato gerador do ISS as seguintes prestações de serviços: (I) a si próprio, decorrente de vínculo empregatício; (II) de trabalho avulso; (III) por sócios ou administradores de Sociedade; (IV) de transporte interestadual e intermunicipal, e de comunicação (incidência de ICMS); (V) para o exterior (isenção heterônoma para o ISS, prevista no art. 156, § 3.º, II, da CF); (VI) e pelo próprio poder público (imunidade tributária – 150, VI, *a*, da CF); (VII) o valor intermediado no mercado de títulos e valores mobiliários, o valor dos depósitos bancários, o principal, juros e acréscimos moratórios relativos a operações de crédito realizadas por instituições financeiras (art. 2º, III, da LC n.º 116/2003) e (VIII) a prestação de serviço público específico e divisível, com utilização efetiva ou potencial, por se tratar de campo de incidência das taxas de serviço (art. 145, II, CF).

Conforme entendimento consolidado no âmbito do STF, os serviços que podem ensejar a ocorrência do fato gerador são aqueles prestados por meio de uma obrigação de fazer. Jamais as obrigações de dar isoladamente poderão ser tributadas pelo ISS. Nesse sentido, a Súmula Vinculante 31: "É inconstitucional a incidência do imposto sobre serviços de qualquer natureza – ISS sobre operações de locação de bens móveis".

15.2.4. Base de cálculo

O art. 7.º da LC n.º 116/2003 determina que a base de cálculo será o valor bruto do *preço do serviço*.

Há hipóteses em que se aplica o chamado "ISS fixo", uma vez que não se pode aferir o valor exato do serviço prestado. Nessa situação, o tributo é calculado com base em valor único, pago periodicamente.

Roque Antônio Carrazza sustenta a inconstitucionalidade dos denominados *impostos fixos*, posto que, despidos de preocupação com as condições pessoais do contribuinte, seriam violadores do princípio da capacidade contributiva. Como exemplo, podemos citar o ISS incidente sobre os advogados, médicos ou dentistas.

DIREITO TRIBUTÁRIO ESSENCIAL – *Eduardo Sabbag*

Ver STJ, Súmula n.º 524, segundo a qual, "no tocante à base de cálculo, o ISSQN incide apenas sobre a taxa de agenciamento quando o serviço prestado por sociedade empresária de trabalho temporário for de intermediação, devendo, entretanto, englobar também os valores dos salários e encargos sociais dos trabalhadores por ela contratados nas hipóteses de fornecimento de mão de obra".

Ver STF: ADPF n.190. Ver STJ: RE 940.769/RS.

15.2.5. Alíquota

Os Municípios podem, por meio de leis ordinárias municipais, fixar suas próprias alíquotas, devendo, no entanto, respeitar as alíquotas máximas e mínimas do ISS, estabelecidas por intermédio da edição de lei complementar, em conformidade com o art. 156, § 3.º, I, da CF. A Lei Complementar n.º 157/2016, por meio da inclusão do art. 8.º-A na LC n.º 116/2003, fixou em 2% a alíquota mínima do imposto. A alíquota máxima é de 5% (art. 8.º, LC n.º 116/2003).

Insta destacar que há duas maneiras de cobrar o ISS: (i) *fixa*: que consiste no valor pago periodicamente pelos profissionais liberais; (ii) *proporcional*: que incide sobre o movimento econômico das empresas que prestam serviços.

15.2.6. Notas gerais

a) *O ISS e o IPI*: o IPI (Imposto sobre Produtos Industrializados) não incide sobre a Lista de Serviços, constante da LC n.º 116/2003. Isso ocorre porque a lei complementar definiu os *serviços* de competência tributária dos Municípios, e, por se tratar de *serviços*, não se confunde com a *industrialização*, própria do campo de incidência do IPI. Assim, quando a Constituição quer a tributação pelo IPI, determina a incidência sobre *produtos industrializados*, e quando a quer pelo ISS, determina o serviço como hipótese de tributação;

b) *Os serviços puros ou mistos*: os serviços podem ser *puros* (sem aplicação de mercadoria) ou *mistos* (com mercadorias). Nos casos em que envolva o fornecimento de mercadorias, o legislador optou pela *teoria da preponderância* do serviço em relação à mercadoria, ou seja, os serviços ficam sujeitos apenas ao ISS, conforme consta no art. 1.º, § 2.º, da LC n.º 116/2003. Por outro lado, o fornecimento de mercadorias com a prestação de serviços não especificados na lista fica sujeito ao ICMS, conforme *Súmula n.º 163 do STJ* (art. 155, X, *b*, da CF; art. 2.º da LC n.º 87/1996). Há, ainda, na Lista anexa à LC n.º 116/2003, a denominada *atividade mista*, isto é, sobre os *serviços puros,* haverá a incidência do ISS, e, sobre o *fornecimento de mercadorias,* a incidência do ICMS (subitens 7.02; 7.05; 14.01; 14.03; 17.11);

c) *O lançamento do ISS* é por homologação (art. 150 do CTN), podendo ser "de ofício", por suposto, como acontece com qualquer tributo, se não houver pagamento;

d) *Quanto ao local da prestação do serviço*, considera-se devido no local do estabelecimento-prestador ou, na falta, no local do domicílio do prestador

Cap. 15 – IMPOSTOS MUNICIPAIS EM ESPÉCIE **273**

(art. 3.º, *caput*, da LC n.º 116/2003). A lei traz algumas exceções estabelecidas nos incs. I a XXI do artigo mencionado, quando o imposto será devido no *local da prestação*. Entretanto, o STF, concedeu liminar na ADI 5835 para suspender dispositivos de lei complementar federal relativos ao local de incidência do Imposto Sobre Serviços (ISS). Para o STF, estão presentes os requisitos para a concessão da liminar diante da dificuldade na aplicação da nova legislação, com ampliação dos conflitos de competência entre municípios e afronta ao princípio constitucional da segurança jurídica. A decisão suspende também, por arrastamento, a eficácia de toda legislação local editada para complementar a lei nacional. Na ação, são questionados os dispositivos da LC n.º 116/2003, alterados pela LC n.º 157/2016. Os pontos questionados determinam que o ISS será devido no município do tomador do serviço no caso dos planos de medicina em grupo ou individual, de administração de fundos e carteira de clientes, de administração de consórcios, de administração de cartão de crédito ou débito e de arrendamento mercantil (leasing). Anteriormente, estipulava-se nesses casos a incidência do ISS no local do estabelecimento prestador do serviço, mas a nova sistemática legislativa modificou a incidência do tributo para o domicílio do tomador de serviços.

e) Ver STJ: RMS 46.170/MS-2014, REsp 1.330.737/SP-2015 e AREsp 654.401/SP. Ver STF: RE 651.703.

Em tempo, vale ressaltar que, em 2020, por meio da LC n.º 175/2020, outras alterações foram incluídas na redação do art. 3.º da LC n.º 116/2003, especialmente quanto às exceções nas quais o imposto será devido no local do domicílio do tomador (incisos XXIII, XIV e XV).

(2015/Objetiva/Prefeitura de Porto Barreiro-PR/Advogado) Em relação ao Sistema Tributário Municipal, marcar C para as afirmativas Certas, E para as Erradas e, após, assinalar a alternativa que apresenta a sequência CORRETA:

( ) O ISS quando "por homologação" tem como formato o próprio sujeito passivo, a cada fato gerador, calcular o montante do tributo devido e antecipar o pagamento, sem prévio exame da autoridade administrativa, cabendo a esta verificar a correção do procedimento.

( ) O ISS está sujeito ao princípio da legalidade e não está ao princípio da anterioridade, tendo em vista sua finalidade.

( ) O ISS tem como fato gerador a prestação de serviços constantes da lista prevista em lei própria, ainda que esses serviços não se constituam como atividade preponderante do prestador.

a) C – C – C.
b) E – E – C.
c) C – E – C.
d) E – C – E.

Resposta: C

Comentários: A primeira assertiva está correta conforme disposição legal do art. 150, CTN. A segunda assertiva está incorreta uma vez que o ISS está sujeito ao princípio da legalidade e ao princípio da anterioridade. Relativamente à terceira alternativa, correta, o fato gerador do ISS é a prestação de serviços constantes da lista anexa à LC n.º 116/2003, ainda que tais serviços não se constituam atividade preponderante do prestador.

(2015/Vunesp/TJSP/Juiz Substituto) Na cobrança do ISSQN sobre serviços bancários, é correto afirmar, com base nos atuais julgamentos do STJ, que

a) a lista de serviços previstos na legislação é taxativa e não admite outras inclusões.

b) a lista de serviços previstos na legislação é taxativa, porém, admite leitura extensiva para serviços idênticos embora com denominações distintas.

c) a lista de serviços previstos na legislação é exemplificativa, logo, admite outras inclusões.

d) a lista de serviços previstos na legislação para a atividade bancária tem tratamento específico porque os serviços bancários têm natureza genérica, sujeitos, portanto, como regra, ao pagamento daquele tributo.

Resposta: B

Comentários: Atenção para a Súmula n.º 424, STJ: É legítima a incidência de ISS sobre os serviços bancários congêneres da lista anexa ao DL n.º 406/1968 e à LC n.º 56/1987.

A lista de serviços, prevista no Decreto-lei n.º 406/1968 e na Lei Complementar n.º 116/2003, é taxativa, para efeito de incidência de ISS sobre serviços bancários, mas admite leitura extensiva de cada item a fim de enquadrar serviços idênticos aos expressamente previstos (STJ, REsp 1.111.234/PR).

15.3. ITBI – IMPOSTO SOBRE A TRANSMISSÃO *INTER VIVOS*, A QUALQUER TÍTULO, POR ATO ONEROSO, DE BENS IMÓVEIS, POR NATUREZA OU ACESSÃO FÍSICA, E DE DIREITOS REAIS SOBRE IMÓVEIS, EXCETO OS DE GARANTIA, BEM COMO CESSÃO DE DIREITOS A SUA AQUISIÇÃO (ARTS. 35 A 42 DO CTN; ART. 156, II, DA CF)

15.3.1. Competência e sujeito ativo

O ITBI (ou ITIV), um imposto de competência dos Municípios, está definido no art. 156, II, da CF, abaixo transcrito:

> Art. 156 da CF: "Compete aos Municípios instituir imposto sobre: (...) II – transmissões inter vivos, a qualquer título, por ato oneroso, de bens imóveis, por natureza ou acessão física, e de direitos reais sobre imóveis, exceto os de garantia, bem como cessão de direitos a sua aquisição; (...)."

Vale destacar que, com o advento da Constituição Federal de 1988, os Estados e o Distrito Federal ficaram com a competência para instituição e cobrança do tributo rela-

Cap. 15 – IMPOSTOS MUNICIPAIS EM ESPÉCIE **275**

tivo à transmissão *causa mortis* e por doação – o ITCMD (art. 155, I) –, restando aos Municípios a tributação sobre a transmissão *inter vivos* e de caráter *oneroso* de bens imóveis (art. 156, II). Portanto, com a separação de incidências, entende-se que o art. 35 do CTN foi derrogado, porquanto prevê regra com respaldo na Constituição anterior, que estabelecia a competência dos Estados para a instituição do imposto *inter vivos e causa mortis*.

(2015/CS-UFG/Prefeitura de Goiânia-GO/Procurador do Município) O "Imposto sobre transmissão *inter vivos*, a qualquer título, por ato oneroso, de bens imóveis", de competência dos Municípios,

- **a)** tem função exclusivamente extrafiscal.
- **b)** é independente do princípio da anterioridade nonagesimal.
- **c)** é devido no Município da situação do bem.
- **d)** incide nas transmissões em que figurem como adquirente a igreja de qualquer culto, de bens imóveis relacionados com suas finalidades essenciais.

Resposta: C
Comentários: Atenção para o preceito constitucional do art. 156, § 2.º, II:

"Art. 156. Compete aos Municípios instituir impostos sobre: (...)
II – transmissão *inter vivos*, a qualquer título, por ato oneroso, de bens imóveis, por natureza ou acessão física, e de direitos reais sobre imóveis, exceto os de garantia, bem como cessão de direitos a sua aquisição; (...)
§ 2.º O imposto previsto no inciso II: (...)
II – compete ao Município da situação do bem".

15.3.2. Sujeito passivo

O sujeito passivo do ITBI pode ser o adquirente ou o transmitente do bem imóvel. O art. 42 do CTN dispõe que qualquer das partes pode ser sujeito passivo do imposto.

15.3.3. Fato gerador

O fato gerador ocorre com a transmissão *inter vivos*, a qualquer título, por ato oneroso, de bens imóveis, por natureza ou acessão física, e de direitos reais sobre imóveis, exceto os de garantia, bem como cessão de direitos à sua aquisição (art. 156, II, da CF e art. 35 do CTN).

Assim, excluem-se da incidência do ITBI as hipóteses reais de garantia, como *anticrese, hipoteca e penhor*.

Devemos analisar, em tempo, os elementos espacial e temporal do fato gerador. Quanto ao elemento espacial, será o território do Município da situação do bem (art. 156, II e § 2.º, II, da CF); no tocante ao elemento temporal, será o momento da transmissão ou da cessão (art. 156, II, da CF; art. 35 do CTN).

15.3.4. Base de cálculo

A base de cálculo do ITBI é o valor venal dos bens imóveis transmitidos ou direitos reais cedidos. É o valor de mercado, não sendo importante o preço de venda constante da escritura. Em outras palavras, será o preço de venda, à vista, em condições normais de mercado, consoante doutrina pacífica e legislação (art. 156, II, da CF; art. 35 do CTN).

Caso o fisco não aceite o valor, caberá o arbitramento (art. 148 do CTN).

Ver STJ: REsp 1.099.480/MG-2014.

15.3.5. Alíquotas

Por ser imposto de natureza real, as alíquotas do ITBI são *proporcionais*, ou seja, incidem em percentagem única sobre as diversas bases de cálculo. Isso quer dizer que o ITBI não admite alíquotas *progressivas*, bem como, inexiste previsão constitucional permissiva, conforme entendimento majoritário na doutrina e jurisprudência. A propósito, o STF, com a edição da *Súmula n.º 656*, corroborou a tese de que a progressividade no ITBI é inconstitucional, uma vez detendo o imposto a natureza real e não podendo variar conforme a capacidade contributiva do contribuinte.

Ver STF: AgR no RE 542.485-2013.

15.3.6. Notas gerais

a) *O ITBI e o momento do fato gerador*: em que pese as divergências doutrinárias, é certo afirmar que o fato gerador do ITBI dar-se-á com o Registro Imobiliário do imóvel. Esse é o entendimento ratificado no STJ (REsp 12.546/RJ-1992);

b) *O ITBI e o usucapião*: a hipótese de usucapião não é passível de incidência de ITBI, haja vista tratar-se de modo originário de aquisição da propriedade, ou seja, o sujeito usucapiente será considerado o primeiro titular, não havendo transmissão por ausência de um alienante voluntário;

c) *O ITBI e a partilha de bens*: quanto à partilha de bens, deve-se considerar que somente incidirá o ITBI nas hipóteses em que ficar caracterizada a transmissão acima da meação ou quinhão. O excesso é que gera a tributação. Se oneroso, incidirá o ITBI; se gratuito, incidirá o ITCMD;

d) *O ITBI e a imunidade específica*: a Constituição Federal estabelece imunidades específicas ao ITBI. Note-as: não incidirá o imposto nos casos de transmissão de bens ou direitos incorporados ao patrimônio de pessoa jurídica em realização de capital, nem sobre a transmissão de bens ou direitos decorrentes de fusão, incorporação, cisão ou extinção de pessoa jurídica, salvo se, nesses casos, a atividade preponderante do adquirente for a compra e venda desses bens ou direitos, locação de bens imóveis ou arrendamento mercantil (art. 156, § 2.º, II, da CF). A *preponderância* existe se a atividade representar mais de 50% da receita operacional, nos dois anos anteriores e nos dois anos subsequentes (art. 37, § 1.º, do CTN);

e) *O ITBI e a promessa de venda*: a promessa particular de venda como um contrato preliminar à escritura pública (não assinada) de compra e alienação (contrato principal) não é objeto de incidência do ITBI, posto que é negócio não encerrado; portanto, simulado.

(2015/FAURGS/TJRS/Outorga de Delegação de Serviços Notariais e Registrais – Remoção) O imposto sobre a transmissão *inter vivos* (ITIV/ITBI) não incide sobre a transmissão de bens ou direitos

a) incorporados ao patrimônio de pessoa jurídica em realização de capital, nos termos da Constituição Federal.

b) decorrentes de fusão, incorporação, cisão ou extinção de pessoa jurídica, salvo se, nesses casos, a atividade preponderante do adquirente for apenas a compra e venda desses bens ou direitos e alocação de bens imóveis.

c) decorrentes de fusão, incorporação, cisão ou extinção de pessoa jurídica, salvo se, nesses casos, a atividade preponderante do adquirente for apenas a compra e venda desses bens.

d) decorrentes de fusão, incorporação, cisão ou extinção de pessoa jurídica, salvo se, nesses casos, a atividade preponderante do adquirente for apenas a locação de bens imóveis.

Resposta: A

Comentários: Trata-se do art. 156, § 2.º, I, da Constituição Federal: "O imposto previsto no inciso II: I – não incide sobre a transmissão de bens ou direitos incorporados ao patrimônio de pessoa jurídica em realização de capital, nem sobre a transmissão de bens ou direitos decorrente de fusão, incorporação, cisão ou extinção de pessoa jurídica, salvo se, nesses casos, a atividade preponderante do adquirente for a compra e venda desses bens ou direitos, locação de bens imóveis ou arrendamento mercantil".

Atenção para a expressão "apenas", constante nas demais alternativas.

15.4. QUADROS-SÍNTESE DO CAPÍTULO

IPTU – IMPOSTO SOBRE A PROPRIEDADE PREDIAL E TERRITORIAL URBANA	
Competência e Sujeito Ativo	Município.
Sujeito Passivo	Titulares de qualquer direito inerente à propriedade.
Fato Gerador	A propriedade, o domínio útil ou a posse de bem imóvel, que esteja localizado em zona urbana do Município.
Base de Cálculo	Valor venal do imóvel.

Alíquotas	Alíquotas progressivas: – fiscal; – extrafiscal. Súmula n.º 668 do STF: "É inconstitucional a lei municipal que tenha estabelecido, antes da EC n.º 29/2000, alíquotas progressivas para o IPTU, salvo se destinada a assegurar o cumprimento da função social da propriedade urbana".

ISS – IMPOSTO SOBRE SERVIÇOS DE QUALQUER NATUREZA	
Competência e Sujeito Ativo	Município.
Sujeito Passivo	Prestadores de serviços, empresa ou profissional autônomo, com ou sem estabelecimento fixo.
Fato Gerador	Efetiva prestação remunerada dos serviços discriminados na lista anexa à LC n.º 116/2003 (alterada pela LC nº 157/2016), composta de, aproximadamente, 230 serviços, distribuídos em 40 itens. Obs.: se o serviço for gratuito, não ocorrerá o fato gerador do ISS.
Base de Cálculo	Valor bruto do preço do serviço.
Alíquotas	Os Municípios podem, por meio de leis ordinárias municipais, fixar suas próprias alíquotas, devendo, no entanto, respeitar as alíquotas máximas e mínimas do ISS, estabelecidas por intermédio da edição de lei complementar, em conformidade com o art. 156, § 3.º, I, da CF. A Lei Complementar n.º 157/2016, através da inclusão do art. 8.º-A na LC n.º 116/2003, fixou em 2% a alíquota mínima do imposto. A alíquota máxima é de 5% (art. 8.º, LC n.º 116/2003).

ITBI – IMPOSTO SOBRE A TRANSMISSÃO INTER VIVOS, A QUALQUER TÍTULO, POR ATO ONEROSO, DE BENS IMÓVEIS, POR NATUREZA OU ACESSÃO FÍSICA E DE DIREITOS REAIS SOBRE IMÓVEIS, EXCETO OS DE GARANTIA, BEM COMO CESSÃO DE DIREITOS A SUA AQUISIÇÃO	
Competência e Sujeito Ativo	Municípios.
Sujeito Passivo	O adquirente ou o transmitente do bem imóvel.
Fato Gerador	Transmissão *inter vivos*, a qualquer título, por ato oneroso, de bens imóveis, por natureza ou acessão física, e de direitos reais sobre imóveis, exceto os de garantia, bem como cessão de direitos à sua aquisição. Obs.: excluem-se da incidência do ITBI as hipóteses reais de garantia, como *anticrese, hipoteca e penhor*.
Base de Cálculo	Valor venal dos bens imóveis transmitidos ou direitos reais cedidos.
Alíquotas	São *proporcionais*, ou seja, incidem em percentagem única sobre as diversas bases de cálculo. Obs.: não admite alíquotas progressivas.

15.5. QUESTÕES

1) (2019/Cespe/TJ-DFT/Titular de Serviços de Notas e de Registros) Proprietário de imóvel situado no Distrito Federal solicitou a um tabelião de notas a formalização de transmissão de direito real, com o exclusivo propósito

Cap. 15 – IMPOSTOS MUNICIPAIS EM ESPÉCIE **279**

de instituir garantia sobre o referido bem em decorrência de empréstimo que havia realizado na condição de mutuário.

Nessa situação, em relação à incidência do ITBI, o notário

a) não deverá exigir comprovação de pagamento desse tributo, pois não há incidência de ITBI nesse caso.

b) não deverá exigir comprovação de pagamento desse tributo, pois a responsabilidade tributária cabe apenas a cartório de registro de imóveis.

c) deverá exigir comprovação de pagamento desse tributo, embora o notário não possua qualquer responsabilidade em caso de descumprimento da obrigação tributária.

d) deverá exigir comprovação de pagamento desse tributo, sob pena de ter responsabilidade solidária com o cartório de registro de imóveis.

e) deverá exigir comprovação de pagamento desse tributo, sob pena de ter responsabilidade subsidiária com o cartório de registro de imóveis.

Resposta: A

2) **(2019/Ieses/TJ-SC/Titular de Serviços de Notas e de Registros) Os impostos constituem tributos de grande importância arrecadatória. Com relação aos impostos em vigor no sistema tributário brasileiro, assinale a alternativa INCORRETA:**

a) A base de cálculo do IPTU, segundo o Código Tributário Nacional, é o valor venal do imóvel.

b) O ITR é imposto de competência da União.

c) O ITBI tem como fato gerador a propriedade, o domínio útil ou a posse de bem imóvel por natureza ou por acessão física, como definido na lei civil, localizado na zona urbana do Município.

d) A doação de bens e direitos constitui fato gerador do ITCMD.

Resposta: C

3) **(2018/FCC/ Prefeitura de São Luís-MA/Auditor Fiscal de Tributos) Relativamente ao Imposto sobre a Propriedade Territorial Rural (ITR), compete à União instituí-lo (art. 153, *caput*, inciso VI). De acordo com a Constituição Federal, ainda, e desde que não implique redução deste imposto ou qualquer outra forma de renúncia fiscal, o ITR poderá ser, na forma da lei,**

a) instituído, fiscalizado e cobrado pelos Municípios que assim optarem.

b) instituído pelos Municípios que assim optarem.

c) fiscalizado e cobrado pelos Municípios que assim optarem.

d) cobrado pelos Estados e pelos Municípios que assim optarem, de forma proporcional.

e) fiscalizado, concorrentemente, pela União, pelos Estados e pelos Municípios que assim optarem.

Resposta: C

DIREITO TRIBUTÁRIO ESSENCIAL – *Eduardo Sabbag*

4) **(2018/FCC/Prefeitura de São Luís-MA/Auditor Fiscal de Tributos) Um contribuinte do ISSQN deixou de efetuar o lançamento do tributo por homologação, conforme determinava a lei do Município em relação ao qual ele era o sujeito passivo. A autoridade fiscal que realizou os trabalhos de fiscalização, que culminaram com a apuração dessa irregularidade, constatou que o referido contribuinte agiu dolosamente, com a nítida intenção de sonegar o tributo. De acordo com o Código Tributário Nacional, a autoridade administrativa municipal terá um prazo**

a) decadencial, de cinco anos, para efetuar o lançamento do imposto devido, contado do primeiro dia do exercício seguinte àquele em que o lançamento puder ser efetuado.

b) prescricional, de dois anos, para efetuar a cobrança do imposto devido, contado da data em que se comprovou a sonegação.

c) de homologação tácita da atividade de autolançamento, por decurso de prazo, contado da data da ocorrência do fato gerador.

d) revisional, de um ano, para efetuar o lançamento do imposto devido, contado da data em que se comprovou a sonegação.

e) prescricional, de 48 meses, para efetuar a cobrança do imposto devido, contado da data em que se comprovou a sonegação.

Resposta: A

5) **(2018/Vunesp/PauliPrev-SP/Procurador Autárquico) A Prefeitura do Município X está interessada em realizar obras públicas destinadas ao asfaltamento de vias urbanas. Caso as obras sejam concluídas, é razoável esperar a valorização dos imóveis situados nas vias asfaltadas. Contudo, a Prefeitura não detém os recursos necessários à realização da obra, tampouco considera justo com os moradores de vias não beneficiadas o recurso a um aumento geral de impostos na cidade ou a realização de uma operação de crédito, com o propósito de custear as referidas obras.**

Nesse contexto específico, julgue as afirmações a seguir e assinale a alternativa correta.

a) O Município poderia financiar as obras por meio de uma elevação da base de cálculo do imposto sobre propriedade territorial urbana (IPTU) dos imóveis situados na região que se beneficiará das obras, antecipando a valorização que é esperada no valor venal desses imóveis.

b) O Município poderia emitir títulos públicos de subscrição obrigatória pelos proprietários dos imóveis situados na região beneficiada, na forma de empréstimo compulsório, o qual viria a ser posteriormente quitado com a elevação da arrecadação do imposto sobre propriedade territorial urbana (IPTU) devido à valorização dos imóveis.

c) O Município poderia se valer da cobrança de contribuição de melhoria, tendo como limite total a despesa realizada com as obras de asfaltamento, e, como limite individual, o acréscimo de valor que da obra resultar para cada imóvel beneficiado.

Cap. 15 – IMPOSTOS MUNICIPAIS EM ESPÉCIE **281**

d) O Município poderia financiar as obras por meio da cobrança do imposto sobre transmissão de bens imóveis (ITBI) situados na região de interesse, vinculando, mediante lei, a cobrança de tal imposto a fundo público especial de obras de asfaltamento.

e) O Município poderia se valer da cobrança de contribuição de melhoria, tendo como limite total a despesa realizada com as obras de asfaltamento e como limite individual o valor proporcional da obra em relação ao valor de cada imóvel.

Resposta: C

6) **(2018/Vunesp/TJ-SP/Titular de Serviços de Notas e de Registros) Para fins de instituição e cobrança do imposto sobre a propriedade predial e territorial urbana – IPTU, o Código Tributário Nacional exige a implementação por parte do Poder Público Municipal de, pelo menos, dois melhoramentos ali elencados.**

Assinale a alternativa que contém 02 (dois) melhoramentos previstos no CTN.

a) Meio-fio ou calçamento, com ou sem canalização de águas pluviais, e abastecimento de água.

b) Sistemas de esgotos sanitários e rede de iluminação pública, com ou sem posteamento para distribuição familiar.

c) Sistema de esgotos sanitários e escola primária a uma distância mínima de 05 (cinco) quilômetros do imóvel considerado.

d) Abastecimento de água e posto de saúde a uma distância mínima de 10 (dez) quilômetros do imóvel considerado.

Resposta: B

7) **(2018/Nucepe/PC-PI/Delegado de Polícia Civil) Considerando o previsto na Constituição Federal, bem como a jurisprudência do Supremo Tribunal Federal, assinale a alternativa CORRETA.**

a) A imunidade recíproca reconhecida constitucionalmente às entidades políticas não pode ser reconhecida às empresas públicas e às sociedades de economia mista, sejam quais forem as finalidades a que se dedicarem tais entidades.

b) Norma legal que altera o prazo de recolhimento da obrigação tributária se sujeita ao princípio da anterioridade, por se tratar de verdadeira garantia reconhecida ao sujeito passivo da obrigação.

c) De acordo com o expressamente previsto na Constituição Federal, os requisitos para o gozo da imunidade devem estar previstos em lei ordinária específica de cada ente político.

d) Entidade de assistência social, sem fins lucrativos, que aluga imóvel a terceiros, não deixa de ser imune ao IPTU, desde que o valor dos aluguéis seja aplicado nas atividades para as quais tais entidades foram constituídas.

e) É vedado o protesto das certidões de dívida ativa, constituindo mecanismo inconstitucional e ilegítimo por restringir de forma desproporcional direitos fundamentais garantidos aos contribuintes e, assim, constituir sanção política.

Resposta: D

DIREITO TRIBUTÁRIO ESSENCIAL – *Eduardo Sabbag*

8) **(2018/Ieses/TJ-CE/Titular de Serviços de Notas e de Registros) Determinada prestação de serviços não declarada pelo contribuinte foi objeto de fiscalização, com a competente lavratura de notificação de lançamento de ISS, apurando-se o valor histórico do tributo em R$ 6.250,00 e aplicando-se multa de 500% sobre o valor do tributo. Considerando a situação exposta e que a base de cálculo utilizada foi de R$ 125.000,00, assinale a alternativa correta.**

   a) A não declaração do imposto a recolher por parte do contribuinte impediu o início da contagem do prazo decadencial para constituição do crédito tributário.

   b) O ISS é tributo sujeito ao lançamento por declaração.

   c) A alíquota aplicada para apuração do tributo desrespeita o limite máximo expresso no CTN.

   d) O princípio do não confisco, em que pese previsto apenas em relação aos tributos, pode ser utilizado como argumento para afastar judicialmente a multa aplicada.

   Resposta: D

9) **(2018/Ieses/TJ-CE/Titular de Serviços de Notas e de Registros) Nos termos do Código Tributário Nacional, assinale a alternativa correta sobre o Imposto sobre a Propriedade Predial e Territorial Urbana – IPTU:**

   a) Não poderá ter alíquotas diferentes de acordo com a localização e o uso do imóvel.

   b) A base do cálculo do imposto é o valor de mercado do imóvel.

   c) Contribuinte do imposto é sempre o proprietário do imóvel.

   d) Tem como fato gerador a propriedade, o domínio útil ou a posse de bem imóvel localizado na zona urbana do Município.

   Resposta: D

10) **(2018/Ieses/TJ-CE/Titular de Serviços de Notas e de Registros) Considerando a legislação complementar acerca do Imposto Sobre Serviços – ISS, especialmente a Lei Complementar nº 116/2003, assinale a alternativa INCORRETA:**

   a) A base de cálculo do imposto é o preço do serviço, sendo que na execução por empreitada de obras de construção civil considera-se na base de cálculo inclusive o valor dos materiais fornecidos pelo prestador de serviços.

   b) Não incide sobre as exportações de serviços para o exterior do País.

   c) O serviço considera-se prestado, e o imposto, devido, no local do estabelecimento prestador ou, na falta do estabelecimento, no local do domicílio do prestador, exceto nas hipóteses previstas nos incisos do art. 3º da LC nº 116/2003.

   d) A alíquota mínima do Imposto sobre Serviços é de 2% (dois por cento).

   Resposta: A

Impostos Estaduais em Espécie

16.1. ICMS – IMPOSTO SOBRE OPERAÇÕES RELATIVAS À CIRCULAÇÃO DE MERCADORIAS E SOBRE PRESTAÇÃO DE SERVIÇOS DE TRANSPORTE INTERESTADUAL E INTERMUNICIPAL E DE COMUNICAÇÃO (ART. 155, II, DA CF; LC N.º 87/1996)

16.1.1. Competência e sujeito ativo

Conforme o art. 155 da CF, a instituição do ICMS é de competência dos Estados e do Distrito Federal.

É *imposto plurifásico*, por incidir sobre o valor agregado (obedecendo-se ao princípio constitucional da não cumulatividade); um *imposto real*, por ter como base de cálculo o bem, não relevando as condições da pessoa; e *imposto proporcional*, por não comportar alíquotas progressivas.

Possui também caráter eminentemente fiscal, conquanto sua faceta seletiva possa lhe revestir de uma certa dose de extrafiscalidade.

Criado pela EC n.º 18/1965, o ICMS está detalhado em um significativo tratamento constitucional (art. 155, § 2.º, I a XII, da CF), além do disciplinamento constante da Lei Complementar n.º 87/1996, que esmiúça suas normas gerais, devendo ser observada com relação aos preceitos que não contradigam a Carta Magna.

16.1.2. Sujeito passivo

Conforme a LC n.º 87/1996, os sujeitos passivos do ICMS serão:

a) as pessoas que pratiquem operações relativas à circulação de mercadorias;
b) os prestadores de serviços de transporte interestadual e intermunicipal;
c) os importadores de bens de qualquer natureza;
d) os prestadores de serviços de comunicação.

É possível o responsável tributário figurar como sujeito passivo, quando a lei assim determinar, mesmo que não tenha realizado o fato gerador (art. 121, parágrafo único, II, do CTN).

A propósito, com relação ao ICMS, o texto constitucional, em seu art. 150, § 7.º, permite o fenômeno da *substituição tributária progressiva* (ou "para frente"), em que um terceiro é escolhido para recolher o tributo antes da ocorrência do fato gerador. Exemplo: veículo produzido na indústria automobilística, ao seguir em direção à concessionária, já está com o ICMS, relativamente à venda futura, devidamente recolhido. O fato gerador ocorrerá, presumível e posteriormente (com a venda), mas o tributo já está recolhido aos cofres públicos. O fenômeno, como é sabido, sofre severas críticas da doutrina.

Entretanto, no contexto do ICMS é comum a *substituição tributária regressiva* (ou "para trás"), quando o fato gerador ocorre antes do pagamento do tributo. Nesse caso, posterga-se a recolha do tributo, dando-se ensejo ao fenômeno conhecido por "diferimento". Aqui, o recolhimento do tributo ocorre em momento posterior à ocorrência do fato gerador. Este conceito está presente no âmbito do ICMS, de modo que o pagamento ocorra pelo contribuinte de fato, e não pelo contribuinte de direito.

Em outras palavras, o fenômeno lastreia-se na conveniência do Fisco, que entende haver no responsável tributário maior aptidão a recolher do ICMS, mesmo que ele não tenha realizado o fato gerador. Exemplo: produtor de leite cru que distribui seu produto para empresa de laticínio. Esta deve recolher o imposto no lugar daquele. O fato gerador ocorre quando o produto sai da fazenda, porém o recolhimento se dá "na frente" (no laticínio), diferindo-se o pagamento.

(2017/Cespe/Prefeitura de Fortaleza-CE/Procurador do Município) Julgue o item a seguir, em relação aos impostos discriminados na CF.

O sujeito passivo do ICMS não pode, ainda que de boa-fé, aproveitar os créditos decorrentes de nota fiscal posteriormente declarada inidônea e emitida em virtude de efetiva concretização do negócio jurídico de compra e venda.

Resposta: Errado

Comentários: Súmula 509 STJ: É lícito ao comerciante de boa-fé aproveitar os créditos do ICMS decorrentes de nota fiscal posteriormente declarada inidônea, quando demonstrada a veracidade da compra e venda.

16.1.3. Fato gerador

A base nuclear do fato gerador é a circulação de mercadoria ou prestação de serviços interestadual ou intermunicipal de transporte e de comunicação, ainda que iniciados no exterior, cujo fato gerador pode ser, conforme o art. 155, II, da CF:

a) a circulação de mercadorias;

b) a prestação de serviço de transporte interestadual ou intermunicipal;

c) a prestação de serviço de comunicação.

Segundo entendimento doutrinário, existem, na verdade, quatro impostos definidos na outorga de competência do art. 155, II, da CF, a saber:

a) um imposto sobre circulação de mercadorias;

Cap. 16 – IMPOSTOS ESTADUAIS EM ESPÉCIE

b) um imposto sobre serviços de transportes interestaduais ou intermunicipais e de comunicação;

c) um imposto sobre a produção, importação, circulação, distribuição e consumo de combustíveis líquidos ou gasosos e energia elétrica;

d) um imposto sobre extração, importação, circulação, distribuição e consumo de minerais.

16.1.3.1. Circulação de mercadorias

O fato gerador, conforme descrito na Carta Magna, é referente a operações de "circulação de mercadorias", ou seja, quaisquer atos ou negócios, independentemente de sua natureza jurídica, que impliquem o trajeto da mercadoria desde sua produção até o consumo.

Define-se *circulação* como a mudança de titularidade jurídica do bem. A movimentação física do bem não se traduz em circulação, propriamente dita. Cite-se, como exemplo, a saída de bens para mostruário. Nessa hipótese, não incide o ICMS, pois não houve mudança de titularidade.

Nessa toada, o conceito de "mercadoria" deve ser assimilado, a fim de que se tenha o correto entendimento do fato gerador do ICMS: "mercadoria" vem do latim *merx, i.e.,* "coisa que se constitui objeto de uma venda".

A Constituição Federal define, de forma implícita, o vocábulo "mercadoria", em seu sentido estrito, englobando no termo as ideias de "produto" e "intenção de mercancia", assim devendo ser ele entendido para a constituição do fato gerador do ICMS.

O intuito de mercancia decorre da habitualidade ou volume típico de comércio na aquisição do bem.

Nessa medida, as coisas que um empresário adquire para uso ou consumo próprio não são "mercadorias", pois não há intenção de venda ou revenda com essa aquisição.

Conforme a doutrina e a jurisprudência do STF, o ICMS não deveria incidir sobre a importação de bens para uso do importador, à luz do conceito de mercadoria já discutido anteriormente. Entretanto, após a introdução da EC n.º 23/1983, passou a haver incidência do ICMS sobre os bens citados, não obstante a Emenda citada não ter alterado o conceito de mercadoria. A LC n.º 87/1996 e a Constituição Federal de 1988 seguiram a mesma trilha. Por fim, a EC n.º 33/2001 ampliou a incidência para quaisquer pessoas físicas ou jurídicas, mesmo que estas não sejam contribuintes habituais do tributo.

Por derradeiro, relevante citar as situações em que o ICMS não deve incidir:

a) sobre coisas corpóreas que não configurem mercadoria, ou seja, bens de particulares;

b) na alienação de bens do ativo fixo ou imobilizado. *Note a jurisprudência no STF:*"A venda de bens do ativo fixo da empresa não se enquadra na hipótese de incidência determinada pelo art. 155, I, *b,* (*sic*) da Carta Federal, tendo em vista que, em tal situação, inexiste circulação no sentido jurídico-tributário: os bens não se ajustam ao conceito de mercadorias e as operações não são efetuadas com habitualidade" (STF, RE 194.300-9/SP, 1.ª T., j. 29.04.1997, v.u., rel. Min. Ilmar Galvão, *DJU* 12.09.1997, p. 43.737);

c) na simples transferência de mercadoria de um estabelecimento para outro da mesma empresa (Súmula 166 do STJ);

d) nos casos de remessas de mercadorias para demonstração e/ou consignação;

e) nos casos de integralização de bens (máquinas, equipamentos, veículos etc.) pela pessoa jurídica para a constituição ou ampliação de uma outra empresa (mero negócio societário);

f) nos casos de mudança integral do estabelecimento da pessoa jurídica, com a mudança do seu patrimônio para outro local.

16.1.3.2. *Serviços de transporte interestadual e intermunicipal*

O fato gerador do ICMS é a prestação do serviço de transporte intermunicipal (entre municípios de um mesmo Estado) ou interestadual (de um Estado para outro). Excluem-se dessa hipótese de incidência os serviços de transporte dentro de um mesmo município, que são sujeitos ao ISS.

Com relação à expressão "ainda que a as prestações se iniciem no exterior", as mesmas condições acima são aplicáveis.

É necessário atentar para o fator de que as prestações de serviço deverão ter caráter oneroso, pois prestações gratuitas não são passíveis de geração de incidência. Assim, nos transportes de carga própria, entende o STJ que o valor do transporte está incluso no valor dos bens, portanto a hipótese de incidência abrange este tipo de transporte.

No caso de transporte de mercadorias em parcelas, o fato gerador ocorre na data da saída do primeiro componente do bem.

Finalmente, quanto ao local do recolhimento do imposto, diz-se que o tributo será recolhido no local em que se inicia a prestação do serviço de transporte, valendo, assim, a regra geral. Exemplo: empresa de transporte de carga, com sede em Minas Gerais, é contratada para transporte de mercadorias de uma fábrica no Rio de Janeiro com destino a um estabelecimento situado no Paraná. O ICMS será recolhido para o Estado do Rio de Janeiro, onde o transporte se iniciou.

Ver STF: Ação Direta de Inconstitucionalidade n.º 2.669/DF-2014.

16.1.3.3. *Serviços de comunicação*

As prestações de serviços de comunicação, mesmo que iniciadas no exterior, estão sujeitas à incidência de ICMS.

A LC n.º 87/1996 estabelece os detalhes da incidência em seu art. 2.º, III: "prestações onerosas de serviços de comunicação, por qualquer meio, inclusive a geração, a emissão, a recepção, a transmissão, a retransmissão, a repetição e a ampliação de comunicação de qualquer natureza".

Portanto, todos os serviços de comunicação definidos na LC n.º 87/1996 poderão estar sujeitos ao ICMS, desde que tal definição esteja contida na lei estadual ou distrital, conforme os princípios da legalidade e da tipicidade fechada.

Ver STJ: Súmula n.º 334, Súmula n.º 350, RE 572.020/DF-2014, REsp 1.497.364/ GO-2015 e REsp 1.308.698/SP.

16.1.4. Base de cálculo

A base de cálculo do ICMS será:

a) no caso de *operação de circulação de mercadoria*: o valor da operação;
b) no caso de serviço de transporte ou comunicação: o preço do serviço;
c) no caso de *importação de bens*: o valor da mercadoria ou bem importado, acrescido do IPI, IOF, II e das despesas aduaneiras.

(2015/FCC/TJRR/Juiz Substituto) O ICMS é imposto de competência estadual. Não obstante isso, a Constituição Federal estabelece que determinadas matérias deverão ser disciplinadas por meio de lei complementar federal. Assim, dentre as matérias que devem ser necessariamente disciplinadas por meio de lei complementar, encontram-se:

a) A disciplina relativa à substituição tributária; a regulação da forma como, mediante deliberação dos Estados e do Distrito Federal, isenções, incentivos e benefícios fiscais serão concedidos e revogados; a fixação de suas alíquotas, observados os limites estabelecidos pela Constituição Federal.
b) A fixação de sua base de cálculo, de modo que o montante do imposto a integre, também na importação do exterior de bem, mercadoria ou serviço; a definição de seus contribuintes; a disciplina do regime de compensação do imposto.
c) A fixação, para efeito de sua cobrança e definição do estabelecimento responsável, do local das operações relativas à circulação de mercadorias e das prestações de serviços; a fixação de sua base de cálculo; a fixação das datas e prazos para o seu pagamento.
d) Previsão dos casos de manutenção de crédito, relativamente à remessa para outro Estado e exportação para o exterior, de serviços e de mercadorias; a fixação do percentual de juros de mora incidentes sobre o crédito tributário não pago na data fixada na legislação; a definição das infrações e as respectivas cominações de penalidades para as infrações à sua legislação.
e) A fixação das alíquotas interestaduais; a fixação das regras de fiscalização do responsável por substituição tributária, nas operações e prestações interestaduais; a disciplina do regime de compensação do imposto.

Resposta: B

Comentários: Acompanhe o dispositivo constitucional:

Art. 155, § 2º, "XII – cabe à lei complementar:
a) definir seus contribuintes;
b) dispor sobre substituição tributária;

c) disciplinar o regime de compensação do imposto;

d) fixar, para efeito de sua cobrança e definição do estabelecimento responsável, o local das operações relativas à circulação de mercadorias e das prestações de serviços;

e) excluir da incidência do imposto, nas exportações para o exterior, serviços e outros produtos além dos mencionados no inciso X, 'a';

f) prever casos de manutenção de crédito, relativamente à remessa para outro Estado e exportação para o exterior, de serviços e de mercadorias;

g) regular a forma como, mediante deliberação dos Estados e do Distrito Federal, isenções, incentivos e benefícios fiscais serão concedidos e revogados.

h) definir os combustíveis e lubrificantes sobre os quais o imposto incidirá uma única vez, qualquer que seja a sua finalidade, hipótese em que não se aplicará o disposto no inciso X, *b*;

i) fixar a base de cálculo, de modo que o montante do imposto a integre, também na importação do exterior de bem, mercadoria ou serviço".

16.1.5. Alíquotas

As alíquotas do ICMS são distintas para diferentes produtos, admitindo-se a *seletividade* do imposto em função da essencialidade das mercadorias e dos serviços, consoante art. 155, § 2.º, III, da CF.

Segundo a Resolução n.º 22/1989 do Senado Federal, temos dois tipos de alíquotas para o ICMS: as *internas* – fixadas livremente pelos Estados e com valor normalmente entre 17% ou 18% – e as *interestaduais*.

As alíquotas interestaduais estão assim fixadas pela referida Resolução, conforme os critérios abaixo mencionados:

a) operações realizadas nas regiões Sul e Sudeste com destinação de mercadorias ou serviços a contribuintes das regiões Norte, Nordeste e Centro-Oeste e para o Espírito Santo: 7%;

b) operações com mercadorias ou serviços com destino às regiões Sul ou Sudeste: 12%;

c) operações de importação: 17% ou 18%.

Cabe ao Senado Federal, facultativamente, fixar alíquotas mínimas ou máximas por meio de Resolução. Na ausência de tal resolução, cada Estado poderá estabelecê-las dentro de sua respectiva competência.

O art. 155, § 2.º, no seu inc. VI e na alínea *b* do inc. V, traz os dispositivos destinados a inibir a "guerra fiscal" entre os Estados.

Relativamente às operações e prestações interestaduais, salienta-se que, em 17 de abril de 2015, foi publicada a Emenda Constitucional n.º 87 (cognominada de Emenda do Comércio Eletrônico), a qual trouxe relevantes alterações na cobrança do

ICMS nas operações interestaduais (vendas de mercadorias e prestações de serviços) destinadas a consumidores finais não contribuintes do imposto. Sua aplicabilidade ocorreu a partir de 1.º de janeiro de 2016, em função do princípio da anterioridade tributária.

Após a EC n.º 87/2015, o texto constitucional preceituou:

> "Art. 155. (...) § 2.º O imposto previsto no inciso II atenderá ao seguinte: (...)
>
> VII – nas operações e prestações que destinem bens e serviços a consumidor final, contribuinte ou não do imposto, localizado em outro Estado, adotar-se-á a alíquota interestadual e caberá ao Estado de localização do destinatário o imposto correspondente à diferença entre a alíquota interna do Estado destinatário e a alíquota interestadual;
>
> a) (revogada);
>
> b) (revogada);
>
> VIII – a responsabilidade pelo recolhimento do imposto correspondente à diferença entre a alíquota interna e a interestadual de que trata o inciso VII será atribuída:
>
> a) ao destinatário, quando este for contribuinte do imposto;
>
> b) ao remetente, quando o destinatário não for contribuinte do imposto."

16.1.6. Notas gerais

a) Princípio constitucional impositivo (não cumulatividade)

Regulado pelo art. 19 da LC n.º 87/1996, este princípio estabelece que a cobrança de ICMS não será cumulativa, ou seja, o imposto somente recairá sobre o valor agregado em cada fase da circulação ou prestação, estando assim impedido o efeito cascata, ocasionado pela cobrança de imposto sobre imposto.

Juridicamente, o ICMS atua por compensação financeira, em que somente descritivamente se compensam créditos e débitos. Esse mecanismo é conhecido como *tax on tax*, porquanto do débito gerado na saída abate-se o crédito cobrado na entrada, diferentemente do sistema *tax on base*, em que se compensam as incidências anteriores, comparando-se as bases de cálculo.

(2015/Cespe/CGE-PI/Auditor Governamental) Aos Estados e ao DF é atribuída competência para instituir o imposto sobre operações relativas à circulação de mercadorias e sobre prestações de serviços de transporte interestadual e intermunicipal e de comunicação (ICMS). Em relação a esse imposto, julgue o item subsequente.

O uso do montante devido de ICMS como elemento da base de cálculo do tributo, procedimento denominado de cálculo por dentro, é prática considerada inconstitucional.

Resposta: Errado

Comentários: Art. 155, § 2º: "O imposto previsto no inciso II (ICMS) atenderá ao seguinte:

I – será não cumulativo, compensando-se o que for devido em cada operação relativa à circulação de mercadorias ou prestação de serviços com o montante cobrado nas anteriores pelo mesmo ou outro Estado ou pelo Distrito Federal".

b) A não cumulatividade em isenções e não incidências

O art. 155, § 2.º, II, da CF dispõe que a isenção ou a não incidência não implicará crédito para compensação com o montante devido nas operações seguintes e acarretará a anulação do crédito relativo às operações anteriores, salvo determinação em contrário da legislação.

Tomemos, como exemplo, um comerciante A que vende uma mercadoria para B por R$ 1.000,00, numa operação isenta de ICMS. Na segunda operação, B vende para C por R$ 1.300,00, com incidência de 10%. Estes 10% incidirão sobre R$ 1.300,00, pois a isenção não implica crédito para compensação com o devido, conforme explicação no parágrafo anterior.

Outro exemplo:

Comerciante A vende para B por R$ 1.000,00, com incidência de 10%. Na segunda operação B vende para C por R$ 1.300,00, numa operação isenta de ICMS. O ICMS devido será somente os 10% de R$ 1.000,00, pois a isenção na operação posterior provoca anulação do crédito relativo às operações anteriores.

Ver STF: RE 635.688-2014.

c) Princípio constitucional orientador da seletividade

Por este princípio, estipulam-se alíquotas diferenciadas para determinados produtos ou serviços em função de sua essencialidade. Este princípio não tem caráter impositivo, mas somente orientador.

O texto constitucional prevê que o ICMS será seletivo, conforme a dicção do inc. III do § 2.º do art. 155 da CF.

(2015/Cespe/CGE-PI/Auditor Governamental) Aos Estados e ao DF é atribuída competência para instituir o imposto sobre operações relativas à circulação de mercadorias e sobre prestações de serviços de transporte interestadual e intermunicipal e de comunicação (ICMS). Em relação a esse imposto, julgue o item subsequente.

O ICMS pode ser seletivo em função da essencialidade das mercadorias e dos serviços ofertados em um Estado ou no DF.

Resposta: Certo

Comentários: Art. 155, § 2.º, da CF: "O imposto previsto no inciso II (ICMS) atenderá ao seguinte: (...) III – poderá ser seletivo, em função da essencialidade das mercadorias e dos serviços".

Cap. 16 – IMPOSTOS ESTADUAIS EM ESPÉCIE

d) Não incidência – ICMS

O art. 155 da CF, em § 2.º, inc. X, alíneas *a*, *b*, *c* e *d*, contém as hipóteses de não incidência do ICMS, podendo ser bem rotuladas de "imunidades específicas" para o ICMS.

A alínea *a* estabelece a não incidência nas operações que destinem mercadorias para o exterior e nas prestações de serviços a destinatário no exterior, assegurando-se a manutenção e o aproveitamento do montante do imposto cobrado nas operações e prestações anteriores. Esta desoneração abrangente passou a vigorar a partir da EC n.º 42/2003, já que antes havia incidência sobre produtos considerados "semielaborados".

No caso de operações interestaduais com circulação de petróleo (e derivados) e de energia elétrica, a alínea *b* do citado artigo estabelece a não incidência, com o intuito de equilibrar o federalismo fiscal, já que as fontes produtoras estão situadas em poucos Estados, que seriam desequilibradamente beneficiados, caso esses bens fossem tributados. Note que esta não incidência somente se dará quando os bens forem destinados à industrialização ou à comercialização, conforme o art. 3.º, II, da LC n.º 87/1996. Fora dessas condições, o imposto será recolhido ao Estado do adquirente.

A alínea *c* estabelece que o "ouro", quando definido em lei da União como ativo financeiro ou instrumento cambial, sujeitar-se-á somente ao IOF. Caso não seja considerado nas formas descritas, será considerado como mercadoria e, portanto, sujeito ao ICMS.

Por fim, a alínea *d* prevê uma não incidência nas prestações de serviço de comunicação nas modalidades de radiodifusão sonora e de sons e imagens de recepção livre e gratuita. Tal disposição desonerativa foi inserida pela EC n.º 42/2003.

Súmula Vinculante 48 do STF: "Na entrada de mercadoria importada do exterior, é legítima a cobrança do ICMS por ocasião do desembaraço aduaneiro".

Ver STF: RE 635.688-2014, RE 477.323-2014.

e) Imunidade ao software

As operações de licenciamento ou cessão de direito de uso de *softwares*, segundo entendimento do STF, não se constituem como bem físico, portanto não haverá incidência de ICMS. Tal regra não se aplica a *softwares* comercializados no varejo, conhecidos como *off the shelf*.

Nos casos de *softwares* comercializados sob encomenda, haverá a incidência de ISS, conforme a LC n.º 116/2003.

f) IPI na base de cálculo do ICMS

O comando previsto no art. 155, § 2.º, XI, da CF dispõe que o IPI não integrará a base de cálculo do ICMS quando a operação, configurando fato gerador dos dois impostos, for realizada entre contribuintes e referir-se a produto destinado à industrialização ou à comercialização. Observe que há a necessidade de cumprimento dos três requisitos, simultaneamente.

Citemos, como exemplo, uma indústria que vende um determinado produto por R$ 1.000,00 e alíquota de IPI de 10%, gerando uma nota fiscal de R$ 1.100,00. Se tal produto for vendido para outra indústria (portanto, entre contribuintes), com uma alíquota de ICMS de 20%, teremos incidência de ICMS somente sobre os R$ 1.000,00 (20% de R$ 1.000,00 = R$ 200,00). Caso a primeira indústria venda o produto para um consumidor final (portanto, entre contribuinte e não contribuinte), o ICMS incidirá sobre os R$ 1.100,00 (valor do produto + IPI).

Calculando:	
Valor do Produto	1.000,00
IPI	100,00
Total da Nota Fiscal	1.100,00
ICMS	**200,00**

g) Lei complementar especial: competência

O art. 155, § 2.º, XII, da CF estabelece a necessidade de lei complementar para a definição de vários aspectos afetos ao ICMS, o que foi realizado pela LC n.º 87/1996, a saber:

a) contribuintes – art. 4.º da LC n.º 87/1996;
b) substituição tributária – arts. 6.º a 10 da LC n.º 87/1996;
c) compensação – arts. 19 a 26 da LC n.º 87/1996;
d) local das operações – art. 11 da LC n.º 87/1996.

A promulgação da LC n.º 87/1996 tornou sem efeitos, por revogação tácita, várias normas da legislação tributária.

Esta LC possui um caráter diferente da lei complementar requerida pelo art. 146 da Carta Magna, pois foi especialmente designada para reger a matéria do ICMS.

Quanto às alíneas previstas no inc. XII do § 2.º do art. 155 da CF, vale a pena tecer alguns comentários específicos sobre a alínea *g* (regular a forma como, mediante deliberação dos Estados e do Distrito Federal, isenções, incentivos e benefícios fiscais serão concedidos e revogados).

A LC n.º 24/1975 atende ao requerido pela alínea *g*, à luz do princípio da recepção, disciplinando os atos isencionais referentes ao ICMS.

Os Estados e o DF, desejando conceder isenções, firmam entre si convênios que são celebrados no Conselho de Política Fazendária (CONFAZ), cujos representantes são indicados pelo chefe do Executivo de cada unidade federada. Dessa forma, tem-se que convênio não é lei, apenas um instrumento normativo integrante do processo legislativo necessário à concessão de isenções, passando a valer quando ratificados por decreto legislativo.

Curiosamente, é sabido que vêm ocorrendo ratificações por decretos dos Governadores, com base no art. 4.º da LC n.º 24/1975, contrariando os princípios até aqui estudados.

Ver STF: ADIs 3.796/PR, 2.663/RS e AgInt no REsp 1.513.936/RS.

h) Lei Complementar n.º 87/1996

Os principais aspectos da LC em apreço foram estudados ao longo deste capítulo. Alguns outros merecem citação:

1) *Autonomia dos estabelecimentos*: cada estabelecimento do mesmo titular é autônomo, assim como o veículo usado no comércio ambulante e na pesca (art. 11, § 3.º, III). Daí temos que cada estabelecimento é capaz de produzir fatos geradores do ICMS, devendo adotar documentos fiscais próprios.

2) *ICMS por dentro*: o art. 13, § 1.º, I estabelece que o montante do ICMS integra a própria base de cálculo, ao que se denomina *ICMS por dentro*. Isso ocorre quando observamos, por exemplo, o preço de um produto em um supermercado e nele entendemos estarem embutidos vários outros preços: funcionários, aluguel, lucro, impostos etc. Ver STJ: REsp 1.346.749/MG-2015 e RE 514.639/RS-2015.

3) *Descontos condicionais e incondicionais*: descontos concedidos sob alguma condição integram a base de cálculo do ICMS. Pela expressão "sob condição" entendem-se aqueles descontos sujeitos a eventos futuros para sua realização, como o pagamento efetuado até certa data, etc. Já no caso dos descontos concedidos diretamente em nota fiscal, ou seja, sem condicionantes, sabe-se que não integram a base de cálculo, sendo mencionados ou não na nota fiscal.

4) *ICMS devido no desembaraço aduaneiro*: o texto constitucional prevê que incide ICMS nas operações e prestações mesmo que se iniciem no exterior. Devemos entender que o ICMS incide no momento em que ocorre o desembaraço aduaneiro, pois é impossível a cobrança fora do território nacional, tal como preconiza a LC n.º 87/1996, em seu art. 12, IX. A propósito, este dispositivo legal abre a possibilidade de a lei estadual exigir o ICMS no momento do desembaraço, assim entendendo o STF. O ICMS será recolhido ao Estado do estabelecimento do destinatário. Ver Súmula Vinculante n.º 48 do STF.

5) *ICMS e os salvados de sinistros*: as operações com salvados de sinistros acontecem (1) na transferência de tais bens para as companhias seguradoras e, posteriormente, (2) na saída dessas para o adquirente comum. O inc. IX do art. 3.º da LC n.º 87/1996 determina a não incidência do ICMS nas operações de qualquer natureza de que decorra a transferência de bens móveis salvados de sinistros para companhias seguradoras (1). Tal posicionamento encontra guarida na Súmula n.º 152 do STJ ("Na venda pelo segurador, de bens salvados de sinistros, incide o ICMS" (2). É comum que as seguradoras recebam, quando do pagamento das indenizações de seguro, em caso de total perda do bem sinistrado, os salvados respectivos, por menor que seja seu valor. Tal operação de aquisição não gera incidência do ICMS (1). Entretanto, é também usual que as companhias seguradoras revendam esses salvados – aqui, há incidência do ICMS (2). Nesse caso, as companhias seguradoras atuam como comerciantes comuns, devendo recolher o imposto (TJRJ, RT 726/383).

Contudo, não foi esse o entendimento que prevaleceu no STF, posto que, concedendo liminar à ADIn 1.648-MG e suspendendo a eficácia da expressão "e a seguradora" constantes do inc. IV do art. 15, da Lei n.º 6.763/1975 da Lei Mineira do ICMS: art. 15: "Incluem-se entre os contribuintes do imposto: (...) IV – a instituição financeira e a seguradora; (...)", compreendeu aquela Corte que os salvados de sinistros, ainda que vendidos a terceiros, não permitem a incidência do ICMS.

Nesse sentido, em fevereiro de 2011, publicou-se a Súmula Vinculante n.º 32 do STF, como resultado exegético do impactante RE 588.149 (Repercussão Geral), rel. Min. Gilmar Mendes, Pleno, j. em 16.02.2011. Observe o seu teor: "O ICMS não incide sobre alienação de salvados de sinistro pelas seguradoras".

i) Súmula 323 do STF

Segundo a dicção do enunciado, "é inadmissível a apreensão de mercadorias como meio coercitivo para pagamento de tributos".

Não existe impedimento ao Fisco em sua normal atividade de apreensão de mercadorias desacompanhadas de nota fiscal, com a consequente lavratura do auto de infração, objetivando proceder à identificação dos bens.

Caso o procedimento prolongue-se *ad aeternum*, caracterizar-se-á maneira vexatória de cobrança de tributo, o que a doutrina tem chamado de "sanção política". Ademais, o expediente arbitrário colocará em xeque vários dispositivos constitucionais, a saber: art. 5.º, XXII, da CF (o cidadão somente será privado do direito de propriedade mediante justa indenização, com obediência ao devido processo legal); art. 5.º, XIII e XVIII (não se pode obstaculizar a liberdade empresarial); e o art. 170, parágrafo único, da CF: "É assegurado a todos o livre exercício de qualquer atividade econômica, independentemente de autorização de órgãos públicos, salvo nos casos previstos em lei".

Ver STF: RE 550.769/2013. Ver STJ: RMS 53.989/SE e AREsp 1.241.527/RS.

j) O ICMS e a habilitação de celular

O veredicto acerca da discussão da possibilidade ou não, de cobrança do ICMS sobre serviço de habilitação de telefone celular veio a se consumar em fevereiro de 2014, no sentido de que o serviço de habilitação de celular configura atividade preparatória ao serviço de comunicação, portanto, não sujeito à incidência do ICMS. O STJ e o STF conduziram-se para a mesma direção (RE 572.020/DF-2014).

k) O ICMS e o Protocolo n.º 21/2011 do CONFAZ

O Plenário do STF negou provimento ao recurso extraordinário RE 680.089/SE, em que era discutida a constitucionalidade do Protocolo n.º 21, o qual tratava da exigência de parcela do ICMS pelo Estado-membro destinatário da mercadoria, parcela esta devida na operação interestadual em que a aquisição pelo consumidor final era virtual, por meio de internet, telemarketing ou *showroom*. Assim, foi derrubado um acordo fiscal assumido por cerca de vinte Estados, segundo o qual o recolhimento de ECMS em compras virtuais deveria ser feito também no Estado de receptação dos produtos, e não somente no Estado onde se estabelece a empresa de comércio eletrônico.

Ver Convênio ICMS 93, de 17 de setembro de 2015 – CONFAZ.

l) Arrendamento mercantil (ou leasing*)*

Nos últimos anos, o STF esteve envolvido no julgamento de dois casos relevantes, relativos à incidência do ICMS em operações de importação de bens adquiridos (aeronave) por arrendamento mercantil (*leasing*): o RE 540.829 e o RE 226.899. Em setembro e outubro de 2014, respectivamente, foram prolatadas as decisões pelo Pleno do STF, negando, por maioria, provimento aos dois recursos.

m) O ICMS e a inclusão na base de cálculo do PIS e da COFINS

Ver STF: RE 240.785/MG, ADC n.º 18/DF, RE 574.706/PR, RE 574.706/PR, RE 1.089.337-AgR, RE 592.616 e RE 574.706/PR. Ver STJ: REsp 1.330.737/SP, REsp 1.144.469-PR, EREsp 1.517.492/PR, REsp 1.100.739/DF e REsp 1.624.297/RS.

n) A venda de mercadoria, o faturamento e os bens imóveis

A jurisprudência do STJ sacramentou o entendimento de que "a Contribuição para Financiamento da Seguridade Social – COFINS incide sobre as receitas provenientes das operações de locação de bens móveis". Ver STJ: REsp 1.432.952/PR-2014.

o) A forma de recolhimento do tributo e o princípio da legalidade

O Plenário do STF, em 18 de junho de 2015, julgou o RE 632.265, em que se discute a possibilidade (ou não) de se disciplinar, mediante decreto, forma de recolhimento de tributo diferentemente do que se prevê na LC n.º 87/1996. O veredicto rechaçou por inconstitucionalidade tal possibilidade, em homenagem aos princípios constitucionais da legalidade e isonomia tributárias, da moralidade administrativa e da separação de poderes.

p) O ICMS e as Tarifas sobre a Transmissão e Distribuição de Energia Elétrica (TUST e TUSD)

Com a reestruturação do setor elétrico no Brasil, a partir da publicação da Lei n.º 9.074/1995 (que regulamenta a outorga e prorrogações de concessões e permissões), passaram a existir duas formas de contratação de energia elétrica, quais sejam: o ambiente de contratação regulada, que visa atender os consumidores cativos (residências) e o ambiente de contratação livre, que atende consumidores com utilização de energia superior a 3.000 kw. O § 6º do art. 15 da citada norma preceitua que os consumidores, cujo uso de energia exceda a 3.000 kw, detêm livre acesso aos pontos de conexão (de energia), desde que (I) sejam celebrados contratos de uso do sistema de transmissão ou de distribuição com as concessionárias e permissionárias e (II) haja remuneração pelas Tarifas de Uso dos Sistemas de Distribuição (TUSD) e Transmissão (TUST) de energia elétrica, cobradas quando da disponibilização do consumo dos pontos de conexão à rede elétrica.

Sabe-se que o ICMS incide sobre a tarifa de energia elétrica. Com efeito, a incidência do gravame decorre do fato de que sua hipótese de incidência, entre outras possibilidades, tipifica-se com a circulação de mercadorias (art. 155, II, CF, c/c o art. 2º, I, da LC n. 87/96). A energia elétrica, ainda que se revele bem incorpóreo, foi estatuída como exemplo de mercadoria pelo legislador constituinte, ao expressamente incluí-la no campo de incidência do imposto, nos termos do art. 155, § 3º, da CF.

Em suma, o fato gerador do ICMS sobre a energia elétrica se caracteriza pela circulação (aspecto material) e pelo consumo (aspecto temporal) de energia elétrica (mercadoria), pressupondo ser aquela circulação uma transferência de propriedade. Portanto, o fato gerador do imposto se perfaz com a entrega de energia elétrica ao consumidor, sendo a base de cálculo o valor correspondente à demanda efetivamente consumida, ou seja, o valor da operação (e acréscimos), conforme o art. 13, § 1º, II, *a* e *b*, da LC n. 87/96. O imposto, pois, incidirá a partir do efetivo fornecimento da energia elétrica que ingressar no estabelecimento do consumidor, registrado no relógio de medição (art. 14 da Resolução n. 414/2010).

As tarifas de TUST e TUSD correspondem a encargos de conexão e uso das redes de transmissão e distribuição, e sua cobrança independe da quantidade de energia consumida, sendo, aliás, faturada separadamente do fornecimento da própria energia (art. 9º da Lei n. 9.648/98). Nota-se, pois, que as tarifas dissociam-se, cristalinamente, da compra e venda de energia elétrica.

Ad argumentandum, a transmissão e distribuição da energia pelo sistema revela-se, verdadeiramente, uma circulação física, ou seja, é uma "atividade-meio" para o nascimento do fato gerador do ICMS – este, sim, como já se disse, o efetivo consumo do bem (isto é, a circulação jurídica da energia). Ora, não havendo operação de circulação jurídica de energia, a parcela que remunera o mero serviço de entrega física do bem não deve ser tributada. Em outras palavras, a comercialização da energia se dá entre produtor e consumidor, enquanto a transmissão e a distribuição são apenas "atividades-meio", servindo para viabilizar o fornecimento da energia elétrica pelas geradoras aos consumidores finais (a própria "atividade-fim"). Por tudo isso, a nosso ver, desponta a impossibilidade de inclusão das tarifas (com a transmissão de distribuição) na base de cálculo do ICMS.

Ver STJ: REsp 960.476/SC, AgRg no REsp 1.135.984/MG, REsp 1.163.020/RS, REsp 1.163.020/RS e REsp 1.680.759/MS. Ver STF: RE 1.041.816-RG.

q) A não incidência do ICMS sobre as operações financeiras realizadas no Mercado de Curto Prazo *da "Câmara de Comercialização de Energia Elétrica" (CCEE): em 20 de fevereiro de 2018, a 1ª Turma do STJ (REsp 1.615.790/MG, rel. Min. Gurgel de Faria) entendeu que não deve incidir o ICMS sobre as operações financeiras realizadas no* Mercado de Curto Prazo *da "Câmara de Comercialização de Energia Elétrica" (CCEE).*

Essas operações financeiras realizadas no *Mercado de Curto Prazo* envolvem as sobras e os *deficits* de energia elétrica que foram contratados bilateralmente entre os consumidores livres e os agentes de produção e/ou comercialização, tendo a CCEE o papel de intermediar, de forma multilateral, os consumidores credores e devedores, realizando a liquidação financeira dessas posições e utilizando como parâmetro o *Preço de Liquidação de Diferenças* (PLD) por ela apurado. Tais operações não caracterizam propriamente "contratos de compra e venda de energia elétrica", mas, sim, *cessões de direitos* entre consumidores, mediante a celebração de contratos bilaterais, cujo valor total já sofreu a tributação do imposto estadual, o que permite concluir que uma nova tributação dessas sobras implicaria indevido *bis in idem*. Com efeito, não se cogita do fato gerador do ICMS, porquanto os consumidores, quando operam no *Mercado de Curto Prazo*, não se transformam em agentes do setor elétrico,

Cap. 16 – IMPOSTOS ESTADUAIS EM ESPÉCIE **297**

habilitados a proceder à saída dessa "mercadoria" de seus estabelecimentos, o que, de plano, rechaça o fato gerador do imposto (arts. 2º e 12 da LC n.º 87/96).

r) Não recolhimento do ICMS, em operações próprias ou com substituição tributária, e o delito de apropriação indébita tributária

Em 22 de agosto de 2018, a 3ª Seção do STJ, no HC 399.109/SC (rel. Min. Rogerio Schietti Cruz), entendeu que a conduta de não recolher ICMS em operações próprias (aquelas em que se "cobra" o ICMS como um tributo indireto, incidente sobre o consumo) ou em operações com substituição tributária (aquelas em que se "desconta" o ICMS como um tributo direto, nos casos de responsabilidade por substituição), enquadra-se formalmente no tipo previsto no art. 2º, II, da Lei n.º 8.137/1990 (a chamada "apropriação indébita tributária"), desde que comprovado o dolo, vale dizer, o elemento subjetivo do tipo, consistente na consciência, ainda que potencial, de não recolher o valor do tributo.

Frise-se que o fato de o contribuinte registrar, apurar e declarar em guia própria ou em livros fiscais o tributo devido não tem o condão de elidir ou exercer nenhuma influência na prática do delito. Além disso, o sujeito ativo do crime em referência é aquele que ostenta a qualidade de sujeito passivo da obrigação tributária, quer na condição de contribuinte-substituído, quer na condição de responsável-substituto.

(2018/Cespe/Polícia Federal/Delegado de Polícia Federal) A empresa XZY Ltda., contribuinte do ICMS, pagava mensalmente esse tributo a determinado estado da Federação, no dia 15 de cada mês. No dia 30/6/2017, esse estado editou ato normativo que alterava a data do pagamento do referido tributo para o dia 10 de cada mês, entrando tal ato em vigor no dia 1.º/7/2017. Sem saber da alteração, a empresa XZY Ltda. pagou o tributo no dia 15/7/2017, o que acarretou multa e juros de mora pelo pagamento com atraso.

Nessa situação hipotética, a antecipação do prazo para o pagamento do ICMS só poderia ter sido feita por lei e somente poderia ter entrado em vigor no exercício financeiro seguinte.

Resposta: Errado

Comentários: Súmula Vinculante 50. Norma legal que altera o prazo de recolhimento de obrigacao tributaria nao se sujeita ao principio da anterioridade.

(2016/FGV/OAB/XX Exame de Ordem Unificado) Após verificar que realizou o pagamento indevido de Imposto sobre Circulação de Mercadorias e Serviços – ICMS, determinado contribuinte requer administrativamente a restituição do valor recolhido. O órgão administrativo competente denega o pedido de restituição. Qual o prazo, bem como o marco inicial, para o contribuinte ajuizar ação anulatória da decisão administrativa que denega a restituição?

a) 2 (dois) anos contados da notificação do contribuinte da decisão administrativa.

DIREITO TRIBUTÁRIO ESSENCIAL – *Eduardo Sabbag*

b) 5 (cinco) anos contados da notificação do contribuinte da decisão administrativa.

c) 5 (cinco) anos contados do primeiro dia do exercício seguinte ao fato gerador.

d) 1 (um) ano contado da data do julgamento.

Resposta: A

Comentários: Art. 169 do CTN: "Prescreve em dois anos a ação anulatória da decisão administrativa que denegar a restituição. Parágrafo único. O prazo de prescrição é interrompido pelo início da ação judicial, recomeçando o seu curso, por metade, a partir da data da intimação validamente feita ao representante judicial da Fazenda Pública interessada".

(2016/FGV/OAB/XIX Exame de Ordem Unificado) A pessoa jurídica Verdes Campos Ltda. realiza transporte de cargas entre os estados "X" e "Y" por meio de sua frota de 30 caminhões. Sobre a referida prestação de serviço de transporte, Assinale a opção correta.

a) Incide o ISS, de competência dos Municípios.

b) Não incide qualquer imposto.

c) Incide o ICMS, de competência dos Estados.

d) Incide o IPVA, de competência dos Estados.

Resposta: C

Comentários: Os serviços de transporte interestadual são tributados pelo ICMS, de competência dos Estados e do Distrito Federal, conforme preceitua a CF, art. 155, II.

16.2. IPVA – IMPOSTO SOBRE A PROPRIEDADE DE VEÍCULOS AUTOMOTORES (ART. 155, III, DA CF)

16.2.1. Competência e sujeito ativo

O art. 155 da CF, em seu inc. III, estabelece a competência para instituir o imposto sobre a propriedade de veículos automotores (IPVA) aos Estados e ao Distrito Federal.

O IPVA é um imposto estadual exigível a partir de 1.º de janeiro de cada exercício, no local de registro e licenciamento do veículo perante as autoridades, e não no local do domicílio do proprietário ou possuidor.

Como a Constituição Federal não institui normas gerais sobre o IPVA, e tampouco há lei complementar regulando a exação, os Estados e o DF exercerão a competência legislativa plena, nos termos do art. 24, § 3.º, da CF.

16.2.2. Sujeito passivo

É o proprietário do veículo, pessoa jurídica ou física, em nome do qual o veículo está licenciado.

16.2.3. Fato gerador

O fato gerador do IPVA é a propriedade de veículo automotor de qualquer tipo (automóvel, motocicleta, caminhão, avião, barco etc.).

O CRV – Certificado de Registro de Veículo – ou o documento de licenciamento do ano anterior provam a propriedade do veículo.

16.2.3.1. Veículo automotor

Por "veículo automotor" entende-se o veículo aéreo, terrestre, aquático ou anfíbio com força-motriz própria, mesmo incrementada com energia complementar ou alternativa.

Conforme o anexo "I" do Código Brasileiro de Trânsito, o veículo automotor "é todo veículo de propulsão que circula por seus próprios meios, e que serve normalmente para o transporte viário de pessoas e coisas, ou para tração viária de veículos utilizados para transporte de pessoas e coisas". Estabelece ainda que veículo conectado a uma linha elétrica e que não circulam sobre trilhos (trólebus) também são veículos automotores.

16.2.3.2. Aeronaves versus IPVA

Gera polêmica a pretensão de inclusão de aeronaves no campo de incidência do IPVA.

Passemos ao conceito de aeronave, extraído do art. 106 do Código Brasileiro de Aeronáutica (Lei n.º 7.565/1986): aeronave é "todo aparelho manobrável em voo, que possa sustentar-se e circular no espaço aéreo, mediante reações aerodinâmicas, apto a transportar pessoas e/ou coisas".

Argumenta-se que o conceito de aeronave é diverso do conceito de veículo automotor, pois a aeronave não existe para trafegar no Estado ou no Município, e sim no espaço aéreo, que é da competência da União (art. 38, CBA). Além disso, um veículo automotor não é manobrável em voo, não se sustenta, nem é capaz de circular no espaço aéreo, enquanto uma aeronave sim. Por fim, os veículos automotores têm sua propriedade oriunda do registro no DETRAN (órgão estadual), enquanto a de aeronaves é decorrente do Registro Aeronáutico Brasileiro (órgão federal).

Ante o exposto, a jurisprudência entende que o IPVA não incide sobre aeronaves, e, sim, somente sobre veículos terrestres.

16.2.3.3. Elemento temporal de fato gerador

É anual, ocorrendo em 1.º de janeiro de cada ano, por ficção jurídica, ou em data fixada em lei estadual.

Deve-se observar que, no caso de veículos novos, o momento do fato gerador ocorre na data da aquisição, e, no caso de veículos importados, no desembaraço aduaneiro.

16.2.4. Base de cálculo

É o valor venal ou comercial com base em tabela predeterminada, na qual se observa o chamado "valor de mercado". É que para esse fim são utilizadas as tabelas anuais, feitas e publicadas pelo Fisco, que são baseadas em publicações especializadas.

No caso de veículos novos, utiliza-se o valor da nota fiscal, e, no dos importados, o preço CIF, constante na nota fiscal ou na documentação relativa ao desembaraço.

A EC n.º 43/2003, ao alterar a parte final do art. 150, § 1.º, da CF, estipulou exceção à regra da anterioridade nonagesimal quanto à alteração na base de cálculo do IPVA, tornando possível à lei fixar novo valor venal para veículos automotores ao fim de um ano e conseguir aplicá-los no 1.º dia do exercício financeiro seguinte.

16.2.5. Alíquota

O art. 155 da CF, em seu art. 6.º, prevê que o Senado Federal fixará *alíquotas mínimas* do IPVA, e que tais alíquotas poderão ser diferenciadas em função do tipo e utilização.

A alíquota do IPVA será fixada em lei ordinária estadual, devendo ser proporcional. Não há limite máximo para a alíquota.

A possibilidade de alíquotas diferenciadas em função do *tipo* e *utilização* permite-nos inferir que há uma latente progressividade do IPVA, que não está explícita no texto constitucional, como é o caso do IPTU, IR e ITR, o que torna este imposto estadual mais um gravame sujeito à extrafiscalidade, com função regulatória, do que propriamente uma exação progressiva.

16.2.6. Notas gerais

a) *Inexistência de Lei Complementar*: o IPVA é gravame constitucional, por ter sido recepcionado pela CF (art. 34, § 3.º, do ADCT/CF). Sem a existência da norma federal, as unidades federadas exercem competência legislativa plena;

b) *Lançamento*: o lançamento do IPVA é direto ou *ex officio*, conquanto existam dispositivos legais que associam o gravame à modalidade lançamento por homologação, *v.g.*, no Estado de São Paulo;

c) *Repartição de receitas tributárias*: as receitas geradas pelo IPVA serão rateadas em 50% para o Estado e 50% para o Município onde for feito o licenciamento do veículo;

d) *Isenção*: será concedida a isenção de IPVA para veículos em atividade de interesse socioeconômico (transporte público de passageiros, terraplenagem, etc.). De outra banda, os veículos de pessoas jurídicas de direito público, de templos e de instituições de educação e assistência social são imunes, e não isentos, por haver não incidência qualificada constitucionalmente (art. 150, VI, *a, b* e *c*, da CF);

Cap. 16 – IMPOSTOS ESTADUAIS EM ESPÉCIE

e) Taxa de licenciamento de veículos: é vedada a cobrança de impostos ou taxas incidentes sobre a utilização de veículos. A referida taxa é inconstitucional e, ainda assim, em alguns casos, continua a ser praticada. Não há oposição, em razão do ínfimo valor cobrado de cada particular.

f) A transferência da propriedade do veículo e a responsabilidade tributária pelo IPVA, em momento posterior à alienação: o art. 134 do Código de Trânsito Brasileiro (CTB) prevê uma responsabilidade solidária pelas penalidades impostas até a data da comunicação da transferência do veículo.

Todo comprador de veículo tem o dever de providenciar, no DETRAN, no prazo legal (30 dias), o novo Certificado de Registro de Veículo (CRV) (art. 123, I e § 1º, CTB). Se assim não agir, cometerá infração grave, podendo receber multa, além de o veículo poder ser retido para regularização (art. 233 do CTB).

De outra banda, todo vendedor de veículo tem o dever de encaminhar ao DETRAN, também no prazo de 30 dias, a cópia autenticada do comprovante de transferência de propriedade, devidamente assinado e datado (art. 134, CTB). Este é o popular DUT (Documento Único de Transferência). Se assim não agir, o alienante poderá ser responsabilizado solidariamente pelas penalidades impostas e suas reincidências até a data da comunicação (art. 134, CTB). Vale dizer que, havendo alguma multa pendente, o DETRAN irá cobrá-la do "antigo" proprietário, uma vez que ainda consta o seu nome como "dono" do veículo multado.

Tal cenário levou o Fisco estadual a "pegar carona no CTB", na tentativa de atribuir ao antigo proprietário a responsabilidade tributária pelos débitos pendentes e futuros de IPVA. No entanto, o STJ não foi convencido pela tese e, "evitando embarcar nessa viagem", editou a Súmula n. 585, segundo a qual "a responsabilidade solidária do ex-proprietário, prevista no art. 134 do Código de Trânsito Brasileiro – CTB, não abrange o IPVA incidente sobre o veículo automotor, no que se refere ao período posterior à sua alienação".

16.3. ITCMD – IMPOSTO SOBRE TRANSMISSÃO *CAUSA MORTIS* E DOAÇÃO DE QUAISQUER BENS OU DIREITOS (ARTS. 35 A 42 DO CTN; ART. 155, I, DA CF)

16.3.1. Competência tributária e sujeito ativo

A competência para a instituição do ITCMD (Imposto sobre transmissão *Causa Mortis* e doação de quaisquer bens ou direitos) é dos Estados e do Distrito Federal, conforme o art. 155 da CF.

Antes da CF de 1988, o imposto *causa mortis* e o imposto de transmissão *inter vivos* estavam na competência dos Estados e do DF, de modo conjunto e aglutinado. Após a promulgação da Carta Magna, houve uma bipartição da competência. Aos Estados e DF, coube a competência sobre a transmissão *causa mortis* ou não onerosa

DIREITO TRIBUTÁRIO ESSENCIAL – Eduardo Sabbag

de bens móveis ou imóveis, despontando o ITCMD. Aos Municípios, coube a competência sobre a transmissão *inter vivos* e as de caráter oneroso de bens imóveis, exsurgindo o ITBI (ou ITIV).

16.3.2. Sujeito passivo

Os sujeitos passivos do ITCMD são:

a) os herdeiros ou legatários;

b) quaisquer das partes ligadas à doação (doador ou donatário), conforme estabelecido em lei.

À lei estadual é facultada a eleição do responsável tributário, por exemplo, em doações, o doador pode ser o responsável, caso o donatário não recolha o tributo.

16.3.3. Fato gerador

O fato gerador do ITCMD é:

a) transmissão de propriedade de quaisquer bens móveis ou imóveis;

b) transmissão de direitos em decorrência de falecimento de seu titular ou transmissão e cessão gratuitas.

A transmissão consiste na passagem jurídica da propriedade de bens ou direitos de uma pessoa para outra. Dá-se em caráter não oneroso pela ocorrência de morte (*causa mortis*) ou doação (ato de liberalidade).

O CTN prevê que nas transmissões *causa mortis* despontam tantos fatos geradores distintos quantos forem os herdeiros ou legatários.

16.3.3.1. Elemento espacial do fato gerador

No caso de *bens imóveis* e respectivos direitos, o imposto compete ao Estado da situação do bem (ou ao DF), conforme art. 155, § 1.º, I, da CF.

No caso dos *bens móveis*, títulos e créditos, o imposto caberá ao Estado (ou ao DF) onde se processar o inventário ou arrolamento, ou onde tiver domicílio o doador (art. 155, § 1.º, II, da CF).

Observe o exemplo:

Antônio faleceu no Rio Grande do Norte, seu inventário foi feito no Rio de Janeiro, sendo ele possuidor de um imóvel em São Paulo e de um automóvel no Paraná. O ITCMD devido pelo apartamento transmitido será devido ao Estado de São Paulo, e o ITCMD devido pelo automóvel transmitido irá para o Rio de Janeiro.

Ressalte-se que uma lei complementar deverá disciplinar as seguintes situações:

a) Se o doador tiver domicílio ou residência no exterior (art. 155, § 1.º, III, *a*, da CF);

b) Se o *de cujus* possuir bens, for residente ou domiciliado ou tiver seu inventário processado no exterior (art. 155, § 1.º, III, *b*, da CF).

Cap. 16 – IMPOSTOS ESTADUAIS EM ESPÉCIE **303**

16.3.3.2. Elemento temporal do fato gerador

O momento em que ocorre o fato gerador será o da transmissão (art. 35 do CTN), ou conforme estabelecer a lei estadual.

No caso dos bens imóveis, será o momento do registro da escritura de transmissão, por ser esse o momento em que a transmissão surte efeito a terceiros, conforme o Direito Civil.

Sabe-se que o fato gerador do ITCMD segue as diretrizes do ITBI, conforme descrito acima. Entretanto, há os que desafiam a demarcação temporal atrelada ao registro da escritura, sustentando que haveria o reconhecimento de que o fato gerador do ITCMD seria resultado de uma atividade estatal, contrariando os princípios do direito tributário. No caso, defendem a ideia de que o fato gerador do ITCMD deveria abarcar todas as formalidades inerentes à transmissão dos direitos de propriedade, desde a lavratura da escritura até o registro.

Com a devida vênia, de qualquer forma, sustentamos ainda que o fato gerador se dá com o registro imobiliário.

16.3.4. Base de cálculo

A base de cálculo do ITCMD será o valor venal dos bens ou direitos transmitidos e da doação, conforme o art. 35 do CTN. Tal valor venal, em princípio, representará o valor de mercado do bem, sem que se supere o último.

Segundo entendimento do STF, o cálculo é feito sobre o valor dos bens na data da avaliação (Súmula n.º 113), observando-se a alíquota vigente na data da abertura da sucessão (Súmula n.º 112), e o imposto não será exigido antes da homologação (Súmula n.º 114). Observe-se o teor das três súmulas do STF, acima mencionadas:

a) Súmula n.º 112: "O imposto de transmissão *causa mortis* é devido pela alíquota vigente ao tempo de abertura da sucessão";

b) Súmula n.º 113: "O imposto de transmissão *causa mortis* é calculado sobre o valor dos bens na data da avaliação";

c) Súmula n.º 114: "O imposto de transmissão *causa mortis* não é exigível antes da homologação do cálculo".

16.3.5. Alíquotas

Os Estados e o Distrito Federal fixam livremente as alíquotas, respeitando-se o máximo de 8%, definido pelo Senado, na Resolução n.º 9/1992.

Faz-se mister repisar o entendimento jurisprudencial que indica importantes vetores na estipulação de tal grandeza dimensional do fato gerador em estudo:

a) Súmula n.º 112 do STF: "O imposto de transmissão *causa mortis* é devido pela alíquota vigente ao tempo da abertura da sucessão".

DIREITO TRIBUTÁRIO ESSENCIAL – *Eduardo Sabbag*

b) Súmula n.º 113 do STF: "O imposto de transmissão *causa mortis* é calculado sobre o valor dos bens na data da avaliação".

c) Súmula n.º 114 do STF: "O imposto de transmissão *causa mortis* não é exigível antes da homologação do cálculo".

d) Súmula n.º 590 do STF: "Calcula-se o imposto de transmissão *causa mortis* sobre o saldo credor da promessa de compra e venda de imóvel, no momento da abertura da sucessão do promitente vendedor".

À luz do entendimento majoritário da doutrina e da jurisprudência, sempre foi comum a recusa à progressividade para o Imposto sobre Transmissão *Causa Mortis* e Doação (ITCMD).

Por outro lado, conforme se mencionou, não se pode perder de vista que a Resolução n.º 9/92 do Senado Federal, ao estabelecer alíquota máxima para o Imposto sobre Transmissão *Causa Mortis* e Doação, de que trata a alínea "a", inciso I, e § 1º, inciso IV do art. 155 da CF, dispõe: *(i)* a alíquota máxima do ITCMD será de oito por cento (8%), a partir de 1º de janeiro de 1992; *(ii)* as alíquotas dos impostos, fixadas em lei estadual, poderão ser progressivas em função do quinhão que cada herdeiro efetivamente receber, nos termos da Constituição Federal.

Em fevereiro de 2013, o STF declarou constitucional a progressividade para o Imposto sobre Transmissão *Causa Mortis* e Doação (ITCMD).

A conclusão do feito, com repercussão geral reconhecida, deu-se em 6 de fevereiro de 2013, quando o Plenário, por maioria, deu provimento ao recurso extraordinário, considerando constitucional a progressividade para o ITCMD, à semelhança do que já se adota em legislação alienígena (Espanha, Itália, Alemanha etc.).

Desse modo, conclui-se que subsistem quatro impostos com previsão de progressividade em nosso sistema tributário: dois federais (IR, ITR), um municipal (IPTU) e, finalmente, um estadual (ITCMD).

(2015/Consulplan/TJMG/Titular de Serviços de Notas e de Registro) Com relação ao entendimento sumulado no STF a respeito do ITCMD e da multa pelo retardamento do inventário, é correto afirmar que

a) o imposto de transmissão *causa mortis* é devido pela alíquota vigente ao tempo da abertura da sucessão e pode ser exigível antes da homologação do cálculo.

b) sobre os honorários do advogado contratado pelo inventariante, com a homologação do juiz, incide o imposto de transmissão *causa mortis*.

c) não é legítima a incidência do imposto de transmissão *causa mortis* no inventário por morte presumida e não é inconstitucional a multa instituída pelo Estado-Membro, como sanção pelo retardamento do início ou da ultimação do inventário.

d) o imposto de transmissão *causa mortis* é calculado sobre o valor dos bens na data da avaliação, mas calcula-se o ITCMD sobre o saldo credor da pro-

Cap. 16 – IMPOSTOS ESTADUAIS EM ESPÉCIE

messa de compra e venda de imóvel no momento da abertura da sucessão do promitente vendedor.

Resposta: D

Comentários: Vamos às súmulas:

Súmula n.º 112 STF: O imposto de transmissão *causa mortis* é devido pela alíquota vigente ao tempo da abertura da sucessão.

Súmula n.º 113 STF: O imposto de transmissão *causa mortis* é calculado sobre o valor dos bens na data da avaliação.

Súmula n.º 114 STF: O imposto de transmissão *causa mortis* não é exigível antes da homologação do cálculo.

Súmula n.º 115 STF: Sobre os honorários do advogado contratado pelo inventariante, com a homologação do juiz, não incide o imposto de transmissão *causa mortis*.

Súmula n.º 331 STF: É legítima a incidência do imposto de transmissão *causa mortis* no inventário por morte presumida.

Súmula n.º 542 STF: Não é inconstitucional a multa instituída pelo Estado-Membro, como sanção pelo retardamento do início ou da ultimação do inventário.

Súmula n.º 590 STF: Calcula-se o imposto de transmissão *causa mortis* sobre o saldo credor da promessa de compra e venda de imóvel, no momento da abertura da sucessão do promitente vendedor.

16.3.6. Notas gerais

a) *O ITCMD e a morte presumida*: com o instituto da "morte presumida", torna-se legítima a exigência do ITCMD (*Súmula n.º 331 do STF*);

b) *O ITCMD e a transferência de ações*: compete ao Estado sede da Companhia o ITCMD relativo à transferência de ações (*Súmula n.º 435 do STF*).

16.4. QUADROS-SÍNTESE DO CAPÍTULO

ICMS – IMPOSTO SOBRE OPERAÇÕES RELATIVAS À CIRCULAÇÃO DE MERCADORIAS E SERVIÇOS	
Competência e Sujeito Ativo	Estados e do Distrito Federal.
Sujeito Passivo	– as pessoas que pratiquem operações relativas à circulação de mercadorias; – os prestadores de serviços de transporte interestadual e intermunicipal; – os importadores de bens de qualquer natureza; – os prestadores de serviços de comunicação.

Fato Gerador	– a circulação de mercadorias; – a prestação de serviço de transporte interestadual ou intermunicipal; – a prestação de serviço de comunicação. Segundo entendimento doutrinário, existem, na verdade, quatro impostos definidos na outorga de competência do art. 155, II, da CF, a saber: – um imposto sobre circulação de mercadorias; – um imposto sobre serviços de transportes interestaduais ou intermunicipais e de comunicação; – um imposto sobre a produção, importação, circulação, distribuição e consumo de combustíveis líquidos ou gasosos e energia elétrica; – um imposto sobre extração, importação, circulação, distribuição e consumo de minerais.
ICMS não Deve Incidir	– sobre coisas corpóreas que não configurem mercadoria, ou seja, bens de particulares; – na alienação de bens do ativo fixo ou imobilizado; – na simples transferência de mercadoria de um estabelecimento para outro da mesma empresa (Súmula n.º 166 do STJ); – nos casos de remessas de mercadorias para demonstração e/ou consignação; – nos casos de integralização de bens (máquinas, equipamentos, veículos etc.) pela pessoa jurídica para a constituição ou ampliação de outra empresa (mero negócio societário); – nos casos de mudança integral do estabelecimento da pessoa jurídica, com a mudança do seu patrimônio para outro local; – serviços de transporte dentro de um mesmo município, que são sujeitos ao ISS;
Base de Cálculo	– No caso de operação de circulação de mercadoria: o valor da operação; – No caso de serviço de transporte ou comunicação: o preço do serviço; – No caso de importação de bens: o valor da mercadoria ou bem importado, acrescido do IPI, IOF, II e das despesas aduaneiras.
Alíquotas	São distintas para diferentes produtos, admitindo-se a seletividade do imposto em função da essencialidade das mercadorias e dos serviços. *Resolução n.º 22/1989 do Senado Federal:* Temos dois tipos de alíquotas para o ICMS: – as internas: fixadas livremente pelos Estados e com valor normalmente entre 17% ou 18%; – as interestaduais: a) operações realizadas nas regiões Sul e Sudeste com destinação de mercadorias ou serviços a contribuintes das regiões Norte, Nordeste e Centro-Oeste e para o Espírito Santo: 7%; b) operações com mercadorias ou serviços com destino às regiões Sul ou Sudeste: 12%; c) operações de importação: 17% ou 18%. EC n.º 87/2015
Recolhimento do ICMS (EC n.º 87/2015)	Após a EC n.º 87/2015, o texto constitucional preceituou: "Art. 155. (...) § 2.º O imposto previsto no inciso II atenderá ao seguinte: (...) VII – nas operações e prestações que destinem bens e serviços a consumidor final, contribuinte ou não do imposto, localizado em outro Estado, adotar-se-á a alíquota interestadual e caberá ao Estado de localização do destinatário o imposto correspondente à diferença entre a alíquota interna do Estado destinatário e a alíquota interestadual; a) (revogada); b) (revogada); VIII – a responsabilidade pelo recolhimento do imposto correspondente à diferença entre a alíquota interna e a interestadual de que trata o inciso VII será atribuída: a) ao destinatário, quando este for contribuinte do imposto; b) ao remetente, quando o destinatário não for contribuinte do imposto".
Características	Imposto plurifásico, real, não cumulativo, seletivo e proporcional.

Cap. 16 – IMPOSTOS ESTADUAIS EM ESPÉCIE

Imunidades Específicas para o ICMS	– operações que destinem mercadorias para o exterior e nas prestações de serviços a destinatário no exterior, assegurando-se a manutenção e o aproveitamento do montante do imposto cobrado nas operações e prestações anteriores; – operações interestaduais com circulação de petróleo (e derivados) e de energia elétrica, quando os bens forem destinados à industrialização ou à comercialização; – o "ouro", quando definido em lei da União como ativo financeiro ou instrumento cambial, sujeitar-se-á somente ao IOF. Caso não seja considerado nas formas descritas, será considerado como mercadoria e, portanto, sujeito ao ICMS. – nas prestações de serviço de comunicação nas modalidades de radiodifusão sonora e de sons e imagens de recepção livre e gratuita. Obs.: operações de licenciamento ou cessão de direito de uso de *softwares*, segundo entendimento do STF, não se constituem como bem físico, portanto não haverá incidência de ICMS. *Softwares* comercializados no varejo ou sob encomenda têm incidência de ISS.

IPVA – IMPOSTO SOBRE A PROPRIEDADE DE VEÍCULOS AUTOMOTORES

Competência e Sujeito Ativo	Estados e ao Distrito Federal.
Sujeito Passivo	O proprietário do veículo, pessoa jurídica ou física, em nome do qual o veículo está licenciado.
Fato Gerador	A propriedade de veículo automotor de qualquer tipo (automóvel, motocicleta, caminhão, barco etc.).
Elemento Temporal de Fato Gerador	É anual, ocorrendo em 1.º de janeiro de cada ano, por ficção jurídica, ou em data fixada em lei estadual.
Base de Cálculo	– É o valor venal ou comercial com base em tabela predeterminada, na qual se observa o chamado "valor de mercado". – No caso de veículos novos, utiliza-se o valor da nota fiscal. – Quanto aos importados, usa-se o preço CIF, constante na nota fiscal ou na documentação relativa ao desembaraço. Obs.: exceção à regra da anterioridade nonagesimal (EC n.º 43/2003; parte final do art. 150, § 1.º, da CF). É possível à lei fixar novo valor venal para veículos automotores ao fim de um ano e conseguir aplicá-los no 1.º dia do exercício financeiro seguinte.
Alíquotas	O Senado Federal fixará *alíquotas mínimas* do IPVA. Obs.: A possibilidade de alíquotas diferenciadas em função do *tipo* e *utilização* permite-nos inferir que há uma latente progressividade do IPVA, que não está explícita no texto constitucional.

ITCMD – IMPOSTO SOBRE TRANSMISSÃO *CAUSA MORTIS* E DOAÇÃO DE QUAISQUER BENS OU DIREITOS

Competência Tributária e Sujeito Ativo	Estados e do Distrito Federal.
Sujeito Passivo	– Os herdeiros ou legatários; – Quaisquer das partes ligadas à doação (doador ou donatório), conforme estabelecido em lei.
Fato Gerador	– Transmissão de propriedade de quaisquer bens móveis ou imóveis; – Transmissão de direitos em decorrência de falecimento de seu titular ou transmissão e cessão gratuitas.

Elemento Espacial do Fato Gerador	– *bens imóveis* e respectivos direitos: o imposto compete ao Estado da situação do bem; – *bens móveis*, títulos e créditos: o imposto caberá ao Estado (ou ao DF) onde se processar o inventário ou arrolamento, ou onde tiver domicílio o doador.
Momento em que Ocorre o Fato Gerador	– imóveis, será o momento do registro da escritura de transmissão, por ser esse o momento em que a transmissão surte efeito a terceiros.
Base de Cálculo	Valor venal dos bens ou direitos transmitidos e da doação.
Alíquotas	Estados e Distrito Federal fixam livremente as alíquotas, respeitando-se o máximo de 8%, definido pelo Senado, na Resolução n.º 9/1992.

16.5. QUESTÕES

1) **(2019/MPE-SC/Promotor de Justiça) O comerciante que adquire mercadoria para revenda não pode descontar o valor de ICMS incidente nesta operação do valor devido em decorrência das vendas por ele mesmo realizadas posteriormente.**

   Resposta: Errado

2) **(2019/MPE-SC/Promotor de Justiça) O valor de ICMS cobrado pelo vendedor do consumidor final é de propriedade do Estado, e não do comerciante, mesmo antes de seu repasse aos cofres públicos.**

   Resposta: Certo

3) **(2019/MPE-SC/Promotor de Justiça) O ICMS é um imposto que pode ser diferenciado em razão da essencialidade, e por este motivo, as Administrações Tributárias podem conceder isenções a produtos ou serviços específicos.**

   Resposta: Errado

4) **(2019/FCC/Sefaz-BA/Auditor Fiscal) Com fundamento na Constituição Federal, o Senado Federal, por iniciativa de um terço dos senadores e aprovação da maioria absoluta de seus membros, poderá expedir resolução para**

   a) dispor sobre conflitos de competência, em matéria tributária, entre a União, os Estados, o Distrito Federal e os Municípios.

   b) definir os contribuintes do ICMS, dispor sobre substituição tributária e disciplinar o regime de compensação do referido imposto.

   c) fixar as alíquotas máximas e mínimas do imposto municipal sobre serviços de qualquer natureza e do imposto estadual sobre propriedade de veículos automotores.

   d) fixar as alíquotas mínimas do imposto sobre transmissão causa mortis e doação, de quaisquer bens ou direitos, e as alíquotas máximas do imposto sobre propriedade territorial e urbana.

Cap. 16 – IMPOSTOS ESTADUAIS EM ESPÉCIE

e) estabelecer as alíquotas mínimas, para o imposto sobre operações relativas à circulação de mercadorias e sobre prestações de serviços de transporte interestadual e intermunicipal e de comunicação, nas operações internas.

Resposta: E

5) **(2018/Cespe/TJ-CE/ Juiz Substituto) Segundo a CF, a isenção do ICMS, salvo previsão legal específica,**

a) implicará crédito, que será compensado em operações posteriores nas situações em que o imposto seja cumulativo.

b) acarretará a anulação do crédito relativo às operações anteriores e não implicará crédito para compensação com o montante devido nas operações seguintes.

c) não implicará crédito a ser compensado nas operações anteriores nem nas posteriores, salvo se o contribuinte optar pelo sistema de não cumulatividade.

d) será aplicada apenas nas situações em que o imposto for cumulativo, mas será vedada a compensação em relação ao imposto cobrado nas operações anteriores.

e) acarretará crédito a ser compensado nas operações seguintes, desde que o contribuinte recolha o tributo com base no lucro real.

Resposta: B

6) **(2018/FCC/DPE-RS/Defensor Público) Quanto ao entendimento jurisprudencial do Superior Tribunal de Justiça e do Supremo Tribunal Federal sobre o imposto incidente sobre a circulação de mercadorias e serviços (ICMS), analise as assertivas abaixo:**

I. Constitui fato gerador do ICMS o deslocamento de mercadorias de um para outro estabelecimento do mesmo contribuinte.

II. O ICMS incide no serviço dos provedores de acesso à internet.

III. O ICMS não incide sobre o serviço de habilitação de telefone celular.

IV. O ICMS não incide sobre o fornecimento de água tratada por concessionária de serviço público.

V. É devida a cobrança de ICMS nas operações ou prestações de serviço de transporte terrestre interestadual e intermunicipal de passageiros e de cargas.

Está correto o que consta APENAS de:

a) II, III e IV.

b) I, IV e V.

c) III, IV e V.

d) I, II e III.

e) II e V.

Resposta: C

7) **(2018/FCC/PGE-TO/Procurador do Estado) O ICMS é um imposto não cumulativo, por expressa determinação constitucional. A Lei complementar nº 87/1996 estabelece, no *caput* de seu art. 23, que o *direito de crédito, para efeito de compensação com débito do imposto, reconhecido ao estabelecimento que tenha recebido as mercadorias ou para o qual tenham sido pres-***

tados os serviços, está condicionado à idoneidade da documentação e, se for o caso, à escrituração nos prazos e condições estabelecidos na legislação.

De acordo com o parágrafo único do artigo adrede mencionado, o direito de utilizar o crédito do ICMS extingue-se depois de decorridos

a) cinco anos, contados do primeiro dia do exercício seguinte àquele em que a mercadoria ou o serviço foram recebidos.

b) três anos, contados da data da entrada da mercadoria no estabelecimento ou do recebimento do serviço.

c) cinco anos, contados da data de emissão do documento.

d) três anos, contados da data em que saiu do estabelecimento a mercadoria que deu suporte ao crédito.

e) três anos, contados da data da ocorrência do fato gerador.

Resposta: C

8) **(2018/Vunesp/TJ-SP/Titular de Serviços de Notas e de Registros – Provimento) Em relação à competência para exigir o pagamento do imposto *causa mortis* e doação, é correto afirmar:**

a) tratando-se de bens móveis, títulos e créditos, compete ao Estado onde se processar o inventário ou arrolamento, ou tiver domicílio o doador, ou ao Distrito Federal.

b) terá a competência regulada por lei estadual se o doador tiver domicílio ou residência no exterior.

c) tratando-se de bens móveis, a competência, no caso de doação, é do domicílio do donatário, mesmo se residente no exterior.

d) terá suas alíquotas máximas fixadas por lei complementar estadual.

Resposta: A

9) **(2018/Vunesp/TJ-SP/Titular de Serviços de Notas e de Registros – Provimento) A respeito do Imposto sobre Transmissão "Inter vivos" de bens imóveis – ITBI, é correto afirmar que**

a) não incide sobre a transmissão de bens ou direitos decorrentes de fusão, incorporação, cisão ou extinção de pessoa jurídica, mesmo que a atividade preponderante do adquirente seja a compra e venda desses bens ou direitos, locação de bens imóveis ou arrendamento mercantil.

b) sua instituição compete ao Município onde se realiza a transmissão.

c) sua instituição compete ao Estado da situação do bem.

d) não incide sobre a transmissão de bens ou direitos incorporados ao patrimônio de pessoa jurídica em realização de capital.

Resposta: D

10) **(2018/FGV/Sefin-RO/Auditor Fiscal de Tributos Estaduais) Sobre o princípio da não cumulatividade do ICMS, assinale a afirmativa correta.**

a) O ICMS incidente sobre a energia elétrica consumida pelas empresas de telecomunicação, que promovem processo industrial por equiparação, não pode ser creditado para abatimento do imposto devido quando da prestação dos serviços.

b) O direito ao crédito para compensação com o montante devido nas operações seguintes é garantido, ainda que a saída da mercadoria seja isenta ou não tributada.

c) O direito de o estabelecimento utilizar o crédito de ICMS extingue-se depois de decorridos cinco anos contados da data de emissão do documento.

d) O direito ao crédito das mercadorias destinadas ao uso ou ao consumo do estabelecimento, nele entradas, é garantido.

e) Ao comerciante, ainda que de boa-fé, é vedado aproveitar os créditos de ICMS decorrentes de nota fiscal posteriormente declarada inidônea.

Resposta: C

Impostos Federais em Espécie

17.1. ITR – IMPOSTO SOBRE PROPRIEDADE TERRITORIAL RURAL (ARTS. 29 A 31 DO CTN; ART. 153, VI, DA CF; LEI N.º 9.393/1996 E DEC. N.º 4.382/2002)

17.1.1. Competência e sujeito ativo

O Imposto Territorial Rural (ITR), um gravame de competência da União, conforme art. 153, VI, da CF, está disciplinado pela Lei n.º 9.393/1996, sendo regulado pelo Dec. n.º 4.382/2002.

Possui clara função extrafiscal, por auxiliar o disciplinamento da propriedade rural, ao combater os latifúndios improdutivos. O intuito deste imposto é promover uma arrecadação normal dos proprietários assíduos e produtivos, sem deixar de onerar, progressivamente, aqueles que promovem o ausentismo na propriedade rural.

Com efeito, o ITR é um imposto progressivo (art. 153, § 4.º, I, da CF), com alíquotas crescentes em função da improdutividade das propriedades.

Ademais, não incide sobre pequenas glebas rurais, conforme definidas em lei, em que o proprietário que as explore não possua outro imóvel (art. 153, § 4.º, II, da CF).

A fiscalização e cobrança do ITR poderão ficar a cargo dos Municípios que, dessa forma, optarem, à luz do disposto na Lei n.º 11.250/2005. Todavia, a opção não pode gerar redução do imposto nem qualquer outro tipo de renúncia fiscal. Havendo a adoção da sistemática, que beira a possibilidade de parafiscalidade no ITR, os Municípios, poderão ficar com 100% do valor arrecadado e fiscalizado (art. 158, II, "parte final", da CF).

(2015/Objetiva/Prefeitura de Porto Barreiro-PR/Advogado) De acordo com a Constituição Federal, é de competência da União Federal, dos Municípios e dos Estados, respectivamente, instituir impostos sobre:

a) Propriedade territorial rural, serviços e doação de direitos.
b) Grandes fortunas, doação de direitos e circulação de mercadorias.
c) Operações de crédito, propriedade predial e territorial urbana e propriedade territorial rural.

d) Grandes fortunas, circulação de mercadorias e propriedade de veículos automotores.

Resposta: A
Comentários: Conforme previsto na Constituição Federal, o Imposto Territorial Rural, ITR é de competência da União, ISS é de competência municipal e o ITCMD dos Estados.

(2015/FAURGS/TJRS/Outorga de Delegação de Serviços Notariais e Registrais) O imposto sobre a propriedade territorial rural (ITR) é

a) de competência da União e do Município onde está localizado o imóvel.
b) de competência da União; é possível ao Município onde está localizado o imóvel somente fiscalizar a cobrança do imposto.
c) de competência da União; é possível ao Município onde está localizado o imóvel somente cobrar o imposto.
d) de competência da União, porém é possível ao Município onde está localizado o imóvel fiscalizar e cobrar o imposto.

Resposta: D
Comentários: De acordo com a Constituição Federal, o ITR é de competência da União; entretanto, Municípios podem optar pela fiscalização e cobrança.

Art. 153, § 4º, "III – será fiscalizado e cobrado pelos Municípios que assim optarem, na forma da lei, desde que não implique redução do imposto ou qualquer outra forma de renúncia fiscal".

17.1.2. Sujeito passivo

O sujeito passivo do ITR é qualquer pessoa que detenha direito de gozo em relação ao imóvel rural. Conforme o art. 5.º do Dec. n.º 4.382/2002, os detentores de tal direito são:

a) Proprietário (pleno, de domínio exclusivo ou na condição de coproprietário);
b) Titular do domínio útil (enfiteuta e usufrutuário);
c) Possuidor (*ad usucapionem*): refere-se à "posse" com possibilidade de aquisição do domínio ou propriedade por meio da usucapião (posse com *animus dominii*). Nos casos em que haja um proprietário e um possuidor, o primeiro será o contribuinte do ITR, em função da propriedade ter sido eleita como fato gerador. É o que comumente ocorre nos casos de arrendamento do terreno rural, em que o arrendatário detém a posse, mas o imposto é exigido do proprietário.

Se os elementos de propriedade não estiverem reunidos sob uma pessoa, aquele que detém o seu domínio útil ou a posse será o contribuinte.

Diferentemente do que ocorre com o IPTU, em que o fato gerador pode ser por natureza ou por acessão física, o fato gerador do ITR somente ocorrerá por natureza, conforme a lei civil (art. 79, 1.ª parte, do CC/2002).

17.1.3. Fato gerador

É a propriedade, o domínio útil ou a posse de imóvel por natureza, localizado fora da zona urbana do município, em 1.º de janeiro de cada ano, conforme a redação do art. 2.º do Dec. n.º 4.382/2002.

A propriedade é o gozo jurídico pleno de uso, fruição e disposição do bem, no caso, de um bem imóvel. O domínio útil consiste em um dos elementos de gozo jurídico da propriedade plena. Por fim, a posse se refere a situações em que o possuidor age como se fosse titular do domínio útil, portanto, tendo sua posse caracterizada como *usucapionem*. Assim, a posse em análise se refere à posse juridicamente perfeita, e não àquela de índole irregular.

17.1.3.1. *Conceito de bem imóvel*

O conceito de bem imóvel pode ser extraído do art. 19 do Código Civil (Lei n.º 10.406/2002).

A propósito, o bem imóvel "por natureza" é o solo nu e seus agregados da própria natureza (vegetação, árvores etc.), sem considerar o cultivo ou construções, compreendendo as árvores e os frutos pendentes, o espaço aéreo e o subsolo.

Nessa toada, o bem imóvel "por acessão" é tudo que se une ou adere ao imóvel por acessão, como o caso de formação de ilhas, de aluvião, de avulsão, de abandono de álveo, de construção e edificação.

17.1.3.2. *Conceito de zona rural*

Após a declaração da inconstitucionalidade pelo Senado do art. 6.º da Lei n.º 5.868/1972, que continha a definição de zona rural, foi necessário estabelecer tal definição por exclusão, a partir do conceito de zona urbana.

A zona urbana, conforme definida pelo art. 32, § 1.º, do CTN, é delimitada por lei municipal, observados os requisitos do CTN, com presença de melhoramentos contidos em pelo menos dois dos incs. do § 1º do art. 32 do CTN.

Dessa forma, para a definição de zona rural, utiliza-se o critério da localização, averiguando-se se o imóvel localiza-se em zona urbana; caso negativo, por exclusão, o imóvel localiza-se em zona rural.

17.1.3.3. *Áreas de expansão urbana*

A lei municipal pode considerar "urbanas" as áreas urbanizáveis ou de expansão urbana, mesmo que tais áreas estejam localizadas fora da zona urbana definida pela lei municipal e que tais áreas não preencham os dois requisitos mínimos, conforme o mandamento inserto no art. 32, § 1º, do CTN.

Ver STJ: Súmula 626.

17.1.3.4. Elemento temporal do fato gerador

Ocorre em 1.º de janeiro de cada exercício, por ficção jurídica, conforme o art. 2.º do Dec. n.º 4.382/2002, e pelo art. 1.º da Lei n.º 9.393/1996.

O fato de transferir, vender ou doar a terceiros, por várias vezes no mesmo ano, ou permanecer com o proprietário, não altera o elemento temporal.

17.1.3.5. Elemento espacial do fato gerador

A propriedade, domínio útil ou posse do imóvel devem estar fora da zona urbana, legalmente definida.

17.1.4. Base de cálculo

Utiliza-se o valor fundiário do imóvel (art. 30 do CTN c/c art. 8.º da Lei n.º 9.393/1996 e art. 32 do Dec. n.º 4.382/2002). Tal valor corresponde ao Valor da Terra Nua (VTN), que reflete o preço de mercado de terras, apurado em 1.º de janeiro do ano.

Por "terra nua" entende-se o valor de mercado, excluídos os valores das construções, benfeitorias, culturas permanentes etc. Compreende o valor das árvores e frutos pendentes, do espaço aéreo e o subsolo.

17.1.5. Alíquotas

Serão proporcionais e progressivas, conforme o grau de utilização da área rural, e estabelecidas consoante a tabela do art. 34 do Dec. n.º 4.382/2002. Observe:

Área (ha)	Grau de exploração/ utilização	Alíquota
Até 50 ha	80%	0,03%
	Até 30%	1,00%
Acima de 5000 ha	80%	0,45%
	Até 30%	20,00%

Argumenta-se que existe a possibilidade de confisco nos casos de imóveis acima de *5000 ha*, em que o grau de utilização não alcance os 30%. No espaço de cinco anos (5 x 20% = 100%), o valor integral da propriedade seria consumido pela carga tributária. Não há dúvida de que, mesmo que o imposto tenha o intuito de desestimular as propriedades improdutivas, a tributação não poderá ter caráter confiscatório.

Em 6 de fevereiro de 2018, a 2ª Turma do STF, no RE 1.038.357-AgR (rel. Min. Dias Toffoli), entendeu que a progressividade do ITR pode existir em razão do tamanho da propriedade rural. O ITR progressivo se justifica pela extrafiscalidade, todavia, segundo a Corte Suprema, não haverá inconstitucionalidade na progressividade do imposto que levar em conta o grau de utilização da terra ("GU") – o que é de todo esperável – e, também, a área do imóvel. Um critério não esvazia o outro, pelo contrário, conjugam-se em total alinhamento com o art. 153, § 4º, I, da CF. Com efeito,

Cap. 17 – IMPOSTOS FEDERAIS EM ESPÉCIE **317**

sacramentou-se a ideia de que "quanto maior for o território rural e menor o seu aproveitamento, maior será a alíquota de ITR. Essa sistemática potencializa a função extrafiscal do tributo e desestimula a manutenção de propriedade improdutiva".

17.1.6. Notas gerais

a) *O ITR e a reforma agrária*: o ITR incide sobre imóveis declarados de interesse social para fins de reforma agrária, enquanto não ocorrer a transferência da propriedade, exceto se houver imissão prévia na posse (art. 2.º, § 1.º, I e II, do Dec. n.º 4.382/2002). Observe que o art. 184, § 5.º, da CF prevê um caso de imunidade para as operações de transferência de bem imóvel em caso de reforma agrária;

b) *Imóvel pertencente a mais de um Município*: deverá ser enquadrado no município onde está a sede do imóvel; se esta não existir, o enquadramento se dará no município onde se situa a maior parte da área do imóvel, conforme o art. 7.º, § 1.º, do Dec. n.º 4.382/2002;

c) *Imunidade específica*: é concedida a imunidade para pequenas glebas rurais, cuja definição se fará em lei, quando o proprietário as explorar só ou com sua família e não possuir outro imóvel. É a chamada "imunidade do mínimo existencial", constante do art. 153, § 4.º, II, da CF. A regra independe, em relação ao conceito de família, da existência de casamento ou de prole legítima. Em verdade, o mandamento acaba servindo como um estímulo à contenção de geração de empregos, pois a benesse constitucional só existirá para o imóvel explorado com exclusivismo pelo proprietário ou por sua família.

Frise-se que a expressão "pequena gleba rural", definida pela Lei n.º 9.393/1996, indica os imóveis com área igual ou inferior a *100 ha*, se estiver localizada na Amazônia ocidental ou no Pantanal mato-grossense e sul-mato-grossense; *50 ha*, no polígono das secas ou Amazônia oriental; *30 ha*, se localizada em qualquer outro município.

A questão reside no fato de a referida lei se mostrar como *ordinária*, tendo sido, por isso, decretada inconstitucional.

A nosso ver, fazendo-se uma analogia com o art. 191 da CF, enquanto não houver lei complementar disciplinando a questão, "pequena gleba rural" será aquela que possuir no máximo *50 ha*. Note o dispositivo:

> "Art. 191. Aquele que, não sendo proprietário de imóvel rural ou urbano, possua como seu, por cinco anos ininterruptos, sem oposição, área de terra, em zona rural, não superior a cinquenta hectares, tornando-a produtiva por seu trabalho ou de sua família, tendo nela sua moradia, adquirir-lhe-á a propriedade."

d) *Declarações do ITR*: as principais declarações para o ITR são a DIAC (Documento de Informação e Atualização Cadastral do ITR) e a DIAT (Documento de Informação e Apuração do ITR);

DIREITO TRIBUTÁRIO ESSENCIAL – *Eduardo Sabbag*

e) Súmula n.º 595 do STF: *"É inconstitucional a Taxa Municipal de Conservação de Estradas de Rodagem, cuja base de cálculo seja idêntica à do ITR"* (art. 145, § 2.º, da CF c/c art. 77, parágrafo único, do CTN);

f) Domicílio fiscal: o domicílio tributário é o do Município do imóvel, sendo vedada a eleição de qualquer outro.

(2017/Cespe/MPE-RR/Promotor de Justiça Substituto) A tributação sobre a propriedade rural, fundamental para o desenvolvimento agrário, tem como espécie o ITR, tributo de competência da União. A respeito das características desse imposto, assinale a opção correta.

a) É um imposto progressivo: quanto mais alto for o valor do objeto que recebe o gravame tributário, maior será a alíquota e, portanto, o ônus imputado ao contribuinte.

b) O contribuinte do imposto é o real proprietário do imóvel rural; aquele que for apenas possuidor não será considerado contribuinte do imposto.

c) É classificado como um imposto proporcional, ou seja, a alíquota é constante e o resultado aumenta à medida que aumenta o valor do bem sobre o qual ele incide.

d) O município poderá optar por fiscalizá-lo e cobrá-lo e, até mesmo, reduzi-lo de forma discricionária, conforme a política agrária local.

Resposta: A
Comentários: Art. 153, § 4º: "O imposto previsto no inciso VI do *caput*: I – será progressivo e terá suas alíquotas fixadas de forma a desestimular a manutenção de propriedades improdutivas".

17.2. IOF – IMPOSTO SOBRE OPERAÇÕES DE CRÉDITO, CÂMBIO E SEGURO OU SOBRE OPERAÇÕES RELATIVAS A TÍTULOS OU VALORES MOBILIÁRIOS (ART. 153, V, DA CF; ARTS. 63 A 67 DO CTN E DECRETOS N.º 6.306/2007 E 6.339/2008)

17.2.1. Competência e sujeito ativo

É de competência da União, conforme redação do art. 153, V, da CF.

Possui caráter predominantemente extrafiscal, embora também possua uma significante função fiscal.

É arrecadado por instituições financeiras tais como: bancos, corretoras, lojas de câmbio.

17.2.2. Sujeito passivo

O sujeito passivo no IOF pode ser qualquer uma das partes envolvidas na operação tributada, conforme art. 66 do CTN, ficando o critério a cargo de lei ordinária. Segundo o Dec. n.º 6.306/2007, os contribuintes são:

a) As pessoas físicas ou jurídicas tomadoras de crédito (art. 4.º);

b) As compradoras ou vendedoras de moeda estrangeira em operações referentes à transferência financeira para o exterior (art. 12);

c) As pessoas físicas ou jurídicas seguradas (art. 19);

d) Adquirentes de títulos ou valores mobiliários e instituições financeiras (art. 26, I e II);

e) As instituições autorizadas pelo Banco Central do Brasil a efetuar a primeira aquisição de ouro, ativo financeiro, ou instrumento cambial (art. 37).

17.2.3. Fato gerador

Segundo o art. 63 do CTN, a par do Decreto n.º 6.306/2007, o fato gerador será:

a) *Nas operações de crédito*: a efetivação pela entrega total ou parcial do montante que constitua o objeto da obrigação, ou a sua colocação à disposição do interessado (art. 3.º);

b) *Nas operações de câmbio*: a efetivação, pela entrega de moeda nacional ou estrangeira, ou de documento que a represente, ou sua colocação à disposição do interessado, em montante equivalente à moeda estrangeira ou nacional, entregue ou posta à disposição por este (art. 11);

c) *Nas operações de seguro*: a efetivação, pela emissão da apólice ou documento equivalente, ou recebimento do prêmio, na forma da lei (art. 18);

d) *Nas operações relativas a títulos e valores mobiliários*: a emissão, transmissão, pagamento ou resgate, na forma da lei (art. 25). Nos casos em que as três situações mencionadas ocorrerem na operação, o IOF incidirá somente uma vez. Em 4 de fevereiro de 2016, o Pleno do STF, no RE n.º 583.712 (rel. Min. Edson Fachin), entendeu que é constitucional o art. 1.º, IV, da Lei n.º 8.033/1990, o qual prevê a incidência de IOF sobre o negócio jurídico de transmissão de títulos e valores mobiliários, tais como a transmissão de ações de companhias abertas e respectivas bonificações. O dispositivo cotejado se mostrou consentâneo com os mandamentos constitucionais, sem ferir a anterioridade, a irretroatividade e a reserva de lei complementar (para certos tributos).

O elemento material do fato gerador consiste na operação de crédito, câmbio, seguro ou com títulos e valores mobiliários, ou seja, para que ocorra o fato gerador, deve haver uma operação respectiva. Exemplo: a posse de um título mobiliário não é fato gerador, porquanto a posse não corresponde à tipologia do fato (transmissão, resgate, pagamento etc.).

As principais operações que envolvem a incidência de IOF são:

a) *Operações de crédito* (art. 3.º, § 3.º, do Dec. n.º 6.306/2007): prestação presente contra a promessa de prestação futura. Exemplo: empréstimos bancários a juros, financiamentos, títulos descontados, etc. A propósito, o saque em caderneta de poupança não gera incidência de imposto (Súmula n.º 664 do STF);

320 DIREITO TRIBUTÁRIO ESSENCIAL – *Eduardo Sabbag*

b) *Operação de câmbio* (art. 12, parágrafo único, do Dec. n.º 6.306/2007): troca de moedas, de uma pela outra. Podem ser de câmbio manual, quando se referirem à compra e venda de moedas em espécie, e de *travellers checks*, ou de câmbio sacado, quando se referirem a trocas escriturais processadas por meio de saques, com letras de câmbio, cartas de crédito, ordens de pagamento ou cheques;

c) *Operações de seguro* (art. 18, § 1.º, do Dec. n.º 6.306/2007): contrato por meio do qual se garante algo contra risco de eventual dano (evento futuro e incerto);

d) *Operações relativas a títulos e valores mobiliários* (art. 25, § 2.º, do Dec. n.º 6.306/2007): transferência de propriedade desses títulos. O art. 2.º da Lei n.º 6.385/1976 define título ou valores mobiliários como documentos ou instrumentos que materializam direitos de crédito, aptos a circular no mercado. Exemplo: ações, notas promissórias, letras de câmbio, CDB etc. Frise-se que os Títulos da Dívida Pública Federal, Estadual ou Municipal estão excluídos da definição.

17.2.4. Base de cálculo

Segundo o art. 64 do CTN, a par do Dec. n.º 6.306/2007 (arts. 7.º, 14, 21 e 28), a base de cálculo será:

a) *Nas operações de crédito*: o montante (principal mais juros);

b) *Nas operações de câmbio*: o montante em moeda nacional, recebido, entregue ou posto à disposição;

c) *Nas operações de seguro*: o valor do prêmio;

d) *Nas operações relativas a títulos e valores mobiliários*:

- **Valor nominal mais ágio, se houver;**
- **O preço, o valor nominal ou valor da cotação em bolsa, conforme a lei (na transmissão);**
- **O preço no pagamento ou no resgate.**

17.2.5. Alíquotas

As alíquotas serão progressivas e variáveis conforme a natureza das operações. Recomenda-se a leitura do Decreto n.º 6.339/2008, alterado pelo Decreto 8.731/2016, para aprofundamento na questão.

a) *Nas operações de crédito* (art. 6.º do Dec. n.º 6.306/2007): alíquota máxima de 1,5% ao dia incidente sobre o valor das operações;

b) *Nas operações de câmbio* (art. 15): alíquota máxima de 25% incidente sobre o montante em moeda nacional correspondente ao valor em moeda estrangeira, recebido, entregue ou posto à disposição;

c) *Nas operações de seguro* (art. 22): alíquota máxima de 25% incidente sobre o valor do prêmio pago;

Cap. 17 – IMPOSTOS FEDERAIS EM ESPÉCIE   **321**

d) Nas operações relativas a títulos ou valores mobiliários (art. 29): alíquota máxima de 1,5% ao dia;

e) *Nas operações com ouro* (ativo financeiro ou instrumento cambial – arts. 38 e 39): alíquota de 1% com base de cálculo sendo o preço de aquisição do ouro, desde que dentro dos limites de variação da cotação no mercado, no dia da operação.

17.2.6. Notas gerais

a) É facultado ao Poder Executivo, dentro das condições e limites estabelecidos na lei, alterar as alíquotas do IOF, conforme o art. 153, § 1.º, da CF, constituindo-se, tal faculdade em mitigação do princípio da legalidade tributária. O art. 150, § 1.º, da CF determina que a alteração das alíquotas do IOF perfaz exceção ao princípio da anterioridade, quer anual, quer nonagesimal. A propósito, no art. 2.º do Dec. n.º 6.339/2008, existe a previsão da concomitância da vigência e da eficácia na mesma data da publicação. Em suma, o IOF não se sujeita aos princípios da legalidade, da anterioridade anual e da anterioridade nonagesimal;

b) Súmula n.º 34 do TRF-4.ª Reg.: "Os Municípios são imunes ao pagamento do IOF sobre suas aplicações financeiras", no bojo do art. 150, VI, *a*, da CF, afeto à imunidade intergovernamental recíproca;

c) Súmula n.º 185 do STJ: "Nos depósitos judiciais, não incide o IOF";

d) *Imunidade para o IOF-Ouro*: quando o ouro se constituir como ativo financeiro ou instrumento cambial, o IOF será devido na operação de origem (no local da extração), estando somente sujeito ao referido imposto (princípio da unicidade). Note-se que não é a extração o fato gerador, mas o primeiro negócio jurídico. Quando o ouro se destinar a manufatura de joias ou à utilização odontológica, estará sujeito exclusivamente ao ICMS, por não se constituir em ativo financeiro. O tema pode ser analisado no art. 155, § 2.º, X, c c/c art. 153, § 5.º, ambos da CF;

e) O art. 167, IV, da CF veda a vinculação da receita de impostos a órgão, fundo ou despesa, revogando, dessa forma, o art. 67 do CTN, que previa a utilização da receita líquida do IOF para a formação de reservas monetárias e cambiais;

f) O IOF incide sobre as operações de *factoring* (ADInMC 1.763-DF), porém não incide sobre as operações de poupança (STF, RE 232.467/SP).

17.3. II – IMPOSTO SOBRE A IMPORTAÇÃO DE PRODUTOS ESTRANGEIROS (ARTS. 19 A 22 DO CTN; ART. 153, I, DA CF)

17.3.1. Competência e sujeito ativo

O Imposto sobre a Importação (II) é de competência da União, conforme o art. 153 da CF, visando gravar a entrada no território nacional de bens procedentes do exterior (art. 19 do CTN).

Possui forte função extrafiscal por ter como objetivo proteger a indústria nacional.

17.3.2. Sujeito passivo

Os sujeitos passivos, à luz do art. 22 do CTN e do art. 31 do DL n.º 37/1966 (com redação do Decreto-Lei n.º 2.472/1988), serão:

a) o importador (qualquer pessoa física ou jurídica que efetue a entrada de mercadoria procedente do exterior destinada a permanecer definitivamente no País) ou o que a lei a ele equiparar;
b) o arrematante de produtos apreendidos ou abandonados;
c) o destinatário de remessa postal internacional indicado pelo remetente;
d) o adquirente de mercadoria em entreposto aduaneiro.

17.3.3. Fato gerador

É a entrada real ou ficta de produto estrangeiro no país. O elemento temporal, por ficção jurídica, ocorre no início do despacho aduaneiro, ou seja, no momento da apresentação (ou registro) da Declaração de Importação, ou documento equivalente, à autoridade aduaneira, para a liberação de mercadoria entrepostada ou depositada (art. 23 do DL n.º 37/1966).

Somente haverá incidência do II no caso de permanência definitiva dos bens no país, excluindo, dessa forma, as mercadorias que ingressam temporariamente.

No caso de retorno de mercadoria (mercadoria nacional ou nacionalizada que ulteriormente regressa), considera-se satisfeita a hipótese de incidência, salvo nos seguintes casos:

a) retorno de mercadoria em consignação não vendida no prazo autorizado;
b) devolução por defeito técnico, para reparo ou substituição;
c) retorno de mercadoria por alterações na sistemática de importação no país importador;
d) retorno por motivo de guerra ou calamidade;
e) retorno por outros motivos que sejam alheios à vontade do exportador.

17.3.4. Base de cálculo

A base de cálculo do Imposto sobre a Importação será:

a) A quantidade de mercadoria, expressa na unidade de medida constante na Tarifa Aduaneira do Brasil (TAB), nos casos em que a alíquota for específica (Exemplo: R$ X,XX por tonelada ou por metro – art. 20, I, do CTN);
b) A expressão monetária do produto importado (valor previsto no inc. VII, 2, do GATT – Acordo Geral sobre Tarifas Aduaneiras), no caso de alíquota *ad valorem*. Em geral, consta da fatura expedida no local onde a mercadoria foi exportada, acrescida do valor do frete e seguro;
c) O preço de arrematação do bem, quando adquirido em licitação.

Cap. 17 – IMPOSTOS FEDERAIS EM ESPÉCIE **323**

17.3.5. Alíquotas

São fixadas, para o comércio entre países que não pertencem ao Mercosul, por meio da TEC – Tarifa Externa Comum, desde a edição da Decisão 22, do Conselho do Mercado Comum do Sul.

A TEC representa políticas macroeconômicas comerciais integradas dos países componentes do Bloco. Aliás, no comércio entre eles, são aplicadas tarifas diferentes da TEC.

As alíquotas podem ser:

a) *específicas*: valor que incide sobre unidade de medida (Exemplo: R$ 50,00 por m³);
b) *ad valorem*: incidência sobre o valor da operação (Exemplo: 5% de R$ 10.000);
c) *mista*: combinação das duas formas até aqui listadas (Exemplo: 10% do que exceder a R$ 5.000,00 e R$ 5,00 por kg).

Frise-se que a alíquota aplicável é a contemporânea da efetiva introdução do produto no território nacional, conforme decisão do STF (RE 73.419).

Para o cálculo do imposto, à luz do art. 143 do CTN, os valores em moeda estrangeira devem ser convertidos pela taxa de câmbio vigente no momento da entrada da mercadoria (registro, na repartição competente, da declaração de desembaraço aduaneiro – Súmulas 46 e 47 do extinto TFR).

17.3.6. Notas gerais

a) *O II e os tributários princípios da legalidade e anterioridade*: ao Poder Executivo é facultada, dentro dos limites da lei, alterar as alíquotas do II, consoante o disposto no art. 153, § 1.º, da CF. O art. 150, § 1.º, estabelece, também, que o II não se submete aos princípios da anterioridade anual e anterioridade nonagesimal; Ver STJ: REsp 1.492.832/DF.
b) *Zona Franca de Manaus*: a área intitulada "zona franca" representa um local de livre comércio de importação e exportação, além de ser destinatário de incentivos fiscais especiais. A Zona Franca de Manaus foi criada pelo Dec.-Lei n.º 288/1967, e, em 2014, teve seu benefício prorrogado para 2073 pela EC n.º 83/2014;
c) *O II e o drawback*: consiste no ressarcimento do Imposto de Importação pago pela matéria-prima ou insumos quando o produto acabado é exportado; Ver STJ: REsp 1.404.148/PE, REsp 1.310.141/PR e Súmula n.º 569.
d) *O II e o dumping*: consiste na introdução, no mercado de um país, de mercadorias com preços abaixo do praticado, de modo a aniquilar a concorrência;
e) *O II e o GATT – Acordo Geral sobre Tarifas e Comércio*: firmado em 1947, na Suíça, o GATT é um importante acordo internacional do qual o Brasil é signatário. Visa estabelecer e administrar regras para o comércio internacional, ajudar os governos a reduzir tarifas alfandegárias ou aduaneiras e abolir as barreiras comerciais entre as partes contratantes;

DIREITO TRIBUTÁRIO ESSENCIAL – *Eduardo Sabbag*

f) *O II e o Regulamento aduaneiro (RA)*: o Regulamento Aduaneiro normatiza as atividades aduaneiras no País, estando previsto no Dec. n.º 6.759/2009;

g) Súmula 569 do STJ: "Na importação, é indevida a exigência de nova certidão negativa de débito no desembaraço aduaneiro, se já apresentada a comprovação da quitação de tributos federais quando da concessão do benefício relativo ao regime de drawback." Ver STJ: REsp 1.041.237, REsp 196.161 e REsp 652.276.

h) A pena de perdimento e o pagamento do tributo: em 22 de setembro de 2016, a 2ª Turma do STJ, no REsp 1.385.366/ES (rel. Min. Herman Benjamin), entendeu que a eventual quitação do tributo devido (numa importação) não implica o direito ao descumprimento das normas que disciplinam a legislação alfandegária. Dessa maneira, mesmo que tenha ocorrido o adimplemento do tributo, haverá amplo espaço para a decretação administrativa da pena de perdimento de bens importados quando houver a adulteração de dados essenciais (origem do produto importado), a fim de que este chegue ao consumidor final como se fosse produto nacional (art. 105, VIII, do Decreto-Lei n.º 37/66). De acordo com o relator, "a pena de perdimento não constitui sanção cujo fato gerador tenha por base a inadimplência de tributo. Portanto, a circunstância de a recorrente haver adimplido a obrigação de conteúdo pecuniário não a exime de observar a legislação alfandegária e respeitar os valores por ela protegidos. Em outras palavras, a quitação do tributo devido não implica direito ao descumprimento das normas que disciplinam o direito alfandegário".

Ver STJ: EREsp 1.316.269/SP.

17.4. IE – IMPOSTO SOBRE A EXPORTAÇÃO, PARA O EXTERIOR, DE PRODUTOS NACIONAIS OU NACIONALIZADOS (ARTS. 23 A 28 DO CTN C/C ART. 153, II, DA CF)

17.4.1. Competência e sujeito ativo

Conforme redação do art. 153, II, da CF, compete à União instituir imposto sobre exportação, para o exterior, de produtos nacionais ou nacionalizados. O IE possui caráter eminentemente extrafiscal.

A "exportação" significa a saída, do território nacional, de mercadorias nacionalizadas para adquirente situado no exterior. O "produto nacional" é aquele produzido dentro do país. A "mercadoria nacionalizada" é a mercadoria estrangeira, importada a título definitivo (212, § 1.º, do Dec. n.º 6.759/2009), ocorrida após a sequência dos atos que a transferem da economia estrangeira para a economia nacional.

17.4.2. Sujeito passivo

O sujeito passivo do IE é o exportador, ou seja, qualquer pessoa que promova a saída de mercadoria nacional ou nacionalizada do país (art. 27 do CTN e art. 5.º do Dec.-Lei n.º 1.578/1977).

Cap. 17 – IMPOSTOS FEDERAIS EM ESPÉCIE

17.4.3. Fato gerador

O fato gerador do IE é a saída do território nacional, para o exterior, de produtos nacionais ou nacionalizados. O elemento temporal ocorre no momento da liberação, pela autoridade aduaneira, ou na data de embarque (ou saída), constantes na Declaração de Exportação. Portanto, por ficção jurídica, o fato gerador ocorre no momento em que é expedida a guia de exportação (ou documento equivalente), podendo ser o imposto exigido pela Receita Federal do Brasil, a seu critério, antes que se opere a saída da mercadoria, nos termos do art. 1.º, § 1.º, do Dec.-Lei n.º 1.578/1977.

17.4.4. Base de cálculo

A base de cálculo do IE será:

a) *A quantidade de mercadoria*: quando a alíquota prever valores fixos, aplicáveis ao modo de apresentação do bem (Exemplo: R$ 15,00 por tonelada);

b) *A expressão monetária ou preço normal*: é o valor aduaneiro previsto no GATT para os casos em que a alíquota for *ad valorem* (Exemplo: 15% sobre o preço normal). A base de cálculo é o preço que a mercadoria teria em uma venda em condições de livre concorrência no mercado internacional. Assim, o Fisco resulta desvinculado do valor constante na fatura comercial.

c) O preço de arrematação do produto adquirido em licitação.

17.4.5. Alíquotas

A TAB (Tarifa Aduaneira Brasileira) prevê dois tipos de alíquotas para o IE:

a) *Específicas*: alíquota incidente sobre unidade de medida prevista em lei (Exemplo: R$ 12,00 por tonelada);

b) *Ad valorem*: aplicação de percentual sobre o valor da operação. No presente momento, encontra-se fixada em 30%, sendo facultado ao Executivo majorá-la até cinco vezes (art. 3.º do Dec.-Lei n.º 1.578/1977), podendo alcançar a alíquota máxima de 150%.

17.4.6. Notas gerais

a) *O IE e os tributários princípios da legalidade e anterioridade*: a exemplo do que ocorre com outros impostos federais já estudados, os arts. 153, § 1.º, e 150, § 1.º, ambos da CF, afastam o IE dos tributários princípios da legalidade e anterioridade (anual e nonagesimal);

b) *O IE e a prática jurídica alienígena*: este tipo de imposto é pouco exigido nos países em geral, por retirar a competitividade dos produtos no comércio internacional.

Ver Lei n.º 13.292/2016.

17.5. IPI – IMPOSTO SOBRE PRODUTOS INDUSTRIALIZADOS (ARTS. 46 A 51 DO CTN E ART. 153, IV, DA CF)

17.5.1. Competência e sujeito ativo

O IPI é de competência da União (art. 153, IV, da CF) e tem como características principais: mostra-se como um imposto real (incide sobre determinada categoria de bens) e possui caráter fiscal.

Todavia, para além do caráter fiscal, o IPI também possui uma função regulatória, gravando mais pesadamente artigos supérfluos e nocivos à saúde, o que o faz atender o princípio da *essencialidade*, ou seja, quanto mais supérfluo, maior a exação. Na sua aplicação, utiliza-se a técnica da *seletividade*, de forma a variar a incidência das alíquotas em função da essencialidade do produto, ou seja, produtos de primeira necessidade possuem baixa tributação, e os supérfluos, alta tributação.

17.5.2. Sujeito passivo

O sujeito passivo do IPI será:

a) O importador ou equivalente por lei;

b) O industrial ou equivalente por lei;

c) O comerciante dos produtos sujeitos ao IPI, que os forneça a industriais ou a estes equiparáveis;

d) O arrematante de produtos apreendidos ou abandonados, levados a leilão.

17.5.3. Fato gerador

O fato gerador, conforme art. 46 do CTN, poderá ser:

a) A importação (início do desembaraço aduaneiro);

b) A saída do estabelecimento industrial (ou equiparável) de produto industrializado;

c) Aquisição em leilão de produto industrializado abandonado ou apreendido;

d) Outras hipóteses previstas em lei.

O fato gerador será considerado ocorrido, também, quando se der um retorno de mercadoria, despontando, entretanto, as seguintes exceções, ligadas a específicos "retornos de mercadorias":

a) Retorno de mercadoria enviada em consignação, e não vendida no prazo;

b) Retorno de mercadoria por defeito técnico, para reparo ou substituição;

c) Retorno de mercadoria por modificações na sistemática de importação de país importador;

Cap. 17 – IMPOSTOS FEDERAIS EM ESPÉCIE

d) Retorno de mercadoria por motivo de guerra ou calamidade pública;
e) Retorno de mercadoria por motivos alheios à vontade do exportador.

Ver STJ: REsp 1.396.488/SC-2015, REsp 1.429.656/PR-2014, EREsp 1.411.749/ PR-2014, EREsp 1.403.532/SC, REsp 1.464.935/PR-2015, REsp 1.396.488/SC, EREsp 1.398.721/SC, REsp 1.464.935/PR, EREsp 1.403.532/SC e EREsp 734.403/RS.

17.5.3.1. Conceito de "industrialização"

O produto que tenha sido objeto de qualquer operação que lhe modifique a natureza ou finalidade, ou o aperfeiçoe para consumo, é considerado "industrializado", para fins de incidência de IPI. As referidas operações podem ser: transformação, beneficiamento, montagem etc.

a) *Transformação*: processo mecanizado ou semimecanizado, automatizado ou semiautomatizado, que dá nova forma e finalidade à matéria-prima, transformando-a em um produto com forma, fins e conceitos diferentes daqueles que lhe eram atribuídos antes do processo. Saliente-se que o bem que resulta da transformação recebe nova classificação na tabela do IPI. Exemplos:
  • Transformação de madeira serrada (matéria-prima), tecido, espuma, molas, pregos (produtos intermediários) em novo produto, por exemplo, em uma poltrona estofada;
  • Transformação de granito em blocos de pedra-sabão, para asfaltamento (Súmula n.º 81 do TFR);

b) *Beneficiamento*: processo no qual há modificação, aperfeiçoamento, embelezamento ou alteração de funcionamento de um produto que já existe. O novo produto permanece na originária classificação, sem receber nova nomenclatura de mercadorias. Exemplos:
  • Envernizamento de móveis, com colocação de puxadores e frisos;
  • Mudança em veículos de cabine simples para cabine dupla;

c) *Montagem*: reunião de produtos e partes preexistentes, dentro de uma nova sistematização, tendo como resultado um produto novo. O produto resultante pode ou não ter nova classificação fiscal ou manter a classificação do produto original;

d) *Acondicionamento ou reacondicionamento*: alteração da apresentação do produto ao consumidor, criando novo estímulo para sua aquisição. Não se inclui a alteração de embalagens para transporte. Exemplos:
  • Estojo de produtos de higiene, composto por escova de dente, pasta dental e fio dental (o estojo terá classificação fiscal correspondente ao produto do estojo da alíquota maior);

e) *Renovação ou recondicionamento*: é a revitalização de um produto usado ou inutilizado, restaurando-o com o fito de torná-lo um produto novo. O produto continua a ter a classificação fiscal original. Exemplo:
  • Baterias automotivas recondicionadas.

17.5.4. Base de cálculo

A base de cálculo do IPI ganha formatos diversos, conforme o fato gerador do imposto, cujas modalidades já foram expostas, à luz do art. 46 do CTN:

1. FATO GERADOR: o desembaraço aduaneiro de produto industrializado, quando de procedência estrangeira (art. 46, I, CTN).

BASE DE CÁLCULO: o preço normal (art. 47, I, CTN), vale dizer, aquele preço "que o produto, ou seu similar, alcançaria, ao tempo da importação, em uma venda em condições de livre concorrência, para entrega no porto ou lugar de entrada do produto no País" (art. 20, II, CTN). Em termos simples, preço "normal" é o preço de venda à vista.

A essa base de cálculo, ao momento do despacho aduaneiro, devem ser acrescidos os valores correspondentes ao próprio imposto de importação, às taxas aduaneiras de entrada no País e aos encargos cambiais (alíneas "a", "b" e "c" do inciso I do art. 47 do CTN). A propósito, a inclusão do imposto de importação na base de cálculo do IPI, embora represente a tributação de imposto sobre imposto, pode justificar-se, nesse caso, como meio de proteção à indústria nacional.

2. FATO GERADOR: a saída do produto industrializado do estabelecimento de qualquer natureza, ou seja, de importador, industrial, comerciante ou arrematante (art. 46, II, CTN).

BASE DE CÁLCULO: o valor da operação de que decorrer a saída da mercadoria (art. 47, II, "a", CTN). Esse valor da operação é representado pelo preço do produto, acrescido do valor do frete e das demais despesas acessórias cobradas ou debitadas pelo contribuinte ao comprador ou destinatário. *Ad argumentandum*, na falta desse valor da operação, teremos uma nova base de cálculo: o preço corrente da mercadoria, ou sua similar, no mercado atacadista da praça do remetente (art. 47, II, "b", CTN).

3. FATO GERADOR: a arrematação do produto industrializado, quando apreendido ou abandonado e levado a leilão (art. 46, III, CTN).

BASE DE CÁLCULO: o próprio preço da arrematação (art. 47, III, CTN).

A base de cálculo do IPI, consoante o art. 47 do CTN, varia conforme a hipótese de incidência, podendo ser:

a) *O valor da operação de saída do estabelecimento do contribuinte*: é representada pelo preço do produto, mais frete e demais despesas acessórias cobradas ou debitadas pelo contribuinte ao comprador;

b) *O preço normal, somado ao imposto de importação, taxas aduaneiras e encargos cambiais*: representa o pagamento de "imposto sobre imposto" com a justificativa de proteção à indústria nacional;

c) *O preço de arrematação de produto apreendido, abandonado e leiloado*.

Ver STF: RE 567.935/SC-2014.

17.5.5. Alíquotas

As alíquotas do IPI são proporcionais, já que, em princípio, haverá variação de forma constante em função da grandeza econômica tributada. Podem variar de 0%

Cap. 17 – IMPOSTOS FEDERAIS EM ESPÉCIE **329**

a 365,63% (no caso do cigarro, por exemplo). O imposto será calculado pela alíquota de cada produto, conforme a TIPI (baseada na Nomenclatura Comum do Mercosul – NMC, parte do Dec. n.º 2.376/1997). No plano arrecadatório, nota-se que o maior volume de arrecadação do IPI provém de cigarros, bebidas e veículos.

A nova Tabela de Incidência do Imposto sobre Produtos Industrializados (TIPI) foi aprovada pelo Decreto n.º 8.950, de 29.12.2016. A TIPI é a matriz de alíquotas referenciais para incidência do IPI sobre produtos industrializados no mercado interno ou importados e precisou ser atualizada em razão da edição da Resolução Camex n.º 125, de 15.12.2016, que altera a NCM para adaptação às modificações do Sistema Harmonizado 2017 (SH-2017), desenvolvido e atualizado pela Organização Mundial de Aduanas (OMA).

Ver STJ: REsp 1.405.244/SP.

17.5.6. Notas gerais

a) *Alíquota zero*: opção adotada pelo legislador para não utilizar a isenção, sendo permitida somente com a edição de lei. Está inserida na característica extrafiscal do imposto. Reiterando, não se pode confundir *alíquota zero* com *isenção* ou *imunidade*; Ver STF: PSV 26/DF.

b) *Seletividade do IPI*: técnica baseada na variação das alíquotas em função da essencialidade do produto. Quanto mais essencial, menor a alíquota e, por lógica, quanto mais supérfluo, maior a alíquota.

c) *Não cumulatividade* (value added): o princípio da não cumulatividade, aplicável ao IPI, indica que, em cada operação tributada, o valor do imposto pago deverá ser abatido da operação imediatamente anterior. Procede-se ao registro contábil como crédito do IPI na entrada de uma mercadoria. Na saída, registra-se o valor do IPI como débito. Ao fim do período, realizam-se os cálculos contábeis e, caso o débito supere os créditos, recolher-se-á o tributo; se os créditos suplantarem os débitos, o saldo credor será transferido para uso nos períodos seguintes. O cálculo dos impostos não cumulativos pode se dar por *adição* ou *subtração*. Nas compensações das incidências anteriores e atuais, usa-se a *subtração*, que pode se dar pelo método de *base sobre base* (*Tax on base*), no qual se comparam as bases de cálculo, ou pelo sistema *imposto sobre imposto* (*Tax on tax*), em que se abate do tributo devido na saída o importe da operação antecedente. O sistema de imposto sobre imposto é o adotado pela legislação brasileira. Ver STJ: REsp 1.382.354/PE. Ver STF: RE 592.891/SP, RE 596.614/SP, REsp 811.486/RN e REsp 1.682.920/SP.

d) *O IPI e os tributários princípios da legalidade e anterioridade*: o art. 153, § 1.º, da CF, faculta ao Poder Executivo a alteração das alíquotas do IPI, indicando-se uma mitigação do princípio da legalidade tributária. Quanto à majoração das alíquotas, o IPI deve respeitar a regra nonagesimal, por não estar listado nas ressalvas do art. 150, § 1.º, "parte final", da CF.

e) *O IPI e as exportações*: os produtos destinados à exportação estão dispensados de IPI (art. 153, § 3.º, III, da CF c/c Súmula 536 do STF).

f) Isenção para o IPI: em 24 de março de 2015, a 1.ª Turma do STJ, no REsp 1.390.345/RS entendeu que "a isenção de IPI para aquisição de automóvel por pessoa com necessidades especiais (art. 1.º, IV, da Lei 8.989/1995) poderá ser novamente concedida antes do término do prazo de 2 anos contado da aquisição (art. 2.º), se o veículo vier a ser roubado durante esse período". Ver STJ: REsp 1.370.760/RN-2013.

g) *O IPI e a aquisição de bens de capital*: haverá atenuação legal do impacto do IPI sobre a aquisição de bens de capital pelo contribuinte do imposto (art. 153, § 3.º, IV, da CF).

h) *O IPI na base de cálculo do ICMS*: segundo o art. 155, § 2.º, XI, da CF, o IPI não integrará a base de cálculo do ICMS quando a operação, estando simultaneamente sujeita aos dois impostos, for realizada entre contribuintes e se referir a produto destinado à industrialização ou à comercialização. Exemplo: uma indústria que vende um determinado produto por R$ 1.000,00 e alíquota de IPI de 10%, gerando uma nota fiscal de R$ 1.100,00. Se tal produto for vendido para outra indústria (portanto, entre contribuintes), com uma alíquota de ICMS de 20%, teremos incidência de ICMS somente sobre os R$ 1.000,00 (20% de R$ 1.000,00 = R$ 200,00). Caso a primeira indústria venda o produto para um consumidor final (portanto, entre contribuinte e não contribuinte), o ICMS incidirá sobre os R$ 1.100,00 (valor do produto + IPI).

A *contrario sensu*, a Constituição Federal autoriza os Estados a incluírem o IPI na base de cálculo do ICMS, nas seguintes operações:

I – com produto não destinado à industrialização ou comercialização;

II – entre contribuinte e não contribuinte do ICMS.

i) Crédito presumido decorrente da entrada de insumos isentos – de acordo com a Súmula Vinculante 58: "Inexiste direito a crédito presumido de IPI relativamente à entrada de insumos isentos, sujeitos à alíquota zero ou não tributáveis, o que não contraria o princípio da não cumulatividade".

j) A Primeira Seção do Superior Tribunal de Justiça, por ocasião do julgamento do Recurso Especial Representativo da Controvérsia analisado em 25/02/2015, submetido ao rito dos recursos especiais repetitivos, firmou o entendimento de que "não incide IPI sobre veículo importado para uso próprio, tendo em vista que o fato gerador do referido tributo é a operação de natureza mercantil ou assemelhada e, ainda, por aplicação do princípio da não cumulatividade". Todavia, o Supremo Tribunal Federal, no julgamento do RE n.º 723.651/PR, em repercussão geral (Tema n.º 643/STF), firmou tese de que "incide o imposto de produtos industrializados na importação de veículo automotor por pessoa natural, ainda que não desempenhe atividade empresarial e o faça para uso próprio". Nesse contexto, o Superior Tribunal de Justiça, diante do efeito vinculante dos pronunciamentos emanados em via de repercussão geral, passou a adotar o posicionamento do Supremo Tribunal Federal segundo o qual incide o IPI na importação de automóvel por pessoas físicas para uso próprio, haja vista que tal cobrança não viola o princípio da não cumulatividade nem configura bitributação.

(2018/Ieses/TJ-CE/Titular de Serviços de Notas e de Registros) Acerca do IPI – Imposto sobre Produtos Industrializados e sua previsão na Constituição Federal é possível afirmar, EXCETO que:

a) Terá reduzido seu impacto sobre a aquisição de bens de capital pelo contribuinte do imposto, na forma da lei.

b) Incidirá sobre produtos industrializados destinados ao exterior.

c) Será não cumulativo, compensando-se o que for devido em cada operação com o montante cobrado nas anteriores.

d) Será seletivo, em função da essencialidade do produto.

Resposta: B

Comentários:

CF, art. 153: "Compete à União instituir impostos sobre:

IV – produtos industrializados;

(...)

§ 3º O imposto previsto no inciso IV:

I – será seletivo, em função da essencialidade do produto;

II – será não cumulativo, compensando-se o que for devido em cada operação com o montante cobrado nas anteriores;

III – não incidirá sobre produtos industrializados destinados ao exterior.

IV – terá reduzido seu impacto sobre a aquisição de bens de capital pelo contribuinte do imposto, na forma da lei".

17.6. IR – IMPOSTO SOBRE A RENDA E PROVENTOS DE QUALQUER NATUREZA (ART. 153, III, DA CF; ARTS. 43 A 45 DO CTN)

17.6.1. Competência e sujeito ativo

O Imposto sobre a Renda é da competência da União, conforme se dispõe no art. 153, III, da CF.

O Imposto sobre a Renda se constitui na principal fonte de receita da União, no campo dos impostos federais, e possui, marcadamente, caráter fiscal.

17.6.2. Sujeito passivo

É a pessoa física ou jurídica titular de renda ou provento de qualquer natureza.

A fonte pagadora pode ser a responsável pela retenção e recolhimento do IR (*stoppage at source*), quando a lei assim o determinar. Nesse caso, a fonte pagadora (empresa) figura como responsável, e o empregado, como contribuinte.

17.6.3. Fato gerador

É a aquisição de disponibilidade econômica ou jurídica de renda e de proventos de qualquer natureza. A aquisição de renda pode ser proveniente do capital, do

DIREITO TRIBUTÁRIO ESSENCIAL – *Eduardo Sabbag*

trabalho ou de ambos. A expressão "proventos de qualquer natureza" indica aqueles não abarcados no conceito de renda.

17.6.3.1. Definição de renda e de proventos de qualquer natureza

A hipótese de incidência do IR é o acréscimo patrimonial por aquisição de disponibilidade econômica ou jurídica de renda ou por proventos de qualquer natureza.

A renda é a expressão jurídica, utilizável pela fenomenologia tributária para indicar o acréscimo de patrimônio. A "renda" expressa conteúdo de riqueza e revela incremento, acréscimo.

A disponibilidade econômica ou jurídica (de renda) pode variar em função de:

a) *renda de capital*: aluguel, royalties, recebimentos decorrentes de aplicações, lucros etc.;

b) *renda do trabalho*: salário, honorários, comissões etc.;

c) *renda da combinação do capital e do trabalho*: pró-labores, lucro etc.;

d) *proventos de qualquer natureza*: acréscimos patrimoniais não compreendidos no mencionado conceito de renda – aposentadorias, pensões, ganhos em loterias, doações etc.

Passemos aos conceitos de disponibilidade econômica e disponibilidade jurídica.

- A *disponibilidade econômica* é a aquisição da faculdade de usar, gozar e dispor de dinheiro ou coisas conversíveis. Representa o "ter concretamente";
- A *disponibilidade jurídica* é a aquisição de direitos sobre créditos não sujeitos à condição suspensiva, ou seja, títulos ou documentos de liquidez e certeza. Representa o "ter o direito". Frise-se que o IR somente incidirá se houver acréscimo patrimonial, sem haver necessidade de que o rendimento seja efetivamente recebido, bastando que o sujeito passivo tenha adquirido o direito de crédito, ou seja, a disponibilidade jurídica. Exemplo: se um comerciante vende uma mercadoria no último dia do ano, porém recebe o valor 30 dias depois, considera-se, para efeitos de incidência do IR, a data da venda, pois nela o comerciante adquiriu a disponibilidade jurídica.

17.6.4. Base de cálculo

A base de cálculo do Imposto sobre a Renda, consoante o art. 44 do CTN, é a soma dos fatores algébricos positivos e negativos agregados ao patrimônio. Consiste no montante real, arbitrado ou presumido, da renda e do provento de qualquer natureza. Cabe a ressalva de que "renda presumida" não existe, pois só pode ser presumido ou arbitrado o montante da renda.

No Brasil, utiliza-se o critério de aferição da base de cálculo pelo montante absoluto da renda ou provento, também conhecido como *critério global ou unitário*.

Cap. 17 – IMPOSTOS FEDERAIS EM ESPÉCIE **333**

Nesse critério, as alíquotas incidem sobre o total dos rendimentos, seja qual for sua origem. Dessa forma, as alíquotas incidirão sobre o crédito líquido, que nada mais é que a diferença entre a renda ou provento bruto e os encargos, reais ou presumidos, permitidos pela lei (planos de saúde, despesas com educação etc.).

17.6.4.1. Definição de patrimônio

O patrimônio perfaz o conjunto de direitos e obrigações dos quais uma pessoa é titular. É formado pelos direitos reais (exemplo: propriedade), direitos pessoais (exemplo: direitos de crédito) e direitos intelectuais (exemplo: direitos autorais).

17.6.5. Alíquotas

A tabela do IRPF apresenta quatro alíquotas, 7,5%, 15%, 22,5% e 27,5%, havendo o campo da isenção para rendimentos até R$ 1.903.98 mensais. Em tempo, frise-se que não houve alteração para os valores correspondentes ao exercício de **2020** (ano-calendário 2019).

Base de cálculo mensal em R$	Alíquota %	Parcela a deduzir do imposto em R$
Até 1.903,98	–	–
De 1.903,99 até 2.826,65	7,5	142,80
De 2.826,66 até 3.751,05	15,0	354,80
De 3.751,06 até 4.664,68	22,5	636,13
Acima de 4.664,68	27,5	869,36

O art. 153, § 2.º, I, da CF prevê que as alíquotas do IR sejam fixadas sob os seguintes princípios: *generalidade, universalidade e progressividade*. Apreciemos a análise dos critérios informadores específicos do IR:

a) *Generalidade*: abarca todos os contribuintes que obtêm acréscimos patrimoniais, sem distinções entre pessoas ou profissões (art. 126, I e II, do CTN);
b) *Universalidade*: abarca todos os fatos que possam estar na hipótese de incidência (art. 43, § 1.º, do CTN);
c) *Progressividade*: conforme o aumento patrimonial, aumentar-se-á a tributação (art. 153, § 2.º, I, da CF).

17.6.6. Notas gerais

a) *O Imposto sobre a Renda de Pessoa Física (IRPF)*: o fato gerador é a receita líquida. Este sistema é também chamado de *Acruall Basis*. A Lei n.º 7.713/1988 previu apenas duas alíquotas que vigoraram até dezembro de 2008, quando o governo anunciou duas novas alíquotas. A tabela atual do IRPF apresenta quatro alíquotas, 7,5%, 15%, 22,5% e 27,5%, havendo o campo da isenção para rendimentos até R$ 1.903,98 mensais;

b) *O Imposto de Renda de Pessoa Jurídica (IRPJ)*: além das hipóteses tributadas exclusivamente na fonte, o fato gerador engloba o lucro (apuração trimestral). O lucro de pessoa jurídica ou equiparada pode ser auferido pelos seguintes critérios:

- *Lucro real*: é auferido com base na contabilidade real. Resulta da diferença entre a receita bruta e as despesas operacionais e consiste no lucro líquido do período-base, ajustado pelas adições, exclusões ou compensações previstas na legislação. Esta modalidade é obrigatória para as empresas indicadas na Lei n.º 9.718/1998. As pessoas jurídicas que adotam a sistemática do lucro real podem optar pelo recolhimento *por estimativa*, em que um valor mensal do imposto é recolhido com base em um lucro estimado, fixado em lei. Ao fim do exercício fiscal, procede-se ao ajuste, abatendo-se o valor que foi pago mensalmente por estimativa. Ver STJ: REsp 1.138.695/SC.

- *Lucro presumido*: a pessoa jurídica não obrigada por lei a apurar o lucro real, pode optar por este sistema. Consiste na presunção legal de que o lucro é o percentual estabelecido pela empresa sobre a receita bruta durante o exercício fiscal. Exemplo: 16% para serviços de transporte, 32% para serviços gerais etc. Ver STJ: AgRg no REsp 1.423.160/RS-2014, REsp 1.385.860/CE-2015 e REsp 1.298.441/GO.

- *Lucro arbitrado*: ocorre quando é impossível apurar o lucro pelos critérios do lucro real ou lucro presumido, devido ao descumprimento de obrigações tributárias acessórias (Exemplo: não apresentação regular dos livros fiscais ou comerciais). Nesses casos, a autoridade fiscal fará a arbitragem do lucro. Cabe salientar que, com a promulgação da Lei n.º 8.981/1995, tornou-se possível que a pessoa jurídica comunique, espontaneamente, a autoridade fiscal sua impossibilidade de apurar o lucro real ou presumido, sujeitando-se à tributação pelo lucro arbitrado. Frise-se que a Lei 12.973/2014 trouxe importantes alterações para a matéria, devendo suas normas valer a partir de janeiro de 2015.

c) *O IR e a tributação internacional*: é praxe internacional tributar a renda no país de quem a aufere, ou seja, a renda será tributada no país onde reside o contribuinte, exceto no caso de possuir residência ou comércio em outro país. O Brasil é signatário de tratados com diversos países para evitar dupla tributação.

d) *O IR e as verbas indenizatórias*: as verbas indenizatórias não estão sujeitas ao IR, pois não têm caráter de salário. Ver STJ: AgRg no REsp 1.439.516/PR-2014, REsp 1.218.222/RS-2014 e REsp 1.464.786/RS-2015.

e) *O IR e o Princípio da Anterioridade Tributária*: após a EC n.º 42/2003, o IR passou a ser considerado uma exceção ao período de anterioridade qualificada ou nonagesimal (art. 150, § 1.º, *in fine*, da CF). Dessa forma, o IR deve atender ao princípio da anterioridade anual, sem respeitar o período de 90 dias.

Cap. 17 – IMPOSTOS FEDERAIS EM ESPÉCIE **335**

f) *IR e a isenção sobre os proventos da previdência privada como complementação da aposentadoria (moléstia grave)*: em 10 de fevereiro de 2015, a 2.ª Turma do STJ, no REsp 1.507.320/RS entendeu que são isentos do imposto de renda os proventos percebidos de fundo de previdência privada a título de complementação da aposentadoria por pessoa física acometida de uma das doenças arroladas no art. 6.º, XIV, da Lei n.º 7.713/88. Ver EREsp 1.121.719/SP-2014. Em 09.12.2015, o STJ lapidou a Súmula nº 556: "É indevida a incidência de imposto de renda sobre o valor da complementação de aposentadoria pago por entidade de previdência privada e em relação ao resgate de contribuições recolhidas para referidas entidades patrocinadoras no período de 1º.01.1989 a 31.12.1995, em razão da isenção concedida pelo art. 6º, VII, *b*, da Lei nº 7.713/1988, na redação anterior à que lhe foi dada pela Lei nº 9.250/1995."

Do ponto de vista axiológico, tal benefício fiscal, endereçado àqueles que detêm doenças graves, objetiva mitigar o impacto da tributação sobre a renda necessária para a subsistência do enfermo e para a manutenção dos custos do tratamento da moléstia, propiciando uma condição minimamente digna diante da doença.

Ainda na seara da isenção do IR, frise-se que, em 12 de dezembro de 2018, a Primeira Seção do STJ aprovou a Súmula n.º 627, com o seguinte enunciado: "O contribuinte faz jus à concessão ou à manutenção da isenção do imposto de renda, não se lhe exigindo a demonstração da contemporaneidade dos sintomas da doença nem da recidiva da enfermidade".

Ver Lei nº 13.259/2016, Lei nº 13.315/2016 e IN nº 1.645, de 30.05.2016 – SRF.

g) *IR e a Súmula n. 447 do STJ*: conforme o enunciado sumular, "os Estados e o Distrito Federal são partes legítimas na ação de restituição de imposto de renda retido na fonte proposta por seus servidores". Dessa forma, levando-se em conta que Estados, Distrito Federal e Municípios são responsáveis pela retenção integral (100%) do imposto de renda incidente sobre rendimentos pagos, a qualquer título por eles aos respectivos servidores (arts. 157, I, e 158, I, ambos da CF), é crível que sejam partes legítimas na ação de restituição de imposto de renda retido na fonte proposta por seus servidores.

h) *IR e a liquidação extrajudicial da entidade de previdência privada*: em 13 de setembro de 2017, foi aprovada, na 1ª Seção do STJ, a Súmula n. 590, segundo a qual "constitui acréscimo patrimonial a atrair a incidência do IR, em caso de liquidação de entidade de previdência privada, a quantia que couber a cada participante, por rateio do patrimônio, superior ao valor das respectivas contribuições à entidade em liquidação, devidamente atualizadas e corrigidas".

O plano de previdência complementar é um plano de benefícios realizado por aquele(a) que visa receber, no futuro, uma aposentadoria, custeada por uma entidade de previdência privada. Se esta, desafortunadamente, vier a "quebrar", sua "falência" recebe o nome de liquidação extrajudicial, um processo regido pela LC n.º 109/2001 (arts. 47 e 48) e, subsidiariamente, pela Lei de Falências (Lei n.º 11.101/2005).

Em resumo, quando ocorre o rateio do patrimônio, em razão da liquidação de entidade de previdência privada, se o participante receber uma quantia igual ou inferior ao montante aportado, não haverá fato gerador do IR; por outro lado, se o participante for agraciado com um valor superavitário, terá de pagar o imposto sobre o montante que exceder o total das contribuições realizadas.

i) *IRRF e a cessão de crédito de precatório judicial*: em 19 de setembro de 2017, a 1ª Turma do STJ, no REsp 1.405.296/AL (Rel. Min. Napoleão Nunes Maia Filho), entendeu que "a cessão de crédito de precatório não tem o condão de alterar a base de cálculo e a alíquota do IR, que deve considerar a origem do crédito e o próprio sujeito passivo originariamente favorecido pelo precatório".

j) *IR e a Súmula 598 do STJ*: É desnecessária a apresentação de laudo médico oficial para o reconhecimento judicial da isenção do Imposto de Renda, desde que o magistrado entenda suficientemente demonstrada a doença grave por outros meios de prova. Ressalta-se que, em 17 dezembro de 2018, foi publicada a súmula n.º 627 do STJ com o seguinte teor: "O contribuinte faz jus à concessão ou à manutenção da isenção do imposto de renda, não se lhe exigindo a demonstração da contemporaneidade dos sinto-mas da doença nem da recidiva da enfermidade".

k) *IRRF sobre a remessa de juros ao exterior, em compra de bens a prazo, e a responsabilidade do substituto tributário imune pela retenção do imposto*: Entendemos que a entidade imune (a remetente do juros) apresentase como substituto tributário – e não como "contribuinte" ou "substituído"! –, e, *ipso facto*, a imunidade não tem o condão de afastar ao responsável o dever de retenção do imposto. Assim, a entidade imune deve recolher o IRRF, não se devendo cogitar da imunidade. Ver STJ: REsp 1.480.918/RS.

l) *A incidência do IRPF e a remuneração percebida pelos atletas profissionais a título de "direito de arena"*: Em síntese, a relação jurídicotributária que circunda a prática esportiva, no âmbito do "direito de arena" é sofisticada, envolvendo os seguintes protagonistas: "Clube x Empresa de Comunicação x Sindicato x Atleta". Essencialmente, o CLUBE esportivo firma um contrato oneroso de divulgação dos eventos esportivos com EMPRESAS DE COMUNICAÇÃO (grupos de mídia), de acordo com o art. 42 da Lei **n.º** 9.615/1998 ("Lei Pelé"). Em retribuição, essas empresas remuneram o CLUBE, nos termos pactuados, pelos direitos de divulgação dos elementos audiovisuais das competições. Salvo convenção coletiva de trabalho em contrário, 5% (cinco por cento) sobre a receita proveniente dessa exploração são repassados aos respectivos SINDICATOS, os quais, a seu turno, distribuemnos em cotas iguais aos ATLETAS que participaram do evento, em até 60 (sessenta) dias, descontada a fração do IR, nos termos do art. 46, parágrafo único, do Decreto n. 7.984/2013.

Percebe se, pois, que o valor correspondente ao "direito de arena" constitui autêntico rendimento extra para o atleta participante do espetáculo desportivo, denotando nítido conteúdo de acréscimo patrimonial. Ademais, é condição para fazer jus à parcela relativa ao "direito de arena" que o atleta mantenha relação laboral com o clube, formalizada em um contrato de trabalho. Daí

Cap. 17 – IMPOSTOS FEDERAIS EM ESPÉCIE

se afirmar que a verba em cotejo retribui a própria existência do contrato de labor, deste derivando para que o ganho do atleta seja a contrapartida pela autorização dada para o uso da sua imagem. É evidente a sua natureza insitamente remuneratória, não se cogitando de insígnia indenizatória. Sempre é bom lembrar que o nome conferido à verba é irrelevante, uma vez que, para o STJ, "não condiciona o alcance dos seus efeitos tributários, cuja perquirição independe do epíteto que lhe seja atribuído, por força dos arts. 43, I, § 1º, do CTN, e 3º, § 4º, da Lei n. 7.713/88". Ver STJ: 1.679.649/SP.

m) *A base de cálculo do IRPJ e o crédito presumido de IPI*: em 22 de maio de 2019, a 1ª Seção do STJ, no EREsp 1.210.941/RS (rel. Min. Og Fernandes), entendeu que o crédito presumido (ou ficto) de IPI, previsto no art. 1º da Lei n.º 9.363/1996, integra a base de cálculo do IRPJ e da CSLL, porquanto todo benefício fiscal, relativo a qualquer tributo, ao diminuir a carga tributária, acaba, indiretamente, majorando o lucro da empresa e, consequentemente, impactando na base de cálculo do IRPJ. De fato, nessas situações, o referido imposto está incidindo sobre o lucro da empresa, que é, direta ou indiretamente, influenciado por todas as receitas, créditos, benefícios, despesas etc. Por outro lado, o crédito presumido pode ser excluído da base de cálculo do IRPJ apurado pelo regime do lucro presumido quando o contribuinte comprovar que se refira a período no qual tenha se submetido ao regime de tributação pelo lucro presumido ou arbitrado ou, caso sujeito ao regime do lucro real, não tenha sido feita a dedução (arts. 53 da Lei n.º 9.430/1996 e 521, § 3º, do RIR/99).

17.7. QUADROS-SÍNTESE DO CAPÍTULO

ITR – IMPOSTO SOBRE PROPRIEDADE TERRITORIAL RURAL

Competência e Sujeito Ativo	União.
Sujeito Passivo	– proprietário (pleno, de domínio exclusivo ou na condição de coproprietário); – titular do domínio útil (enfiteuta e usufrutuário); – possuidor (*ad usucapionem*): refere-se à "posse" com possibilidade de aquisição do domínio ou propriedade por meio da usucapião (posse com *animus dominii*). Nos casos em que haja um proprietário e um possuidor, o primeiro será o contribuinte do ITR, em função da propriedade ter sido eleita como fato gerador. É o que comumente ocorre nos casos de arrendamento do terreno rural, em que o arrendatário detém a posse, mas o imposto é exigido do proprietário.
Fato Gerador	É a propriedade, o domínio útil ou a posse de imóvel por natureza, localizado fora da zona urbana do município, em 1.º de janeiro de cada ano.
Base de Cálculo	Valor fundiário do imóvel. Tal valor corresponde ao Valor da Terra Nua (VTN), que reflete o preço de mercado de terras, apurado em 1.º de janeiro do ano.
Alíquotas	Serão proporcionais e progressivas, conforme o grau de utilização da área rural:

IOF – IMPOSTO SOBRE OPERAÇÕES DE CRÉDITO, CÂMBIO E SEGURO OU SOBRE OPERAÇÕES RELATIVAS A TÍTULOS OU VALORES MOBILIÁRIOS

Competência e Sujeito Ativo	União.
Sujeito Passivo	– as pessoas físicas ou jurídicas tomadoras de crédito (art. 4.º); – as compradoras ou vendedoras de moeda estrangeira em operações referentes à transferência financeira para o exterior (art. 12); – as pessoas físicas ou jurídicas seguradas (art. 19); – adquirentes de títulos ou valores mobiliários e instituições financeiras (art. 26, I e II); – as instituições autorizadas pelo Banco Central do Brasil a efetuar a primeira aquisição de ouro, ativo financeiro, ou instrumento cambial (art. 37).
Fato Gerador	– nas operações de crédito: a efetivação pela entrega total ou parcial do montante que constitua o objeto da obrigação, ou a sua colocação à disposição do interessado (art. 3.º); – nas operações de câmbio: a efetivação, pela entrega de moeda nacional ou estrangeira, ou de documento que a represente, ou sua colocação à disposição do interessado, em montante equivalente à moeda estrangeira ou nacional, entregue ou posta à disposição por este (art. 11); – nas operações de seguro: a efetivação, pela emissão da apólice ou documento equivalente, ou recebimento do prêmio, na forma da lei (art. 18); – nas operações relativas a títulos e valores mobiliários: a emissão, transmissão, pagamento ou resgate, na forma da lei (art. 25). Nos casos em que as três situações mencionadas ocorrerem na operação, o IOF incidirá somente uma vez.
Base de Cálculo	a) nas operações de crédito: o montante (principal mais juros); b) nas operações de câmbio: o montante em moeda nacional, recebido, entregue ou posto à disposição; c) Nas operações de seguro: o valor do prêmio; d) nas operações relativas a títulos e valores mobiliários: – valor nominal mais ágio, se houver; – o preço, o valor nominal ou valor da cotação em bolsa, conforme a lei (na transmissão); – o preço no pagamento ou no resgate.
Alíquotas	– nas operações de crédito (art. 6.º do Dec. n.º 6.306/2007): alíquota máxima de 1,5% ao dia incidente sobre o valor das operações; – nas operações de câmbio (art. 15): alíquota máxima de 25% incidente sobre o montante em moeda nacional correspondente ao valor em moeda estrangeira, recebido, entregue ou posto à disposição; – nas operações de seguro (art. 22): alíquota máxima de 25% incidente sobre o valor do prêmio pago; – nas operações relativas a títulos ou valores mobiliários (art. 29): alíquota máxima de 1,5% ao dia; – nas operações com ouro (ativo financeiro ou instrumento cambial – arts. 38 e 39): alíquota de 1% com base de cálculo sendo o preço de aquisição do ouro, desde que dentro dos limites de variação da cotação no mercado, no dia da operação.

II – IMPOSTO SOBRE A IMPORTAÇÃO DE PRODUTOS ESTRANGEIROS

Competência e Sujeito Ativo	União.

Cap. 17 – IMPOSTOS FEDERAIS EM ESPÉCIE **339**

Sujeito Passivo	– o importador (qualquer pessoa física ou jurídica que efetue a entrada de mercadoria procedente do exterior destinada a permanecer definitivamente no País) ou o que a lei a ele equiparar; – o arrematante de produtos apreendidos ou abandonados; – o destinatário de remessa postal internacional indicado pelo remetente; – o adquirente de mercadoria em entreposto aduaneiro.
Fato Gerador	É a entrada real ou ficta de produto estrangeiro no país.
Elemento Temporal	Por ficção jurídica, ocorre no início do despacho aduaneiro, ou seja, no momento da apresentação (ou registro) da Declaração de Importação, ou documento equivalente, à autoridade aduaneira, para a liberação de mercadoria entrepostada ou depositada.
Base de Cálculo	– a quantidade de mercadoria, expressa na unidade de medida constante na Tarifa Aduaneira do Brasil (TAB), nos casos em que a alíquota for específica (Exemplo: R$ X, XX por tonelada ou por metro – art. 20, I, do CTN); – a expressão monetária do produto importado (valor previsto no inc. VII, 2, do GATT – Acordo Geral sobre Tarifas Aduaneiras), no caso de alíquota *ad valorem*. Em geral, consta da fatura expedida no local onde a mercadoria foi exportada, acrescida do valor do frete e seguro; – o preço de arrematação do bem, quando adquirido em licitação.
Alíquotas	São fixadas, para o comércio entre países que não pertencem ao Mercosul, por meio da TEC – Tarifa Externa Comum.

IE – IMPOSTO SOBRE A EXPORTAÇÃO, PARA O EXTERIOR, DE PRODUTOS NACIONAIS OU NACIONALIZADOS

Competência e Sujeito Ativo	União.
Sujeito Passivo	Exportador, ou seja, qualquer pessoa que promova a saída de mercadoria nacional ou nacionalizada do país.
Fato Gerador	A saída do território nacional, para o exterior, de produtos nacionais ou nacionalizados.
Elemento Temporal	Ocorre no momento da liberação, pela autoridade aduaneira, ou na data de embarque (ou saída), constantes na Declaração de Exportação.
Base de Cálculo	– a quantidade de mercadoria: quando a alíquota previr valores fixos, aplicáveis ao modo de apresentação do bem (Exemplo: R$ 15,00 por tonelada); – a expressão monetária ou preço normal: é o valor aduaneiro previsto no GATT para os casos em que a alíquota for ad valorem (Exemplo: 15% sobre o preço normal). A base de cálculo é o preço que a mercadoria teria em uma venda em condições de livre concorrência no mercado internacional. Assim, o Fisco resulta desvinculado do valor constante na fatura comercial. – o preço de arrematação do produto adquirido em licitação.
Alíquotas	A TAB (Tarifa Aduaneira Brasileira) prevê dois tipos de alíquotas para o IE: – específicas: alíquota incidente sobre unidade de medida prevista em lei (Exemplo: R$ 12,00 por tonelada); – *ad valorem*: aplicação de percentual sobre o valor da operação. No presente momento, encontra-se fixada em 30%, sendo facultado ao Executivo majorá-la até cinco vezes (art. 3.º do Dec.-Lei n.º 1.578/1977), podendo alcançar a alíquota máxima de 150%.

IPI – IMPOSTO SOBRE PRODUTOS INDUSTRIALIZADOS	
Competência e sujeito ativo	União.
Sujeito Passivo	– o importador ou equivalente por lei; – o industrial ou equivalente por lei; – o comerciante dos produtos sujeitos ao IPI, que os forneça a industriais ou a estes equiparáveis; – o arrematante de produtos apreendidos ou abandonados, levados a leilão.
Fato Gerador	– a importação (início do desembaraço aduaneiro); – a saída do estabelecimento industrial (ou equiparável) de produto industrializado; – aquisição em leilão de produto industrializado abandonado ou apreendido; – outras hipóteses previstas em lei. O fato gerador será considerado ocorrido, também, quando se der um retorno de mercadoria. Porém, há exceções: – retorno de mercadoria enviada em consignação, e não vendida no prazo; – retorno de mercadoria por defeito técnico, para reparo ou substituição; – retorno de mercadoria por modificações na sistemática de importação de país importador; – retorno de mercadoria por motivo de guerra ou calamidade pública; – retorno de mercadoria por motivos alheios à vontade do exportador.
Base de Cálculo	A base de cálculo do IPI ganha formatos diversos, conforme o fato gerador do imposto, cujas modalidades já foram expostas, à luz do art. 46 do CTN: 1. FATO GERADOR: o desembaraço aduaneiro de produto industrializado, quando de procedência estrangeira (art. 46, I, CTN). BASE DE CÁLCULO: o preço normal (art. 47, I, CTN), vale dizer, aquele preço "que o produto, ou seu similar, alcançaria, ao tempo da importação, em uma venda em condições de livre concorrência, para entrega no porto ou lugar de entrada do produto no País" (art. 20, II, CTN). Em termos simples, preço "normal" é o preço de venda à vista. A essa base de cálculo, ao momento do despacho aduaneiro, devem ser acrescidos os valores correspondentes ao próprio imposto de importação, às taxas aduaneiras de entrada no País e aos encargos cambiais (alíneas "a", "b" e "c" do inciso I do art. 47 do CTN). A propósito, a inclusão do imposto de importação na base de cálculo do IPI, embora represente a tributação de imposto sobre imposto, pode justificar-se, nesse caso, como meio de proteção à indústria nacional. 2. FATO GERADOR: a saída do produto industrializado do estabelecimento de qualquer natureza, ou seja, de importador, industrial, comerciante ou arrematante (art. 46, II, CTN). BASE DE CÁLCULO: o valor da operação de que decorrer a saída da mercadoria (art. 47, II, "a", CTN). Esse valor da operação é representado pelo preço do produto, acrescido do valor do frete e das demais despesas acessórias cobradas ou debitadas pelo contribuinte ao comprador ou destinatário. *Ad argumentandum*, na falta desse valor da operação, teremos uma nova base de cálculo: o preço corrente da mercadoria, ou sua similar, no mercado atacadista da praça do remetente (art. 47, II, "b", CTN). 3. FATO GERADOR: a arrematação do produto industrializado, quando apreendido ou abandonado e levado a leilão (art. 46, III, CTN). BASE DE CÁLCULO: o próprio preço da arrematação (art. 47, III, CTN).
Alíquotas	São proporcionais, já que, em princípio, haverá variação de forma constante em função da grandeza econômica tributada. Podem variar de 0% a 365,63%. O imposto será calculado pela alíquota de cada produto, conforme a TIPI (baseada na Nomenclatura Comum do Mercosul – NMC, parte do Dec. n.º 2.376/1997).

Cap. 17 – IMPOSTOS FEDERAIS EM ESPÉCIE **341**

IR – IMPOSTO SOBRE A RENDA E PROVENTOS DE QUALQUER NATUREZA	
Competência e Sujeito Ativo	União.
Sujeito Passivo	É a pessoa física ou jurídica titular de renda ou provento de qualquer natureza.
Fato Gerador	É a aquisição de disponibilidade econômica ou jurídica de renda e de proventos de qualquer natureza.
Base de Cálculo	É a soma dos fatores algébricos positivos e negativos agregados ao patrimônio. Consiste no montante real, arbitrado ou presumido, da renda e do provento de qualquer natureza.
Alíquotas	A tabela do IRPF apresenta quatro alíquotas, 7,5%, 15%, 22,5% e 27,5%.

17.8. QUESTÕES

1) **(2019/FCC/Sefaz-BA/Auditor Fiscal) A Constituição Federal consagra o princípio da anterioridade anual, ou seja, a proibição de a Administração Fiscal cobrar tributos no mesmo exercício financeiro em que haja sido publicada a lei que os instituiu ou aumentou e consagra, também, o princípio da anterioridade nonagesimal ou noventena, que veda a cobrança de tributos antes de decorridos noventa dias da data em que haja sido publicada a lei que os instituiu ou aumentou.**

   Sobre este tema, a Constituição vigente estabelece que

   a) o imposto sobre a renda deve observar os princípios constitucionais da anterioridade anual e da anterioridade nonagesimal (noventena).

   b) a anterioridade nonagesimal (noventena), prevista na Constituição Federal, aplica-se à fixação da base de cálculo do imposto sobre propriedade de veículos automotores e do imposto sobre propriedade predial e territorial urbana.

   c) o imposto sobre produtos industrializados observa o princípio da anterioridade nonagesimal (noventena), mas não observa o princípio da anterioridade anual.

   d) os empréstimos compulsórios instituídos para atender a despesas extraordinárias, decorrentes de calamidade pública, de guerra externa ou sua iminência, e no caso de investimento público de caráter urgente e de relevante interesse nacional devem observar a anterioridade anual.

   e) os Municípios e o Distrito Federal poderão instituir contribuição, na forma das respectivas leis, para o custeio do serviço de iluminação pública, observando o princípio da anterioridade nonagesimal, não precisando observar a anterioridade anual, por expressa autorização constitucional.

   Resposta: C

2) **(2019/Cespe/TJ-DFT/Titular de Serviços de Notas e de Registros) Um agricultor rural possui somente duas propriedades — dois imóveis rurais**

DIREITO TRIBUTÁRIO ESSENCIAL – *Eduardo Sabbag*

situados no Distrito Federal, um de 10 hectares e outro de 19 hectares. As duas propriedades são exploradas apenas por esse agricultor.

Nessa situação hipotética, quanto ao ITR, o agricultor é
a) obrigado a pagar o referido imposto por previsão legal.
b) isento do pagamento do referido imposto, salvo se contar com a ajuda eventual de terceiros.
c) isento do pagamento do referido imposto, mesmo que conte com a ajuda eventual de terceiros.
d) imune ao pagamento do referido imposto em relação às duas propriedades, pois os imóveis constituem pequena gleba rural.
e) imune ao pagamento do referido imposto apenas em relação à propriedade de 10 hectares.

Resposta: C

3) **(2018/FGV/MPE-AL/Analista do Ministério Público – Área Jurídica) A socie-dade empresária Gama Distribuidora de Bebidas pretende a restituição do indébito tributário relativo ao IPI pago sobre descontos incondicionais, quando da aquisição dos produtos de seus fornecedores, os quais embutem no preço de venda o tributo aludido, do qual são contribuintes de direito.**

Neste caso,
a) Gama tem direito líquido e certo de compensar o imposto pago a maior, já que não há incidência do IPI sobre descontos incondicionais.
b) Gama tem direito líquido e certo à compensação, por ter suportado o encargo financeiro do tributo, desde que comprove não ter repassado tal ônus ao consumidor final.
c) Gama, como contribuinte de fato, tem legitimidade para requerer a repetição do que foi pago indevidamente, mas terá que comprovar a repercussão econômica do tributo.
d) Gama não tem direito à repetição pleiteada, porque o direito subjetivo à repetição do indébito pertence exclusivamente ao denominado contribuinte de direito.
e) Gama é terceiro na relação jurídico-tributária formada entre o Fisco e o fabricante de bebidas, pelo que só autorizada por este poderia pleitear a repetição do indébito.

Resposta: D

4) **(2018/TRF 3ª Região/TRF 3ª Região/Juiz Federal Substituto) Indique a con-clusão CORRETA. O Imposto sobre Operações de Crédito, Câmbio e Seguro, ou relativas a Títulos ou Valores Mobiliários (IOF):**
a) Somente incide sobre operações desenvolvidas no âmbito do mercado financeiro, ou seja, quando há intervenção de instituição financeira autorizada a funcionar pelo Banco Central do Brasil.
b) Pode ter sua alíquota alterada por meio de decreto do Poder Executivo e sem observância do princípio da anterioridade, desde que obedecidas as condições e os limites previstos em lei.

Cap. 17 – IMPOSTOS FEDERAIS EM ESPÉCIE **343**

c) Incide sobre qualquer movimentação financeira de recursos.

d) Será seletivo em função da essencialidade da operação financeira.

Resposta: B

5) **(2018/Cesgranrio/Petrobras/Advogado Júnior) Uma empresa irá realizar a exportação de revestimentos cerâmicos que fabrica. Em consulta sobre a necessidade de pagar PIS e COFINS sobre a receita advinda da variação cambial relativa à essa operação comercial, recebe a informação de que os tributos**

a) são devidos, já que a operação de exportação da cerâmica é a única a gozar de imunidade.

b) são devidos, já que se trata de um benefício fiscal que, como tal, deve ser interpretado restritivamente.

c) são devidos, porque a receita decorrente da variação cambial não está inserida no ato de exportar.

d) não são devidos, havendo desoneração constitucional para todas as receitas advindas da exportação.

e) não são devidos, se a receita da variação cambial foi embutida na receita total da operação comercial.

Resposta: D

6) **(2018/Vunesp/TJ-SP/Titular de Serviços de Notas e de Registros – Provimento) A respeito do imposto sobre propriedade territorial rural (ITR), assinale alternativa correta.**

a) Não há previsão constitucional para a progressividade do ITR.

b) A base de cálculo do ITR é o valor da terra nua.

c) O ITR será fiscalizado e cobrado pelos municípios que assim optarem, na forma da lei, desde que não implique redução do imposto ou qualquer outra forma de renúncia fiscal.

d) O ITR não incide sobre o imóvel declarado como de interesse social para fins de reforma agrária.

Resposta: C

7) **(2018/FGV/Sefin-RO/Auditor Fiscal de Tributos Estaduais) As opções a seguir apresentam hipóteses em que a jurisprudência do Supremo Tribunal Federal e/ou do Superior Tribunal de Justiça reconhece a legitimidade da incidência de tributo sobre o valor a ser pago a título de outro tributo ou do mesmo tributo, *à exceção de uma*. Assinale-a.**

a) A inclusão do ICMS na base de cálculo do próprio ICMS.

b) A inclusão do ICMS na base de cálculo das contribuições ao PIS/PASEP e COFINS.

c) A inclusão do valor do IRPJ e da CSLL sobre a própria base de cálculo da CSLL.

d) A inclusão do ICMS na base de cálculo do IPI.

e) A inclusão do IPI na base de cálculo do ICMS, quando a operação, realizada entre contribuintes e o produto for destinado à industrialização, configure fato gerador dos dois impostos.

Resposta: E

DIREITO TRIBUTÁRIO ESSENCIAL – *Eduardo Sabbag*

8) **(2018/Ieses/TJ-CE/Titular de Serviços de Notas e de Registros – Provimento) Acerca do IPI – Imposto sobre Produtos Industrializados e sua previsão na Constituição Federal é possível afirmar, EXCETO que:**

a) Terá reduzido seu impacto sobre a aquisição de bens de capital pelo contribuinte do imposto, na forma da lei.

b) Incidirá sobre produtos industrializados destinados ao exterior.

c) Será não cumulativo, compensando-se o que for devido em cada operação com o montante cobrado nas anteriores.

d) Será seletivo, em função da essencialidade do produto.

Resposta: B

9) **(2017/Cespe/MPE-RR/Promotor de Justiça substituto) Um imóvel localizado na área urbana de determinado município é utilizado por seu proprietário comprovadamente para o exercício exclusivo de atividades agrícola e pecuária. Nessa situação hipotética,**

a) é cabível apenas a cobrança do ITR, por expressa previsão legal, uma vez que o imóvel é utilizado em exploração agrícola e pecuária.

b) o IPTU e o ITR serão tributos devidos e cobrados cumulativamente, pois se referem a dois fatos geradores distintos: o IPTU será devido em razão da propriedade urbana; o ITR será devido pelo uso de imóvel em atividades agrícola e pecuária.

c) embora sejam devidos, os dois tributos não poderão ser cobrados cumulativamente, pois ambos incidem sobre o mesmo bem, devendo ser aplicado o princípio da não cumulatividade: o contribuinte terá o direito de descontar do valor do IPTU devido o montante que for eventualmente pago a título de ITR.

d) somente será cabível a cobrança do IPTU, uma vez que o critério aplicado pelo CTN é o da localização do imóvel, sendo irrelevante a destinação dada por seu proprietário.

Resposta: A

10) **(2017/Cespe/MPE-RR/Promotor de Justiça Substituto) A tributação sobre a propriedade rural, fundamental para o desenvolvimento agrário, tem como espécie o ITR, tributo de competência da União. A respeito das características desse imposto, assinale a opção correta.**

a) É um imposto progressivo: quanto mais alto for o valor do objeto que recebe o gravame tributário, maior será a alíquota e, portanto, o ônus imputado ao contribuinte.

b) O contribuinte do imposto é o real proprietário do imóvel rural; aquele que for apenas possuidor não será considerado contribuinte do imposto.

c) É classificado como um imposto proporcional, ou seja, a alíquota é constante e o resultado aumenta à medida que aumenta o valor do bem sobre o qual ele incide.

d) O município poderá optar por fiscalizá-lo e cobrá-lo e, até mesmo, reduzi-lo de forma discricionária, conforme a política agrária local.

Resposta: A

Bibliografia

ALEXANDRE, Ricardo. *Direito tributário esquematizado.* São Paulo: Método, 2007.

ALEXANDRINO, Marcelo; PAULO, Vicente. *Direito tributário na Constituição e no STF.* 8. ed. Rio de Janeiro: Impetus, 2004.

ALEXANDRINO, Marcelo; PAULO, Vicente. *Manual de direito tributário.* 4. ed. Rio de Janeiro: Impetus, 2007.

AMARO, Luciano. *Direito tributário brasileiro.* 1. ed. São Paulo: Saraiva, 1997.

AMARO, Luciano. *Direito tributário brasileiro.* 10. ed. São Paulo: Saraiva, 2004.

ATALIBA, Geraldo. *Apontamentos de ciência das finanças, direito financeiro e tributário.* São Paulo: RT, 1969.

ATALIBA, Geraldo. *Hipótese de incidência tributária.* 6. ed. São Paulo: Malheiros, 2002.

ATALIBA, Geraldo. *Lei Complementar na Constituição.* São Paulo: RT, 1971.

ATALIBA, Geraldo. *Sistema constitucional tributário brasileiro.* São Paulo: RT, 1968.

BALEEIRO, Aliomar. *Direito tributário brasileiro.* 10. ed. Rio de Janeiro: Forense, 1985.

BALEEIRO, Aliomar. *Limitações constitucionais ao poder de tributar.* 2. ed. Rio de Janeiro: Forense, 1960.

BALEEIRO, Aliomar. *Limitações constitucionais ao poder de tributar.* 7. ed. Rio de Janeiro: Forense, 1997.

BALEEIRO, Aliomar. *Uma introdução à ciência das finanças.* 15. ed. Rio de Janeiro: Forense, 2001.

BANDEIRA DE MELLO, Celso Antônio. *Curso de direito administrativo.* 12. ed. São Paulo: Malheiros, 2000.

BARBI, Celso Agrícola. *Do mandado de segurança.* Rio de Janeiro: Forense, 2001.

BARRETO, Aires F.; BARRETO, Paulo Ayres. *Imunidades tributárias:* limitações constitucionais ao poder de tributar. 2. ed. São Paulo: Dialética, 2001.

BASTOS, Celso Ribeiro. *Curso de direito constitucional*. 10. ed. São Paulo: Saraiva, 1988.

BASTOS, Celso Ribeiro. *Curso de direito financeiro e de direito tributário*. São Paulo: Saraiva, 1992.

BASTOS, Celso Ribeiro; MARTINS, Ives Gandra. *Comentários à Constituição do Brasil*. São Paulo: Saraiva, 1988.

BECKER, Alfredo Augusto. *A interpretação das leis tributárias e a teoria do abuso das formas jurídicas e da prevalência do conteúdo econômico*. Porto Alegre, 1965.

BECKER, Alfredo Augusto. *Carnaval tributário*. São Paulo: Saraiva, 1989.

BECKER, Alfredo Augusto. *Teoria geral do direito tributário*. São Paulo: Saraiva, 1963.

BECKER, Alfredo Augusto. *Teoria geral do direito tributário*. 2. ed. São Paulo: Saraiva, 1972.

BORBA, Cláudio. *Direito tributário*. Teoria e 600 questões. Rio de Janeiro: Impetus, 2000.

BORGES, Humberto Bonavides. *Curso de legislação tributária para concursos*. São Paulo: Atlas, 2000.

BORGES, José Souto Maior. *Iniciação ao direito tributário*. Recife, 1966.

BORGES, José Souto Maior. *Isenções tributárias*. 2. ed. São Paulo: Sugestões Literárias, 1980.

BORGES, José Souto Maior. *Obrigação tributária*: uma introdução metodológica. São Paulo: Saraiva, 1984.

CAIS, Cleide Previttali. *O processo tributário*. São Paulo: RT, 1996.

CAMPOS, Dejalma de. *Direito financeiro e orçamentário*. São Paulo: Atlas, 1995.

CAMPOS, Dejalma de. *Direito processual tributário*. 4. ed. São Paulo: Atlas, 1996.

CANTO, Gilberto de Ulhôa. *Estudos e pareceres de direito tributário*. São Paulo: RT, 1975.

CARRAZZA, Roque Antonio. *Curso de direito constitucional tributário*. 14. ed. São Paulo: Malheiros, 2000.

CARVALHO, Paulo de Barros. *Curso de direito tributário*: nos termos da Constituição Federal de 1988. 4. ed. São Paulo: Saraiva, 1991.

CARVALHO, Paulo de Barros. *Dificuldades jurídicas emergentes da adoção dos chamados "tributos fixos"*. CEAD – AIT – CEET: São Paulo: Resenha Tributária, 1975.

CARVALHO, Paulo de Barros. *Direito tributário*: fundamentos jurídicos da incidência. São Paulo: Saraiva, 1998.

CARVALHO, Paulo de Barros. *Teoria da norma tributária*. 2. ed. São Paulo: RT, 1981.

BIBLIOGRAFIA

CASSONE, Vittorio. *Direito tributário*. 2. ed. São Paulo: Atlas, 1990. t. II.

CHIMENTI, Ricardo Cunha. *Direito tributário, sinopses jurídicas*. São Paulo: Saraiva, 2002.

CINTRA, Antônio Carlos de Araújo; GRINOVER, Ada Pellegrini; DINAMARCO, Cândido Rangel. *Teoria geral do processo*. São Paulo: RT, 1974.

COELHO, José Washington. *Código Tributário Nacional interpretado*. Rio de Janeiro: Correio da Manhã, 1968.

COELHO, José Washington. *Compêndio de direito financeiro*. São Paulo: Resenha Tributária, 1994.

COÊLHO, Sacha Calmon Navarro. *Comentários à Constituição de 1988 – Sistema Tributário*. 5. ed. Rio de Janeiro: Forense, 1990.

COÊLHO, Sacha Calmon Navarro. *Curso de direito tributário brasileiro*. 6. ed. Rio de Janeiro: Forense, 2001.

COÊLHO, Sacha Calmon Navarro. Interpretação no direito tributário. *Estudos de direito tributário*. São Paulo: RT, 1989. vol. 1.

COÊLHO, Sacha Calmon Navarro. *Teoria geral do tributo e da exoneração tributária*. São Paulo: RT, 1982.

COSTA, Regina Helena. *Imunidades tributárias*. 2. ed. São Paulo: Malheiros, 2006.

COSTA, Regina Helena. *Princípio da capacidade contributiva*. 3. ed. São Paulo: Malheiros, 2003.

DALLARI, Dalmo de Abreu. *Elementos de teoria geral do Estado*. 19. ed. São Paulo: Saraiva, 1995.

DE PLÁCIDO E SILVA. *Vocabulário jurídico*. 4. ed. Rio de Janeiro: Forense, 1995.

DECOMAIN, Pedro Roberto. *Anotações ao Código Tributário Nacional*. São Paulo: Saraiva, 2000.

DENARI, Zelmo. *Curso de direito tributário*. Rio de Janeiro: Forense, 1996.

FALCÃO, Amilcar de Araújo. *Fato gerador da obrigação tributária*. São Paulo: RT, 1974.

FALCÃO, Amilcar de Araújo. *Introdução ao direito tributário*. Rio de Janeiro: Financeiras, 1959.

FERRAZ JÚNIOR, Tercio Sampaio. ICMS: não cumulatividade e suas exceções constitucionais. *Revista de Direito Tributário* 48, São Paulo: RT, 1989.

FERREIRA, Aurélio Buarque de Holanda. *Novo dicionário da língua portuguesa*. 2. ed. Rio de Janeiro: Nova Fronteira, 1986.

DIREITO TRIBUTÁRIO ESSENCIAL – *Eduardo Sabbag*

FREITAS, Vladimir Passos e outros. *Código Tributário Nacional comentado*: doutrina e jurisprudência, artigo por artigo. 4. ed. São Paulo: RT, 2007.

FRIEDE, Roy Reis. *Medidas liminares em matéria tributária*. 2. ed. Rio de Janeiro: Forense, 1995.

GASPAR, Walter. *Manual de direito tributário*. Rio de Janeiro: Lumen Juris, 1997.

GRINOVER, Ada Pellegrini. *Teoria geral do processo*. 9. ed. São Paulo: Malheiros, 1992.

HARADA, Kiyoshi. *Direito financeiro e tributário*. São Paulo: Atlas, 1995.

HARADA, Kiyoshi. *Sistema Tributário na Constituição de 1988*: tributação progressiva. São Paulo: Saraiva, 1991.

HILÚ NETO, Miguel. *Imposto sobre Importações e Imposto sobre Exportações*. São Paulo: Quartier Latin do Brasil, 2003.

HOUAISS. *Dicionário Houaiss da língua portuguesa*. Rio de Janeiro: Objetiva, 2001.

ICHIHARA, Yoshiaki. *Direito tributário*. São Paulo: Atlas, 1990.

KELSEN, Hans. *Teoria pura do direito*. Trad. João Baptista Machado. São Paulo: Martins Fontes, 1985.

MACHADO, Hugo de Brito. *Curso de direito tributário*. 4. ed. Rio de Janeiro: Forense, 1987.

MACHADO, Hugo de Brito. *Interpretação no direito tributário: estudos de direito tributário*. São Paulo: RT, 1989. v. 1.

MACHADO, Hugo de Brito. *O conceito de tributo no direito brasileiro*. Rio de Janeiro: Forense, 1987.

MACHADO, Hugo de Brito. *Os princípios jurídicos da tributação na Constituição de 1988*. 2. ed. São Paulo: RT, 1991.

MACHADO SEGUNDO, Hugo de Brito. *Código Tributário Nacional* (anotado). São Paulo: Atlas, 2007.

MACHADO SEGUNDO, Hugo de Brito. *Processo tributário*. 2. ed. São Paulo: Atlas, 2006.

MARTINS, Ives Gandra da Silva. Sanções Tributárias. *Cadernos de Pesquisas Tributárias*. São Paulo: Resenha Tributária, 1978.

MARTINS, Ives Gandra da Silva. *Curso de direito tributário*. 7. ed. São Paulo: Saraiva, 2000.

MARTINS, Ives Gandra da Silva. *Roteiro para uma Constituição*. São Paulo: Forense, 1988.

BIBLIOGRAFIA

MARTINS, Ives Gandra da Silva. *Sistema Tributário na Constituição de 1988*. São Paulo: Saraiva, 1989.

MARTINS, Ives Gandra da Silva. *Teoria da imposição tributária*. São Paulo: Saraiva, 1983.

MATTOS, Aroldo Gomes de. *ICMS*: comentários à LC n.º 87/1996. São Paulo: Dialética, 1997.

MAXIMILIANO, Carlos. *Hermenêutica e aplicação do direito*. 18. ed. Rio de Janeiro: Forense, 2000.

MEIRELLES, Hely Lopes. *Direito administrativo brasileiro*. São Paulo: Malheiros, 1994.

MELO, José Eduardo Soares de. *Curso de direito tributário*. 6. ed. São Paulo: Dialética, 2005.

MELO, José Eduardo Soares de. *ICMS*: teoria e prática. 8. ed. São Paulo: Dialética, 2005.

MINATEL, José Antonio. *Conteúdo do conceito de receita e regime jurídico para sua tributação*. São Paulo: MP, 2005.

MORAES, Bernardo Ribeiro de. Curso de direito tributário. *Compêndio de direito tributário*. Rio de Janeiro: Forense, 1987.

MORAES, Bernardo Ribeiro de. *Doutrina e prática das taxas*. São Paulo: RT, 1976.

MORAES, Bernardo Ribeiro de. *Sistema tributário da Constituição de 1969*. São Paulo: RT, 1973. v. 1.

NASCIMENTO, Carlos Valder do. *Comentários ao Código Tributário Nacional*. Rio de Janeiro: Forense, 1997.

NASCIMENTO, Carlos Valder do; NOGUEIRA, Ruy Barbosa; MACHADO, Hugo de Brito; COÊLHO, Sacha Calmon Navarro. *Interpretação no direito tributário*. São Paulo: RT, 1989.

NIEBUHR, Joel de Menezes. *O novo regime constitucional da medida provisória*. São Paulo: Dialética, 2001.

NOGUEIRA, José Geraldo Ataliba. *Natureza jurídica da contribuição de melhoria*. São Paulo: RT, 1964.

NOGUEIRA, Ruy Barbosa. *Curso de direito tributário*. 14. ed. São Paulo: Saraiva, 1995.

OLIVEIRA, José Jayme de Macedo. *Código Tributário Nacional*: comentários, doutrina e jurisprudência. São Paulo: Saraiva, 1998.

OLIVEIRA, Régis Fernandes de. *Receitas públicas originárias*. São Paulo: Malheiros, 1994.

OLIVEIRA, Régis Fernandes de; HORVATH, Estevão; TAMBASCO, Teresa Cristina Castrucci. *Manual de direito financeiro*. São Paulo: RT, 1990.

PAULSEN, Leandro. *Constituição e Código Tributário à luz da doutrina e da jurisprudência*. 9. ed. Porto Alegre: Livraria do Advogado, 2007.

PERIANDRO, Fábio. *Direito tributário*. São Paulo: Método, 2005. (Série *Concursos Públicos*)

REQUIÃO, Rubens. *Curso de direito falimentar*. São Paulo: Saraiva, 1998.

ROCHA, João Marcelo. *Direito tributário*. 2. ed. Rio de Janeiro: Ferreira, 2002.

ROMANO EDUARDO, Ítalo; ARAGÃO EDUARDO, Jeane Tavares. *Curso de direito previdenciário*. 4. ed. Rio de Janeiro: Elsevier, 2008.

ROSA, Eugênio (Coord.). *A reforma tributária da Emenda Constitucional n. 42/2003*: aspectos polêmicos e controvertidos. Rio de Janeiro: Lumen Juris, 2004.

ROSA JUNIOR, Luiz Emygdio F. da. *Novo manual de direito financeiro e direito tributário*. Rio de Janeiro: Renovar, 1992.

SABBAG, Eduardo de Moraes. *Manual de direito tributário*. São Paulo: Saraiva, 2009.

SABBAG, Eduardo de Moraes. *Redação forense e elementos da gramática*. 3. ed. São Paulo: Premier Máxima, 2008.

SABBAG, Eduardo de Moraes. *Repertório de jurisprudência de direito tributário*. 4. ed. São Paulo: Premier Máxima, 2008.

SANTI, Eurico Marcos Diniz de. *Decadência e prescrição no direito tributário*. 3. ed. São Paulo: Max Limonad, 2004.

SILVA, José Afonso da. *Curso de direito constitucional positivo*. 10. ed. São Paulo: Malheiros, 1995.

SILVA, José Afonso da. *Tributos e normas de política fiscal na Constituição do Brasil*. São Paulo, 1968.

SILVA, Volney Zamenhof de Oliveira et al. *CTN comentado, anotado e atualizado*. Campinas: Lex, 2002.

SOUSA, Rubens Gomes de. *Compêndio de legislação tributária*. São Paulo: Resenha Tributária, 1981.

SOUSA, Rubens Gomes de. *Curso de introdução ao direito tributário*. São Paulo: REF, 1949.

SOUSA, Rubens Gomes de. *Distribuição da justiça em matéria fiscal*. São Paulo: Martins, 1943.

SOUSA, Rubens Gomes de. *Estudos de direito tributário*. São Paulo: Saraiva, 1950.

SOUSA, Rubens Gomes de et al. *Comentários ao Código Tributário Nacional*. São Paulo: RT, 1975.

SOUZA, Hamilton Dias de. O ICMS na LC n.º 87/96. *Repertório IOB de Jurisprudência*, 1994, n. 24, 2.ª quinzena dez. 1996.

TORRES, Ricardo Lobo. Sistemas constitucionais tributários. *Curso de direito financeiro e tributário*. 12. ed. Rio de Janeiro: Renovar, 2005.

VIANA NETO, Matteus. *ICMS*: a Lei Complementar 87/96 interpretada. Leme: Editora de Direito, 1997.

Sites

www.stf.jus.br

www.stj.jus.br

www.receita.fazenda.gov.br

www.tributario.com

www.tributario.net

www.jus.com.br

www.direitotributario.hpg.ig.com.br

www.abdt.org.br

www.direitoejustica.com

www.dji.com.br

www.tribunadodireito.com.br

www.vemconcursos.com.br

www.professorsabbag.com.br